普通高等教育"十四五"应用型本科系列教材

企业管理

主编 蔡世刚

西安交通大学出版社
XI'AN JIAOTONG UNIVERSITY PRESS

内容提要

本书介绍了现代企业管理的基本内容，结合中国企业管理的实践，系统地讲解了企业的各项管理工作，内容涉及战略、营销、生产、财务、人力资源、产品创新、文化、物流管理等各个领域。从各个方面帮助学生树立现代、先进、合理的管理理念，掌握简便、实用、科学的管理方法和技术，通过学习，可让学生系统地提高企业管理的认知水平，以适应市场竞争的需要。

本书不仅适合作为普通高等学校管理类相关专业的教材，也可作为从事各类管理工作的从业人员的学习参考书。

前 言
Foreword

有效的企业管理使企业的运作效率大大增强;使企业有明确的发展方向;使每个员工都充分发挥他们的潜能;使企业财务清晰,资本结构合理,投融资恰当;向顾客提供满意的产品和服务;树立良好的企业形象。

本书的编写目的是让学生在已经系统学习相关课程的基础上,从提高生产经营效益的角度说明如何通过各项管理工作促进企业发展,建立工商企业管理的知识框架。

本书介绍了现代企业管理的基本内容,结合中国企业管理的实践,系统地讲解了企业的各项管理工作,内容涉及战略、营销、生产、财务、人力资源、产品创新、文化、物流管理等各个领域。从各个方面帮助学生树立现代、先进、合理的管理理念,掌握简便、实用、科学的管理方法和技术,通过学习,可让学生系统地提高企业管理的认知水平,以适应市场竞争的需要。

教材的编写力求知识传授与能力培养结合,重视培养和提高学生分析问题与解决问题的能力,力争在有限的篇幅内提供最丰富的信息。

同时全书也体现了鲜明的时代特色。内容充实,详略得当,重点突出,简明清晰,案例丰富实用。理论结合实际,博采众家之长。充分吸收国内外企业管理实践的有用经验,又紧密结合我国企业管理的实践,充分地体现了现代企业管理领域的新进展。

本书由三峡大学科技学院蔡世刚编写,在编写过程中,参考了许多同类教材与资料,在此对相关文献的作者表示诚挚的谢意!同时也感谢西安交通大学出版社对本书出版的大力支持!

本书不仅适合作为高校相关专业工商管理课程教材,也可作为从事各类管理工作的从业人员的参考书。

因编者水平有限,书中难免存在缺点、错误和不足,为此,真诚欢迎广大教师和学生对本教材提出宝贵的意见与建议,以使本教材更加完善。

编 者

2016 年 11 月

目录
Contents

第一章 企业概述 (001)
第一节 企业简介 (002)
第二节 企业内部的系统结构与组织结构 (010)
第三节 现代企业制度 (016)
第四节 现代企业组织形式 (021)

第二章 企业管理概述 (027)
第一节 企业管理简介 (028)
第二节 企业管理的基本原理 (030)
第三节 现代企业管理的研究方法 (034)

第三章 企业战略管理 (039)
第一节 战略与战略管理 (040)
第二节 通用战略 (044)
第三节 新兴行业的竞争战略 (050)
第四节 成熟行业的竞争战略 (053)

第四章 营销管理 (059)
第一节 市场营销理论的发展 (061)
第二节 市场营销战略 (064)
第三节 市场营销策略 (069)
第四节 营销控制 (085)

第五章 生产运作管理 (090)
第一节 生产运作管理概述 (091)
第二节 生产过程的组织 (096)
第二节 企业生产计划与控制 (103)

第六章 质量管理 (111)
第一节 质量概述 (112)
第二节 质量管理发展与全面质量管理 (116)
第三节 质量管理常用的七种工具 (126)

第七章 企业新产品开发管理 (135)
第一节 新产品开发管理概述 (136)

第二节　新产品开发程序 (140)
　　第三节　新产品开发策略 (143)
　　第四节　新服务开发 (146)

第八章　企业人力资源管理 (152)
　　第一节　企业人力资源管理概述 (153)
　　第二节　人力资源引进 (157)
　　第三节　人力资源培养 (160)
　　第四节　人力资源使用 (166)
　　第五节　人力资源考核 (169)
　　第六节　薪酬管理 (176)

第九章　企业物流管理 (181)
　　第一节　企业物流管理概述 (183)
　　第二节　仓储管理 (190)
　　第三节　配送管理 (199)
　　第四节　供应链管理 (203)

第十章　企业财务管理 (210)
　　第一节　企业财务管理概述 (211)
　　第二节　资金的筹集与筹资结构优化 (216)
　　第三节　资金运用管理 (219)
　　第四节　成本和利润管理 (221)
　　第五节　企业经济效益分析与评价 (223)

第十一章　企业文化与制度建设 (228)
　　第一节　企业文化与制度建设的必要性 (229)
　　第二节　企业文化建设策略 (233)
　　第三节　企业制度建设策略 (236)
　　第四节　企业文化变革与制度创新 (242)

第十二章　跨国经营管理 (248)
　　第一节　跨国经营概述 (249)
　　第二节　跨国公司的经营管理 (253)
　　第三节　跨国经营方式的选择 (256)
　　第四节　跨国经营风险管理 (265)

参考文献 (273)

第一章 企业概述

本章要点

* 企业的概念及性质
* 企业的类别
* 现代企业与传统企业的区别
* 现代企业制度
* 企业组织结构

案例导入

徐少春:胸怀有多大,企业就有多大

有一个笑话,说公司就像一棵大树,每一个人都是猴子,都想往上爬,从上往下看都是笑脸,从下往上看都是红屁股。企业主如何打动人的心灵,让员工具有使命感?同时,他们自身又是如何做的,使命感从何而来?

作为金蝶国际软件集团(简称"金蝶")董事会主席兼首席架构师的徐少春无疑敢说敢干。当他在山东省税务局这个国有单位感觉到强大的文化与人际关系僵局时,25岁的他,怀揣着从岳父那里借来的5000元钱辞职下海,从此便走上一路高歌猛进的激情创业之路。

"我对自己的认知模式经历了几个阶段:首先是个人奋斗,敢想敢做敢当,这跟深圳的城市文化是一致的;到1998年,我开始有意淡化个人,强调团队一起奋斗;2001年2月金蝶在香港上市,企业开始进入规范化的管理阶段,于是激励群体奋斗,让别人与管理者一起去创新。"徐少春说。

更彻底地代表此类精神的事件莫过于金蝶与IBM的联姻。2007年6月4日,不缺钱的金蝶为了在国际化的道路上"与大象共舞",不惜出让7.7%的股权,以换取IBM与雷曼兄弟投资的1.32亿港币。当然,金蝶与IBM彼此最大的价值并不在于资金,更重要的是,二者在信息与资源上的共享。徐少春的真正用意在于:站在IBM蓝色巨人的肩膀上,迎接下一个技术浪潮。

随着金蝶的发展,徐少春的个人股份也在逐步稀释,不过,由于金蝶的"饼"越做越大,徐的个人资产仍然在迅速增加。

徐少春说:"创业初期,企业家的胆子有多大,产量就有多大;公司规模化之后,企业家的胸怀有多广,他的事业就有多大。"这无疑为他的个人资产作了最好的注脚。

1993年,徐少春跟美籍华人赵西燕女士合资,其个人的股份从90%稀释到35%,成了第二大股东。事隔15年的今天,他在回首这次合资事件时,"坦率地说,这绝对是一个很大的牺

牲,但为了事业发展,我仍然坚持那样做"。

"我觉得他不仅仅是在做一个企业,更多的是在扛一个中国软件的历史使命。"用友集团CEO何经华说。何经华以金蝶的竞争对手用友前总裁的身份,在2006年底加入金蝶,此后便很强烈地感受到了徐少春的激情与使命。

徐少春非常重视"使命"一词。他说,任何一个企业组织的失败在于最高管理层缺乏远景规划与使命感。"作为一个整体,企业组织必须要有清晰的远景目标并为这个目标奋勇前进。有了明确的远景目标,才可以根据目标评价每一位员工的业绩表现。"

徐少春的使命就是:"帮助客户成为受人景仰的公司,就像未来几年谈到金蝶谈到我的名字一样,成为备受人们尊敬的一个角色,这是我努力追求的一个方向"。

徐少春有时禁不住将自己想像成为中国软件世界的菩萨与佛。这比"英雄"更困难。他说:"佛教精神境界里将人分成三个层次。第一层是凡人。利己损人的凡人,以及利己不损人的凡人。第二层是菩萨。菩萨就是利己利人。第三层是佛。要做到佛很难,因为要克己利人,损己利人。"

"社会当中这三种人都有,企业里面也是。如何让凡人变成菩萨,让菩萨拥有更多的佛性?真能做到的企业,将来一定大有前途。因为在软件企业,个人奋斗没有问题,但是要两个人合作,一个团队合作,问题可能就会很大。团队合作是中国企业管理面临的最大一个问题。问题的根本就是不替别人着想。如果一个公司的中层经理具有菩萨精神,那么承上启下就会做得很好。同理,如果公司的高管具备佛的情怀,就会有强烈的使命感,也就不会计较个人的利益,而会更多地考虑价值的实现。"

问题:
1. 企业家在企业发展过程中承担怎样的职责?
2. 团队合作精神对于企业来说有何重要意义?

第一节 企业简介

一、企业的概念及性质

(一)企业的概念

企业是社会化大生产的产物,也是商品社会中最基本的经济单位。关于企业的概念,国内外至今还没有一个统一的表述。一般而言,企业是指从事生产、流通、服务等经济活动,为满足社会需要和获取盈利,依照法定程序成立的具有法人资格,进行自主经营,独立享受权利和承担义务的经济组织。

作为一个企业,必须具备以下条件:
(1)拥有一定数量、一定技术水平的生产设备和资金;
(2)具有开展一定规模生产和经营活动的场所;
(3)具有一定数量、具备一定技能的生产者和经营管理者;
(4)从事社会商品的生产、流通等经济活动;
(5)进行自主经营,独立核算,并具有法人地位;

(6)生产经营活动的目的是获得利润。

可以把企业看成是一个"输入—生产转换—输出"的系统,输入端有人、财、物、时间、信息等资源。这些资源可简单分为有形资源与无形资源,输出端有有形的产品或者无形的服务。企业系统如图1-1所示。

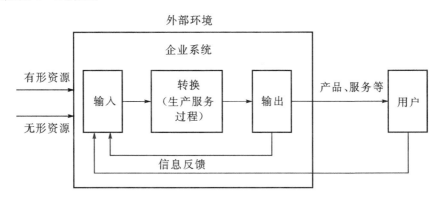

图1-1 企业系统示意图

企业是一个历史范畴,是人类社会生产力和商品经济发展到一定水平的产物。在封建社会,生产的基本形式是个体家庭手工业。封建社会后期,产生了企业的萌芽手工业作坊。随着生产力的发展,资本主义生产方式确立,引起社会生产组织形式的根本性变革,出现了手工业工场这种新的生产组织形式,这就是最初的业主企业。对于大多数业主企业来说,扩大生产规模受到了个人财产的限制。为了筹集更多的资本,降低企业经营的风险,合伙企业产生了。然而,合伙企业承担无限连带的法律责任,使得企业投资者承受着很大的风险,严重制约了合伙企业的进一步发展,人们对形成有限责任制度和赋予公司法人地位的要求越来越强烈。经过长期的斗争和激烈的争论,1855年英国议会通过了一项有限责任制的议案,确认了注册公司对债务只负有限的赔偿责任,这标志着企业进入了现代发展阶段。企业规模不断扩大,股东人数越来越多,业务日益复杂化,又促使公司制企业从"企业主企业"演化为"经理人企业"。至此,企业完成了由个体家庭手工业到现代企业制度的演变。

(二)企业的性质

1.企业的产生

从资源的配置方式来看,企业是作为替代市场的一种更低交易费用的资源配置方式而出现的。1937年美国经济学家罗纳德·科斯创造性地运用交易费用分析企业与市场的关系,阐述了企业存在的原因。

所谓交易费用是运用市场价格机制的成本,包括发现价格、获取市场信息的成本,进行交易谈判的成本以及履行合同的成本等。在商品经济发展初期,无论是原始的物物交换,还是以货币为媒介的商品交换,由于市场狭小,所以交易费用很低,这时的商品生产一般以家庭为单位。但是随着商品经济的发展,市场规模的扩大,生产者在了解有关价格信息、市场谈判、签订合同等方面的成本显著增大。这时,生产者采用把生产要素集合在一个经济单位中的生产方式,用内部管理来取代部分市场交易,以降低交易费用。这种经济单位即是企业,所以企业是市场的替代物。

2. 企业的边界

既然企业是市场的替代物,为什么市场交易会依然存在呢?科斯指出,这是因为企业组织生产也要成本,所以不能随心所欲地扩大,以致完全替代市场。以企业的管理为例,当企业扩大到一定规模时,由于家大业大,事情会变得纷繁复杂。企业家纵有三头六臂,在千头万绪之中,也难免顾此失彼,失误会越来越多。企业的规模到底多大合适,这就要比较企业组织成本和市场交易费用。当企业内部协调和配置要素的费用增加超过不通过要素内部配置而由市场交易产生的市场交易费用时,再扩大企业就不经济了。因此,当企业达到一定规模后,如果它再多组织一项交易的费用,等于在市场上进行这项交易的费用,企业规模就处于其边界上。

二、现代企业的特征

现代企业和传统企业的区别并不是一个时间的概念。现代企业除了具有一般企业的特征之外,还具有以下几大特征:

1. 技术特征

科学技术对于传统企业和现代企业都是不可缺少的,但是,与传统企业相比,现代企业的技术基础发生了重大变化。现代企业比较普遍地运用现代科学技术手段开展生产经营活动,采用现代机器体系和高技术含量的劳动手段开展生产经营活动,生产社会化、自动化程度较高,并比较系统地将科学知识应用于生产经营过程。伴随技术发展不断追求技术创新,技术成为现代企业增强核心竞争力和不断发展的源泉。

2. 制度特征

现代企业制度是指以规范的产权制度、组织制度和管理制度为主要内容,以产权清晰、权责明确、政企分开、管理科学为特征的一种新型企业制度。其中,现代产权制度,即公司法人产权制度,是现代企业制度的核心,它确立了企业的法人地位和法人财产权,使企业真正成为自主经营、自负盈亏的市场主体。现代企业组织制度确立了权责明确的组织体系。现代企业管理制度保证了科学管理的实施。因此,现代企业制度成为现代企业高效运行的制度保证。

3. 组织特征

传统企业规模较小,由出资者经营,经营单一,组织结构极为简单。现代企业则包含着独立运营的进行不同类型经济活动的经济单位,企业规模大,组织层级较多,组织结构复杂。现代企业由领取报酬的职业经理人进行管理,经营者和企业的所有者分离。

4. 管理特征

现代企业的生产社会化程度空前提高,分工细密,协作深化,技术和工艺日益复杂,市场需求变化频繁迅速,要求企业生产经营活动必须有严格的计划性、比例性和节奏性。这就要求采用现代化的管理方式,在管理思想、组织、方法和手段方面充分体现现代化特征,进行创新管理。

现代企业与传统企业的区别如表 1-1 所示。

表 1-1　现代企业与传统企业的区别

项目	现代企业	传统企业
出资人数	较多、较分散	较少且集中
出资情况	以股东出资为基础,数额较大	以个人出资为主,数额较少
企业规模	较大	较小
法律形式	企业法人	自然人
承担责任	有限责任	无限责任
产权结构	所有权与经营权分离	所有权与经营权合二为一
管理方式	较先进,以现代化管理为主	较落后,以家族式管理为主
企业形式	以公司制企业为主	以个体、独资和合伙企业为主
技术特征	设备先进,应用现代科技	设备落后,主要依靠劳动者体力和技能
稳定情况	企业经营较稳定	企业经营不稳定

三、现代企业类型

从不同的角度,按照不同的标准,可以把现代企业划分成不同的类型。

(一)按企业资产的所有制性质分类

1. 国有企业

国有企业是生产资料归全民所有,并且代表全民的国家作为所有者的一种企业形式。其基本特点是国家作为全体人民的代表拥有企业的财产所有权,企业规模较大,技术设备较先进,技术力量强,是国民经济的主导力量。

2. 集体所有制企业

集体所有制企业简称集体企业。在集体企业里,企业的生产资料归一定范围内的劳动者共同所有。我国集体所有制企业存在着多种具体形式,乡镇企业是集体所有制企业的典型代表。

3. 个体私营企业

个体私营企业是指企业的生产资料属于私人所有,并主要依靠雇主从事生产经营活动的企业。目前,我国私营企业一般有三种形式:独资企业、合伙企业和有限责任公司。

4. 混合所有制企业

混合所有制企业是指具有两种或两种以上所有制经济成分的企业,如中外合资经营企业、中外合作经营企业、国内具有多种经济成分的股份制企业等。

(二)按企业所属的产业分类

1. 农业企业

农业企业是指从事农、林、牧、渔业生产的企业。农业企业为社会提供农副产品,可以细分为种植业企业、畜牧业企业、林业企业、捕捞业企业等。

2. 工业企业

工业企业是指从事工业品生产的企业。工业企业为社会提供工业产品和工业服务,具体可分为制造业企业、采矿业企业、建筑业企业等。

3. 服务类企业

服务类企业是指为社会提供服务的企业，具体可分为商业企业、金融保险企业、交通运输企业以及其他服务提供类企业。

(三) 按企业内部各生产力要素所占比重分类

1. 劳动密集型企业

劳动密集型企业是指使用劳动力较多、技术装备程度低、产品成本中活劳动消耗所占比重大的企业。例如，纺织、日用小五金、饮食、儿童玩具等企业。

2. 资金密集型企业

资金密集型企业是指单位产品所需投资较多、技术装备程度较高、使用劳动力较少的企业。例如，钢铁企业、重型机械制造企业、汽车制造企业、石油化工企业等。一般具有劳动生产率高、物资消耗少、单位产品成本低、竞争力强的优点。

3. 知识技术密集型企业

知识技术密集型企业是指综合运用现代化、自动化等先进的科学技术装备较多的企业。例如，计算机企业、电脑软件企业、飞机制造企业、技术咨询管理企业等。这类企业一般具有需要综合运用多门学科的最新科研成果，技术装备比较先进和复杂，投资费用大，中高级科技人才比重大，操作人员要求具有较高的科学文化知识，使用劳动力和消耗原材料较少，对环境污染较小等特点。

(四) 按企业制度的形态分类

1. 业主制企业

业主制企业又称个人企业、独资企业，是企业形态中一种最古老、最基本的形式。它是由一个人出资设立的企业，出资者就是企业主，企业财产完全归出资者所有，出资者经营和控制企业，独立承担企业风险，并以其个人财产对企业债务承担无限责任。从法律上看，业主制企业不具有法人资格，是自然人企业。

2. 合伙制企业

合伙制企业是由两个或两个以上的出资者共同出资兴办、经营和控制的营利性组织。合伙人共同出资、合伙经营、共享收益、共担风险，并对合伙企业债务承担无限连带责任。合伙人之间是一种契约关系，不具备法人的基本条件。成立合伙企业必须要有书面协议，以合伙合同形式规定该合伙经济组织的合伙人的范围、组织管理、出资数额、盈余分配、债务承担、退伙、终止等基本事项。合伙人的出资可以是金钱或者其他财务，也可以是权利、信用与劳务等，每一个合伙人的权利和义务要在合伙合同中写明。

业主制企业和合伙制企业统称为古典企业。

3. 公司制企业

公司制企业是现代企业组织的典型形式。公司通常是指由两人以上集资联合组成，有独立的注册资产，自主经营、自负盈亏的法人企业。公司具有以下四个基本特征：一是公司具有法人资格，具有法人的行为能力和权利；二是公司实现了股东最终财产所有权与法人财产权的分离;三是公司法人财产具有整体性、稳定性和连续性;四是公司实行有限责任制度。这是公司制企业区别于其他非公司制企业的本质特征。目前,公司制企业的组织形式主要是股份有限公司和有限责任公司。

(五)按企业规模分类

按企业规模分类,可将企业分为大型企业、中型企业、小微型企业。

一般来讲,国际上通行的是根据雇员人数、资本额、营业额(通常为一年)三个量化指标来划分企业规模。当然,不同行业的企业,使用这三个指标来划分企业规模时,数量肯定是不相同的。根据工业和信息化部、国家统计局、国家发展和改革委员会、财政部关于印发《中小企业划型标准》规定的通知(工信部联企业〔2011〕300号),对于农、林、牧、渔业来说,营业收入20000万元以下的为中小微型企业。其中,营业收入500万元及以上的为中型企业,营业收入50万元及以上的为小型企业,营业收入50万元以下的为微型企业。对于工业来说,从业人员1000人以下或营业收入40000万元以下的为中小微型企业。其中,从业人员300人及以上,且营业收入2000万元及以上的为中型企业;从业人员20人及以上,且营业收入300万元及以上的为小型企业;从业人员20人以下或营业收入300万元以下的为微型企业。

四、企业的目标与责任

(一)企业的目标

所谓企业的目标,是指用文字或指标等形式表述的企业在一定时期内要达到的目的和要求,是组织使命在一定时期内的具体化,是衡量组织有效性的标准。

企业目标是多元化的,比如市场占有率目标、产品研发目标、技术创新目标、物资消耗目标、员工工作态度目标等。企业目标是一个目标体系,以一定的结构形式存在。从目标结构上看,企业目标可分为主要目标和次要目标、长期目标和短期目标、定性目标和定量目标。企业目标一般通过一定的规定性项目和标准来表达,它可以定性描述,也可以定量描述。任何目标都是质和量的统一体。对目标进行定性描述,可以阐明目标的性质和范围;对目标进行定量描述,可以阐明目标的数量标准。

企业目标的作用主要是:①目标对于员工开展活动具有引导和激励作用。科学合理的目标能够为员工指明努力的方向,激发员工的积极性和潜在的力量,统一和协调员工的行为。②目标可以指导企业资源的合理分配和使用,减少资源分配中的盲目性和浪费。③目标是衡量企业生产经营成果的依据。企业目标的实现程度,体现着企业生产经营活动是否顺畅、经济效益的高低以及各项工作成果的大小。④目标是考核组织各部门、单位、成员工作绩效的依据。因此,对于一个企业来说,如果没有科学、合理、明确的目标,企业的生产经营活动就会没有方向,管理就会杂乱无章,企业就不能指望其活动获得良好的成效。

企业目标的确定,既要考虑企业自身的条件,又要考虑企业外界环境条件,处理好企业内外各种关系。企业制定目标时,必须让员工知道他们的目标是什么,什么样的活动有助于目标的实现,以及什么时候完成这些目标,而且目标应该是可考核的。目标管理法是实现企业目标的一种行之有效的方法。

一般来说,企业目标的基本内容有以下五种:

1. 社会贡献目标

社会贡献目标应是现代企业的首要目标。企业能否生存下去,取决于它是否能取得较好的经济效益,是否对社会有所贡献。企业能否发展,取决于企业生产产品满足社会需要的程度。所以,每个企业在制定目标时,必须根据自己在社会经济中的地位,确定其对社会的贡献目标。企业对社会的贡献,是通过为社会创造的使用价值和价值表现的,因此贡献目标可以表现为产品品种、质量、产量和缴纳税金等。

2. 市场目标

市场是企业的生存空间,企业的生产经营活动离不开市场。确定市场目标是企业经营活动的重要方面。广阔的市场和较高的市场占有率,是企业进行生产经营活动和稳定发展的必要条件。企业经营能力的大小,要看其占有市场的广度和深度以及市场范围和市场占有率的大小。因此,企业要千方百计地扩大市场销售范围,提高市场占有率。对有条件的企业,应把走向国际市场、提高产品在国外市场的竞争能力列为一项重要目标。

市场目标既包括新市场的开发和传统市场的纵向渗透,也包括市场占有份额的增加。市场目标可用销售收入总额来表示。为了确保销售总额的实现,企业还可以制定某些产品市场占有率目标作为辅助目标。

3. 利益与发展目标

利益目标是企业生产经营活动的内在动力。利润是销售收入扣除成本和税金后的余额。利益目标直接表现为利润总额、利润率和由此所决定的利润留成和奖励与福利基金的多少。利益目标不仅关系到员工的切身利益,也决定着企业的长远发展。随着企业利益目标的实现,员工的物质利益也应在国家法律、政策许可的范围内相应地提高,以调动员工的积极性。为此,企业必须制定出近期和远期员工利益增长目标。企业的发展目标表现为通过纵向联合扩大企业规模;增加固定资产、流动资产,提高生产能力;增加产品品种和销售额;提高机械化、自动化水平等。

物质利益和发展目标是企业经营管理的内在动力。企业要在一定时期内,根据经营思想和经营方针的要求制定自己的利益与发展目标。

4. 成本目标

成本目标,是指在一定时期内,为达到目标利润,在产品成本上所应达到的水平。它是用数字表示的一种产品成本的发展趋势,是根据所生产产品的品种、数量、质量、价格的预测和目标利润等资料来确定的,是成本管理的奋斗目标。确定目标成本时,要对市场的需求、产品的销价、原材料、能源、包装物等价格的变动情况和新材料、新工艺、新设备的发展情况进行分析,结合企业今后一定时期内在品种、产量、利润等方面的目标,以及生产技术、经营管理上的重要技术组织措施,从中找出过去和当前与成本有关的因素,取得必要的数据,根据这些数据和企业本身将要采取的降低成本的措施,制定出近期和远期的成本目标。

5. 人员培训目标

提高企业效益和竞争力的一个重要方面是提高员工的业务水平、文化和政治素养。企业贡献的大小、企业的兴旺发达都与此有关。而要想提高员工素质,就要在员工培训上下工夫。企业的经营方针和目标明确以后,需要有相应素质的人来实施完成。所以,企业一定时期的员工培训目标是保证各项新技术和其他各个经营目标实现的根本条件。企业人员培训目标可以概括为育道德、树观念、传知识和培能力四个主要方面。

(二)企业的责任

1.企业责任的概念

企业责任是指企业在争取自身的生存和发展的过程中，面对社会的需要和各种社会问题，为维护国家、社会和人类的利益所应履行的义务。

任何一个企业都存在于一定的社会环境中，企业的生产经营活动要与社会发生方方面面的联系。这些联系首先表现在企业生产经营过程中发生的直接关系。例如，企业与员工的关系，企业与供应商、经销商的关系，企业与竞争者的关系，企业与消费者的关系等。此外，企业还要与社会环境发生关系。例如，企业与政府的关系、企业与社区的关系、企业与媒体的关系等。无论是生产经营过程中的直接关系，还是与社会环境的关系，企业都要妥善处理。这些关系调整得好，企业就会得到社会各界的支持，从而提升企业形象，以利于企业的长远发展；调整不好，会危及企业的生产经营，甚至危及企业的生存。

另外，企业作为一个商品生产者和经营者，它的义务就是为社会经济的发展提供各种所需要的商品和劳务。它的身份和地位决定了它在国民经济体系中必须对国家、社会各方面承担它应承担的责任。

2.企业责任的内容

企业承担的社会责任涉及范围广，内容具体而复杂，下面仅介绍其主要的社会责任：

(1)企业对员工的责任。企业在员工招聘和使用方面要做到不歧视员工，不存在性别、民族的不平等；企业在生产经营活动中，要营造一个良好的工作环境，保护劳动者人身安全，使其身心保持健康；定期或不定期培训员工，提高员工政治、文化、技术等多方面素质，保护劳动者合法权益。

(2)企业对消费者的责任。企业要向消费者提供安全、合格的产品和服务，应使消费者满意，并致力于社会效益的提高。例如，向消费者提供商品、服务信息，注意消费者安全，提供售后服务，提供必要的指导，给消费者自主选择产品的权利，强调广告责任，维护社会公德等，都是企业对消费者应尽的责任。

(3)企业对社区的责任。企业对所处的社区有维护社区正常环境、提供就业机会、适当参与社区教育文化事业、支持社区公益事业等责任。

(4)企业对生态环境的责任。在生态环境问题上，企业应当为所在的社区、区域、国家或社会，乃至全人类的长远利益负起责任。要维护人类的生态环境，以适应经济、社会的可持续发展。企业作为自然资源(能源、水源、矿产资源)的主要消费者，应当承担起节约自然资源、开发资源、保护资源的责任。企业应防止对环境造成污染和破坏，推动环保技术的应用，开发绿色产品，要整治被污染了的生态环境。

(5)企业对国家的责任。企业对国家的责任涉及社会生活中政治、法律、经济、文化等各个领域，如企业要遵守国家大政方针、法律政策，遵守国家关于财务、劳动工资、物价管理等方面的规定，接受财税、审计部门的监督，自觉照章纳税，管好、用好国有资产，实现国有资产保值增值。

第二节 企业内部的系统结构与组织结构

一、企业内部的系统结构及功能

从过程的角度看,企业内部是由供应子系统、生产子系统、营销子系统、研究和发展子系统等四大子系统构成。它们的有效运作,就可以保证企业日常生产与经营,保证企业战略的顺利实施和生产经营目标的最终实现。

1. 供应子系统的功能

供应子系统主要是为企业提供生产、经营、研究开发等所必需的人力、资金、物资等生产要素。

2. 生产子系统的功能

生产子系统是根据企业生产经营的目标对投入的生产要素进行最佳配置,完成产品的生产过程,并按时、按质、按量向营销子系统提供产品。

3. 营销子系统的功能

营销子系统是协调企业上市产品与市场开发的关系。它既要把研发及生产子系统的产品推销出去;又要及时反馈市场信息给研发及生产子系统。

4. 研究与开发子系统的功能

研究与开发子系统即根据企业和市场的战略发展的需要,制订企业未来发展的基本对策,开发新产品、新工艺、新技术。

四大子系统之间的结构与功能的关系如图1-2所示:

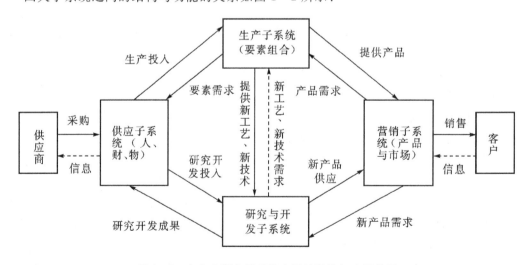

图1-2 企业内部各子系统之间的结构与功能关系

二、企业组织结构设计的原则及常见的结构类别

（一）组织结构设计的原则

1. 任务目标原则

任何一个组织，都有其特定的任务和目标，组织设计者的根本目的是为了保证组织的任务和目标的实现，组织设计者的每一项工作都应以是否对实现目标有利为衡量标准。

2. 分工与协作原则

分工就是按照提高专业化程度和工作效率的要求，把组织的任务和目标进行合理的分解，明确规定每个层次、每个部门乃至每个人的工作内容、工作范围，以及完成工作的手段、方式和方法。协作就是要明确部门与部门之间、部门内人与人之间的协调关系与配合方法，找出容易发生矛盾之处，加以协调，并使协调中的各种关系逐步规范化和程序化，有具体可行的协调配合方法。分工与协作是相辅相成的，只有分工没有协作，分工就失去了意义，而没有分工就谈不上协作。

3. 统一指挥原则

统一指挥原则，可以表述为：组织的各级机构以及个人必须服从一个上级的命令和指挥，只有这样才能保证命令和指挥的统一，避免多头领导与多头指挥造成管理中的混乱现象。

4. 有效管理幅度原则

有效管理幅度是指一名主管人员直接有效地管理下属的人数。由于管理者的时间和精力是有限的，其管理能力也因个人的知识、经验、年龄、个性等的不同而有所差异，因而任何管理者的管理幅度都有一定的限度，超过一定限度，就不能做到具体、高效、正确的领导。因而，有效管理幅度原则要求一个领导者要有适当的管理幅度。

5. 责权利对等原则

该原则要求在进行组织结构设计时，既要明确规定每一管理层次和各个管理部门的职责范围，又要赋予完成其职责所必需的管理权限，做到职责与职权协调一致。同时，根据所负责任，承担风险及付出劳动的多少，给予相匹配的收益，实现有责、有权、有利。

6. 集权与分权相结合原则

这一原则要求根据组织的实际需要，决定集权与分权的程度。集权与分权是相对的，没有绝对的集权，也没有绝对的分权，只是程度的不同。一个组织是采用集权还是施行分权受到多种因素的影响，如工作性质与重要程度、组织历史与经营规模、管理者的数量与控制能力、组织外部环境的变化情况等。一个组织集权到什么程度，应以不妨碍基层人员的积极性发挥为限；分权到什么程度，应以上级不失去对下级的有效控制为限。另外，集权与分权不是一成不变的，应根据不同的情况和需要加以调整。

7. 弹性结构原则

所谓弹性结构是指一个组织的部门结构、人员职责和工作职位都是可以变动的，以适应组织内外部环境的变化。组织可以根据外界环境的变化和生产经营活动的需要及时地扩充或收缩某些职能部门。弹性结构原则还要求组织内职位的设置也应富有弹性，如按任务和目标需

要设立岗位和职位,不按人设岗;干部定期更换;报酬应与贡献相联系等。

8. 精干高效原则

无论何种组织机构形式,都必须将精干高效原则放在重要位置。所谓精干高效原则就是:在服从由组织目标所决定的业务活动需要的前提下,力求减少管理层次,精简管理机构和人员,充分发挥组织成员的积极性,提高管理效率,更好地实现组织目标。

(二)企业组织结构类型

设置组织结构,需要选择适当的组织结构形式,因不同的组织有不同的特点,不可能用统一的固定模式,下面是常见的一些组织结构的基本类型。

1. 直线制

直线制是最为简单的组织形式。企业的管理工作,均由企业的厂长(或公司经理)直接指挥和管理,不设专门的职能机构。要求企业领导者精明能干,具有多种管理专业知识和生产技能知识。直线制组织结构如图1-3所示。

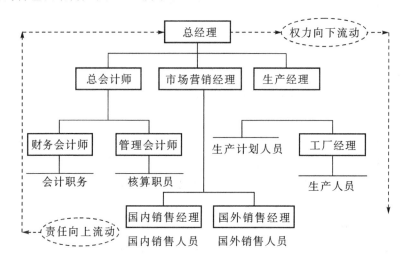

图1-3 直线制组织结构示意

(1)优点:沟通迅速;指挥统一;责任明确。
(2)缺点:管理者负担过重;难以胜任复杂职能。
(3)适用:适用于中小型组织。

2. 职能制

在职能制这种类型组织中,权力和责任流动的方向是由职能决定的,而与实际的运行部门无关。确定企业的每一项职能,指派一位专家主管,无论何处只要该职能发生,此人将直接参与控制。因此他的权力超越了该职能部门的直线制管理者,后者负责纪律以及其他一些与其员工有关的事项。职能制组织结构如图1-4所示。

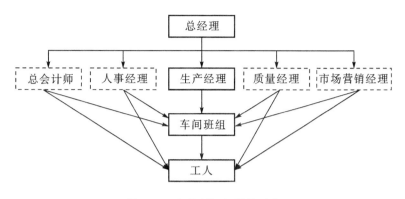

图 1-4 职能制组织结构示意

此类型的组织模式将导致工人听命于不止一个上级的事实,并与统一指挥这一概念相矛盾。在实践中,纯粹职能制的组织模式并不常见,但是不管怎么说都有必要对其优、缺点加以评价。

(1) 优点:有利专业管理职能的充分发挥。
(2) 缺点:破坏统一指挥原则。
(3) 适用:这种原始意义上的职能制无现实意义。

3. 直线职能制

直线职能制又称直线参谋制,它吸取了直线制和职能制的长处,也避免了它们的短处。它把直线制统一指挥的思想和职能分工的专业化思想相结合,在组织中设置两套系统。一套是直线指挥系统,一套是职能管理系统,在各级领导者之下设置相应的职能部门分别从事专业管理。这种组织形式以直线指挥系统为主体,同时利用职能部门的参谋作用,但职能部门在各自范围内所作的计划、方案及有关指示,必须经相应层次的领导批准方可下达,职能部门对下级部门无权直线指挥,只起业务指导作用。直线职能制组织结构如图 1-5 所示。

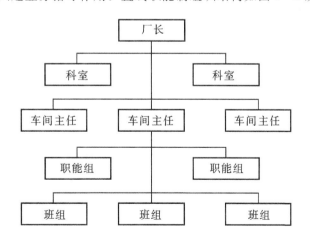

图 1-5 直线职能制组织结构示意

(1) 优点:直线职能制既保证了企业的统一指挥,又有利于用专业化管理提高管理效率,因此,在世界范围内,这种组织形式得到了普遍的、长期的采用。在我国,绝大多数企业至今仍然主要实行这种组织形式。

(2) 缺点:①过于集权,下级缺乏必要的自主权;②各职能部门之间的横向联系不紧密,易于脱节或难于协调;③企业内部信息传递路线较长,反馈较慢,难以适应环境变化;④指挥部门与职能部门之间容易产生矛盾。

(3) 适用:这种组织形式较为普遍,我国大部分公司,甚至机关、学校、医院等都采用直线职能制的结构。

4. 事业部制

事业部制也叫联邦分权化,是一种分权制的组织形式。它在公司总部下增设一层半独立经营的"事业部",事业部长负责其全面工作,并设相应的职能部门。事业部制最早是美国通用汽车公司总裁斯隆(A. P. Jr. Sloan)于1924年提出的,是一种高度(层)集权下的分权管理体制。它适用于规模庞大、品种繁多、技术复杂的大型企业,是国外较大的联合公司所采用的一种组织形式。近几年我国一些大型企业集团或公司,如"美的""海信"等也引进了这种组织结构形式。事业部制组织结构如图1-6所示。

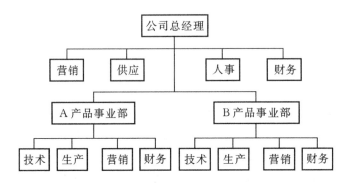

图1-6 事业部制(产品部门化)组织结构示意

事业部制是分级管理、分级核算、自负盈亏的一种形式,即一个公司按地区或按产品类别分成若干个事业部,从产品设计、原材料采购、成本核算、产品制造,一直到产品销售,均由事业部及所属工厂负责,实行单独核算、独立经营,公司总部只保留人事决策、预算控制和监督权,并通过利润等指标对事业部进行控制。

(1) 优点:有利于发挥事业部的积极性、主动性,更好地适应市场;有利于公司高层集中思考战略问题;有利于培养综合管理人员。

(2) 缺点:存在分权带来的不足,即指挥不灵、机构重叠,对管理者要求高。

(3) 适用:面对多个不同市场或多个不同产品的大规模组织。

5. 矩阵制

初看起来,矩阵制组织仿佛具有职能制组织的所有特征,只是职能制组织的各种职能被孤立起来,由各种专家执行。然而,这种组织形式事实上是直线制组织和职能制组织的混合体,如图1-7所示。

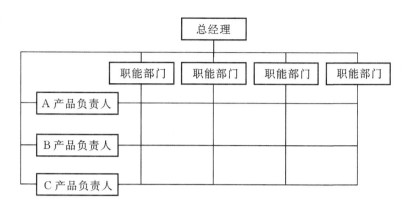

图1-7 矩阵制组织结构示意

每一种职能都是职能经理管辖下的由专家组成的特别小组的工作目标。每个专家同时又都是直线制经理管辖之下的工作部门中的一员。实际上,每一员工都听命于两个权威,即他的专家经理和他的运行经理。

(1)优点:纵横结合,有利于配合;人员组合富有弹性。
(2)缺点:破坏命令统一原则。
(3)适用:主要适用于突击性、临时性任务。

6. 多维立体组织结构

多维立体组织结构是在矩阵组织结构的基础上再加上直线职能制、事业部制和地区、实践结合为一体的复杂机构形态。它是一种从系统的观点出发,建立多维立体的组织结构,如图1-8所示。

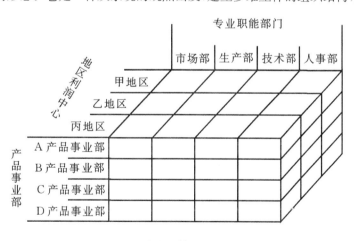

图1-8 多维立体组织结构示意

多维立体组织结构主要包括三类管理机构:一是按产品划分的事业部,即产品利润中心;二是按职能划分的专业参谋机构,即专业成本中心;三是按地区划分的管理机构,即地区利润中心。

(1)优点:通过多维立体组织结构,这三方面的机构可以协调一致、紧密配合,为实现组织的总目标服务。
(2)缺点:多重领导。

(3)适用:这种组织形式适合于多种产品开发、跨地区经营的跨国公司或跨地区的大公司,可以为这些企业在不同产品、不同地区增强市场竞争力提供组织保证。

7.委员会制

委员会是指一群人有计划地聚合在一起,对某一特定问题进行讨论或商议决策的组织。若将组织中的最高决策权交给两位以上的主管人员,也就是把权力分散到一个集体中去过程,即为委员会管理,也称为集体管理。

存在于组织中的委员会有不同的类型和不同的目的。组织内常见的委员会有董事会、工作委员会、预算委员会、咨询委员会等。

(1)优点:集思广益、集体决策、有效协调、鼓励参与。

(2)缺点:①做出决定要经过很长时间,费时费钱;②责任不明确,委员的责任感不强;③委员会可能产生专家之间的学派之争,使决策常带有感情色彩;④有些决定可能是妥协的结果,出于对某些委员的敬畏而顺从了他们并非正确的提议。

(3)适用:高校中学位评审委员会、招生委员会;公司企业中审计委员会、高层管理委员会等。

8.网络型组织结构

网络型组织结构是一种很小的中心组织,它以合同为基础,依靠其他组织进行制造、分销、营销或其他业务等经营活动。网络型组织结构如图1-9所示。

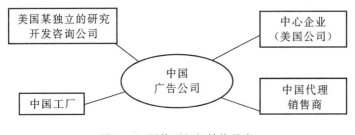

图1-9 网络型组织结构示意

(1)优点:以较少的资源,创造巨大的收益;在网络型组织结构中,管理者的主要工作是协调,充分发挥分工协作的优势。

(2)缺点:在网络型组织结构中,企业和其他职能企业是一种松散型关系,难以建立长期、稳固的合作关系,不利于稳定产品质量,不利于保守企业的技术秘密和其他商业秘密,网络协调的难度较大。

(3)适用:跨国公司及虚拟企业。

第三节 现代企业制度

一、现代企业制度的含义与特征

(一)现代企业制度的含义

在党的十四届三中全会上通过的《关于建立社会主义市场经济若干问题的决定》中首次提

出我国国有企业改革的方向是建立现代企业制度,现代企业制度的基本特征是"产权清晰、权责明确、政企分开、管理科学"。1999年9月党的十五届四中全会再次强调要建立和完善现代企业制度,并重申了对现代企业制度基本特征的"十六字"总体要求。

现代企业制度是指以完善的企业法人制度为基础,以公司制为主要形式,以产权明晰、权责明确、政企分开、管理科学为基本特征,能适应社会主义市场经济要求的一种体制模式。现代企业制度是现代市场经济的产物,反映了市场经济的一般规律。公司制企业是现代企业制度的主要组织形式。

(二)现代企业制度的特征

1. 产权清晰

产权清晰是指以法律形式明确企业出资者与企业之间的基本财产关系。涉及国有资产的,尤其要明确企业国有资产的直接投资主体,即明确哪个政府部门是企业国有资产的直接出资者,并将其人格化;同时,还要明确国家或代表国家的相关政府部门作为企业国有资产出资者的有限责任,彻底改变国家对企业债务实际上承担无限责任的状况,维护国有资产的合法权益。

从国有企业改革的角度,国有企业产权清晰主要包括以下三个层次的内容:

(1)国有企业产权清晰第一个层次的内容是要弄清每个国有企业的资产总额及其构成,包括流动资产、固定资产、无形资产以及其他类别资产。在进行资产界定时,要根据社会主义市场经济体制的要求,按照法定程序,运用科学的方法对各项国有资产进行资产评估,最终目的是确保国有资产的保值增值。

(2)国有企业产权清晰第二层次的内容是要明确资产所有者代表。国有资产的所有者是全民,社会主义国家是全民的代表,在这一理论前提下,更重要的是,要在实践中继续明确由谁代表国家来行使国有资产所有者职能,怎样落实国有资产的管理、监督和经营责任制,明确责、权、利关系,使经营国有资产的国有企业真正成为独立的法人实体和市场竞争主体。

(3)国有企业产权清晰第三层次的内容是要全面、动态地理解和应用"产权清晰",即在社会主义市场经济条件下,对"产权清晰"要进一步从产权流动、产权交易、资源优化配置的角度来理解和应用。通过加快国有资产流动,积极、慎重地推进产权交易,实行市场化的资源配置方式,充分利用企业现有的生产能力扩大再生产,提高企业的管理水平,促进企业的长远发展。

从一般公司制企业的角度来说,产权清晰就是要求对企业的财产归谁所有、由谁占有、由谁使用、由谁处分的系列权利关系的分配清晰。在现代企业制度下,企业的各种权利既可集中于一个权利主体,也可分离、归属于不同的权利主体,但其权利分配和权利关系一定要清晰、明确。企业资产的所有权归属于出资者,而企业享有完全的法人财产权。要使产权明晰,必须使出资者的所有权和企业的法人财产权相分离。例如,企业在经营活动中的借贷资金形成企业法人财产而不形成出资者的产权。

2. 权责明确

权责明确是指在产权清晰、建立公司制度、完善企业法人制度和有限责任制度的基础上,明确界定企业出资者与企业法人对企业财产应享有的权利、应承担的责任和应履行的义务。

在现代企业制度形态中,所有者按其出资额享有资产受益、重大决策和选择管理者的权利,对企业债务承担相应的有限责任。企业在其存续期间,对由各个投资者投资形成的企业法人财产拥有占有、使用、处置和收益的权利,企业以企业全部法人财产对其债务承担有限责任;经营者受所有者的委托在一定时期和范围内拥有经营企业资产及其他生产要素并获取相应收益的权利;劳动者按照与企业的合约拥有就业和获取相应收益的权利。与上述权利相对应的则是责任。明确责任就是明确界定企业所有者、经营者、劳动者及其他企业利益相关者各自的责任和义务,以完成企业的使命和任务。

由于所有者、经营者、劳动者在企业中的地位和作用是不同的,因此他们的权利和责任也是不同的。"权责明确"就是要合理区分和明确确定企业所有者、经营者和劳动者各自的权利和责任,使权利和责任相对应或相平衡;在所有者、经营者、劳动者及其他利益相关者之间建立起相互依赖又相互制衡的机制,明确彼此的权利、责任和义务,相互监督与制约。

3. 政企分开

政企分开是指在明晰产权、明确权责的基础上,实行政府与企业的职能分离,建立适应社会主义市场经济体制的新型的政府与企业的关系。实行政企分开,有以下两个层次的任务:

第一个层次的任务是,把政府的国有资产所有权职能与社会经济管理职能分开,积极探索国有资产经营的方式和途径,清晰界定国有资产出资者与企业法人之间的产权关系。政府是国有资产的代表,享有资产所有权,依然行使所有者的职能,但必须把它与政府的社会经济管理职能分别界定清楚,各司其职。

第二个层次的任务是,把政府的行政管理职能与企业的经营管理职能分开。政府对企业的责任是运用各种行政、经济、法律等手段对企业进行引导和监督,而不是直接的经营管理。政府应把企业经营权归还给企业,把政府行使的行政管理职能、宏观调控职能与企业的经营职能相分离,把企业原来承担的社会职能分离后交还给政府和社会,如住房、医疗、养老、社区服务等。

4. 管理科学

管理科学是指在产权清晰、权责明确、政企分开的基础上,把改革与企业内部管理有机结合起来,在企业内部形成一套科学的管理体系和制度。管理科学要求企业建立和完善与现代化生产相适应的各项管理制度,其目的是积极应用现代化科技成果,在管理人才、管理思想、管理组织、管理方法、管理手段等方面实现管理的现代化。

因此,"管理科学"中的管理既包括质量管理、生产管理、供应管理、销售管理、研究与开发管理、财务管理、人事管理等狭义的企业管理所包含的内容,也包括广义的企业管理所包含的内容,如企业组织管理。企业组织管理是通过建立规范、合理的组织机构和组织制度,使企业的权力机构、决策机构、执行机构以及监督机构之间的权责明确,形成一套有效的激励约束机制。对于管理是否科学,可以从企业所采取的具体管理方式和管理手段的"先进性"来判断,但根本的还是要靠管理的经济效益来验证和评判。

二、现代企业制度的基本内容

现代企业制度是社会化大生产和市场经济发展的必然产物,是由一系列具体的、科学的制度构成的。以下是这一制度体系中最基本的制度内容。

1. 现代企业产权制度

产权制度是对财产权利在经济活动中表现出来的各种权能加以分解和规范的法律制度;

是以产权为依托,对各种经济主体在产权关系中的权利、责任和义务合理地进行组合的制度。所谓产权,也叫财产权,是指所有人依法对自己的财产享有占有、使用、收益、处分的权利,这是经济学意义上的完整的所有权的概念。而根据公司法的有关规定,公司法人财产所有权是指公司对由股东投资形成的全部财产依法享有占有、使用、处分和部分收益的权利。显然产权可分为两种:一种是经济学意义上的完整的产权概念;另一种是建立在其完整产权概念基础上的现代产权概念。第一种产权概念就是完整意义的财产所有权,建立在这一产权概念基础上的产权制度可称为原始产权制度;而第二种产权概念则是对经济学意义上的完整财产所有权的一种变异或延伸,而非经济学意义上的财产所有权概念。建立在第二种产权概念基础上的产权制度就是现代产权制度。

具体地讲,现代企业产权制度就是把民法上所称的经济学意义上的所有权分解为出资者的最终所有权(或称终极所有权)和企业法人财产权(或称财产所有权)两部分。企业的出资者或投资者对其所投入的资产享有最终所有权,而企业对出资者所投入到企业中的资产整体享有法人财产权。在此制度下出资者的最终所有权就退化为股权,而随之丧失一部分所有权、占有权、使用权、支配权和部分收益权。投资者只能以股东身份依法享有资产收益、选择管理者、参与重大决策以及股权转让等,不能对资产中最终属于自己的那一部分资产实行支配;只能运用股东权利影响企业行为,而不能直接干预企业的经营活动。而企业法人则享有出资者所投资产的占有权、使用权、处分权和部分收益权。

由此可以看出,现代产权制度与原始产权制度相比,最大的差别是现代产权制度把经济学意义上的完整的财产所有权分解为最终所有权和法人财产权两部分,实现了"两权分离",使企业享有独立的法人财产权,而原始产权制度下这"两权"是合二为一的。产权制度的核心就是通过对所有者的产权分割和权益界定,使产权明晰化,以实现社会资源的优化配置。现代企业产权制度能够使企业拥有自己独立支配的财产,使其具备法律上独立的人格条件,从而成为独立的市场主体。因此,现代产权制度是现代企业制度不可缺少的内容。

2. 现代企业法人制度

法人制度就是通过赋予企业或有关组织法律上独立的人格,使其独立承担民事责任,享有民事权利,也包括赋予企业法人地位的各项法律及规定。"法人"是一个法学名词,它是相对自然人而言的,代表一个团体组织,具有与自然人相同的民事权利能力和民事行为能力,能独立享有民事权利和承担民事义务。

法人制度规定:出资人构造出企业法人后,企业就依法获得了出资人投资所形成的全部法人财产权,成为以其全部法人财产进行自主经营、自负盈亏的经济实体;包括国家在内的出资人将资产注入企业后,就丧失了对资产的直接支配的权利,不能直接干预企业日常的生产经营活动。企业的生产经营交由具有知识和技能的管理人才,由他们代为管理企业。出资人只是以所有者身份,依法享有资产收益、参与重大决策、选择管理者、制定公司章程和产权处置的权利。

法人制度是现代企业制度的重要内容,在现代企业制度体系中占据核心的地位。首先,法人制度使现代企业同传统的自然人企业相比具有明显的优势。自然人企业会因业主或合伙人的生理原因(如死亡)终止或解散,法人企业则不会因股东或董事的死亡和股权的转让而终止或解散,具有永续生命。永续生命使企业具有稳定性和连续性,赢得了股东和债权人的信赖。其次,法人制度是实现最终所有权与法人财产权分离,从而实现现代企业产权制度的重要契机,是企业具有有限责任的前提。因此,建立现代企业制度必须首先确立现代企业法人制度。

3. 现代企业财产责任制度

现代企业的财产责任是有限责任,包含两个方面:一是对股东而言,他们以其出资额为限对企业债务承担有限责任;二是对企业法人而言,他以其全部财产为限对企业的债务承担责任。当企业出现资不抵债时,以其全部财产进行清偿,不牵涉企业以外的他人的财产。

有限责任制度的出现是企业财产组织形式的巨大进步,也是现代企业制度的一个重要标志。一方面,投资者可以比较放心地把资本投给企业。即使企业破产了,股东的损失也仅限于其投资额部分,不会连累到自己的其他财产,减轻和分散了投资风险。这就使资本大量、集中地投到各项生产领域和经营领域中,促进了社会生产力的巨大进步,也扩大了企业规模。另一方面,经营者可以比较放心大胆地经营企业。公司作为独立的法人,其资产虽然来自股东,但经营者对股东承担的财产责任是有限的,对自己经营的全部财产责任也是有限的。这有利于经营者放开手脚、独立负责、自主经营,推动企业的快速发展。

4. 现代企业组织制度

在市场经济的发展中,公司制企业已经形成了一套完整的组织制度,其基本特征如下:

(1)所有者、经营者和生产者之间,通过公司的决策机构、执行机构、监督机构,形成各自独立、权责分明、相互制约的关系,并以法律和公司章程的形式加以确立和实现。

(2)公司组织制度坚持决策权、执行权和监督权三权分立的原则。公司组织机构通常包括股东大会、董事会、监事会以及经理人员四大部分。按其职能分别形成决策机构、监督机构和执行机构。

5. 现代企业管理制度

现代企业制度的运作和完善需要有科学的管理制度作保障,加强企业管理是我国企业面临的迫切的与长期的重要任务。

现代企业管理制度是指运用现代管理思想、管理方法、管理手段和管理人才对企业实行现代化的管理。现代企业特别是公司制企业与个人业主制企业和合伙制企业相比,无论是在规模上、生产工艺上,或是在所面对的市场环境方面都远远高于后两者。因此,对现代企业实行现代管理成为必须,现代企业管理制度也成为现代企业制度不可缺少的重要内容。现代企业管理制度是由现代化生产要求相适应的各项具体的管理制度组成的,主要包括以下几个方面:

(1)现代企业领导制度。

现代企业领导制度的核心是关于企业内部领导权的归属、划分及如何行使等所作的规定。

(2)现代企业劳动人事制度。

现代企业劳动人事制度是用来处理企业用工方式、工资分配以及企业法人、经营者与劳动者在劳动过程中所形成的各种经济关系的行为准则。建立与市场经济要求相适应的,能促进企业和劳动者双方选择,获得最佳经济效益和社会效益的市场化、社会化、法制化的企业劳动、人事和工资制度,从而实现劳动用工市场化、工资增减市场化、劳动争议仲裁法规化,是建立现代企业制度的重要内容。

(3)现代企业财会制度。

现代企业财会制度是用来处理在企业法人与国家、股东、劳动者之间财会信息沟通和财产分配关系的行为准则,它能保护股东和国家的利益不受侵犯。

现代企业财会制度应充分体现产权关系清晰、财会政策公平、企业自主理财与国际惯例相一致的原则。现代企业有充分的理财自主权,企业有健全的内部财会制度,并配备合格的财会人员。其财务报告须经注册会计师签证,上市公司要严格执行公开披露财务信息的制度。

(4)现代企业破产制度。

现代企业破产制度是用来处理企业生产经营过程中形成的各种债权债务关系,维护经济运行秩序的法律制度。它不是以行政命令的方式来决定取消企业的名称,而是以法律保障的经济运行方式"自动"筛选和淘汰,为整个经济运行提供一种优胜劣汰的途径。

第四节 现代企业组织形式

现代企业制度的内容需要通过一定的组织形式来实现,有限责任公司、股份有限公司和国有独资公司是现代企业制度的基本组织形式。

一、有限责任公司

根据我国《公司法》的规定,有限责任公司是指股东人数在50人以下,股东以其出资额为限对公司承担责任,公司则以其全部资产为限对公司债务承担有限责任的企业法人。

(一)有限责任公司的特点

1. 股东人数有严格的数量限制

有限责任公司的股东必须在50人以下,股东数量为1人的,为一人有限责任公司。

2. 股东出资必须达到法定最低限额

有限责任公司注册资本的最低限额为3万元人民币,有些法律、法规对有限责任公司注册资本的最低限额有较高规定,则要从其规定。如我国《证券法》规定,设立综合类证券公司,注册资本最低限额为5亿元人民币,证券公司注册资本最低限额为5000万元人民币。

3. 公司的资产有相关规定

公司的全部资产不分为等额股份,也不发行股票,其设立方式只能是发起设立,不能采取募集设立。我国《公司法》规定,有限责任公司成立后,须向股东签发出资证明书。

4. 公司股份转让有严格的限制

有限责任公司的股东之间可以相互转让其全部或部分股权,股东向股东以外的人转让股权的,应当经其他股东过半数通过。经股东同意转让的股权,在同等条件下,其他股东有优先购买权。未经过半数通过的,不同意的股东应购买转让股权,不购买的,视为同意转让。

(二)有限责任公司的组织机构

1. 股东会

股东会是由全体股东所组成的最高权力机构。它是一个决定公司一切重大事宜的非常设机构。股东会的职权包括:①决定公司的经营方针和投资计划;②选举和更换董事,决定有关董事的报酬事项;③选举和更换由股东代表出任的监事,决定有关监事的报酬事项;④审议批准董事会的报告;⑤审议批准监事会或监事的报告;⑥审议批准公司的年度财务预算方案、决算方案;⑦审议批准公司的利润分配方案和弥补亏损方案;⑧对公司增减注册资本作出决议;⑨对公司发行债券作出决议;⑩对股东向股东以外的人转让出资作出决议;⑪对公司合并、分立、变更公司形式、解散和清算等事项作出决议;⑫修改公司章程。

股东会会议分为定期会议和临时会议两种。股东会会议按出资比例行使表决权。

2. 董事会

董事会是公司的经营决策机构,主要对股东会负责。其成员为3~13人,设董事长1人,副董事长1或2人。董事长和副董事长的产生办法由公司章程规定,董事长为公司的法定代表人,每届任期不得超过3年,可连选连任。公司规模较小或股东人数较少时可只设一名执行董事。

董事会的职权包括:①负责召集股东会,并向股东会报告工作;②执行股东会的决议;③制订公司的经营计划和投资方案;④制订公司的年度财务预算方案;⑤制订公司的利润分配或亏损弥补方案;⑥制订公司增减注册资本的方案;⑦拟订公司合并、分立、变更公司形式、解散的方案;⑧决定公司内部管理机构的设置;⑨聘任或解聘公司经理,根据经理提名,聘任或解聘公司副经理、财务负责人,决定其报酬事项;⑩制定公司基本管理制度。

3. 经理

经理是负责公司生产经营管理工作的常设职位,由董事会聘任或解聘,对董事会负责。经理列席董事会会议,接受监事会的监督。

经理的职权包括:①主持公司的日常经营管理工作,组织实施董事会决议;②组织实施年度经营计划和投资方案;③拟订公司内部管理机构的设置方案;④拟订公司的基本管理制度;⑤制定公司的具体规章;⑥提请聘任或解聘公司副经理、财务负责人;⑦聘请或解聘除应董事会聘任或解聘以外的管理人员;⑧公司章程或董事会授予的其他职权。

4. 监事会

监事会是负责对公司的经营决策和管理进行监督检查的机构。股东人数较少或规模较小时,可只设1或2名监事。监事列席董事会会议,任期3年,可连选连任,监事会成员不少于3人。

监事会的职权包括:①检查公司财务;②对董事、经理执行职务时违反法律、法规或公司章程的行为进行监督;③当董事、经理的行为损害公司利益时,要求董事和经理予以纠正;④提议召开临时董事会;⑤公司章程规定的其他职权。

(三)有限责任公司股东的权利和义务

1. 股东的权利

(1)出席会议权或表决权;

(2)选举权和被选举权;

(3)利润分配权;

(4)剩余财产分配权;

(5)查阅会议记录和财务会计报告权;

(6)增资优先认购权;

(7)转让出资权。

2. 股东的义务

(1) 缴纳出资的义务;

(2) 出资填补的义务;

(3) 不得抽回出资的义务;

(4) 依法转让出资。

(四) 一人有限责任公司

一人有限责任公司是指只有一个自然人股东或一个法人股东的有限责任公司,是有限责任公司的一种特殊表现形式。我国《公司法》规定,一人有限责任公司的设立和组织机构适用特别规定,没有特别规定的,适用有限责任公司的相关规定。一人有限责任公司具有以下几个特点:

(1) 一人有限责任公司的注册资本最低限额为 10 万元人民币。

(2) 一个自然人只能投资设立一个一人有限责任公司,该一人有限责任公司不能投资设立新的一人有限责任公司。

(3) 一人有限责任公司不设立股东会,法律规定的股东会职权由股东行使,当股东行使职权作出决定时,应当采用书面形式,并由股东签字后置备于公司。

(4) 一人有限责任公司的股东不能证明公司财产独立于股东自己财产的,应当对公司债务承担连带责任。

二、股份有限公司

股份有限公司是指由两个以上股东共同投资设立的,全部资本分为等额股份,股东以其所持股份为限对公司承担责任,公司以其全部资产为限对公司债务承担有限责任的企业法人。

(一) 股份有限公司的特点

股份有限公司是现代市场中最适合大中型企业、最具生命力和发展前途的组织形式,较之其他公司组织形式有许多优点:

(1) 股份有限公司是一种能够大规模筹集资本、为企业提供多种筹资方式和筹资渠道的最有效的组织形式,同时,这种组织形式为众多分散的投资者提供了便利条件。

(2) 股份有限公司有一套科学、完整的管理组织机构,即公司内部治理结构,在公司内部的各利益相关者之间建立起相互激励、相互制约的机制,有利于维护公司各方面的利益。

(3) 股份有限公司的治理模式将企业的经营管理置于社会监督之下,小股东利用手中的股票"用脚投票",即当股东认为企业经营管理不善时,就会抛售手中的股票,从而对公司的经营者形成激励,激励其努力提高企业的经济效益。

(二) 股份有限公司的组织机构

1. 股东大会

股份有限公司的股东大会是公司的权力机构。股东大会由股东组成,其职权与有限责任公司的股东会基本一致。

股东大会分为定期会议和临时会议。股东大会作出的决议,须经出席会议的股东所持表决权的半数以上通过,对于公司合并、分立、解散、修改章程等所作出的决议,须经出席大会的股东所持表决权的 2/3 以上通过。

2. 董事会

与有限责任公司一样,董事会也是经营决策机构,二者的职权也基本一致。董事会的成员由 5~19 人组成,成员人数通常为单数,也可以为偶数,由股东会选举产生。设董事长 1 人,副董事长 1 或 2 人,董事长和副董事长由全体董事的过半数选举产生,董事长为公司的法定代表人。董事会议应由半数以上的董事出席方可举行。董事会会议可以分为定期会议和临时会议,定期会议按章程规定的期限定期召开,每年至少召开 2 次,临时会议仅在必要时召开。董事会作出的决议,须经全体董事的过半数通过。

3. 经理

经理是负责公司日常经营管理工作的常设职位,其职权与有限责任公司经理相同。公司董事会可以决定由董事会成员兼任经理。

4. 监事会

监事会是公司的内部监督检查机构,对股东大会负责。其成员不少于 3 人,由股东代表和适当比例职工代表组成。任期 3 年,可连选连任。

三、国有独资公司

国有独资公司是指由国家单独出资、由国务院或地方人民政府委托本级人民政府国有资产监督管理机构履行出资人职责的有限责任公司。我国《公司法》规定,国有独资公司的设立和组织机构适用特别规定,没有特别规定的,适用有限责任公司的相关规定。这些特别规定决定了国有独资公司的主要特点,主要包括以下几个方面:

(1)国有独资公司章程由国有资产监督管理机构制定,或者由董事会制定,报国有资产监督管理机构批准。

(2)国有独资公司不设股东会,由国有资产监督管理机构行使股东会职权。

(3)国有独资公司设立董事会,依照法律规定的有限责任公司董事会的职权和国有资产监督管理机构的授权行使职权。

(4)国有独资公司设经理,由董事会聘任或解聘。经国有资产监督管理机构同意,董事会成员可以兼任经理。

(5)国有独资公司的董事长、副董事长、董事、高级管理人员,未经国有资产监督管理机构同意,不得在其他有限责任公司、股份有限责任公司或其他经济组织兼职。

(6)国有独资公司监事会成员不得少于 5 人,其中职工代表比例不得低于 1/3。

四、企业集团

企业集团是指以一个或几个大型骨干企业为主体,由多个有内在经济技术联系的企业、科研单位组成的联合体。企业集团一般以母公司为核心,周围有一群控股或参股的子公司和关联公司所形成的企业群体。母公司是通过资本渗透、人事参与的方式直接或间接控制整个集团。

母公司是指通过掌握其他公司一定比例的股票或资产,从而能实际控制其营业活动的公司。受其控制的公司就是子公司,子公司虽然受母公司的控制,但在法律上是独立的法人组织。分公司是母公司的分支机构或附属机构,在法律上和经济上都没有独立性。尽管分公司与子公司都处于母公司的势力范围之内,但它们各自的法律地位是迥然不同的。

(一)分公司的法律地位

(1)分公司一般与母公司使用同一名称;
(2)分公司的业务问题完全由母公司决定;
(3)分公司的股份资本全部属于母公司;
(4)分公司没有自己的资产负债表,也没有自己的公司章程;
(5)分公司一般以母公司的名义并根据其委托进行业务活动,母公司应以自己的资产对分公司的债务负责。

(二)子公司的法律地位

(1)子公司有自己的公司名称和公司章程,具有自己的资产负债表和损益表等对外会计报表;
(2)子公司可以独立地召开股东大会和董事会;
(3)子公司具有独立的财产和足够的资金;
(4)子公司可以独立地以自己的名义承担民事法律责任和进行各类业务活动;
(5)子公司有进行诉讼的权利。

本章小结

企业是从事生产、流通、服务等经济活动,以产品或劳务满足社会需要,依照法定程序设立的具有法人资格、进行自主经营、独立享受权利和承担义务的经济组织。企业是一个历史范畴,是人类社会生产力和商品经济发展到一定水平的产物。现代企业在技术、制度、组织、管理方面表现出了和传统企业不同的特征。按照不同的分类标准可以划分不同的企业类型。按企业资产的所有制性质分类,可以分为国有企业、集体所有制企业、个体私营企业和混合所有制企业;按企业所属的产业分类,可以分为农业企业、工业企业和服务类企业;接企业内部各生产力要素所占比重分类,可以分为劳动密集型企业、资金密集型企业和知识技术密集型企业;按企业制度的形态分类,可以分为业主制企业、合伙制企业和公司制企业。企业的目标是指用文字或指标等形式表述的企业在一定时期内要达到的目的和要求。企业目标的基本内容包括社会贡献目标、市场目标、利益与发展目标、成本目标和人员培训目标。企业责任是指企业在争取自身生存与发展过程中,面对社会的需要和各种社会问题,为维护国家、社会和人类的利益所应履行的义务。我国国有企业改革的方向是建立现代企业制度,现代企业制度的基本特征是产权清晰、权责明确、政企分开、管理科学。

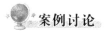
案例讨论

三孔啤酒公司

三孔啤酒有限公司位于山东曲阜,是 1987 年由破产倒闭的原曲阜化肥厂改建而成的。董事长兼总经理宋文俊,军人出身,授命之初,摆在他面前的是一个百废待兴的烂摊子。经过 13 年的持续努力,从一个年生产能力 1 万吨啤酒的小厂起步,走过了艰苦创业——站稳脚跟——

称雄鲁西——争强山东——跻身全国的发展历程。自1994年起,三孔啤酒与德国最著名的啤酒酿造公司DAB公司进行了全方位技术合作,成为亚洲地区获准生产销售DAB公司世界名牌——汉沙啤酒的唯一厂商。公司现已形成"三孔""汉沙"两大品牌,十几个品种和十几种不同包装方式的产品系列,高中低档兼备,风格风味各异的产品线格局。市场以淮海经济区为中心,辐射到全国23个省市。

三孔啤酒厂,较早就开始借鉴国际先进管理模式,按国际惯例建立组织机构,改变过去的科室建制,设立了生产部、营销部、市场部、人力资源部、技术质量部、发展部、供应部、企业文化部和公司办公室等八部一室。在三孔啤酒有限公司挂牌成立后,又以其投资中心和控制中心的职能,设立了"一办五中心"的管理机构,即办公室、研究发展中心、人力资源中心、资产管理中心、财务管理中心、企业文化中心。

十多年来,在一个个生死存亡的关键时刻,宋文俊放眼未来,纵观全局,作出了一系列正确而富有成效的决策,为此人们称其为战略家。在驾驭三孔啤酒这条企业之舟时,宋文俊时刻关注着人的作用,除了重视中高层管理干部队伍建设外,还特别重视普通员工的学习和培训,除了员工的自我学习以外,努力实施企业培训,进行大面积人才开发,培养自己的专家,自我造血,为此人们称其为教育家。

宋文俊带领他的员工,坚持"以厂为家,厂兴我兴,厂衰我耻,与企业共命运,全力奉献,同心奋斗,同力拼搏,让曲阜满天下"的精神,牢记"诚信和善"的经营理念,按照"质量保生存,开发增活力,销售促生产,管理求效益,培训做保证,改革为动力"的经营方针,酿造着优质的产品。

讨论题:
1. 结合三孔啤酒厂的实例,找出五要素并作简要分析。
2. 三孔啤酒的案例中,分析管理的中心是什么?

复习思考题

1. 简述企业的含义与特征。
2. 现代企业制度的基本特征有哪些?
3. 现代企业与传统企业的区别在什么地方?
4. 简述有限责任公司与股份有限公司的区别。

第二章
企业管理概述

本章要点

＊企业管理的概念及特征
＊企业管理的基本原理
＊企业管理的研究方法
＊学习企业管理的意义

案例导入

惠普之道

惠普文化的核心是经久不变的价值观,即一套坚定的信念:信任和尊重个人;追求卓越的成就与贡献;在经营活动中坚持诚实与正直;依靠团队精神来达到我们的目标;鼓励灵活性和创造性。惠普文化造就了惠普在业界的良好信誉,在硅谷,有大批的公司老板在惠普工作过,深受惠普之道的熏陶,甚至有人认为惠普在某种意义上影响造就了硅谷。

一、尊重和信任

惠普公司对员工尊重和信任的最突出表现,是灵活的上班时间。这种制度最初于1967年在惠普设在德国伯布林根的工厂中实行,继而推广到惠普在全球的所有企业。根据惠普公司的做法,个人可以上午很早来上班,或是上午9点来上班,然后在干完了规定的工时后离去。这样做是为了让职工能按自己个人生活需要来调整工作时间,也表示了对职工的充分信任。惠普创始人之一的戴维·帕卡德评价说:"在我看来,灵活工作时间是尊重人、信任人的精髓。它表明,我们既看到了我们的职员个人生活很繁忙,同时也相信他们能够同其上司和工作群体一起制订一个既方便个人、又公道合理的时间表。"这并非对所有的工作都适合,但肯定对绝大多数工作是合适的。

二、同甘共苦

在公司并购的重大关头,惠普首先权衡的是员工的甘苦。1950年,有人出价1000万美元要收购惠普公司,这个价格在当时颇为诱人,但遭到断然拒绝。对此,公司元老级员工卡维尔说:"依我看,这样必然会使员工落入一群陌生人手中,而他们当然是以金钱私利为先了。"还有一次,惠普有意收购另一家工厂,后来几经考虑,终于放弃了。原因在于,那家工厂有华丽的主管套房,办公室和实验室都装有空气调节系统,但生产部门却没有。"而惠普不会做这种事,因为我们还没有全部安装空气调节系统,如果惠普把冷气只装在办公室而不在工作场所安装,那才真是不可思议呢?"

据说,二战期间惠普有机会获得一项极其重要的军方合同,但要履行合同它们得多招募

12名新员工,于是休莱特先生与下属一名经理商量。

休莱特问:"合同结束后,我们有没有他们的工作位置?"

"没有。"那名经理回答道。

"那么,这份合同我们不要也罢。"休莱特说。

惠普公司不仅将全体员工团结起来共患难,而且尽一切努力与员工有福同享。惠普有自己的自助餐厅,公司员工无论级别高低均在此用餐,员工在此花费不到3美元(中国惠普是10元)就可以享受到一顿丰盛的午餐,在笑声洋溢中,使人仿佛有置身在大学餐厅的感觉。公司每天还免费供应两次咖啡和油炸圆饼,下午还有不定期的啤酒狂欢。而且,公司里欢欣鼓舞的事屡见不鲜。最常见的景象就是,只要你四处走动一下,总会看到一群人在庆祝某人生日,或庆祝某种特殊的事情。

问题:

1. 惠普之道的精髓是什么?
2. 惠普的管理方式对中国的企业有哪些启示和借鉴?

第一节 企业管理简介

一、企业管理的概念和特征

(一)企业管理概念

企业管理是指企业管理者根据企业的特性及其生产经营规律,按照市场反映出来的社会需求,对企业的生产经营活动和各种要素,进行计划、组织、协调和控制等,以实现企业预定目标的过程。这个定义包含了企业管理的主体、客体、方式及目的。

(1)企业管理的主体。管理者是企业管理的主体,管理者包括企业的高层领导、中层领导和基层领导在内的参与管理的人。

(2)企业管理的客体。企业管理的客体即企业管理的对象,它包括企业的生产经营活动过程以及人、财、物、信息等要素的合理使用。

(3)企业管理的方式。企业管理是管理者通过计划、组织、协调和控制等一系列管理职能进行的。

(4)企业管理的目的。企业管理的目的就是合理利用各种要素(人、财、物、信息)实现企业预定的目标过程。企业管理的成败,企业管理是否有效,都要依其是否有助于完成企业目标来确定。

(二)企业管理的特征

(1)企业管理具有目的性。企业管理的目的是优化利用企业的人、财、物、信息等资源,取得最大的投入产出效率。

(2)企业管理具有组织性。表现为管理的系统性,管理保证组织的各要素合理配置。

(3)企业管理具有人本性。在管理过程中,要以人为中心,把调动人的积极性放在首要的位置。

(4)企业管理具有创新性。管理本身是一种不断变革创新的活动,是一个动态过程。创新将是现代企业取得竞争优势的根本途径。

（5）企业管理具有艺术性。艺术性是管理的特性，企业管理同样要求具有灵活运用相关知识和技能的技巧和诀窍。

二、企业管理的性质和职能

（一）企业管理的性质

为了合理组织生产力而进行的企业管理，是现代化大生产的必要条件，只要是规模较大的共同劳动，就需要有一定的管理，由此而形成企业管理的一般性质，也就是企业管理具有的自然属性，它取决于生产力的状况。企业管理虽然是由生产力的状况所引起、所决定的，但是，企业管理同时又是生产关系的体现，是实现社会生产的重要手段，所以，企业管理又具有社会属性。这就是我们通常所说的企业管理的二重性。

（二）企业管理的职能

企业管理具有两个基本职能，一是合理组织生产力，二是维护和完善生产关系。企业管理过程是这两个基本职能相结合而发挥作用的过程。企业管理的具体职能，划分的方法各不一致。近代管理的代表亨利·法约尔把企业管理的具体职能划分为计划、组织、指挥、协调、控制五个职能。我国理论界习惯上把它划分为决策、计划、组织、指挥、协调、控制、激励、教育等八个职能。

三、现代企业管理的研究对象

（一）现代企业管理学及其特点

现代企业管理学是一门系统地研究现代企业管理过程的普遍规律、基本原理和一般方法的科学。现代企业管理作为一门动态发展的学科，具有以下特点：

（1）一般性。现代企业管理试图从各种不同类型的企业中概括、抽象、提炼出企业经营管理中存在的共同的一般性内容，并形成系统的企业管理理论。

（2）综合性。现代企业管理的主要目的是要指导现代企业管理实践活动。而企业管理活动异常复杂，作为企业管理者，仅掌握一方面的知识是远远不够的。现代企业管理学广泛运用自然科学、社会科学以及其他现代科学技术成果，是一门综合性学科。

（3）历史性。现代企业管理是对前人的管理实践、管理思想和管理理论的总结、扬弃和发展。割断历史，不了解前人对管理经验的理论总结，就难以很好地理解、把握和运用管理学知识。

（4）实践性。现代企业管理是一门应用性科学，它的理论与方法直接来源于管理实践，并且要运用于企业管理实践活动中，不能用于指导管理实践的管理理论是没有生命力的，由此决定了检验现代企业管理理论正确与否、科学与否的标准只能是实践。所以说，现代企业管理一定要结合实际，既要借鉴国外的经验，又要研究我国自己的经验，这样才能形成具有中国特色的企业管理理论。

（5）发展性。现代企业管理原理和方法仍处于不断发展完善的过程中。受到各方面条件的限制，现代企业管理不可能达到尽善尽美的程度，还需要在不断适应环境、灵活应用中不断充实和完善,从而能够更有效地去指导实践。

(二)现代企业管理研究的对象和内容

1. 现代企业管理研究的对象

现代企业管理的研究对象是现代企业管理活动和管理过程,揭示现代企业管理的客观规律,即研究如何按照客观自然规律和经济规律的要求来合理组织生产力,不断完善生产关系,适时调整上层建筑,以促进生产力的发展。

2. 现代企业管理研究的内容

现代企业管理研究内容大体可以分为以下三个层次或侧重点:

(1)根据管理活动总是在一定的社会生产方式下进行的特点,研究内容可分为以下三个方面:一是企业内部生产力方面,即要合理组织生产力,研究如何合理组织、协调、控制企业资源的使用以促进生产力的发展;二是企业内部的生产关系方面,即要不断完善生产关系,主要研究如何处理生产过程中本单位和各个方面的关系;三是上层建筑方面,即要适时调整上层建筑,研究如何贯彻党和国家的方针、政策、法令,改革不合理的规章制度。

(2)从历史的角度研究企业管理实践、管理思想及管理理论的形成与演变过程。

(3)着重从企业管理者的工作或职能出发来系统研究企业管理活动的原理、规律、方法等问题。

第二节 企业管理的基本原理

企业管理的基本原理是指经营和管理企业必须遵循的一系列最基本的管理理念和规则。企业管理者如果违背了管理原理,就会受到客观规律的惩罚,就要遭受严重损失。对企业管理的基本原理的表述有多种,本节仅介绍最典型的四种。

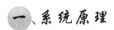

一、系统原理

(一)系统的概念与特点

1. 系统的概念

系统是无处不在的,世间的一切事物都具有系统的属性。所谓系统是由两个或两个以上相互区别又相互联系、相互作用的要素组成的,具有特定功能的有机整体。由系统的定义可以看出,作为系统必须具备三个基本条件:必须由两个或两个以上的要素组成;要素与要素、要素与系统、系统与环境之间存在着相互作用和相互联系;系统具有特定的功能。

2. 系统的特点

系统一般具有以下基本特征:

(1)目的性。任何系统的存在,都是为了一定的目的,这是系统存在对自身和外部的价值所在。为达到这一目的,系统必有其特定的结构与功能。

(2)整体性。系统作为相互联系、相互作用的各要素和子系统构成的有机整体,在其存在方式、目标、功能等方面表现出整体统一性。系统的整体性是系统最为鲜明、最为基本的特征之一,系统之所以成为系统,首先是它具备整体性。构成系统的各个要素,一旦组成系统整体,就具有了独立要素大多不具备的性质和功能,形成了新系统的质的规定性,从而表现出整体的性质和功能,整体的性质和功能不等于各个要素性质和功能的简单加总。

(3)层次性。任何系统都是由分系统构成,分系统又是由子系统构成的。最下层的子系统是由组成该系统基础单元的各个部分组成的。

(4)自适应性。系统在外界环境的扰动作用和内部结构不断变化的情况下,具有一定的自我稳定能力,能够在一定范围内进行自我调整,保持正常的运转,从而保持和恢复原有状态,使原定的目标不至于受到干扰和破坏。

(5)自组织性。系统可以根据环境条件的变化或系统发展目标的转移,自动地改变自身的内部结构以适应外界环境的变化,从而达到系统演化新目标的特性。

(6)相互依存性。构成系统的各个要素或子系统是相互依存的,不仅在系统内部相互依赖、相互制约、相辅相成,而且与外部环境也有一定的联系。

(二)企业管理系统

企业管理系统是一个多级、多目标的大系统,它本身又是国民经济庞大系统的一个组成部分。企业管理系统具有以下主要特点:

(1)企业管理系统具有统一的生产经营目标,即生产适应市场需要的产品,提高经济效益。

(2)企业管理系统的总体具有可分性,即将企业管理工作按照不同的业务需要可分解为若干个不同的分系统或子系统,使各个分系统、子系统互相衔接、协调,以产生协同效应。

(3)企业管理系统的建立要有层次性,各层次的系统组成部分必须职责分明,各司其职,具有各层次功能的相对独立性和有效性,高层次功能必须统帅其隶属的下层次功能,下层次功能必须为上层次功能的有效发挥竭尽全力。

(4)企业管理系统具有自适应性,任何企业管理系统都是处在社会发展的大系统之中,因此必须适应这个环境,但又要独立于这个环境,才能使企业管理系统处于良好的运行状态,达到企业管理系统之最终目的——获利。

(三)依据系统原理应遵循的原则

企业管理的系统原理,指的是在企业管理中要把管理对象视为具有统一的功能、目的的有机整体,运用科学的方法进行有效的系统分析,进而实现系统整体的优化。遵循系统原理进行企业管理应把握以下主要原则:

1. 整分合原则

整分合原则可以概括为整体把握、科学分解、组织综合。所谓"整"是指企业管理工作的整体性和系统性;所谓"分"是指企业系统各构成要素的合理分工;所谓"合"是指各要素分工以后的协作和综合。具体而言,整分合原则是指企业管理工作必须从全局出发,从整体上把握环境,以整体的观念来把握系统,在此基础上对管理工作进行科学分解、合理分工。但分工并不是管理的终结,更重要的是要做好系统的整体协调和组织整合工作。

2. 信息反馈原则

企业管理过程可以说是一个信息的反馈控制过程,信息的反馈控制在实现企业系统目标中起着重要作用。信息反馈原则,是指管理者在进行管理活动时,为了及时了解系统内部条件和外部环境的变化,准确掌握系统环境和系统状态的演化,随时随地把系统运行的信息进行反馈,发现问题及时修正,确保企业目标的实现。

2. 弹性原则

由于企业系统的动态性和企业管理因素的复杂多变,企业管理活动要在对企业系统和外部环境深入研究和认识的基础上,结合企业内部结构功能的特点,对影响企业系统运行的各种要素进行科学的分析和预测,在掌握企业系统发展规律的前提下,对制定的决策、计划、战略都留有充分的余地,以增强企业管理系统的应变能力。

4. 动态平衡原则

管理系统是一个不断产生、发展、更新或消亡的运动过程,推动管理系统发展的根本原因,在于系统内部各要素之间、各要素与系统之间、系统与环境之间的相互联系和作用,必须充分认识系统的运动规律以求得系统能保持动态平衡。

二、人本原理

(一)人本原理概述

人本原理认为人是有思想、有感情、有创造力、有主动性、复杂的个体,人的因素是影响劳动效率的最重要的因素。所谓人本原理就是一切管理均应以调动人的积极性,做好人的工作为根本,即以人为本,发挥人的积极性、创造性和潜力。

企业管理的对象是与实现特定目标有关的各种有限资源,它们包括人、财、物、时间和信息等。对有限资源不仅是协调问题,更重要的是要充分发掘其潜力,有效发挥其作用,从而更好地实现特定目标。在企业管理对象的诸要素中,人是最能动的资源,也是最重要、最活跃的因素,对其他资源的管理都是通过对人的管理来实现的。人本原理要求每个管理者必须从思想上明确员工是企业的主体,一切管理制度和方法都是由人建立的,一切管理活动都是由人来进行的,最大限度地发掘和调动人的潜力是提高管理效益的关键。因此,贯彻人本原理就要研究人的需要、动机和行为,并以此激发人的积极性、主动性和创造性,实现管理的高效益。

国外有调查表明:如果发挥和调动了人的主观能动性和积极性,他们的潜力可以发挥到 80%～90%;如果被动地生产和工作,发挥 20%～30% 的能力用于工作就足以保住饭碗。因此,现代管理科学把人本原理的研究列为它的核心内容,强调应把人的工作作为根本。无数实践证明,人的能动性发挥的程度越高,管理的效应就越大;反之,管理的效应就越小。

(二)依据人本原理应遵循的原则

1. 能级原则

能级能力,也就是人在一定条件下实现其目标的能力;级即级别、层次,指人的能力所处的相应级别。所谓能级原则,就是指在管理活动中应使相应的人处在相应的能级层次。管理者要合理分级,建立科学的组织管理机构,正确地配置管理人员,形成合理的层次结构和管理体系。一般来说,稳定的管理结构是三角形的,上有高级人才,下有宽厚基础。不同能级表现出了不同的权力、物质利益和精神荣誉。有效的管理者不应拉平和消灭权力、物质利益和精神荣誉的差别,而应对合理的能级给予适当的均衡。管理者必须使相应才能的人处于相应的能级岗位,这样的管理体制才能稳定,才能持续而高速地运转。因此,管理者必须知人善任、任人唯贤、唯才是举、唯才是用。

2. 动力原则

动力原则是指管理必须有强大的动力,而且要正确运用动力,才能使管理持续而有序地进行。现代管理将动力分为三类,即物质动力、精神动力和信息动力。①物质动力,即管理者在用物质鼓励的方式来调动人们的积极性的同时,更要争取最大的经济效益,以满足人们物质生活的需要。当然,物质动力不是万能的,使用不当就会带来副作用。因此,必须充分发挥精神动力和信息动力的作用。②精神动力主要是指思想教育、日常的思想政治工作、精神奖励、信仰和理想等。精神的力量是无穷的,精神动力具有巨大的威力,在特定的条件下可以成为决定性的动力。③信息动力是一种超越物质、精神的动力,通过对信息的收集、获取和交流,人们可以看到自己的不足,找到自己努力的方向,进而形成经常性的动力。管理应配合使用这三个方面的激励作用,发挥组织成员的主动性和创造性,使之充满热情、富有责任感地为实现组织目标而努力工作。

3. 行为原则

行为原则是指管理者在进行管理活动时,必须对组织成员的行为进行全面的了解和科学的分析,掌握组织成员行为的特点和发展规律。在此基础上,采取符合人的行为特点和规律的管理活动和措施,以求最大限度地调动人的积极性,使其产生的行为有助于组织目标的实现。

管理者在应用行为准则时,要遵循人的行为产生的规律去积极引导,通过合理的目标,引导个体的需求和动机,从而使其表现出组织所期望的行为。同时,管理者还可以利用群体行为规律对个人产生影响,利用群体的压力来规范个人的行为,使个体的行为符合群体的目标,进而保证组织目标的实现。

三、效益原理

(一)效益原理概述

效益原理是指企业作为商品或服务的生产者和经营者,必须以尽量少的投入来生产出尽可能多的符合社会需要的产品,不断提高经济效益。这一原理贯穿于企业管理的全过程。例如,劳动管理的目的是以尽量少的劳动消耗生产出更多的产品;资金管理的目的是用尽量少的资金占用与资金消耗生产出更多的产品等。

提高经济效益是企业的根本目标之一,是企业各方面工作的综合表现。企业在生产经营管理过程中,一方面要努力设法降低消耗,节约成本;另一方面又要努力生产符合社会、市场需要的产品,保证质量,增加附加值。从节约成本和增加收益两个方面来提高经济效益,以求得企业的生存与发展。

企业在提高经济效益的同时,还要注意提高社会效益。一般情况下,经济效益和社会效益是一致的,但在某些情况下也会发生矛盾。企业应该在不损害社会效益的前提下追求最大的经济效益。

(二)依据效益原理应遵循的原则

1. 追求长期稳定的经济效益

企业追求经济效益应以持续经营为前提,也就是说,企业在追求经济效益的时候,不能只顾眼前效益、短期效益,而应该考虑组织的长期发展。这样,才能不断增强企业发展的后劲,提高组织的竞争力。

2. 局部效益和全局效益相协调

企业管理本身是一个系统工程,具备系统的特征。因此,在追求效益的时候,要从企业全局效益出发,使局部效益服从全局效益,做到局部效益与全局效益的协调一致。

3. 加强管理的基础性工作

有效的制度可以提供有用的分析资料,作为管理者决策的参考。因此,建立、健全各种有效的规章制度,如统计制度、会计制度、核算制度、审计制度等,是企业提高和获取经济效益的基础。

4. 重视社会效益

企业在追求自身经济利益最大化的过程中,一定要注意提高社会效益。因为整个社会的进步、社会效益的好转,可以为企业提供更好的外部环境,从而又能促进企业的发展和企业经济效益的提高。只有每个组织都重视社会效益,才能促进整个社会的可持续发展。

四、创新原理

(一)创新原理概述

随着企业面临的外部环境的空前加大,市场竞争不断加剧,管理的风险性和不确定性日益显著,创新在管理中的地位也越来越重要。所谓创新原理是指企业为实现总体战略目标,在生产经营过程中,根据内外环境变化的实际情况,按照科学态度,不断否定自己,对传统的管理进行改进、改革、改造和发展,使管理不断得以提高和完善的过程。企业创新,一般包括产品创新、技术创新、市场创新、组织创新、管理方法创新等。产品创新主要是提高产品质量,扩大规模,创立名牌;技术创新建立在新的科学发现的基础上,包括新材料、新能源、新设备、新产品、新工艺、新方法等一系列创新;市场创新主要是加强市场调查研究,提高产品市场占有率,努力开拓新市场;组织创新主要是企业组织结构的调整;管理方法创新主要是企业生产经营过程中的具体管理技术和管理方法的创新。

(二)依据创新原理应遵循的原则

1. 注意发挥领导者的作用

领导者是企业的灵魂,是组织创新管理的主体。创新的整个过程,从寻找创新机会,产生创新观念,到创新的研究与开发,再到创新成果的实际应用,都离不开领导者的参与。也正是领导者的参与才能使整个创新过程得以顺利实现,因此,在创新过程中要注意发挥领导者的作用。

2. 培养创新的思想观念

创新观念是创新能否开展和顺利进行的前提条件,只有具备创新意识,才能在工作中时刻以创新的眼光来看待管理,及时捕捉创新机会,将创新深入到企业管理的方方面面。

3. 培育利于创新的资源

创新的资源主要包括创新所需要的人才、资金、物质、技术、信息等,培育和高效地运用这些资源是管理创新的主要任务,也是创新得以成功的关键。

第三节 现代企业管理的研究方法

现代企业管理是一门综合性的学科,具体的研究方法有很多,比如统计学的方法、数学方法等。下面仅从一般层面上概括现代企业管理的研究方法。

(一)理论联系实践的方法

现代企业管理所具有的实践性的特点,决定了我们必须坚持理论联系实践的方法。具体来说是边研究边实践、注重案例的调查和分析以及带着问题研究等多种形式。通过这种方法,有助于提高研究者运用基本理论和方法去发现企业管理的实际问题、分析问题和解决问题的意识和能力。同时,由于现代企业管理实践仍然处于不断的发展和创新中,因而还应以探讨研究的态度来学习,通过理论与实践的结合,使现代企业管理理论在实践中不断地加以检验,从而深化认识、发展理论。

(二)定性分析和定量分析相结合的方法

定性分析是对事物性质的分析。组织企业的生产经营活动,传统的办法是依靠个人的经验进行定性的分析。定性分析对于处理企业生产经营活动中出现的不可控的、难以度量的、无法建立数学模型进行科学计划的问题,具有很大的优势。如宏观经济的景气状况、国家的产业政策等,只能依靠人们的经验、学识来分析和判断。但是,定性分析也存在缺乏科学依据、主观性强、容易导致个人独断专权等缺点。

定量分析是对事物数量的分析。企业管理中,最初的定量分析是利用初等数学知识进行简单的计划。随着线性代数、概率论、数理统计、运筹学、电子计算机等的产生和发展,定量分析在企业管理中应用的深度和广度不断扩充,而且定量分析也越来越细,特别是电子计算机技术的发展,为定量分析在企业管理中的应用开辟了广阔的前景。

定性分析和定量分析是辩证统一的关系。没有正确的定性分析,定量分析就会迷失方向。但是,如果只重视定性分析,而忽视定量分析,就无法全面而准确地把握数量变化。定性条件分析和定量分析的结合有利于取长补短,能有效组织生产,提高企业管理水平,促进企业管理不断地科学发展。

(三)系统分析的方法

有效的企业管理活动,必须对影响企业管理过程的各种因素及其相互关系进行总体的、系统的分析研究。总体的、系统的研究方法,就是用系统的观点来分析、研究企业管理活动的关系。所谓系统是由两个或两个以上相互区别又相互联系、相互作用的要素组成的,具有特定功能的有机整体。一般来说,系统具有整体性、相关性、目的性、层次性、开放性、交换性、环境适应性等特点。

企业作为一个系统,包含若干个小系统。在分析和研究这个系统时,要把握其作为一种实体系统所具有的特征。对企业各系统的管理要求实现整体系统的最优化,企业系统分析方法能使管理者全面地理解问题并提供解决问题的思路,实现对生产经营活动计划、组织、分析和控制的最优化选择。

五、学习和研究现代企业管理的重要性

(一)现代企业的地位和功能决定了学习现代企业管理的重要性

现代企业是国民经济的细胞,是市场经济的主体。企业的发展对社会的发展和稳定具有推动和促进作用。企业已经成为现代社会经济活动中一支强大的生力军。企业的改革和发展是实现经济发展、提高人民生活水平的重要途径。企业发展则国家兴旺。企业的功能具体表现在:企业作为生产力的直接组织者和承担者,使潜在的生产力转化为现实的生产力,不断创造出更多的社会财富,推动社会生产规模的不断扩大;企业也为技术进步创造了有利的条件,市场竞争促使企业不断提高技术水平,提高劳动生产率,进而推动了社会生产力的进步;企业通过对员工的培训,提高员工素质,培养专门化人才,促进了社会生产的发展。与此同时,现代企业还承担着重要的社会责任,主要表现为:满足人们对产品和服务的需求;创造就业机会;为国家提供财富;推动公共事业的发展;维护生态环境等。鉴于企业在现代经济社会中发挥的重要作用,加强和提高企业管理的科学化水平成为加快经济和社会发展的途径之一。现代企业管理是研究现代企业管理过程的普遍规律、基本原理和一般方法的科学,学习和研究这些规律、原理和方法是科学进行企业管理工作的基础和前提。

(二)现代管理和科技是经济起飞的双翼

经济起飞的关键在于生产力的发展,而要发展生产力就离不开对科学技术的管理。可以说,科学技术是新设备、新工具、新产品的先行者,是现代化的开路先锋。而科学管理则把现代科技、设备、工具、人和事有效地组合起来,使可能产生的生产力变成现实的生产力。因此,管理是促成社会经济发展的最基本、最关键的因素,这一点已经被许多国家经济发展的实践所证实。例如,日本在第二次世界大战结束后的初期引进了许多先进的设备和科技,但因管理水平落后而未能发挥应有的作用。后来,日本在重视科技的同时,更加重视管理,从而加快了经济发展的速度。

(三)学习和研究现代企业管理是培养企业管理人员的手段之一

要实现企业目标,完成管理任务,各个层次的管理者都应该必备三种技能,即技术技能、人际技能和概念技能。学习现代企业管理,可以帮助我们掌握企业管理的基本知识和技能,从而为管理工作中灵活应用这些知识和技能打下基础。同时,知识和技能的储备有助于概念技能和人际技能的提高。因此,学习和研究现代企业管理对管理人员的培养是必需的,但并非仅仅学习这门课程就能使管理人员成为合格的企业管理者。

本章小结

企业管理是指企业管理者根据企业的特性及其生产经营规律,按照市场反映出来的社会需求,对企业的生产经营活动和各种要素,进行计划、组织、协调和控制等,以实现企业预定目标的过程。企业管理具有两个基本职能,一是合理组织生产力,二是维护和完善生产关系。现代企业管理学是一门系统地研究现代企业管理过程的普遍规律、基本原理和一般方法的科学。现代企业管理的研究对象是现代企业管理活动和管理过程,揭示现代企业管理的客观规律,即研究如何按照客观自然规律和经济规律的要求来合理组织生产力,不断完善生产关系,适时调整上层建筑,以促进生产力的发展。企业管理的原理包括系统原理、人本原理、效益原理和创新原理。现代企业管理是一门综合性的学科,研究方法包括理论联系实践的方法、定性分析和定量分析相结合的方法、系统分析的方法。

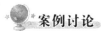

案例讨论

迪特尼公司的企业员工意见沟通制度

迪特尼·包威斯公司,是一家拥有12000余名员工的大公司,它很早就认识到员工意见沟通的重要性,并且不断地加以实践。现在,公司的员工意见沟通系统已经相当成熟和完善。

迪特尼公司的"员工意见沟通"系统是建立在这样一个基本原则之上的:个人或机构一旦

购买了迪特尼公司的股票,他就有权知道公司的完整财务资料,并得到有关资料的定期报告;本公司的员工,也有权知道并得到这些财务资料和一些更详尽的管理资料。迪特尼公司的员工意见沟通系统主要分为两个部分:一是每月举行的员工协调会议;二是每年举办的主管汇报和员工大会。

员工协调会议是每月举行一次的公开讨论会,在会议中,管理人员和员工共聚一堂,商讨一些彼此关心的问题。无论在公司的总部、各部门、各基层组织都举行协调会议。看起来有些像法院结构,从地方到中央,逐层反映上去,以公司总部的首席代表协会会议为最高机构。员工可事先将建议或怨言反映给参加会议的员工代表,代表们将在协调会议上把意见转达给管理部门,管理部门也可以利用这个机会,同时将公司政策和计划讲解给代表们听,相互之间进行广泛的讨论。

要将迪特尼公司12000余名员工的意见充分沟通,就必须将协调会议分成若干层次。实际上,公司内共有90多个这类组织。如果有问题在基层协调会议上不能解决,将逐级反映上去,直到有满意的答复为止。事关公司的总政策,那一定要在首席代表会议上才能决定。总部高级管理人员认为意见可行,就立即采取行动,认为意见不可行,也得把不可行的理由向大家解释。员工协调会议的开会时间没有硬性规定,一般都是一周前在布告牌上通知。为保证员工意见能迅速逐级反映上去,基层员工协调会议应先开。

同时,迪特尼公司也鼓励员工参与另一种形式的意见沟通。公司在四处安装了许多意见箱,员工可以随时将自己的问题或意见投到意见箱里。为了配合这一计划实行,公司还特别制定了一项奖励规定,凡是员工意见经采纳后,产生了显著效果的,公司将给予优厚的奖励。公司从这些意见箱里获得了许多宝贵的建议。如果员工对这种间接的意见沟通方式不满意,还可以用更直接的方式来面对面和管理人员交换意见。

对员工来说,迪特尼公司主管汇报、员工大会的性质,和每年的股东财务报告、股东大会相类似。公司员工每人可以接到一份详细的公司年终报告。这份主管汇报有20多页,包括公司发展情况、财务报表分析、员工福利改善、公司面临的挑战以及对协调会议所提出的主要问题的解答等。公司各部门接到主管汇报后,就开始召开员工大会。

员工大会都是利用上班时间召开的,每次人数不超过250人,时间大约3小时,大多在规模比较大的部门里召开,由总公司委派代表主持会议,各部门负责人参加。会议先由主席报告公司的财务状况和员工的薪金、福利、分红等与员工有切身关系的问题,然后便开始问答式的讨论。在员工大会上,有关个人问题一定要具有一般性、客观性,只要不是个人问题,总公司代表一律尽可能予以迅速解答。员工大会比较欢迎预先提出问题的这种方式,因为这样可以事先充分准备,不过大会也接受临时性的提议。

迪特尼公司每年在总部要先后举行10余次的员工大会,在各部门要举行100多次员工大会。

那么,迪特尼公司员工意见沟通系统的效果究竟如何呢?

在20世纪80年代全球经济衰退中,迪特尼公司的生产率每年平均以10%以上的速度递增。公司员工的缺勤率低于3%,流动率低于12%,在同行业最低。许多公司经常向迪特尼公司要一些有关意见沟通系统的资料,以作为参考。

讨论题:

1. 迪特尼公司的总体指导原则是什么?

2. 既然迪特尼公司的这种方法能取得如此效果,为什么至今采用这种方法的公司不多?

复习思考题

1. 简述企业管理的概念及特征。
2. 简述现代企业管理的研究对象及内容。
3. 谈谈你对学习企业管理的认识。

第三章 企业战略管理

本章要点

* 战略的特征和层次
* 战略管理过程
* 通用战略
* 新兴行业的竞争战略
* 成熟行业的竞争战略

案例导入

滴滴和快的"喜结连理"

没有永远的对手,只有永远的利益。在2016年情人节这天,国内两家打车公司巨头滴滴和快的"喜结连理",这多少有些出人意料。尽管之前就曾盛传两家公司在密谋合并,但在打车大战激战正酣时出现如此戏剧性的结果,让人颇感意外。

不管官方如何美化,终究无法摆脱资本做局

在此之前,滴滴和快的都已经经历了四轮融资。其中滴滴方面最新的一轮融资是在2015年12月获得的由淡马锡、DST、腾讯主导的7亿美元。而快的方面则是2016年1月份获得的由软银领投、阿里巴巴以及老虎环球基金跟投的6亿美元。

巨额融资之后,暂时都不缺钱,分属阿里系和腾讯系的两家公司走到一起,一定也只能是背后的各方资本在角力。资本的推动才可能让大跌眼镜的两家正面竞争的公司快速走到一起。即便创始团队,甚至是阿里或者腾讯方不乐意,但因多次巨额融资,已经使得创始团队、阿里方或腾讯方面已经没有足够的话语权,即使不乐意,但也只能尊重资本逐利,希望快速获利的事实。

互联网行业标榜为快不破,但烧钱补贴培养起来的市场份额,多少有些像温室里的花,很难经得起风吹雨打。尤其是烧钱并没能分出胜负,双方都标榜自己市场占有率超过60%,如此下去,何时能分出胜负?在伯仲之间要谁出局似乎遥遥无期。阿里和腾讯这两家BAT领域的竞争对手显然有足够的耐心,毕竟对于他们来说,不仅仅是打车之争,更是移动支付和移动入口之争,两项都是持久战。但阿里、腾讯之外的资本方则显然没有如此耐心,正是没有足够耐心的资本方的推动并最终占据话语权,才成就了此次旷世组合。

在滴滴和快的涉及的专车领域,一直还有易到用车、神州租车、Uber等也在加速布局,很多时候往往时不我待,尤其是当BAT的百度战略入股Uber之后,竞争更加惨烈,而且Uber

还一度和易到传出绯闻。如此以往，滴滴和快的背后的股东们显然是坐不住的，必须选择更利己的资本运作手段。于是，两家对手的合并也就不足为奇了。

两家合在一起，市值增长，上市就是理所当然的下一步了。毕竟只有上市，前期的巨额投资才可以换得回报。

前车之鉴，整合不是易事

牵涉到团队融合，或者公司合并如此大事，如何实现1+1大于2就是件棘手的事情。当年轰动一时的优酷和土豆，合并后仍旧没能改变亏损的事实，尽管合并后巩固了市场第一的地位，股价也得到提升，对于要套现离场的投资者来说，确实是划算的买卖。但对于优酷、土豆当时双方的员工来说，就不一定是什么好事了，尤其是土豆网的员工，伴随其高管团队的出走，不少员工也只能跳槽，最终的结果是双方人才的整合并不理想。

而滴滴和快的双方人才的整合只会比优酷、土豆复杂，除了资金、技术、品牌"去"和"留"之外，更关键的是双方在企业文化上的迥异，这也许会成为滴滴和快的融合的难点。

问题：
1. 从企业战略的角度出发，是什么因素促成了原本是死敌的两家企业的"联姻"？
2. 并购后的企业要克服哪些障碍？

第一节　战略与战略管理

一、战略的定义

20世纪80年代以后，战略管理日益引起企业和学者的关注，理论有了很大的发展。加拿大麦吉尔大学的明兹伯格教授在对以往战略理论进行梳理和深入研究的基础上，将人们对战略的各种定义概括为5P。明兹伯格认为，人们在谈及战略时都是在谈论5P中的某一个和几个含义，实际上，战略具有多重含义，既应准确理解每种含义，又应将多个含义联系起来以形成整体的战略观念。

（1）战略是策略（ploy），是威胁和战胜竞争者的计谋和谋略。这是军事战略在企业管理中的直接引用。

（2）战略是计划（plan），是有意识的、正式的、有预计的行动程序。计划在先，行动在后。这是早期的战略观念。

（3）战略是模式（pattern），是一段时期内一系列行动的模式。这是明兹伯格为战略下的一个定义。在明兹伯格看来，企业在某一时期基于资源而形成的宗旨与目标固然重要，但更重要的是企业已经做了什么和正在做什么。早期的战略观念强调分析，而明兹伯格则强调行动。在明兹伯格看来，即使企业没有任何书面形式的战略计划，它也可能是有战略的。也就是说，计划并不是战略的必要条件。模式意味着企业行动的一致性；这种一致性可能是也可能不是正式计划或建立目标的结果。

（4）战略是定位（position），是企业在所处环境中找到一个有利于企业生存与发展的"位置"。这种观念认为，企业竞争不同于达尔文式的自然竞争。达尔文认为相同或不同的物种碰到一起完全是一种偶然。就像果树能够结果，不是某一个雄花蕊上的花粉自主地寻找某一个雌花蕊,而是一阵春风或是一个蜜蜂无意而为之的结果。早期的企业竞争过程的确如此。这种观念认为,企业选择环境和选择竞争者的过程是具有能动性的,关键看企业是否运用这种能动性。如果企业能够洞察企业的经营环境,并能够与企业的资源状况和能力结合起来,企业就可以在激烈的竞争环境中找到一个有利于自己的定位。这种观念是早期战略观念的直接延展,使其更加理论化、系统化。

(5)战略是观念(perspective),是深藏于企业内部、企业主要领导者头脑中感知世界的方式。正如军事战略学者安德列·博福尔所说,战略是以思维和智力为基础的,它具有精神导向性,体现了企业中人们对客观世界的认识,它同企业中人们的世界观、价值观和理想等文化因素相联系。

综上所述,战略是对全局的筹划和谋略。企业战略是对企业各种战略的统称,其中既包括竞争战略,也包括营销战略、发展战略、品牌战略、融资战略、技术开发战略、人才开发战略、资源开发战略等。

二、战略的特征和层次

(一)战略的特征

1. 指导性

企业战略界定了企业的经营方向、远景目标,明确了企业的经营方针和行动指南,并筹划了实现目标的发展轨迹及指导性的措施、对策,在企业经营管理活动中起着导向的作用。

2. 全局性

企业战略立足于未来,通过对国际、国内的政治、经济、文化及行业等经营环境的深入分析,结合自身资源,站在系统管理的高度,对企业的远景发展轨迹进行了全面的规划。

3. 长远性

"今天的努力是为明天的收获"、"人无远虑、必有近忧"。兼顾短期利益,企业战略首先着眼于长期生存和长远发展的思考,确立远景目标,并谋划了实现远景目标的发展轨迹及宏观管理的措施、对策。其次,围绕远景目标,企业战略必须经历一个持续、长远的奋斗过程,除根据市场变化进行必要的调整外,制定的战略通常不能朝令夕改,要具有长效的稳定性。

4. 竞争性

竞争是市场经济不可回避的现实,也正是因为有了竞争才确立了"战略"在经营管理中的主导地位。面对竞争,企业战略需要进行内外环境分析,明确自身的资源优势,通过设计适宜的经营模式,形成特色经营,增强企业的战斗力,推动企业长期、健康的发展。

5. 系统性

立足长远发展,企业战略确立了远景目标,并围绕远景目标设立阶段目标及各阶段目标实现的经营策略,以构成一个环环相扣的战略目标体系。同时,根据组织关系,企业战略需由决策层战略、事业单位战略、职能部门战略三个层级构成一体。决策层战略是企业总体的指导性战略,决定企业经营方针、投资规模、经营方向和远景目标等战略要素,是战略的核心。本章所论述的企业战略主要属于决策层战略。事业单位战略是企业独立核算经营单位或相对独立的经营单位,遵照决策层的战略指导思想,通过竞争环境分析,侧重市场与产品,对自身生存和发展轨迹进行的长远谋划。职能部门战略是企业各职能部门,遵照决策层的战略指导思想,结合事业单位战略,侧重分工协作,对本部门的长远目标、资源调配等战略支持保障体系进行的总体性谋划,如策划部战略、采购部战略等。

6. 风险性

企业作出任何一项决策都存在风险,战略决策也不例外。因此,只有市场研究深入系统,行业发展趋势预测准确,远景目标设立客观,各战略阶段人、财、物等资源调配得当,战略形态选择科学,制定的战略才能引导企业健康、快速地发展。反之,仅凭个人主观判断市场,设立目标过于理想或对行业的发展趋势的预测发生偏差,制定的战略就会产生误导,甚至给企业带来破产的风险。

(二)战略的层次

在军事上,习惯于用战略和战术(或称之为策略)来区分不同层次和范围的决策,前者多指最高统帅部对某次战争或重大战役的整体部署,而后者指某一级将领和指挥人员对某一次战斗行动的具体策划。在企业战略范畴内,通常并不是用战略和战术对上述问题作出处理,而是将战略分成三个层次,即公司战略、竞争战略和职能战略。

所谓公司战略主要是决定企业应该选择哪类经营业务,进入哪些领域。公司战略是把组织当成一个整体来全盘考虑,并为其设计最可行的经营方案。公司战略主要涉及按照公司的战略方向确立目标和实现目标的最佳方法。一般来说,公司战略主要涉及公司的成长、稳定和紧缩。

竞争战略主要涉及如何在所选定的领域内与对手展开有效的竞争。因此,其关注的主要问题是应开发哪些产品或服务,以及将这些产品提供给哪些市场,以达到组织的目标,如远期盈利能力和市场增长速度等。

职能战略主要涉及如何使企业内的不同职能部门,如营销、财务和生产等,更好地为各级战略服务,从而提高组织的效率。

这里必须强调指出,三个层次的战略都是企业战略管理的重要组成部分,但侧重点和影响的范围有所不同。高一层次的战略变动往往会波及低层次的战略,而低层次战略影响的范围较小,尤其是职能战略涉及的问题一般可在部门范围内加以解决。

三、战略管理的含义

企业战略管理,即对企业战略的管理,它是构筑在企业战略基础上的管理行为和管理科学,是企业在处理自身与环境关系过程中实现其宗旨的管理过程,是决定企业长期表现的一系列管理决策和行动,它包括企业战略的制定、分析、选择、评价、实施和控制。

企业战略管理将企业当做一个不可分割的整体来加以管理,以利于提高企业的整体优化程度。在制定、评价、实施和控制企业战略的过程中,整体总比局部更受重视,局部的性质和功能是由它在整体的地位和作用所决定的,任何局部的调整都必须考虑它对整体可能带来的影响,如何使各个局部有机结合而使整体得到优化就成了战略管理的主要目的。企业战略管理通过制定企业的宗旨、目标、战略和决策来协调企业各部门的活动;在评价的过程中,企业战略管理注重的是它们对企业实现其宗旨、目标、战略和决策的贡献,如果某一个局部自身越是扩展越是对整体不利,那么这种扩展应当立即终止;在实施和控制企业战略管理的过程中,企业组织机构、企业文化、资源分配方法等的选择,取决于它们对企业战略管理的影响。

企业战略管理十分重视企业与环境之间的关系,以使企业能够适应环境、利用环境、创造环境。在一个开放的社会里,企业的存在与发展受着环境的高度制约。企业战略管理就是要使企业的高层领导者在制定、实施企业战略的各个阶段都能清楚地了解到,有哪些环境因素会影响企业的生存和发展,这些因素对企业影响的方式、性质、程度如何,是否需要对企业现行战略进行调整。

企业战略管理非常关注企业的长期、稳定、高速发展。已被制定的企业战略,其时间跨度一般为5～10年,而企业战略的实施又包含了一系列的中期、短期计划和行动计划。另一方面,对企业战略实施结果的评价和控制,往往会成为新一轮企业战略制定的依据和基础,开始新的企业战略的制定、评价、实施与控制。

四、战略管理过程

前面我们把战略定义为对全局的筹划和谋略,它实际上反映的是对重大问题的决策结果,以及组织将要采取的重要行动方案,而战略管理则是一种过程,不仅决定组织将要采取的战略,还要涉及这一战略的选择过程以及如何加以评价和实施。换句话说,企业战略的制定、评价和实施过程需要一定的技术和技巧,而且由于战略涉及组织的长远方向和更大的决策影响范围,因而所需要的技术也更加复杂,这正是战略管理所要解决的问题。

一般说来,战略管理包含三个关键要素:战略分析,即了解组织所处的环境和相对竞争地位;战略选择,即涉及对行为过程的模拟、评价和选择;战略实施,即采取怎样的措施使战略发挥作用。

(一)战略分析

战略分析要了解组织所处的环境正在发生哪些变化,这些变化将给组织带来哪些影响,是给组织带来更多的发展机会,还是带来更多的威胁。对企业来说,上述环境不仅指宏观环境,如经济、政治和技术等,还包括行业结构的特点、变化趋势等。战略分析还要了解组织所处的相对地位,具有哪些资源以及战略能力,正是它们决定了组织能够采取怎样的战略。此外,还需要了解与组织有关的个人和团体的价值观和期望是什么,对组织的愿望和要求是什么,在战略制定、评价和实施过程中会有哪些反应,这些反应又会对组织行为产生怎样的影响和制约。

(二)战略选择

通过战略分析,管理人员对企业所处的外部环境和行业结构、企业自身的资源状况和能力,以及利益相关者的期望和权力已经有了比较清楚的了解,接下来的任务是为企业选择一个合适的战略。战略选择是一个复杂的决策过程,它将涉及产品和服务的开发方向,进入哪一类型的市场,以怎样的方式进入市场等;在产品系列和服务方向确定以后,还要决定是通过内部开发还是外部收购来拓展这些业务。在做这些决策时,管理人员应该尽可能多地提供可供选择的方案,不要只考虑那些比较明显的方案。因为战略涉及的因素非常之多,而且这些因素的影响往往并不那么明显,因此,在战略选择过程中形成多种战略方案是一个首要的环节,它是战略评估的基础和前提。

提出多个战略方案以后,管理人员应根据一定的标准对它们进行评估,以决定哪种方案最有助于实现组织的目标。确切地说,首先要明确哪些方案能支持和加强企业的实力,并且能够克服企业的弱点；哪些方案能完全利用外部环境变化所带来的机会，而同时又使企业面临的威胁最小或者完全消除。事实上，战略评估过程不仅要保证所选战略的适用性，而且需要具有可行性和可接受性。前者意味着组织的资源和能力能够满足战略的要求，同时外界环境的干扰和阻碍是在可接受的限度内；后者意味着所选择的战略不致损害利益相关者的利益，或者虽有这些障碍，但企业能够通过一定方式克服它们。

战略选择的最后步骤是在具有适用性、可行性和可接受性的方案中选择一种或几种战略。在后一种情况下，最好为这些战略排出一个优先级，同时明确它们适用的条件。在这一过程中需要明确的是：战略选择并不是一个完全理性的过程和纯逻辑的行为，它实际是一个管理测评问题；在另外一些情况下，它可能是不同利益集团讨价还价的产物和不同观点的折衷。实际上，即使没有人为因素的影响，由于信息的不完整性，所选择的战略也不一定是最佳战略，何况任何战略都免不了有一定的缺点或风险。因此，战略选择本质上是一个对各种方案比较和权衡，从而决定较满意方案的过程。

(三)战略实施

所谓战略实施就是将战略转化为行动。大量研究表明：通过全面的战略分析选择一个好的战略固然重要，但同样重要的是通过切实可行的步骤和方法将战略转化为具体的可执行的行动。

对于企业来说，战略实施主要涉及以下一些问题：如何在企业内部各部门和各层次间分配及使用现有的资源；为了实现企业目标，还需要获得哪些外部资源以及如何使用，是在各部门间平均分配还是重点支持某些项目；为了实现既定的战略目标，需要对组织机构做哪些调整；这种调整对各部门和有关人员产生怎样的影响；他们是支持还是反对这种变革；为了保证目标和任务的完成，管理人员需要掌握管理组织变革的技术和方法。

第二节 通用战略

竞争战略主要涉及如何在所选定的行业或领域内与对手展开有效的竞争，即主要解决竞争手段问题。我们可以将这一层次的战略看做是一般战略或通用战略，它是企业赖以生存和与竞争对手争夺市场的基本工具。

一、成本领先战略

(一)成本领先战略的概念

成本领先战略又称低成本战略，是指企业努力发掘和发现所有的资源优势，使企业的成本状况在全行业范围内处于领先地位，即使企业产品的总成本低于本行业竞争对手的总成本。

低成本战略的企业因为其成本低于一般业绩企业的成本，因而能在维持较低价格水平时，仍有较高的利润。这也要求实施低成本战略的企业较竞争企业有明显的成本优势，而不是微小的领先。只有这样，在长期的成本竞争后，低成本企业才有可能将竞争企业赶出市场，从而扩大市场份额；另一方面这种竞争优势也可以说服竞争对手不再采用类似的战略方针。

(二)实施成本领先战略的途径

那么，如何才能成为成本领先者呢？或者说，成本领先战略的主要内容有哪些？不言而喻,成本领先战略不把主要精力和资源用于产品差别化上,因为这样会增加成本。成本领先者只提供标准产品,而不率先推出新产品。例如在彩电行业,成本领先者不会率先推出数字电视,除非这种电视已成为市场中的主流产品。

成本领先者通常不采用针对每个细分市场提供不同产品的做法,而是选择一个规模较大的市场提供较为单一的产品,因为这样可以获得大量生产和大量销售的好处。理论上将这种好处概括为经验曲线效应和规模经济效应。

经验曲线效应虽然在企业的各个职能方面都会有所反映,但在生产作业方面表现最为明显,因此,成本领先战略特别关注生产制造领域。同时规模经济性要求企业必须形成较大的产量才能降低成本,这就提出了对原材料及库存这一最大的成本因素进行管理的要求。因此,生产与库存管理就成了成本领先战略的核心职能。其他职能都要围绕这两个职能来进行安排。例如,技术部门要把主要精力放在生产工艺的改进上;销售部门要争取持续稳定的大批订货;人力资源部门要特别注意对基层人员的技能培训;财会部门要为此建立与成本领先战略相适应的财会体系,特别是成本管理新体系和方法,以便识别成本驱动因素并能加以有效控制。按照波特的行业分析模型,成本领先者在应对行业的 5 种力量时可以有很多优势。例如,它可以极大地降低替代品的威胁;它可以形成较强的进入屏障阻止潜在加入者的侵蚀;它可以应对供方对行业价格的影响,也可以较少地受到买方讨价还价的压力。当然,对竞争者而言,它更具有成本优势。因此,成本领先战略已成为很多企业的基本战略。

二、差异化战略

(一)差异化战略的概念

所谓差异化战略是指企业向顾客提供的产品和服务在行业范围内独具特色,这种特色可以给产品带来额外的加价,如果一个企业的产品或服务的溢出价格超过因其独特性所增加的成本,那么,拥有这种差异化的企业将取得竞争优势。

差异化战略是企业广泛采用的一种战略。事实上,一个企业将其产品或服务实施差异化的机会几乎是无限的,因为每个企业都有自己的特点,因而存在很多差异化的机会。当然,一个企业能否将其产品和服务差异化,还与产品的特性有密切的关系。例如,汽车和餐馆比一些高度标准化的产品,如水泥和小麦等有更大的差异化潜力。一般说来,日用品在物理特性上存在较少的差异化机会,但即使在这种情况下,企业仍然可以通过良好的分销、库存控制、人员培训等突破产品特性对差异化的局限。

(二)实施差异化战略的途径

1. 有形差异化

实现差异化战略的第一个途径,也是比较简单的途径,是从有形的方面对产品和服务实行差异化。很多产品差异化的潜力部分是由其物理特点决定的。对于那些技术比较简单,或者满足顾客简单需要,以及必须满足特定技术标准的产品,差异化机会主要受技术和市场因素的影响。而对那些比较复杂,或者满足顾客复杂需要,以及不必满足严格标准的产品,将存在更多的差异化机会。

有形差异化主要涉及产品和服务的可见特点,这些特点影响顾客的偏好和选择过程。它们包括产品的尺寸、形状、颜色、体积、材料和所涉及的技术。除以上因素外,有形差异化还包括产品或服务在可靠性、一致性、口味、速度、耐用性和安全性上的差异。实际上,延伸产品的差异也是有形差异化的重要来源,这些延伸产品包括售前售后服务、交货的速度、交货方式的适用性,以及将来对产品进行更新换代的能力等。对于一般消费品,以上差异化因素直接决定了顾客从产品获得的利益。而对于生产资料,上述差异化因素影响购买企业在其业务领域盈利的能力。因此,当这些因素降低购买企业的成本或增强其差异化的能力时,它们将成为差异化的重要来源。

2. 无形差异化

当顾客感觉产品或服务的价值并不取决于其有形的特性时,企业可以通过无形差异化取得竞争优势。实际上,顾客仅仅通过可见的产品特性或性能标准选择的产品数量是非常有限的,社会因素、感情因素以及心理因素都影响产品或服务的选择。对于一般消费品,人们对专有性、个性化和安全性的追求往往是强有力的刺激因素。当某种产品或服务是为了满足顾客的较复杂的需求时,差异化的关键在于企业产品的整体形象,这一点对那些质量和性能在购买时难以度量的"经验"产品或服务尤其重要。这些产品包括化妆品、医疗服务或教育等。

换句话说,差异化不仅与产品的物理特性有关,而且可以扩展到产品或服务的很多方面,只要提供的差异能为顾客创造相应的价值。这意味着差异化包括企业与其竞争对手在所有方面的差异。因而,麦当劳在快餐业的差异化优势,不仅涉及其食品和饮料的特点,也不仅涉及与其食品和饮料有关的服务,而且还与它对儿童的幸福和兴趣的关注有关。即是说,差异化是建立在公司的风格和价值观基础之上的。近年来,我国各地兴起的"贵族"学校是通过无形差异化取得竞争优势的例子。这些学校满足了一部分学生家长无暇照顾子女,又"望子成龙""望女成凤"的复杂心理要求,而其教育效果又只有经过一段时间(至少是几年)才能体现出来。

3. 维持差异化优势

虽然传统上战略分析一直将取得成本领先地位作为建立相对竞争优势的基础,但实际上,维持成本领先地位比差异化优势更为困难。随着国际贸易和国际投资的增长,一些发达国家原来靠成本领先取得竞争优势的企业都已面临来自新兴工业化国家和地区竞争对手的严峻挑战。同样,我国沿海地区和国有大中型企业中原来靠成本优势占领市场的企业,现在不得不面对西部地区的乡镇企业和私有企业的严重挑战,后者可以买到更廉价的原材料,大量节约劳动成本。相反,通过加大研究与开发的力度,潜心研究顾客消费需求的特点,维持企业创造独特产品的能力来维持差异化优势,可能是一种更有效的方法,尤其是在竞争不断加剧,人们的生活水准越来越高,同时更加追求多样化和个性化的经济和社会环境下。

三、集中化战略

(一)集中化战略的概念

集中化战略又称集聚战略,是在产业内选择一个狭小的竞争范围,主攻某个特定的顾客群、某一产品系列的一个细分区段或某一个地区市场。集聚战略的实质是利用一个不同于产业内其他部分的特殊市场利基,通过量身定制,专注于这些细分市场而获得竞争优势。集聚战略同成本领先战略和差异化战略的不同之处在于前者的注意力集中于整体市场的一个狭窄的部分。目标细分市场或利基市场既可以以地域方面的独特性来界定,也可以按照使用产品的专业化要求来界定,还可以按照特殊的产品属性来界定。

集聚战略有两种形式:一种是成本集聚战略,指企业努力在其目标细分市场中创造出成本优势;另一种是差异集聚战略,指企业力图在其目标细分市场中实现差异化。以低成本为基础的集聚战略取决于是否存在一个这样的细分市场,在这个细分市场中,满足目标顾客的要求所付出的代价要比满足整体市场顾客的要求所付出的代价小。以差异化为基础的集聚战略取决于是否存在这样一个购买者细分市场,他们想要得到更高品质的产品属性或服务。这两种集聚战略的优势取决于能够在目标细分市场中创造出比在大范围基础上的竞争者更优质的服务。成本集聚利用了某些细分市场中成本方面的差异,而差异集聚则利用另一些细分市场中购买者的特殊需要。如果实施集聚战略的企业服务小市场的成本比竞争对手的成本低或能够给小市场的购买者提供他们认为更好的东西,那么,集聚战略就能给企业带来高于平均水平的经营业绩。

(二)实施集中化战略的途径

如果集中战略选择专业性差别化方法,那么差别化战略的主要工具都可以应用到集中战略中来,所不同的是,集中战略只服务于范围狭窄的细分市场,而差别化战略要同时服务于较多的细分市场。由于集中战略的服务范围较小,因而集中战略可以较之差别化战略对所服务的细分市场的变化作出更为迅速的反应;也可能由于对顾客的需要更了解,从而开发出更有针对性和更高质量的产品。

实际上,绝大部分小企业都是从集中战略开始起步的,只是并不一定都意识到了这一战略的意义,并采取更具战略导向的行动。对中国的中小企业而言,面对世界经济一体化的大趋势,提高对集中战略的认识和运用能力具有非常重要的现实意义。

集中战略的优势来源于集中资源聚焦于选定的细分市场,从而可以利用有限的资源为有限的顾客提供更为满意的服务,建立顾客忠诚。

四、通用战略的选择

(一)实施成本领先战略的条件及优缺点

1.实施成本领先战略的条件

实施成本领先战略必须满足四个条件:

(1)该战略适用于大批量生产某种产品的企业,产量达到一点的规模,才会出现规模经济效益。所谓规模经济效益就是单位产品成本随生产规模扩大而下降。一般来说,企业规模经济来自七个方面:大量采购形成的节省;产品、规格的统一化和标准化;生产的内部化,获得在这 生产过程中可能获得的效益;大量销售的节省;管理人员和技术人员的专业化和节省;提高研究和开发工作的效率;企业规模扩大使企业有可能经得起暂时的亏损而开发出更有前途的产品。

(2)能严格控制产品定价和初始亏损,以此来达到较高的市场占有率。

(3)使用先进的生产技术和生产设备。因为先进的生产技术和生产设备能使生产效率提高,进一步降低生产成本。

(4)要严格控制产品成本开支,竭尽所能地降低成本,这些成本不仅包括产品生产过程中原料、设备、辅料等的费用开支,还包括研发、服务、推销、广告等其他一切费用。

这四个条件可以构成一个成本领先战略的循环:达到一定的经济规模,产品成本降低,可以获得较高的市场占有率；由于市场占有率高，就有可能赢得较高的利润；获取了高利润后，就可以对生产设备进行投资，使用更先进的生产设备和生产技术；从而提高劳动生产率，进一步扩大经济规模。

2. 成本领先战略的优点

一旦企业在行业范围内取得成本领先地位，那么，它将拥有以下几个优势，或者说，成本领先战略将给企业带来相应的战略利益。

（1）即使行业内存在很多竞争对手，具有低成本地位的企业仍可获得高于行业平均水平的利润，这将进一步强化其资源基础，使其在战略选择上有更多的主动权。

（2）能有效地防御来自竞争对手的抗争，因为其较低的成本意味着当其他的竞争对手由于对抗而把自己的利润消耗殆尽以后，它仍能获得适当的收益。当消费者购买力下降，竞争对手增多，尤其是发生价格战时，成本领先地位可以起到保护企业的作用。

（3）企业的低成本地位能对抗强有力的买方，因为买方的讨价还价能力只能迫使价格下降到下一个在价格上最低的对手的水平，也就是说，购买者讨价还价的前提是行业内仍有其他的企业向其提供产品或服务，一旦价格下降到下一个最有竞争力的对手的水平，购买者也就失去了与企业讨价还价的能力。

（4）无论是在规模经济还是在其他成本优势方面，那些导致成本领先的因素往往同时也是潜在进入者需要克服的进入障碍。例如，在某些行业，大规模生产在降低了产品成本的同时，就提高了行业的进入障碍。

（5）具有成本领先地位的企业可以有效地应付来自替代品的竞争。这是因为替代品生产厂家在进入市场时或者强调替代产品的低价位，或者强调替代产品具有哪些现有产品所不具备的特性和用途，在后一种情况下，具有成本领先地位的企业仍可占领一部分对价格更敏感的细分市场，而在第一种情况下则可以通过进一步降价来抵御替代品对市场的侵蚀。

正是由于成本领先战略具有上述明显的优势，因而历史上战略分析都将成本领先作为获得竞争优势的重要基础。对成本优势的这种强调，反映了人们将价格作为企业之间竞争的主要工具的倾向，这是因为价格竞争能力最终取决于成本效率，同时也反映了一些大公司在战略选择上的偏好。在20世纪的大部分年代，许多大公司主要通过成批生产和大规模分销来实现规模经济，进而谋求成本领先地位，而在20世纪90年代，一些大公司将其注意力转移到通过重构、削减规模等来取得成本效率上。在这一时期，这些大公司试图获得动态而不是静态的成本优势。

3. 成本领先战略的缺点

成本领先战略也存在一些风险。这些风险包括以下方面：

（1）技术变化。技术上的变化可能会将公司过去的投资与学到的经验一笔勾销。技术上的突破可能为竞争对手打开降低成本的天地，使得一个低成本领导者过去的投资和效率方面的优势顷刻崩溃。公司为了降低成本而投入的大量资本可能会使公司陷入目前的技术之中，从而易于受到新技术的伤害。

（2）竞争者的模仿。成本优势的价值取决于它的持久性，而持久性又取决于公司取得这种成本优势的方式和途径是否易于被竞争对手所模仿。公司的战略可能是由那些容易模仿的价值创造活动组成的，这使得成本优势缺乏专有性和持久性。

(3)缺乏差异化基础。实行成本领先战略的企业必须获得与竞争对手相同或接近的差异基础。相同的差异化基础可以使成本领先者将成本优势直接转化为高于竞争对手的利润。实行成本领先战略的企业必须关注一些至关重要的市场变化,如果购买者转向高质量、创造性的性能特色和更快的服务,那么低成本将缺乏吸引力。

(二)实施差异化战略的优点及缺点

1. 差异化战略的优点

差异化战略的优点主要表现在以下几个方面:

(1)由于差异化的产品和服务能够满足某些消费群体的特定需要,而这种差异化是其他竞争对手所不能提供的,因而顾客将对这些差异化产品产生品牌忠诚,并降低对价格的敏感性,他们不大可能转而购买其他的产品或服务。换句话说,差异化可以使企业缓冲竞争抗衡。这类产品较少受需求波动的影响和其他品牌的冲击。

(2)差异化本身可以给企业产品带来较高的溢价,这种溢价不仅足以补偿因差异化所增加的成本,而且可以给企业带来较高的利润,从而使企业不必去追求成本领先地位。产品的差异化程度越大,所具有的特性或功能越难以替代和模仿,顾客越愿意为这种差异化支付较高的费用,企业获得的差异化优势也就越大。

(3)由于差异化产品和服务是其他竞争对手不能以同样的价格提供的,因而明显地削弱了顾客的讨价还价能力。很显然,由于顾客缺乏可比较的选择对象,因而不仅对价格的敏感性较低,而且更容易形成品牌忠诚。这是很多名特产品售价虽很高却拥有稳定消费群体的重要原因。

(4)采用差异化战略的企业在对付替代品竞争时比其竞争对手处于更有利的地位。这同样是由于购买差异化产品的顾客对价格的敏感性较低,更注重品牌和形象,一般情况下不愿意接受替代品。而事实上,很多替代品生产企业也总是选择那些对价格比较敏感的消费群体作为自己的目标市场。例如,人造革代替皮革,仿羊皮代替真羊皮,人造蟹肉代替蟹肉等是这方面的例子。

2. 差异化战略的缺点

差异化战略的缺点主要表现在以下几个方面:

(1)差异化基础的丧失。虽然企业认为自己的产品和服务具有差异化,但顾客可能把它们视为一般商品。由于技术的成熟,在当今市场中,很多产品和服务都已被归入一般商品的范畴。在这种情况下,差异化不再能笼络住顾客,顾客会舍弃差异化公司提供的某些特性、服务或形象的诱惑而转向低成本厂商。

(2)过度差异化。如果一个企业不懂得买方的购买标准和买方价值的作用机制,那就可能会搞出太过分的差异化,使差异化属性超出了购买者的需求。产品质量或服务水平超出买方需要,就会导致价格偏高,从而使企业与竞争者相比处于弱势,因为对方可以较低价格提供质量适宜的产品。

(3)溢价太高。顾客可能需要差异化的产品,但与竞争者相比过高的价格会使他们望而却步。如果企业不能以一种合理的价格与买方共同分享差异化的价值,那么买方可能会转向其他竞争者。适当的溢价不仅取决于企业差异化的价值,而且取决于企业的相对成本地位。如果一个企业不能把其成本保持在与竞争对手大体相近的水平,即使企业能够维持其差异化,不利的成本地位可能会使价格偏离顾客可以接受的水平。

(三)实施集中化战略的优点及缺点

1. 集中化战略的优点

集中化战略的优点主要表现在以下几个方面:

(1)经营目标集中,管理简单方便,可以集中使用企业的人、财、物等资源。

(2)有条件深入钻研以至于精通有关的专门技术,熟悉产品的市场、用户以及同行业竞争方面的情况,因此有可能提高企业的实力,赢得产品及市场优势。

(3)由于生产的高度专业化,可以达到规模经济效益,降低成本,增加收益。这种战略适用于中小企业。这种战略能使高度集中的专业化中小企业对国民经济作出重要的贡献,即中小企业采用单一产品市场战略可以以小补大、以专补缺、以精取胜。

2. 集中化战略的缺点

集中化战略的风险主要体现在如下几个方面:

(1)细分市场之间的差异减弱。细分市场会随着时间的推移而变化,小市场上购买者的偏好和需求可能会转向大众购买者所喜好的属性。如果战略目标市场与整体市场之间对所期待的产品或服务的差距缩小,集中化战略将面临风险。

(2)成本优势被侵蚀。一般而言,为狭窄的市场提供产品的单位成本比为宽广的市场提供产品的单位成本高,因此,集中化战略即使能利用暂时的机会建立有利的成本结构,但这种优势往往比较脆弱。如果大范围提供产品或服务的竞争对手与目标集聚公司间的成本差距变大,就会使针对狭窄目标市场的产品或服务丧失成本优势,或使集中化战略产生的差异化优势被抵消。

(3)新进入者和模仿者的竞争。如果集中化战略获得成功,众多的竞争者会蜂拥而入,仿效这一战略,瓜分细分市场的利润。由于多数实施集中化战略的企业并不具有独特的资源和能力,模仿往往非常容易。随着更多竞争者进入这一利基市场,原有企业的优势可能昙花一现,收入将会下降,利润将会被挤干。

第三节　新兴行业的竞争战略

新兴行业是指由于技术创新的成果、新的消费需要的推动,或者其他经济和技术的变化使某种新产品或者新的服务成为一种现实的发展机会,从而形成新的或重新形成某个行业。从某种战略角度看,如果一个老的行业也面临类似的情况,则其处境可视同新兴行业。

新兴行业产品的购买者对其产品并不熟悉,高价格的特征是因为企业尚未能获得明显的经济规模效益和构建畅通的销售渠道。该产业的进入障碍主要是如何取得关键技术的专业技能,而不是成本效益和品牌忠诚度。

一、新兴行业的特征

从战略角度看,新兴行业的基本特征是尚未形成"游戏规则",企业缺乏可以作为凭据的所有相互交往和竞争的规则。虽然不同类型的新产业各有其独特的表现,但是它们都具备一些相似的基本特征。

(一)不确定性

不确定性主要是指在信息约束和多种因素突变干扰下导致的企业决策行为困难和不稳定。企业的不确定性主要表现在以下四个方面：

1. 技术不确定性

新行业中有关产品的技术、工艺和操作都还不成熟，需要经常性地试验和调整，存在重大改进的可能。因此，技术的不确定性主要包括：创新者在新系统选择和其水平评估上的模糊和困难；企业现有技术水平状态与创新技术间可能存在多种矛盾冲突；由于技术在不断地创新和发展，创新活动进行的过程中就有可能发生技术水平贬值的问题。

2. 经济不确定性

在初始生产阶段，因为产出量低和生产经验的不足，会造成较高的生产成本。再加上企业形成市场优势的愿望，新市场广阔空间的诱惑，有许多不可测因素和漏测因素使企业在资源投入上超预算、新产品投入时间滞后，企业最终实现收益呈离散型分布的状况。

3. 组织不确定性

新产品的试制及生产必然引起企业内部组织状态的变动，其作用难以事先完全预料，对企业文化的影响、企业内部利益分配格局的变化将导致各种复杂因素的干扰等。

4. 策略不确定性

联系以上三种不确定性，再加之企业对竞争状况、用户特点、行业结构和发展轨迹等方面缺乏足够的信息，因此企业在策略上具有更大的不确定性。在选定产品、市场、服务等方面相当程度上要依赖于经营者主观判断，从而使企业短期战略上带有很大程度的随机应变性质。

(二)缺乏统一的产业标准

在新型产业的起步阶段，有关产业活动、产业关系、产业评判等统一的标准尚未形成。采取首先进入市场战略的企业，往往可以使自己企业的产品特征、经营方式、分销渠道组织方式或者是销售组合方式成为行业标准的基础，从而形成特殊的"在位"优势。这种优势将成为阻碍其他潜在进入者进入市场时的有力障碍。从这点看，处于这个阶段的企业不但有较大的发展余地和战略选择空间，而且企业在这个阶段所采取的战略选择，将在很长一段时间内影响企业在行业中的地位，甚至影响行业的构成特征。

(三)缺乏完善的社会协作体系

新兴行业正处于产业进化的幼稚期，还未形成完善的产业协作系统。在此时进入该产业的企业，在发展自身核心业务的时候，很难得到产业分工体系的支持，企业需要自己形成为核心业务服务的许多能力。这些服务能力的单独经济效益并不一定明显，有些甚至还是负效益，但是它们的存在支持了企业准备长期发展的核心业务。对这些因为缺乏产业协作体系而不得不开展的活动，企业也需要为它们确定战略前途。这时的战略重点是将这些服务性行业发展成为企业的核心业务，或是扶植社会协作体系的形成使企业的资源得以集中在具有优势的核心业务上这二者之间做出选择。

二、新兴行业面临的问题

(一)原料和零部件的供应能力较弱

新技术和新产品的出现,往往要求开辟新的原料供应来源,或要求现有的供应者扩大其规模并改进其供应产品的质量,以符合企业的要求。一般来讲,企业往往在取得原料及其零部件等方面遇到困难,因而导致供应不足或者价格上涨。

(二)基础工作薄弱

(1)企业由于刚刚进入一个行业,缺乏技术熟练的工人,有时要企业自己来培训工人。因此技术协作和服务设施、销售渠道等方面很难匹配好。

(2)由于缺乏产品及技术标准,所以原材料和零部件都难以达到标准化。

(3)新产品的质量不稳定可能对企业形象造成不利影响。

(三)产品销售困难

用户对于产品了解不多,在购买时往往持观望的态度,有的用户要等到产品的技术更为成熟、产品基本定型、质量和性能更为稳定、价格下降以后才考虑购买。

在新产品开始生产时,由于产品成本较高,企业可能处于亏损状态。在新产品要投入市场,替代一部分老产品时,也必然面对与老产品的竞争。

三、新兴行业的战略选择

新兴行业战略制定的核心是在行业演变趋势不明确的前提下,处理好风险和不确定性的关系,在尚未形成完善规则的竞争中寻求有利于企业的战略措施和方向。在新兴行业中,企业战略选择一般应从以下几个方面考虑:

(一)选择要进入的新兴行业

新兴行业的选择是企业战略选择面临的第一个问题。在当前科技迅猛发展的背景下,新兴行业是非常多的,企业究竟应该进入哪一个新兴行业。首先,要根据企业内部的资源条件和外部环境初步确定企业有可能进入的几个新兴行业;其次,对每个新兴行业的技术、产品、市场及竞争状态作出预测分析;再次,根据企业自身条件,评价每一个方案的优劣;最后,确定企业应该进入的新兴行业。不能只是从新兴行业初始技术、产品、市场及竞争结构是否有吸引力作出判断,主要应根据充分发展后的行业结构是否能为企业提供较好的发展机会和较高水平的收益出发。由于一个行业当前发展很迅速、盈利率很高、规模正在逐渐扩大,因而决定进入这一行业,这是常见的,而且是合理的,但是进入行业的决策最终必须以行业结构分析为基础,否则很容易误入歧途而导致失败。

(二)选择进入新兴行业领域的方式

企业内部发展和外部收购方式都是进入新兴行业方式的战略选择,如何选择依赖于基本市场力量决定的进入的经济性标准。

1.通过内部发展方式进入新兴行业

通过内部发展的方式进入新兴行业,首先要依据上述如何选择进入新兴行业的基础上,辨识内部进入的目标,产业的五种市场竞争力都会对企业的期望利润率产生影响。因此,可以从下述情况中选择一种目标产业进入,以保证获取较高的利润水平。这些目标有:进入不均衡行业、新兴行业、信息贫乏的冷门专业和进入壁垒易于提高的行业,都属于不均衡的宜早期进入的行业;本企业有较低的进入成本,本企业有与众不同的能力去影响产业结构,它可以在以后的行业竞争中形成高于进入壁垒的特殊竞争优势;现有企业的报复是缓慢或无效的行业。

2. 通过收购方式进入新兴行业

企业通过外部收购方式,包括资产重组、兼并等方式,也是迅速进入新兴行业的有效方式。它往往通过资本、公司市场去实现。采取收购等方式,关键在于被收购的企业具有独特资产或者能力,收购后有利于加强收购者的战略地位,被收购企业的产业适合于收购者进入新兴行业的发展要求。

(三)选择要进入市场的时间

早期进入新兴行业,特别是倡导新兴行业的先驱者,其风险程度很高,但是其进入壁垒相对较低,甚至没有竞争者介入。一旦成功,可以获得很高的收益。如果企业核心能力较差,早期进入新兴行业也可能因力不从心,深陷泥潭而无法自拔。预测产业结构演变,估计新兴行业产品和技术的未来发展变化,包括技术发展、产品性能和成本等,是决定早期进入的先决条件。当企业的形象与声望已经确立,并且作为新兴行业的先驱者更有利于提高企业形象和声望时,当新兴行业产品的原材料和零部件供应良好时,宜早期进入该新兴行业市场。若遇新兴行业技术变化不稳,进入新兴行业产品转换成本过高,市场开拓代价太大,目标市场客户难以准确定位时,应慎选进入新兴行业的时机。

(四)选择新兴行业的企业战略

新兴行业的先进入者由于投入了较多的资源而在市场上占有领先的地位,如何对待后进入者也是一个重要的决策问题。先进入者作出强烈的反应是可能的,但未必是最佳选择。容忍后进入者进入也是可以的,先进入者可以从后进入者的技术开发及市场开拓、分销渠道中得到好处,也可能使后进入者坐享现成果实又会影响先进入者的市场地位。对此先进入的企业应作好权衡,以寻求恰当的对策。当然,由于新兴行业具有不确定性,因此先进入者也可以表示愿意接受其他竞争者并与其在技术、生产、市场划分方面进行合作,同行业竞争者之间的互利合作,会使行业发展更快,对每个企业的发展也更为有利。

第四节 成熟行业的竞争战略

作为行业生命周期的一个重要阶段,行业经历了成长期进入了成熟期,企业的竞争环境发生了很大的变化,要求企业在经营战略上做出相应的反应,这是非常重要的,同时又是非常困难的。

一、成熟行业的特征

经过激烈的竞争和一些合并活动,成熟行业常常是由几个大型企业把持,虽然也包括一些中型企业和一些特殊的小型企业,但是大企业处于行业竞争的主导地位。成熟行业通常具有

以下特征:

(一)产品逐渐向多样化发展,形成了有特色的产品,甚至名牌产品

企业经过长期经营,提高了自己的知名度和市场占有率。有些企业还创造了在全国或者全世界有很高知名度的名牌产品。与此同时,企业原有产品市场竞争也越来越激烈,为了进一步发展自己和减少经营风险,企业的产品逐步由单一化向多元化发展。

(二)发展速度减慢,效益提高

企业的规模已经很大,企业的发展逐步由外延式转变为内涵式,由粗放经营转变为集约经营。这种转变,虽然使企业的发展速度减慢了,但是效益却提高了。

(三)集团化发展

随着子公司数量的增加,母公司对它们采取集权式管理越来越不利于发挥它们的经营积极性,只好将它们从总公司分离出来,让它们成为独立的经营单位,而且公司在发展过程中也会兼并一些企业,公司逐步向集团化发展。有些企业还实施跨国经营,在国外设立生产经营性的子公司,从而向跨国公司的方向发展。

(四)树立了良好的企业形象

经过多年的经营,企业形成了自己的经营理念,培养出了具有本企业特点的企业精神和企业文化,创造出了名牌产品为世人所知晓,企业在公众中树立了良好的形象。

二、成熟行业面临的问题

(一)行业增长速度缓慢

进入成熟期后,行业产量或者销售量的增长速度下降,各企业还是要保持自身的增长率就必须扩大其市场占有率,从而使行业内企业的竞争加剧。

(二)买方市场形成

产品供大于求,许多企业只能向有经验的重复购买的用户销售产品,而用户在选购产品上越来越挑剔,经验和知识都更加丰富。由于行业的内在技术和产品都已经定型,因此企业竞争常常在成本、售价和服务方面展开。

(三)行业盈利能力下降

行业增长速度下降及买方市场的形成,使行业内企业的盈利能力下降,中间商的利润也受到影响。但此时企业在成长阶段实行的增加生产能力和增加人员的大发展战略尚未做根本的调整,这样就导致企业投资过量,出现了生产能力和人员方面的冗余,生产设备闲置。

(四)企业各职能策略面临调整

当行业及产品都已经成熟定型时,新产品的开发及产品新用途的开发难度将大大增加。企业的产品在技术性能、系列、款式、服务等方面不断变化,会使成本及风险增加,此时企业要认真调整自身的研究和开发策略。企业在产量上不可能再有急剧的增长,但是要在节约成本、提高质量上下功夫。

(五)国际竞争激烈

由于国内企业处于成熟期,因此企业都想把自己的产品销往国际市场。国际竞争经常具

有不同的成本结构,促使企业努力向其他国家出口并进行国际投资,使行业更加成熟化,从而使国际竞争更加激烈。

(六)创新精神减退,思想趋于保守

处于成熟期的大企业,管理者中老年较多,他们的知识全面、见多识广、经验丰富、老成持重。但是他们最明显的缺点是不如年轻人对新生事物的敏感和有强烈的创新要求,而且往往只看到成绩而忽视缺点。同时处于成熟期的大企业力量雄厚,竞争力强,压力较小,这也是导致大企业创新精神减退,思想趋于保守的主要因素。

三、成熟行业的战略选择

企业在成熟行业中的战略选择主要有以几种:

(一)三种通用竞争战略的选择

在进行战略选择时,对不同产品的生产规模进行成本分析是十分必要的。如果是小批量生产,则采用差异化战略或者集中化战略是有利的。若是大批量生产,则成本领先战略较好。差异化战略和集中化战略是建立在小额或特小额的特定用户订货的基础上的,即对某一类用户或某一地区的特定市场作密集的经营,使企业能控制一定的产品势力范围,这样企业的竞争地位比较稳定,在生产量较小时采取成本领先战略显然是不合算的。

(二)产品结构的调整

行业进入成熟期后,产品的特色正在逐渐减少,价格也会逐渐下降,为此就要进行产品结构分析,对产品结构进行调整。具体来讲可采取以下两种做法:

1. 缩减产品系列

企业扩大产品系列的目的是为了寻找有利的差别化基础,以提高自己的市场识别度。这种战略在发展阶段和成熟阶段初期是有效的。但是到了成熟的后期阶段(对峙阶段),稳定的市场结构已经较难通过增加产品系列来打破,而增加产品系列不仅增加了企业成本支出,而且有可能使企业的特征淡化。所以缩减产品系列,使资源集中在成功的产品上,是企业对付对峙竞争的一种方法。缩减产品系列的指导思想是让企业资源集中用于可以使企业脱离对峙状态的方面。

2. 基准产品创新

在成熟阶段后期,有关产品线的创新,如产品系列、产品规格、包装、某些功能上的创新,已不足以为整个产业找到新的出路,于是需要在产业标准或者基准产品方面有所创新。例如,计算机业作为一种计算或者计算延伸的工具很快就进入了成熟阶段。微软公司采用了最原始的竞争战略——大规模降低成本的战略,使自己在基本上处于微利的行业中获得了巨大的利益,而微软与其他各计算机生产商在机器中安装微软基本操作程序的做法已经成为该行业的新产品标准。

实际上,在行业成熟期前企业就应该把注意力转移到产品结构调整上,及时开发产品的新系列和新用途。只有这样,才能免除企业在行业成熟后期陷入被动。

(三)纳入新的结构

行业内的企业可以通过产业组织结构的调整或根本重组来改变对峙状态。通过重组,在

减少了一些竞争对手的同时,改变了过去已经形成的产业结构,使产业能够突破国家或地域的限制,从而为产业发展带来生机。这一过程不仅有利于参与兼并的各方,也使行业内的其他企业获得重新确立自己产业内地位的机会。例如,在全球汽车业兼并重组的浪潮中,中国汽车业可以重新审视自己的发展战略,以确定是使自己成为未来几个全球巨型汽车集团之一,还是加入某个汽车集团。不管是哪一种选择,中国现有的汽车企业,都必须改变自己在国内的做法。

(四)开发国际市场

发展国际化经营是从扩大市场的范围角度打破对峙的战略。当国内市场趋于饱和后,有条件的企业可以采用开拓国际市场的战略。国内该产业已经进入成熟期,而其他国家这个产业也许才刚进入幼稚期或者成长期,竞争者较少,而且那里比较少有潜在的竞争者,因而可以获得比较优势,极大地降低进入费用,获得较大的利润。值得注意的是,国际化经营固然可以使产业生命曲线在一段时期内得以延长,但这一时期并不久远。

(五)向相关行业转移

如果企业不能为成熟行业建立新的标准,那么进行产业转移就是迟早要采取的战略,即向相关行业的转移有利于企业利用已有的技术和其他核心专长。在这一转移过程中,企业可以采取的发展战略如下:

(1)创新战略。以原有成熟业务为新业务的发展提供稳定的资金来源,然后用新产品淘汰原有的产品,提前结束产品的生命周期。

(2)一体化战略。这个战略适用于资本能力较强的企业。它可以利用市场内在化来降低成本,稳定经营过程,充分利用原有产品可提供的现金,为将来较早进入新兴行业或者生产新产品积累资本。

(3)多样化战略。以现有业务提供的资金支持对新行业的进入,同时分散资本风险。

本章小结

企业战略具有指导性、全局性、长远性、竞争性、系统性、风险性的特征。企业的战略管理,是构筑在企业战略基础上的管理行为和管理科学,是企业在处理自身与环境关系过程中实现其宗旨的管理过程,是决定企业长期表现的一系列管理决策和行动,它包括企业战略的制定、分析、选择、评价、实施和控制。成本领先战略、差异化战略和集中化战略是三种基本竞争战略。竞争战略的假设是企业已经在某个领域从事经营活动,竞争战略要解决的问题是如何在这个经营领域中比竞争者做得更好。我们可以将这一层次的战略看做是通用战略,它是企业赖以生存和与竞争对手争夺市场的基本工具。从行业生命周期的角度来看,新兴行业充满了不确定性,缺乏统一的产业标准和完善的社会协作体系,所以新兴行业内的企业在战略决策时要慎选要进入的新兴行业,进入方式、进入时间对新兴行业内企业的战略都将产生影响。成熟行业由于经过了长时间的经营,企业增长速度缓慢,盈利能力下降,经营战略面临调整,此时企业可采取产品结构调整、纳入新的结构、国际化经营或是转移到相关产业等战略。

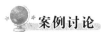
案例讨论

波音与空客:商用飞行器生产的全球霸权之争

长期以来,波音公司一直是商用飞机生产的全球领先者。然而2001年,空客在其竞争历史上第一次获得了比波音更多的订单。但是,波音在2006年以1044∶790的商用飞机订单重新夺回了自己的霸权。显而易见,扭转局势的这次订单之争主要集中在超大型飞机上,即空客A380飞机和波音787飞机。

表面上,波音和空客的母公司EDAS在1992年达成协议,希望在未来联手研究超大型飞机,而促成这项研究的是中国和印度逐渐上升的航线需求。然而,空客和波音对于市场的趋势得出了不同的结论,于是联合研究终止了。

波音787针对远程高效飞行而设计,载客250人,而空客战略是更大型飞机,A380载客550人以上。在双方不同的战略中,空客聚焦于使用中心辐射系统的大型机场,而波音公司聚焦于点对点系统,因为使用该系统的机场数量更多。实际上,由于其体积和重量的原因,空客的A380飞机目前只能在大约35%的机场起降。另一方面,波音的飞机却能在更多的机场起降,而且由于新兴经济体的原因,这类机场的数量还在不断增长。

2001—2005年,空客赢得了竞争,因为它的战略也关注中型客机市场,用A—320与波音737和757对抗,A—320比波音的飞机更加高效,波音飞机没有针对客户的需求研制更加先进和高效的飞机。实际上,这也减缓了波音公司对于新机型的创新过程。除了新机型的缺乏,商用飞机业务也缺乏活力,发展缓慢;由于恐怖袭击及其引发的行业衰退,新的订单明显减少。相对于空客来说,这段时间的确是空客的寒冬。

后来,波音公司对787飞机进行全新设计的战略在订单战中取得了胜利。波音公司也通过在生产过程中使用不同战略而实现成功。这能够加速创造高效的全球供应链的过程,而这条供应链将日本、中国以及其他一些国家包含其中。并且,空客在A380飞机和其中型客机的生产已经落后于原来的计划,而A—350也需要重新设计。相比于波音的787飞机,中型的A—350飞机在时间表上已经落后,空客不得不通过大幅的刺激性降价来增加未来的订单。

此外,空客也被要求更多地在欧洲国家生产其飞机零件,因为政府拥有重要的所有权关系并为空中客车提供补贴。这些政府包括西班牙、法国、德国和英国,它们希望在本国保持雇用水平,因而空中客车必须继续主要在欧洲国家生产。波音787飞机有85%的生产是外包的,而空中客车的A380飞机外包生产仅有15%。设计和开发滞后带来的结果是,空中客车A380飞机的投资为140亿美元,而波音公司对787的投资只有80亿美元。

在决定推进787飞机而不是能够与A380这样的超大型飞机匹敌的机型时,波音公司在沟通协商上作了更大的努力,从其航空公司客户以及最终顾客——乘客那里获得信息的反馈。乘客们支持较小型飞机,航空公司也是如此,因为这样它们可以迅速到达小型机场,点对点系统可以减少中转的次数。此外,波音公司还对最终债权人和租赁代理进行调查,询问他们对风险的态度,他们同样支持小型飞机,因为相对于A380,小型飞机可以降低财务风险。对于波音公司而言,这些业务战略已经在短期内为其创造了明显的优势。

有趣的是,作为其多样化经营战略的结果,波音只有50%的收入来自商用飞行器部门,另外的50%则来自军方合同和空间卫星发射业务。在军用和商用飞行器的技术上有些部分是重合的,这就间接减低了商用飞行器的开发成本。两大公司之间的战争仍在继续,但当前波音占有优势。

讨论题:

波音公司在与空中客车公司竞争中,其战略优势的取得依靠的是什么?

复习思考题

1. 企业战略包含几个层次？分别是什么？
2. 简述战略管理的过程。
3. 实施成本领先战略要满足什么条件？
4. 实施差异化战略的途径有哪些？
5. 集中化战略有什么优点和缺点？
6. 新兴行业具有哪些特征？
7. 成熟行业怎样进行战略选择？

第四章 营销管理

本章要点

* 市场营销理念的发展历程
* 市场营销战略的选择
* 市场营销组合的设计
* 市场营销活动的控制

案例导入

没用互联网思维，OPPO为何能完成销量逆袭？

2016年的中国手机市场风云变幻，华为、OPPO等国产品牌大踏步前进，挤占了销量排行榜的前列；根据IDC发布的2016年第一季度全球智能手机供应商出货量、市场占有率等数据，OPPO出货量为1850万台，较去年同期增长了153%，成为了业界的一匹黑马。

2011年，小米手机问世，抛出的互联网新玩法是传统硬件厂商完全不熟悉的组合拳。彼时，OPPO则正在经历公司史上最大的困局——从功能手机到智能手机的转换，让OPPO的处境降到冰点。加之遭遇小米，寒流中的OPPO，公司上下信心落差巨大。那么OPPO如何逆袭成为黑马？

一、产品的差异化竞争

自苹果2007年推出第一代iPhone，全球智能手机市场已经发展了9年。各家产品已陷入高度的同质化竞争。从数年前开始，OPPO的卖点便集中在3个部分：拍照、闪充和外观。这3大卖点的最终确认全部来自对用户需求的理解。和小米及华为不同，在品牌策略上，OPPO始终不太强调用元器件参数来为产品性能背书。

1. 美颜相机

OPPO是国内最早提出自拍美颜概念的手机，该灵感来自于OPPO的一位产品设计师。这位喜欢用卡西欧自拍神器（TR100）的姑娘，对项目组同事这样总结女性用户的心声——"我们并不是想把自己拍得多清晰，而是漂亮第一。"

女性用户占到OPPO整体手机用户的55%，自拍功能深得她们的心。那时，每家手机的前置摄像头画质不高，更没有提供自拍美颜功能。这个想法很快就获得项目组的认可，经过一年研发和调试，2012年，OPPO终于第一个将带有自拍美颜功能的手机U701推向市场。此后，OPPO又推出拥有旋转摄像头的大屏拍照手机N1，2016年的R9系列产品，则是首款在国内将前置摄像头的像素提高到接近1600万像素的手机。

2. 充电五分钟，通话两小时

除了自拍，OPPO还锁定了用户的另一大需求——快速充电。在"充电五分钟，通话两小时"这一广告语流行之前，2014年3月推出的第一款闪充手机Find7便已具备这一功能。根据OPPO提供的数据，截至2016年6月，获得快充体验的用户，已超过了3000万，OPPO在此技术上拥有18项核心专利包。事后看，自拍和闪充，这两大核心功能的确帮助OPPO实现了产品的差异化竞争。

二、营销策略

1. 重拾对线下渠道价值的理性认识

2013年10月，正值互联网思维火热之时，OPPO亦请专家支招。但OPPO没过分强调互联网思维，而要发挥自己的优势。随后两年，在众多手机厂商忙着做电商时，OPPO却花了很大的精力与经销商合作，如今，这些线下渠道发挥了非常重要的作用——如果你现在去三、四线城市，你会发现到处都是OPPO的门店，OPPO直营店覆盖面从省会到乡镇，在选址上遵从三个基本原则：一为核心商圈，二为客流量大，三为手机卖场聚集区。

2. 与代理商高度捆绑

OPPO与代理商的关系，可追溯至2008年——从OPPO最早进军手机市场开始。友谊当然始于利益的高度捆绑。OPPO对代理商的管理也颇为严格，设立了三条高压线：其一，不准乱价，严格按照零售价销售；其二，不许窜货，不许在指定之外的区域销售；其三，不许私自在网上销售。这三条一直施行的高压线，区隔并稳定了手机的价格体系，保证OPPO的每款新机在上市6个月后也不会降价。代理商的实体店可以确保其销售利润。

3. 针对年轻群体的广告

除了产品的差异化，营销策略上，OPPO国内广告投放覆盖国内电视收视率前三的湖南卫视、东方卫视和浙江卫视，冠名栏目包括《天天向上》《奔跑吧兄弟》等9档年内热度最高的综艺和娱乐节目。"OPPO的主力消费群体是年轻人，喜欢追星、看综艺。"OPPO营销策划部负责人这样定义其手机的用户画像。OPPO选择的明星代言群像越来越强调其在线下及社交媒体上的强大粉丝号召力。

4. 海外市场

2012年，带着新一代的智能手机，OPPO开始拓展海外市场。OPPO已在诸如印度、巴基斯坦和泰国这样共计20个国家开展业务，这些国家的特点是人口多，经济尚不发达，正适合销售价格折合人民币在1000~2500元的手机。在印度市场，OPPO招募了几千人的销售团队，逐地覆盖，预计2016年全球海外市场的销量可能会2015去年翻一番。但是印度也是小米等一众手机厂商的必争之地，而华为积累多年的专利数量更利于它进入成熟市场。OPPO副总裁兼印度地区负责人李炳忠称，是OPPO手机的自拍功能吸引了印度用户。

IDC和Gartner这两大IT市场调研机构针对2016年前两个季度所作的报告中，OPPO首次进入全球前五大智能手机厂商榜单。无论是品牌和资金的实力还是资本背景，OPPO不具备先天优势，或许也正因此，他们都走上了先农村后城市的非典型发展路径。可能也正是因为这种市场特征，在线下渠道上颇下功夫，并没有完全追随那些所谓的新渠道。在这样一种产业背景之下，OPPO表现卓越，逆袭成为"黑马"。

问题：
1. 面对强手如云的手机市场，OPPO是怎样完成销量逆袭的？
2. OPPO的营销策略给了我们哪些启发？

第一节　市场营销理论的发展

一、市场营销管理的相关概念

(一)市场的含义

市场营销学中的市场是指由一切有特定需求或欲求并且愿意和可能从事交换来使需求和欲望得到满足的潜在顾客所组成。市场包含三个主要因素，即有某种需要的人、为满足这种需要的购买能力和购买欲望。

用公式来表示就是：市场＝人口＋购买力＋购买欲望。

(二)市场营销的含义

市场营销活动是以满足消费者或用户各种需要与欲望为目的，运用一定的方法和手段，使企业的产品或服务有效地转移到消费者手中的所有活动的总和。

市场营销学产生于19世纪20年代，是市场经济高度发展的产物，是一种经济活动。尤其是20世纪60年代以来，菲利普·科特勒(Philip Kotler)等人全面地提出了现代市场营销理论，强调了市场营销的管理导向，把市场营销学发展成为指导企业经营决策的学科，形成了现代市场营销学的概念、方法与理论体系。70年代以来，市场营销学又进一步与经济学、社会学、心理学、行为学、公共关系学等学科密切结合，成为一门属于管理学范畴的应用学科。

(三)营销管理的含义

营销管理是指为创造达到个人和机构目标的交换，而规划和实施理念、产品和服务的构思、定价、分销和促销的过程。营销管理是一个过程，包括分析、规划、执行和控制。其管理的对象包括理念、产品和服务。营销管理的基础是交换，目的是满足各方需要。营销管理的本质是需求管理。在不同的需求情况下，市场营销管理具有不同的任务，概括起来有以下八种状况。

1. 负需求

负需求是指消费者不喜欢、反感甚至是逃避某种产品或服务。如不抽烟者对香烟，晕车者对车的需求，都属于否定需求。在负需求情况下，营销管理的任务是改变市场需求，即分析市场为什么不喜欢这种产品，以及是否可以通过产品重新设计、降价和积极促销的市场营销方案，改变市场信念和态度，将负需求转变为正需求。

2. 无需求

无需求是指消费者对产品或服务毫无兴趣或漠不关心的一种需求状况。如男性消费者对耳环的需求，南方地区消费者对皮大衣的需求等，都属于无需求。在无需求的情况下，营销管理的任务是刺激市场需求，即通过大力促销及其他市场营销措施将无需求转化为有需求。

3. 潜在需求

潜在需求是指消费者对某些产品或服务的需求尚未表现出来，购买力尚未得到实现。在潜在需求情况下，营销管理的任务是开发市场需求，即开展市场营销研究和潜在市场范围的测量，进而开发有效的物品和服务来满足这些需求，将潜在需求变为现实需求。

4. 退却需求

退却需求是指市场对一个或几个产品或服务的需求呈下降趋势的一种需求状况。在退却需求情况下，营销管理的任务是复苏市场需求，即分析需求衰退的原因，进而开拓新的目标市场，改进产品特色和外观，或采用更有效的营销手段来重新刺激需求，使老产品开始新的生命周期，并通过创造性的产品再营销来扭转需求下降的趋势。

5. 不规则需求

不规则需求是指消费者对某些产品或服务的需求在一年的不同季节，一周的不同日子，甚至一天的不同时点波动很大的一种需求状况。在不规则需求情况下，营销管理的任务是协调市场需求，即通过灵活定价、大力促销及其他刺激手段来改变需求时间的模式，将不规则需求转化为规则需求。

6. 充分需求

充分需求是指消费者对某产品或服务的需求在时间和数量上同企业所预期的需求水平与时间相一致的需求状况。这是企业最理想的一种需求状况。但是，市场是动态的，消费者偏好会不断变化，竞争也会日益激烈。因此，在充分需求情况下，营销管理的任务是维持市场需求，即努力保持产品质量，维持顾客满意，通过降低成本保持合理价格，并激励推销人员和经销商大力推销，以维持目前的需求水平。

7. 过度需求

过度需求是指消费者对某些产品或服务的需求超过了企业的生产和供应能力，产品供不应求的需求状况。在过度需求情况下，营销管理的任务是降低市场需求，即通过提高价格、合理分销产品、减少促销等措施，暂时或永久地降低市场需求水平，或者设法降低来自盈利较少或服务需求不大的市场需求水平。

8. 有害需求

有害需求是指消费者对某些产品或服务的购买和消费有损身心健康和人身安全，并危害社会公众利益的需求状况。对于有害需求，营销管理的任务是反市场需求，即劝说喜欢有害产品或服务的消费者放弃这种爱好和需求，大力宣传有害产品或服务的严重危害性，大幅度提高价格，停止生产供应等。

二、营销管理理念的演进

营销管理活动的有效展开，需要科学的经营理念作为指导思想。随着科技的发展，社会的进步，一般认为，营销管理理念的演进经历了生产观念、产品观念、推销观念、市场营销观念、社会营销观念这五种具有代表性的阶段。

（一）生产观念

生产观念实质上是一种"以产定销"的理念，是以产品生产为中心，以提高生产效率，增加产量、降低成本为重点的营销观念。

持生产观点的人认为,消费者只满足于那些随时可以买到、价格低廉的产品,而不计较该产品的特色和特性。

这种观念是在卖方市场态势下产生的。即使目前,在物资短缺、需求旺盛、供不应求的市场环境中或由于产品成本过高而导致产品市场交割居高不下时,这种观念依然是合理的、可行的。

(二)产品观念

产品观念也是一种"以产定销"观念。是以产品改进为中心,以提高产品质量和功能,不断改进产品为重点的营销观念。

持产品观念者认为,消费者总是欢迎那些质量高、性能好、功能齐全、有特色、价格合理的产品。只要注意提高质量,做到物美价廉,就一定会产生好的销售业绩。顾客会自动慕名前来,因而无需花大力气开展推销活动。

产品观念强调以质取胜,从本质上看,还是生产什么就销售什么,但它比生产观念有一定的进步,在生产观念指导下只抓产量不抓质量,大批劣质产品充斥市场的情况下,产品观念对于提高产品质量,改善企业的形象起到一定的作用。

美国哈佛大学教授西奥多·莱维特教授指出,产品观念会导致"市场营销近视症",即企业管理者在市场营销中缺乏远见,只重视其产品,认为只要生产优质产品,顾客会自己上门,而忽略市场需求的变化趋势,使企业在经营观念上目光短浅,经营目标及其狭隘,限制了企业的发展。

(三)推销观念

推销观念是以产品的生产和销售为中心,注意运用推销手段和广告措施,刺激消费者购买,向市场大肆兜售其产品。以期压倒竞争对手,提高市场占有率,取得丰厚的利润。在产品供过于求的情况下,企业自觉或不自觉地运用推销观念指导企业营销活动。

持推销观念者认为,消费者在购买中往往有一定的惰性和消极心理,没有足够的动力去促进,消费者通常不会足量购买企业产品。因此,积极组织推销和促销,促使消费者大量购买,使企业产品能占领市场。

推销观念虽然在关注产品生产的同时也开始拿出一定精力关注产品销售了,但是本质上依然是生产什么销售什么,不注重市场需求的研究和满足,不注重消费者利益和社会利益。强行推销不仅会引起消费者反感,而且可能使消费者在不是自愿的情况下购买需要的产品,这样会损坏消费者利益。

(四)市场营销观念

市场营销观念强调以消费者需求为中心。消费者需要什么产品和服务,企业就应当生产、销售什么产品和服务,并且比竞争对手更有效、更有利地传送消费者期望的产品或服务,以期通过满足消费者或用户的需求和欲望,实现企业的利润。

很多人将推销观念和市场营销观念相混淆,其实两者有本质的不同。推销观念采用的是由内向外的视角,从企业本身出发,注重企业现有产品,并大力进行推销和促销活动,以实现短期内多销售,多获利;而市场营销观念则是营销指导思想的一次转折性变化,从"以产定销"的传统观念进入"以需定销"的现代营销观念。它和推销观念相反,是一个采用的由外而内的视角,从确定的买方市场出发,以顾客需求为中心,生产销售消费者想要的产品或服务,以实现顾客满意和稳定的顾客关系来获得长期利润的观念。

(五)社会营销观念

社会营销观念认为,企业的营销活动,不仅要满足消费者的需要与欲望,而且要符合消费者和全社会的最大长远利益,如具备社会生态保护的意识等,变"以消费者为中心"为"以社会为中心",将企业利润、消费需要和社会效益三者结合起来,来确定企业经营方向和经营重点。

社会营销观念要求在营销活动中考虑社会和道德问题,它要求企业要注重营销的社会效益分析,从全局考虑,发展有利于社会效益和人们身心健康的业务,放弃高耗能、高污染,有损人民身心健康的业务,为促进经济社会发展、造福子孙后代做贡献。

第二节 市场营销战略

一、市场营销战略的主要内容

营销战略一般可分为STP战略和市场营销组合战略。

(一)STP战略

STP战略是指通过市场细分(market segmentation)将整体市场划分为多个子市场,根据企业的具体目标和优势等情况选择目标市场(target market),即确定企业准备为之提供产品和服务的目标顾客群;然后进行市场定位(market positioning),即确定企业产品和经营的特色,尽可能将良好的市场机会与企业的自身优势有机结合,以赢得竞争优势。

(二)市场营销组合战略

市场营销组合战略是指根据目标市场需求特征以及市场定位和预期目标的要求,统筹选择、设计和整合企业内外一切营销变量,使其有机结合起来,以形成最佳组合方案。一般来说,营销组合战略包括以下几个方面:

(1)产品策略:主要包括新产品开发策略,确定各产品在质量、规格、款式、品牌、包装等方面的具体策略,确定产品组合以及产品线的策略,选择在产品不同生命周期实施的具体策略等。

(2)价格策略:主要包括定价方法的选择、价格策略的实施以及竞争价格策略等。

(3)渠道策略:主要包括分销渠道的选择以及分销渠道的构建、调整、维护等策略。

(4)促销策略:主要包括选择促销工具,确定促销组合以及费用等策略。

二、市场细分

(一)市场细分的概念

市场细分(segmentation)又称市场分割,是指企业根据顾客购买行为与购买习惯的差异性,将某一特定产品的整体市场分割为若干个消费者群体,以选择和确定目标市场的活动。

(二)市场细分的基础

市场细分的基础是客户对同一产品需求的差异性。由于顾客需求千差万别和不断变化,即顾客需要、欲望及购买行为呈现异质性,使得顾客需要的满足也呈现异质性。根据某一种产品市场上消费者需求差异的程度,可以发现三种不同偏好的细分市场。

(1)同质偏好。图4-1(a)显示的市场中,所有消费者具有大致相同的偏好,这时不存在自然形成的细分市场。

(2)扩散偏好。另一个极端情况是消费者的偏好散布在整个空间,如图4-1(b)所示。这时消费者的偏好相差很大。

(3)集群偏好。市场上可能会出现具有不同偏好的消费群体,称为自然细分市场,如图4-1(c)所示。

进入该市场的第一家公司将面临三种选择:一是定位于偏好中心,来迎合所有的消费者,即无差异性营销;二是定位于最大的细分市场,即集中性营销;三是同时开发几种品牌,分别定位于不同的细分市场,即差异性营销。

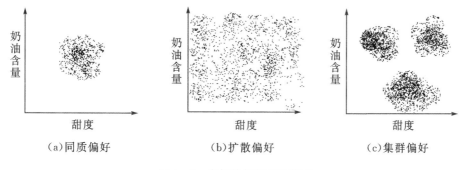

图4-1 市场偏好的主要模式

(三)市场细分的标准

有效的市场细分,必须有适当的、科学的细分标准,这个标准就是导致顾客需求出现差异的那些因素。

1. 消费者市场的细分标准

消费者市场的细分变量有人口统计变量、地理变量、心理变量和行为变量四大类。

(1)人口统计变量。

人口统计变量一直是企业进行市场细分的重要标准,主要包括性别、年龄、民族、种族、国籍、文化程度、职业、收入、宗教信仰、家庭构成、家庭生命周期阶段等具体细分变量。

(2)地理变量。

一般而言,不同地理环境下的消费者,对同一类产品需求偏好往往不同,因此,地理因素也是传统的市场细分标准。用于市场细分的地理因素主要包括地区、地理方位、城市规模、人口密度、气候等方面。

(3)心理变量。

消费者的生活方式、个性心理、所处社会阶层等对其消费需求有重要影响,常被作为市场细分的标准。

(4)行为变量。

消费者行为是一种比消费者心理更容易观察判断的因素,所以,行为因素可以说是更重要的市场细分标准。其主要包括购买者类型、对产品的态度、品牌忠诚度、进入市场的程度等。

2. 生产者市场的细分标准

生产者市场最常用的细分变量有客户的经营规模、产品的最终用途、客户的采购政策和程序等。

(1) 客户的经营规模。

在生产者市场中,有的客户购买量很大,而另外一些客户购买量很小。企业可以根据客户规模大小来细分市场,并根据规模不同而采取不同的营销组合策略。比如,对于大客户,宜于直接联系、直接供应,在价格、信用等方面给予更多优惠;而对众多小客户,则宜于使商品进入商业渠道,由批发商或代理商去组织供应。

(2) 产品的最终用途。

工业品用户购买产品,一般都是供再加工之用,对所购产品通常都有特定的要求。企业可根据用户要求,将要求大体相同的用户集合成群,并据此设计出不同的营销策略组合。

(3) 客户的采购政策和程序。

工业者购买的主要方式包括直接重购、修正重购及新任务购买。不同的购买方式的采购程度、决策过程等不相同,因而可据此将整体市场细分为不同的小市场群。

(四) 有效市场细分的标志

1. 可衡量性

可衡量性这是指用于市场细分的标准必须是可以衡量的,即用来划分细分市场大小和购买力的特性程度,应该是能够加以测定的。

2. 可达到性

可达到性又称可进入性,即企业有能力克服种种壁垒和障碍顺利进入所选的细分市场,有效开展经营活动,占领市场,扩大市场份额,赢得竞争优势。

3. 价值性

价值性又称盈利性,即企业所选择的细分市场规模要足够大,发展前途看好,盈利水平高。换言之,企业要有利可图。

4. 相对稳定性

相对稳定性这是指市场细分的主要标准在经营周期内保持相对稳定。否则,细分市场就会动荡不定而发生裂变和重组,届时企业将无法为之制定营销战略而难以有效组织生产经营活动。

三、目标市场的选择

(一) 目标市场的概念

市场细分的最终目的是为了选择和确定目标市场,也就是根据市场细分标准选择一个或一个以上的细分市场(子市场),作为企业为之服务的营销对象。

所谓目标市场,是指企业进行市场细分之后,拟进入并为之服务的市场。这个目标市场由有相似需求的顾客群所组成。因此,目标市场就是企业有针对性地选择一定的客户群,有重点地投入经营资源,开展市场营销活动的市场。

企业的规模不管多大,都不可能满足市场的所有需求。所以企业营销部门首先应将市场细分化,也即将市场划分为若干部分,使得每部分的需求情况、购买反应,或其他特征较为相似,而各部分之间则差异较大,然后从中选出一个或几个最为有利的细分市场作为自己进入的市场,这就是目标市场的选择。

(二)目标市场营销战略

企业进入每一个细分市场,企业根据市场规模和发展、市场结构的吸引力、企业的目标和资源三方面的分析,选择一个或几个细分部分作为自己的目标市场,并制定相应营销策略的活动,称为目标市场营销。归纳起来,有三种不同的目标市场营销战略可供企业选择,分别是无差异营销、差异性营销、集中性营销。

1. 无差异营销

无差异营销是指企业把整体市场作为一个目标市场,着眼于客户的共同需求,不考虑客户需求的差异,并以多种市场营销组合方案推出一种或几种产品去吸引、满足所有的顾客。无差异营销策略除了适用于同质市场的产品开发外,主要还适用于那些需求广泛、能大量生产、大量销售的产品。

2. 差异性营销

差异性营销是指企业把产品的整体市场划分为若干细分市场,选择两个以上乃至全部细分市场作为目标市场,按照不同子市场的不同需求分别制定不同的市场营销组合,分别开展不同的市场营销活动。实行差异性营销,能够分别满足不同消费者群的需求,有利于企业扩大销售。而且,如果一个企业能在数个细分市场上都能取得良好的营销效果,就能树立良好的市场形象,提高消费者对该企业产品的信赖程度。但是此策略会增加企业的营销成本,也可能使企业资源配置难以集中。

3. 集中性营销

集中性营销是指企业集中所有力量进入一个细分市场,或是对该市场进一步细分后的几个更小的市场部分,以在这些子市场中占有较大的市场份额。集中性营销主要适用于资源有限的中小企业。这些企业无力在整体市场或多个细分市场上与大企业抗衡,就对大企业不予关注,自己又力所能及的某个细分市场上集中全力经营,这样,成功的可能性就会大大提高。

四、市场定位

(一)市场定位的概念

企业选择了目标市场之后,首先要在目标市场上进行产品的市场定位。市场定位是企业发展战略中的一个重要组成部分。通过市场定位,企业可以明确自己产品的特征,自己产品与同类产品的区别以及企业竞争对手的情况。

市场定位就是企业根据竞争对手现有产品在市场上所处的位置,针对消费者或用户对该产品某种特征或属性的重视程度,强有力地塑造出本企业产品与众不同的、给人印象鲜明的个性或形象,并把这种形象生动地传递给顾客,从而使该产品在市场上确定适当的位置。即市场定位是塑造一种产品在市场上的位置,这种位置取决于消费者或用户怎样认识这种产品。企业还可以通过市场定位为自己的产品创立鲜明的特色或个性,从而塑造出独特的市场形象。

(二)市场定位因素的选择

营销大师菲利普·科特勒指出,在研究市场定位战略时至少有七种可供选择的定位因素,具体如下:

1. 特色定位

当企业的某种或几种属性是竞争对手所没有的,或是竞争对手无暇顾及的,采用侧重于企业和产品特色的定位往往容易成功。

2. 利益定位

企业以消费者购买企业产品时追求的利益和购买产品的附加利益作为定位因素。

3. 使用人定位

企业针对特定目标顾客群进行促销,赋予产品与使用者相似的特定的产品形象,在消费者心中建立起企业产品是最适合他们使用的印象。

4. 竞争定位

针对市场竞争态势,企业采取能凸现自己优势的定位。

5. 产品品目定位

企业在产品类别或企业名称上别出心裁、与众不同的定位。

6. 质量/价格定位

企业以产品的质量价格比为主要依据的定位,主要有两种情况:一是强调质量—价格相符,如企业给产品定高价的同时应强调产品具有高质量。二是质高价低,即强调产品的性价比。

7. 使用/申请定位

企业服务于提出某些特殊需求的顾客群的定位。

(三)市场定位战略

市场定位战略是一种竞争策略,它显示了企业与生产相同或类似产品的其他企业的竞争关系。定位方式不同,竞争态势就不同。最基本的定位方式主要有以下几种类型。

1. 补缺定位

补缺定位战略是指企业定位于目前市场的"空白"地带或市场缺口。

补缺定位的特点是企业能够迅速占领该没被注意的细分市场,并能在客户当中迅速树立起一种形象。由于这种定位方式市场风险较小、成功率较高,常为多数企业所采用。

2. 对抗定位

对抗定位是一种与在市场上占据支配地位的、最强的竞争对手"对着干"的定位方式,企业和竞争对手争夺同样的目标顾客,使用相同的营销组合策略。对抗定位有时风险很大,但也有很多企业认为这是一种能激励自己奋发向上的、可行的定位方式,一旦成功,就会取得巨大的市场优势。

3. 侧翼定位

侧翼定位是指企业选择与现有竞争者相近的市场位置,避实击虚,使用和竞争对手相异的营销组合战略,战略上突出自己的特色,不和竞争对手正面交锋。

4. 重新定位

重新定位通常是指对销路少、市场反应差的产品,或是产品本身很好但为了进一步扩大市场占有率以便能有效地与竞争对手相抗衡进行的二次定位。企业变动产品特色,改变目标顾客对其原有的印象,使顾客对产品新形象有一个重新认识并认可的过程。

第三节 市场营销策略

一、产品策略

(一)产品的整体概念

按传统的理解,产品是指具有某种特定物质形状和用途的物体,即实体的产品。而从市场营销的观点看,所谓产品,即向市场提供的能满足人们某种需要的一切物品和劳务,它包括实物、服务、场所、主意和计谋等。它不仅包括物质产品,也包括非物质形态的产品,这是一个整体产品的概念。具体可使用五个层次来表述产品整体概念。

1. 核心产品

核心产品是指向购买者提供的基本效用或利益。人们购买某种产品,是为了满足某种需要,而不是为了获得产品的本身,而是为了满足减轻家务劳动的需要,这是产品的核心内容。例如,人们购买电视机是为了满足其"信息和娱乐"的需要。

2. 基础产品

基础产品是指核心产品借以实现的形式,是企业向顾客提供的产品实体和服务的外观,在市场上表现为品质、特色、款式、品牌和包装五个特点。

3. 期望产品

期望产品是指顾客购买产品时期望的一整套属性和条件。例如,顾客在餐馆消费时,期望洁净的餐具和可口的饭菜。

4. 附加产品

附加产品是指产品包含的附加服务和利益,从而把一个公司的产品与另一个公司的产品区别开来。如产品说明书、免费安装、上门服务、送货、技术培训等。

5. 潜在产品

潜在产品是指产品最终可能的所有增加和改变,表明了现有产品可能的演变趋势。

(二)产品组合策略

产品组合是指一个企业生产或经营的全部产品线和产品项目的组合。

产品组合是由产品线构成的。产品线是由使用功能相同,但规格不同的一组产品项目所构成的。不同的产品组合方式就是由产品线的不同宽度、深度和关联程度所决定的。产品组合的宽度,说明企业经营多少产品类别,有多少条产品线。产品组合的深度,是指企业经营的各种产品线内平均项目的多少。产品组合的关联程度,是指各种产品线在最终用途、生产条件、分销渠道及其他方面相互联系的程度。

产品组合策略,就是根据市场需求和企业目标,对产品组合的宽度、深度和关联程度进行决策。在一般的情况下,扩大产品组合的宽度、增加产品线的深度和加强产品组合的关联程度,可以使企业降低投资风险、增加产品的差异性、适应不同顾客的需求、提高企业在某一地区或某一行业的声誉。常用的产品组合策略有下面几种。

1. 扩大产品组合策略

扩大产品组合就是拓宽产品组合的广度,增加产品线,扩大经营范围。扩大产品组合可以使企业充分地利用人、财、物资源。一个企业相对稳定的资源状况是同一定的产品数量相适应的,随着企业技术水平的提高或原有市场的缩小,就形成了剩余的生产能力,开辟新的生产线就可以充分利用和发挥生产能力。扩大产品组合还有助于避免风险,增强企业的竞争能力。

2. 缩小产品组合策略

缩小产品组合就是根据市场的需求状况和企业的条件减少或淘汰一定产品线,保留较少的生产线,集中力量,开发和经营市场上的畅销获利产品。

3. 产品线延伸策略

产品线延伸是企业把产品线延长,使其超出目前范围的一种行动。产品线延伸的目的在于:开拓新的市场、增加顾客;适应顾客需求的改变,配齐该产品线的所有规格、品种,使之成为完整的产品线。产品线延伸有三种形式:向下延伸、向上延伸和双向延伸。

向下延伸是把企业原来定位于高档市场的产品向下延伸,在高档产品中增加低档产品项目。向上延伸是原来定位于低档产品市场的企业在原有产品线内增加高档产品项目,使企业进入高档产品市场的策略。双向延伸是在原定位于中档产品市场的企业获取了市场优势之后,决定向产品线的上下两个方向同时延伸,一方面增加高档产品,另一方面增加低档产品,以扩大市场占有率的策略。

(三)产品品牌策略

1. 品牌的内涵

品牌是制造商或经销商加在商品上的标志。它是指企业用以区别其他类似产品的名称、辞句、符号、设计,或它们的组合。它的基本功能在于使竞争者相互区别。品牌是一个笼统的名词,它包括品牌名称、品牌标志和商标。

品牌名称是指品牌中可以用语言称呼表达的部分,如长城、可口可乐等都属于可以用语言称呼的品牌名称。

品牌标志是指品牌中可以通过视觉识别的,但不能用语言称呼的部分,如在符号、图像、色彩等方面与众不同的设计。

商标是指品牌(包括品牌名称和品牌标志)经向政府有关部门注册登记后,获得专用权,受到法律保护就称为商标。注册商标是一个法律名词,用以保证企业的利益不受侵犯。在我国,商标与品牌常常被误认为是一回事。有时商标被视为厂牌,其实,厂牌代表企业的特性,而商标是代表商品的特性,具有排他性。在我国将商标区分为注册商标和非注册商标。

2. 品牌策略

企业的品牌策略是指企业如何合理地使用名牌以达到一定的营销目的。企业在进行品牌决策时，一般可以作出以下几种选择。

(1)使用或不使用品牌。

使用品牌对绝大多数产品而言是必要的，能起积极作用。但不是所有产品都必须使用品牌。例如：①产品本身不因制造者不同而据有不同特点，如电力、煤炭等。②消费者习惯上不在意所购商品的商标，如水果等。③生产简单、没有一定的技术标准，选择性不大的产品。④临时性或一次性生产的产品。

(2)采用制造者品牌还是销售者品牌。

一般来说，企业要进入一个对其产品还不了解的新市场时，或生产制造企业的商誉远不及销售商的商誉时，宜采用销售商的品牌。在制造企业具有良好的市场声誉，拥有较大市场份额的情况下，多使用制造者品牌。

(3)采用统一品牌还是个别品牌。

制造企业决定使用自己的品牌，仍然面临进一步的选择，对本企业的产品分别使用不同的品牌还是使用一个统一的品牌或几个品牌，在这方面可供选择的策略有下列几种：

①个别品牌。各种产品分别使用不同的品牌。采取个别品牌有利于产品各自发展，即使个别产品声誉不佳也不致影响其他产品及整个企业的声誉。而且个别品牌决策有利于企业为每个新产品寻求最适当的品牌名称以吸引顾客。

②统一品牌。所有产品统一使用一个品牌。采取这一策略的好处是节省品牌的设计和广告费用，有利于消除顾客对新产品的不信任感，加快新产品推广速度。当然，采取统一品牌，也有其风险，如果某个产品项目的质量水平不行，或市场声誉较差，就会危害企业其他产品的声誉，甚至危害到整个企业的声誉。

③各产品线分别使用不同品牌。采用这一策略具备个别品牌和统一品牌两方面的好处。企业制造或销售不同类型的产品时，不宜使用统一品牌，因为不同类型的产品容易发生混淆。另一种情况是虽然制造和销售同类型的产品，但由于质量水平和价格水平有差异，也应使用不同的品牌，以便于识别。这种策略，从各产品线来看是使用个别品牌，而从同一条生产线内的各产品项目来看又是使用统一品牌。

(四)产品包装策略

产品包装本身是产品整体概念的组成部分，反映了产品的效用质量，是形式产品的内容之一。产品包装是指产品在运输、存贮和销售过程中，为保持其价值和使用价值，保护产品和美化产品，采用一种综合性技术经济措施的容器和包扎物。

企业为了充分发挥产品包装的促销作用，在包装设计上采取各种各样的措施，形成了不同的包装策略。通常采用的包装策略有以下几种：

1.类似包装策略

类似包装策略是指一个企业所生产的各种不同产品，在包装上采用相同图案、色彩或其他共同特征，使顾客很容易发现是一家企业的产品。类似包装节省包装设计费用，提升企业声誉，有利于介绍新产品，迅速开辟新市场。但如果不同产品的质量相差悬殊，质量好的产品也将受到不利影响。

2.组合包装策略

组合包装策略是指把使用时相互关联的多种产品组合在一个包装容器内一起出售，如家用药箱、针线包等。这种包装策略的主要优点是,便于消费者购买和使用,也有利于扩大相关商品的销路。

3. 再使用包装策略

再使用包装策略是指原包装的商品用完之后,空的包装容器可移作其他用途。这种包装策略在一定程度上能引导、启发和刺激消费者增加购买兴趣,并在商品用完后继续起广告宣传作用。但如果包装物占商品价格的比例过大,反而会对商品销售产生不利影响。

4. 附赠品包装策略

附赠品包装策略是指在包装物内附有赠券、物品或用包装本身可换礼品等,借以刺激消费者的购买或重复购买欲望,扩大销售。

5. 改进包装策略

改进包装策略是指当某种商品因为包装不善影响销路,或商品的包装设计缺乏吸引力和已显过时,通过改换新包装以扩大销路,但如果是商品本身的问题,那么仅在包装上做文章也是无济于事的。

(五)新产品开发策略

在技术飞速发展的现代社会,产品的生命周期呈现出越来越短的趋势,企业如果不能不断开发适应市场需要的新产品,就很难保持企业的竞争能力和市场地位,甚至会被淘汰。因此,开发新产品对于企业来说是影响到生存的大事。

新产品通常是指将已正式投入生产并受到市场欢迎的那些在结构、性能、材质、制造工艺等,一方面或几方面比老产品有显著改进或提高的产品。

企业可以采取技术引进的方式、自行研制与技术引进相结合的方式、独自研制的方式等,作为新产品开发的有效途径。

新产品开发能力是企业竞争能力的重要组成部分,关系着企业经营活动的成败。同时,新产品开发又是一项艰巨而复杂的工作,它不仅要投入大量的资金,而且还要冒很大的风险。新产品开发一般要经过以下几个阶段:构思、筛选构思、具体产品概念的形成、可行性分析、产品研制、试销、正式投产等。

(六)产品生命周期策略

产品在市场上的销售状况及获利能力随着时间的推移而变化。这种变化的规律正像生物界的各种生命一样,从诞生、成长到成熟,并走向衰亡的过程。这个过程在市场营销中是指产品从进入市场开始,直到最后在市场中被淘汰的过程,产品的这一规律,我们称之为产品的生命周期。

产品生命周期(product life cycle,PLC),是指产品的市场寿命。一种产品进入市场后,它的销售量和利润都会随时间推移而改变,呈现一个由少到多由多到少的过程,就如同人的生命一样,由诞生、成长到成熟,最终走向衰亡,这就是产品的生命周期现象。所谓产品生命周期,是指产品从进入市场开始,直到最终退出市场为止所经历的市场生命循环过程。产品只有经过研究开发、试销,然后进入市场,它的市场生命周期才算开始。产品退出市场,则标志着生命周期的结束。产品生命周期由四个阶段组成,即介绍期(投入期)、成长期、成熟期和衰退期。

在这里必须强调指出的是,产品生命周期不是指产品的使用寿命,而是指产品在市场上存在的时间,即市场寿命。在整个生命周期中,销售额及利润额的变化作为产品生命周期的主要特征值,其变化表现类似型的曲线如图4-2所示。

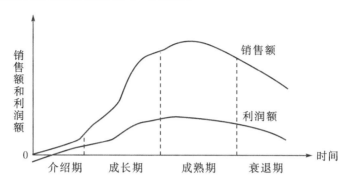

图4-2 典型的产品生命周期曲线

产品处于不同的生命周期阶段,企业就必须考虑用不同的策略来开展营销活动。

1. 介绍期的策略

企业产品处于介绍期时,一般要经过试销阶段,这时产品处于发展初期,还存在着各方面的不足、产品的生产方法不够成熟、质量和性能不够稳定等。因此不能大批量生产,制造成本很高。同时,消费者对这类产品的性能还不了解,对产品也没有适应,从曲线图上面反映出来的是销售量极为有限,利润曲线为负值,因此在这一时期,企业在市场营销策略方面可采取以下四种策略:

(1) 快速掠取策略。

快速掠取策略即采用高价格、高促销费用迅速扩大销售量,取得较高的市场占有率。这种策略的采用,其市场环境要具备的条件是:大部分潜在消费者还不了解该种产品;已经知道这种产品的顾客急于购买,愿意出高价;企业面临潜在竞争者的威胁,急需树立产品在购买者心目中的形象。

(2) 缓慢掠取策略。

缓慢掠取策略即采用高价格、低促销费用的办法,以求获得更多的利润。这种策略的采用,其市场环境应具备的条件是:市场容量相对有限;大多数购买者已熟悉该产品;急需购买者愿出高价;企业面临的潜在竞争者威胁不大。

(3) 快速渗透策略。

快速渗透策略即采用低价格、高促销费用的策略,迅速打入市场,先发制人,取得尽可能高的市场占有率。这种策略的采用,其市场环境应具备的条件是:市场容量有相当大的规模;消费者对该产品不熟悉;购买者对价格十分敏感;潜在竞争者的威胁比较弱;产品的单位成本随生产批量的增大而降低,价格有下调空间。

(4) 缓慢渗透策略。

缓慢渗透策略即采用低价格、低促销费用的策略,鼓励消费者接受新产品。其市场环境应具备的条件是:市场容量大;市场对价格反应敏感;有相当的潜在竞争者。

2. 成长期的策略

成长期是指新产品经过市场介绍期后,经受住市场的检验,已经打开销路并迅速扩大市场份额阶段。这时产品已定型,开始大批量生产,销售渠道也已疏通,销售量迅速上升,成本降低,利润增加,但这时竞争者也开始大量加入,竞争加剧,新的产品特性开始出现,市场开始细分,产品寻找自己的合适定位。在成长期,企业在市场营销方面可以采取下述对策:

(1)高度重视产品质量。

保证产品质量,并以美观的包装和优质的服务与之相配合,在创品牌上下功夫,吸引更多的购买者。积极寻找新的细分市场,进入有利的新市场。

(2)加强广告宣传。

把广告宣传的重点由介绍产品转移到建立产品形象上来,为产品选择最有利的市场定位。分析市场同类产品的价格趋势和竞争者的价格策略,在适当的时机,努力降低价格,以吸引那些对价格比较敏感的购买者成为企业的顾客。

3.成熟期的策略

产品经过成长期的迅速发展,产品便进入成熟期,销售量和利润都比较高,但增长速度减慢,市场趋于饱和,有的产品甚至开始呈现下降趋势,市场竞争激烈,各种品牌、各样款式的同类产品不断出现,而且来自新产品或替代产品的竞争威胁也在加剧。在成熟期,企业可以采取如下对策:

(1)开拓新市场。

采取进攻性策略,努力寻找和开拓新的目标市场,向市场的深度和广度发展。

(2)改进产品。

改进产品性能或增加产品的使用性能,扩大产品的适应性,提高产品的质量,满足顾客的不同需要,吸引有不同需求的购买者。

(3)改变营销组合。

为了延长产品的市场成长和成熟期,最常用的对策是通过降低价格来吸引顾客,提高竞争能力,或提高促销力度,有效地利用广告等促销手段,来实现营销目的。

4.衰退期的策略

一种产品如果对顾客已失去吸引力或被新产品所替代,就进入了产品生命周期的最后阶段——衰退期。在一般情况下,衰退期的产品,销售量由缓慢下降变为急剧下降,利润减少,甚至会出现亏损;竞争对手开始退出,竞争减弱,顾客的需求已发生转变。在衰退期,企业的对策可以归纳如下:

(1)集中营销。

把人力、物力集中到最有利的细分市场和销售渠道上,从中获取利润。这样有利于缩短产品退出市场的时间,有利于企业获得更多的利润。

(2)收缩和放弃。

大幅度降低促销力度,尽量减少销售费用,增加当前的利润。对于迅速衰退的产品,应放弃经营,把产品转移出去或立即停止生产。

二、价格策略

(一)产品定价中的影响因素

在市场营销活动中,企业的定价工作受到各种因素的影响和制约,其中尤以定价目标、市场需求、竞争者行为、成本和公共政策等因素对价格的确定具有十分明显的影响作用。

1. 定价目标

企业在定价时制定的目标不同,所定的价格就不同,因此定价目标是企业定价策略方针和方法的依据。定价目标有很多,这里仅介绍若干种主要目标。

(1) 以最大利润为目标。

争取最大利润是许多企业定价的重要目标,它是指企业希望获取最大限度的销售利润或投资收益。这里的最大利润是指企业长期的、全部产品的最大利润,而不是指短期的行为目标。

(2) 以合理利润为目标。

有时企业为了保全自己,避免风险,会采取合理利润为定价目标。所谓合理利润,或者叫满意利润,要根据具体需要来定。

(3) 以市场占有率为目标。

较高的市场占有率有时会给企业带来长期利益,因此企业有时也把获得较高的市场占有率作为定价目标。一般认为,较低的价格能取得较高的市场占有率。但扩大销售量、提高市场占有率有时会和盈利有一定的矛盾。因此,企业在考虑市场占有率时,也要兼顾企业的长期利润目标,否则,盲目追求市场占有率,不仅无利可图,有时还会导致企业亏损破产。

(4) 避免和应付竞争为目标。

大多数企业都对竞争者的价格策略很敏感,定价以前都需要多方面搜集信息,把企业的产品与竞争者的产品进行比较,然后决定本企业产品价格究竟应该高于、等于还是低于竞争者产品的价格。

2. 市场需求

市场供求关系是决定企业产品价格的基本因素之一。当供大于求时,价格会下降,反之则会上升。随着市场经济的发育完善,需求一般总是处于主导地位,在市场上表现为:价格上涨,需求减少;价格下降,需求增加。不同商品或在不同条件下,价格变动所引起的需求变化幅度是有差别的。反映这种差别,衡量需求变化对价格变动的灵敏度,用前面所提到的需求价格弹性可以表示。因此人们往往通过对需求价格弹性系数的变化来确定价格与市场需求的影响程度,以此来制定产品的价格。

3. 竞争者行为

同行业竞争者的行为是企业定价中最难把握的因素。行业中任何一个企业任何一次价格的制定与变动都会引起竞争者的关注,并导致竞争者采取相应的对策。在竞争中有优势的企业有较大定价自由,处于劣势的企业常常没有定价的主动权,只能被动跟随他人的定价水平。另外,竞争对手的定价行为也影响到本企业的定价,迫使企业作出相应的变动。

4. 产品成本

产品的成本是企业在生产经营过程中各种费用的总和,是价格构成的基本因素和制定价格的基础。为了保证企业再生产的实现,通过市场营销活动,企业既要收回成本,同时又要形成一定的盈利。可见,产品成本是企业制定产品价格的最低界限。在市场竞争中,处于成本领先的企业,对价格制定有较大的灵活性,能获取较好的经济效益,反之,则往往处于被动的局面。

5. 公共政策和社会心理

产品价格同政府的方针政策有着密切的关系。公共政策是指政府的方针政策,包括对市场价格的控制或管制、对产品的价格补贴等政策。同时,政府的经济政策也影响到货币价值的变化并引起价格的变动。

社会心理因素对商品定价的影响主要表现为三个方面。第一,期望价格。消费者对商品价格也有一个期望值,这个期望值影响着企业的定价水平,当期望某一商品价格下降时,就会等待观望,而导致该商品的价格一再下跌;反之,就会抢购并过量购买,导致商品价格的上涨。第二,价值观念的变化。由于人们的价值观念在不断地变化发展,因而就存在这样一种现象:经济水平高,发展迅速的地区,人们收入水平增长快,购买力强,对价格敏感性差,有利于企业较自由地定价。相反,对价格的高低极其敏感的地区,企业就难于在宽松的范围内定价。第三,逆反购买心理,也就是消费者的需求不按照一般的需求规律变化,出现价格下降并不引起需求的增加,涨价也不引起需求量的减少。

(二)价格策略

企业要实现预定的营销目标,不仅要研究定价的方法,还要研究定价策略,价格策略包括制定价格和调整价格的策略,以下介绍几种常用的价格策略。

1. 折让策略

折让即折扣和让价,都是减少一部分价格以争取顾客的方式。常用的折让策略有以下几种:

(1)数量折扣。

数量折扣是指企业为鼓励顾客大量购买自己的产品,根据购买数量或金额给予一定的折扣。购买数量越大,折扣越大。采用这种策略可以鼓励顾客大量购买、减少交易次数和时间,节省人力物力,使企业增加盈利。

(2)现金折扣。

现金折扣是指当顾客以现金付款或在约定付款到期日之前若干天内付款时,给予一定比例的价格优待。这是加速企业流动资金周转的一种策略。

(3)交易折扣。

交易折扣是指生产企业根据各类中间商在市场营销中所负担的不同功能给予不同的折扣,因此又称作功能性折扣。例如,企业给予批发商以较大的折扣,而给予零售商较小的折扣,可促使批发商大量经营该企业产品。

(4)季节性折扣。

季节性折扣是指生产季节性商品的企业,在淡季给予购买其产品的顾客一定的价格优惠。采用这种策略,可以鼓励批发商和零售商在淡季购货,使生产企业减少仓储费用和加速资金周转,保证企业生产正常进行。

(5)推广让价。

让价也叫津贴。生产企业给予那些为产品提供各种促销活动的中间商一定的津贴或减价作为报酬,或者企业开展以旧换新活动,收进同类旧产品,在新货价格上打折扣。这就叫推广让价。这种策略对于推广新产品尤为适用。

2. 地理价格策略

企业在制订价格时,运费是要考虑的重要因素。尤其是当运费在可变成本中所占比重较大时,更需要合理摊算运输成本。常用的地理价格策略如下:

(1)生产地定价。

生产地定价即以产地价格或出厂价格为标准,运费由购买方全部负担。这种策略对卖方最为有利,适用于各地买主,因此使用最为广泛。

(2)统一交货定价。

统一交货定价即不论买主所在地的远近,都收取相同的运费,由卖主将货运送到买主所在地。这种方法类似于邮政服务,只有当运费在可变成本中所占比例较小时才使用。

(3)区域定价。

区域定价即企业将市场划分为几个大区域,在每个区域内实行统一定价,运费计算方法类似邮寄包裹或长途电话的计费。

(4)津贴运送。

津贴运送即企业对离得较远的中间商或用户补贴一部分运费或全部运费,以促进较远的用户购买。

3. 心理价格策略

心理价格策略是针对消费者心理采用的定价策略。运用心理学原理,根据不同类型的消费者在购买商品时的不同心理需求来制订价格,以诱导消费者增加购买量。心理定价策略包括以下方面:

(1)整数定价。

整数价格策略即把商品的价格定成整数,不带零头。这种定价策略主要适用于高档消费品或消费者不太了解的产品。对这类产品,人们往往有"一分钱一分货"的心理。采用整数定价,使得把购买高价物品看做一种显示身份标志的顾客容易作出购买决定。这种定价策略对于一般消费品不宜采用。

(2)尾数定价。

尾数价格策略就是在定价时,让产品的价格用零头结尾,如把10.00元的价格定为9.99元。尾数价格容易使顾客产生一种便宜的感觉,利用消费者愿意购买便宜货的心理诱使他们购买。

(3)声望定价。

声望定价是根据消费者对某些商品和商店的信任而建立的价格政策。有些商品和商店在长期市场经营中成为名牌商品和商店,在消费者心目中有了信誉,则这些商品和商店可采用比其他商品和商店稍高的价格。当然价格不宜高出很多,并且应以质量、服务和信誉作为保证,否则声望会丧失。

(4)小计量单位定价。

某些价格高的商品用一般的计量单位表示,会使消费者产生太贵的感觉,抑制消费者的购买。这时,采用化整为零的方法,用小计量单位来计价,可以给消费者一种相对较便宜的感觉,其心理上比较容易接受。例如,黄金每克90元,人参每10克150元等。

(三)新产品定价策略

新产品定价策略就是对新产品所采取的定价方式。一种新产品初上市,能否在市场上打开销路,并给企业带来预期的收益,定价因素起着很重要作用。常用的新产品定价方法有两种,即撇脂定价策略和渗透定价策略。

1. 撇脂定价策略

撇脂定价策略是指企业以高价销售将新产品投入市场,以期在短时间内获得高额利润,尽快收回成本。这种定价策略之所以能成功是利用了早期使用型消费者求新、猎奇和对价格不敏感的特点。采用这种方法的缺点是,由于高价带来的高额利润会很快吸引竞争对手,因此,高价往往持续不了多久便要下降以抑制竞争者进入,所以说撇脂定价策略是一种在短期内采用的价格策略。

2. 渗透定价策略

渗透定价策略是指新产品投入市场时,企业将价格定得较低,尽可能快速打开销路,获得较大市场占有率的一种定价方法。采用这种定价策略,能使产品迅速打开局面,占领市场,可以阻止竞争对手的加入,有利于控制市场。尽管产品的价格较低,但从长远看,企业仍可获得相当多的利润,同时企业也可根据以后的市场情况,或稳定价格或提高价格,获取更多的收益。这种策略一般适用于需求弹性较大,潜在市场也较大,且企业的单位生产成本可随生产规模的扩大和经验的积累而降低。

总之,在新产品的定价中,无论是撇脂定价策略还是渗透定价策略,企业都要综合考察分析各种因素,加以合理的选择和组合,使它们在最有利的条件下发挥最好的效果。

(四)价格变动策略

产品价格由于受各种因素的影响,特别是随着市场需求、资源供应、竞争和成本的变化而需要经常变动和调整。价格的变动和调整可分为两个方面:一方面是主动变动调整,即由于客观情况发生了变化,企业感到必须提高或降低自己产品的价格,这样才能有利于企业的经营活动;另一方面是被动调整,即由于市场环境变化所迫,其他经营者改变了经营策略,企业不由自主地要调整自己产品的价格,以适应不断激化的市场竞争。价格变动策略通常有提价和降价两种情况。

1. 提高价格

提高价格会引起顾客和中间商的不满,增加他们的支出,但是企业为了减轻成本上涨的压力,或为了缓解因市场供不应求而带来的压力,或为了弥补通货膨胀、货币贬值所引起的产品价值的损失,就会采取提高价格的策略。企业提价时,应做好信息沟通工作,争取买方理解,同时又要选择合适的时机和有效的方式,如公开真实成本、提高产品质量、增加单位价格产品实物数量等,使提价能顺利进行,又不影响产品在市场上的销售量。

2. 降低价格

降低价格会产生一些消极影响,容易使顾客或中间商对企业的产品质量和企业信誉产生疑虑。但是企业为了缓解由于生产能力过剩或市场收缩所造成产品积压的压力,或为了适应价格竞争、避免市场份额的减少,或为了体现成本降低后,企业控制市场的努力等,企业就有必要降低价格。企业一般在市场营销活动中很少采用降低价格的策略,因为降低价格有损于企业的经营收益,但是高新技术产业的产品一般经常采用降低产品价格的方法或者间接降价的方法,即维持产品的价格表价格,但实际价格通过增加产品的附加价值、馈赠物品、提高产品质量和增大各种折扣的比例等手段降低了。企业在不宜采用直接降价方式或直接降价不能实现目的时,可选择适当的间接降价方式。

三、营销渠道策略

(一)营销渠道的概念

营销渠道也称为销售渠道、分配渠道或分销渠道,是指产品或服务的所有权顺利从生产者到消费者手中所经历的所有企业或个人。

产品从企业生产出来后,只有通过一定形式的流通渠道,才能进入流通领域,在市场上销售出去,成为消费者或用户满意的商品。在这个流通过程中,生产者是分销渠道的起点,消费者或用户是分销渠道的终点,中间商,如批发商、零售商、代理商是营销渠道的中间环节。

(二)营销渠道选择的影响因素

影响销售渠道选择的因素可归结为产品因素、市场因素、企业自身条件和中间商因素等四个方面。

1. 产品因素

(1)产品的价格。

一般来说,产品的价格越低,销售渠道就越长,反之则短。

(2)产品的式样或款式。

式样或款式变化快、时尚性较强的产品,应尽量缩短销售路径,由生产者直接供给零售商,或生产企业自己设立商业网点,快产快销,避免积压。

(3)产品的体积和重量。

产品的体积和重量小,便利运输和储藏,可选择较长的销售渠道,以求扩大销售范围;反之,体积和重量过大的产品,就选择较短的销售渠道。

(4)产品的技术性和服务。

出售技术性强的耐用消费品和技术复杂、要求提供售前、售后服务的工业品时,多采用直接销售等较短的销售渠道,以便提供指导与维修。

(5)产品的易腐性、易毁性。

产品的有效使用期或保质期短的,易于腐烂变质的,如蔬菜、肉、水果等,或者易毁损的产品,如玻璃制品等,宜缩短销售渠道,快速直接送到消费者或用户手中。

(6)定制品与标准品。

定制品因为特殊的规格、要求,一般需要生产者与用户或消费者直接打交道,不宜经过中间商销售。标准品则有统一的规格和技术要求,一般可经过中间商进行销售。

(7)产品的市场生命周期。

产品处于不同的市场生命周期阶段,对渠道的选择也不同。产品处于投入期时,为尽快打开销路占领市场,可以综合运用各种类型的渠道,产品处于成长期时,可以加强经过实践证明有效的渠道,淘汰一些费用大、见效小的渠道。产品处于成熟期和衰退期时则应开辟新的渠道,或压缩原有渠道。

2.市场因素

(1)市场范围的大小。

市场范围大的产品,一般需要采用销售面广的长渠道,依靠较多的批发商和零售商。对市场范围较窄的产品,则采用短渠道。

(2)销售批量大小。

购买者订单数量的大小,往往影响销售渠道的选择。每次销售批量较大的商品,应采用短渠道;每次销售批量小的商品,则应用长渠道。

(3)商品的季节性。

有季节性的商品,常需批发商提供储存服务,宜选择较长的销售路线,发挥中间商的作用。在选择渠道时,应注意研究同类竞争产品的销售渠道,生产企业应尽量采用与竞争者同样的销售渠道推销产品,不宜随意开辟新渠道,因为新辟渠道可能没有顾客,而且费用大,有可能会得不偿失。

3.企业自身因素

(1)企业的声誉。

企业的声誉好,资金雄厚,则对销售渠道的有较大的选择权,甚至可以建立自己的销售机构,完全不依赖中间商,反之则依靠中间商的程度就大。

(2)企业的管理水平与经验。

企业如果在市场销售方面的能力较强,可以自己销售,否则,应考虑选择中间商进行销售。

(3)企业控制销售渠道的能力。

对希望控制销售渠道的企业,应选择短渠道,因为较短的渠道更容易为生产企业所控制。

(4)企业所愿提供的服务。

企业提供的服务越多,越能引起中间商销售其产品的兴趣。如果企业愿意为最终用户提供服务,可采用直接销售渠道。如果企业愿意为零售商或批发商等提供服务,可采用间接销售渠道。

4.中间商因素

批发商是介于生产者和零售商之间的中间商,是调节生产和消费之间在商品数量、品种上所存在差异的环节。绝大多数农产品和工业品需要经过批发商,以使分散生产的产品集零为整,然后再化整为零供应给零售商,最终卖给消费者和用户。因此,企业要根据产品特点和自身条件作出是否选择批发商的决策。

零售商是将商品最终与消费者和用户直接见面的中间商。该环节在商品销售工作中特别是消费品的销售中,具有极为重要的作用。零售商的优劣往往直接影响企业营销渠道选择的成败,也是影响渠道长短的重要因素。

5.政府政策因素

产品的销售渠道和销售路线还受到企业所处环境的影响,特别是政府政策对渠道的影响,如对某些商品实行专营,销售渠道固定单一,禁止销售路线方面实行垄断等。

(三)营销渠道策略

在综合分析了营销渠道的结构和影响渠道选择的各种因素的基础上,就要进一步研究建

立和选择营销渠道的基本策略。建立和选择营销渠道,主要是对下述方面作出决策:

对于所销售的商品,决定采用长渠道还是短渠道。销售渠道越短,生产者保留的商业责任越多。但销售渠道短,企业容易控制产品的零售价格,有利于进行宣传和提供各种服务,提高企业的声誉;销售渠道、流通环节多,必然导致流通速度慢,流通成本费用高,因而价格也高,会影响企业的声誉和经济效益。因此,企业必须根据具体情况来决定采用长渠道策略还是短渠道策略。决定采用宽渠道还是窄渠道,即选择多少中间商。在这方面有三种策略可供选择:

1. **密集性营销渠道策略**。

密集性营销渠道策略即企业利用众多的中间商将商品分配到每一个合适的分销处的策略。这种渠道策略适用于廉价、易耗、挑选性低、易存储,且为每个家庭或个人必需的日常消费品。采用这种策略时,一般由生产企业承担促销费用。

2. **选择性营销渠道策略**

选择性营销渠道策略即企业在市场上选择一部分中间商来经销自己产品的策略。这种策略适用于所有商品,但相对来说,对于选择性较强的消费品、专用性较强的零配件和技术服务要求较高的商品更为合适。选择性营销渠道花费的流通费用一般低于广泛性销售渠道。

3. **专营性营销渠道策略**

专营性营销渠道策略即生产企业在特定的市场内仅选一家批发商或零售商经销其产品的策略。采用这一渠道策略的产品,主要是具有特殊消费性能或可满足特殊需要的消费群体的商品,或价格十分贵的商品和大部分工业品。采用这一策略对生产企业来说,其优点是容易控制市场和价格,降低流通费用;缺点是有时出现销售力量不足,而失去许多顾客,影响销售量,同时只依赖一家经销商,万一因某种原因必须更换时,可能在短期内完全失去该区域市场。

(四)营销渠道的管理

营销渠道的管理包括对渠道成员的选择、激励和评估。

1. **选择渠道成员**

渠道成员的选择不仅影响到企业分销效率和分销成本,也影响到企业在消费者心目中的品牌形象和产品定位。渠道成员选择一般要体现实力优先、业态对路、形象吻合和文化认同的原则。

2. **激励渠道成员**

中间商往往是独立的,生产企业为激励他们尽职尽责,必须采取必要的措施,如向中间商提供物美价廉、适销对路的产品,通过对中间商进货数量、信誉、财力、管理等方面的考察,视不同情况给予适当的折扣和让利对其渠道成员进行激励。

3. **评估渠道成员**

对渠道成员的绩效评估是为了及时了解中间商的履约情况,肯定并鼓励先进的中间商,鞭策落后的中间商。通过检查,发现问题、分析原因并采取相应的改进措施。对渠道成员的绩效评估标准有销售额和销售增长率、平均存货水平、交货速度、对顾客服务的表现等。

四、促销策略

(一)促销和促销策略

1.促销的概念

促销是促进销售的简称,是指企业运用各种手段,沟通生产者与消费者之间的生产和消费信息,掌握消费者的需求和偏好,激发其欲望和兴趣,满足消费者的需要,达到推销商品、劳务或品牌形象,促进消费者购买行为的一种营销活动。由促销概念我们可以发现如下的特点:

(1)促销是以满足顾客需要为前提,而不是简单地向顾客推销商品。

(2)促销的实质是传递信息,在生产者、经营者和顾客之间沟通信息,从而掌握顾客的需求和偏好。

(3)促销的目的是激发顾客的欲望和兴趣,最后实现其购买行为。

2.促销的组成因素

促销的组成因素主要是指促销方式,可分为两大类,具体如下:

(1)人员推销。人员推销即企业通过自己的推销人员或委托销售机构直接与消费者或用户接触和联系,进行推销商品、传递信息的活动。

(2)非人员推销。非人员推销包括广告、营业推广和公共关系等三种形式。①广告是企业通过各种传播媒体向消费者或用户宣传商品,传递信息。②营业推广是企业运用折扣、咨询、展示等特殊方式,促使顾客采取购买行为的短期活动。③公共关系是企业有计划地加强企业与社会公众联系,通过制造舆论进行公开宣传的一种促销形式,它利用传播媒体的宣传树立企业及其产品的良好形象,为企业争取现在的、潜在的及那些不可能的消费者或用户。

上述每一种促销手段,都能通过信息的沟通和传递,刺激和影响消费者或用户前来购买,只是作用时间和作用强度有所不同。企业在开展营销活动时,应注意它们的特点和作用,并加以灵活地运用。

3.促销组合和促销策略

促销组合就是企业把广告、营业推广、公共关系和人员推销四种促销方式,有目的、有计划地配合起来,综合运用。促销组合决策就是选择各种对企业有利的促销手段,或者在某种促销手段的组合中,确定更侧重使用哪一种促销手段。

影响促销组合和促销策略的主要因素是促销目标、市场范围和类型、产品性质、产品所处市场生命周期、促销策略和其他营销策略。

促销的基本策略有推式策略和拉式策略。企业实行推式促销策略,主要是运用人员推销和营业推广手段把产品推向市场,即从制造者推向批发商,从批发商推向零售商,直至推向消费者或用户。而拉式策略则是企业利用广告宣传和公共关系等手段,通过一系列的宣传报道,消费者会对产品或企业本身产生兴趣,吸引他们购买产品的非人员推销活动。这两种促销策略在促销活动中所起的作用虽然不同,但其促销目的是一致的。要根据具体情况决定实行哪一种策略,一般总是两者兼用,各有侧重。

(二)人员推销

人员推销是指企业派出推销人员或委派专门推销机构,直接与消费者和用户接触、洽谈、宣传介绍商品和劳务,以实现销售目的的活动过程。

推销人员的主要任务有:探寻市场、传递信息、销售产品、收集情报和开展售前、售中、售后服务。

推销人员的工作一般包括:寻找顾客、事前准备、约见、谈判、成交和售后跟踪。

(三)广告

1.广告的含义

广告是由明确的发起者以付费的方式,以非人员的方式,通过各种媒体对观念、产品或服务等进行介绍。

广告的作用主要有传播信息、促进销售、引导消费、活跃经济等。

2.广告的目标

广告活动的总目标是刺激用户的兴趣和购买欲望,促进销售,增加盈利。但任何广告,都需要有具体的目标。广告的具体目标很多,归纳起来有以下几种:

(1)以介绍为目标。

企业需要打开产品销路或需要开辟新市场时,其广告目标是介绍性质的,在广告内容中说明产品类型、性能、企业名称等,使潜在的顾客了解本企业的产品。这种广告着重于扩大覆盖面,以使尽可能多的人接受到有关的信息。

(2)以提高产品和企业信誉为目标。

企业如欲加强宣传、扩大销售,其广告经常以宣传本企业的信誉和产品的名称方面的内容为主。这类广告属竞争性的,目的在于使顾客建立起对品牌的偏好,维持老顾客,争取新用户。

(3)以提醒为目标。

对于已在市场上畅销的商品和有季节性销售特征的商品,企业可以用广告提醒消费者和用户购买。

3.广告媒体选择

广告媒体的种类很多,归纳起来主要有报纸广告、书刊杂志广告、广播广告、电视广告、户外广告、网络广告等。各种媒体的特点如表4-1所示。

表4-1 各种媒体的特点

媒体	优点	缺点
报纸	灵活、及时、广泛、可信	不易保存、表现力不强
杂志	针对性强、保存期长	传播有限、不及时
广播	速度快、传播广、成本低	只有声音、不易保存
电视	感染力强、触及面广	针对性不足、成本较高
互联网	信息量大、交互沟通、成本低	难以引起足够关注
直接邮寄	选择性强	可能造成滥寄、成本高
户外广告	展露时间长	缺乏创意
黄页	本地覆盖面大、成本低	高竞争、创意有限
新闻信	选择性强、交互机会多	成本不易控制
广告册	灵活性、全彩色	成本不易控制
电话	触及面广	用户可能不接受

(四)营业推广

1. 营业推广的概念

营业推广又称销售促进或市场推广,是指人员推销、广告和公共关系以外的,用以在一个较大的目标市场中,为了刺激需求而采取的能够迅速产生刺激作用的促销措施。营业推广多用于一定时期、一定任务的短期特别推销。

2. 营业推广的形式

营业推广可分为对顾客的营业推广,对中间商的营业推广和对推销人员的营业推广三类形式。

(1)对顾客的营业推广。

对顾客的营业推广具体方法主要包括:赠送样品或试用样品、有奖销售、产品陈列和演示促销、开办"分期付款"业务、折扣和减价、附带廉价品等。

(2)对中间商的营业推广。

对中间商的营业推广具体方法主要包括:订货会、批量进货优惠、推广津贴、协助经营、销售竞赛等。

(3)对推销人员的营业推广。

对推销人员的营业推广具体是通过推销竞赛、工资奖金与销售额挂钩和精神奖励等方法,调动推销人员的积极性。

(五)公共关系

1. 公共关系的概念

公共关系简称公关,是指企业通过各种传播媒体,提供有说服力的材料,沟通企业与公众之间的信息交流,达到相互了解、相互协调,树立起企业良好的形象和声誉,唤起公众的好感、兴趣和信赖,从而为企业销售提供一个良好的外部活动环境的种种努力。

2. 公共关系的方式

企业开展公共关系的活动方式与企业规模、活动范围、产品类别、市场性质等密切相关,常见的方式主要有以下几种:

(1)新闻报道。

新闻媒介涉及范围广、影响大、说服力强,能引导舆论。企业应该密切与新闻界的关系,及时提供有新闻价值的信息给新闻媒介,吸引公众对企业、产品或服务的注意。

(2)赞助和支持公益活动。

赞助和支持公益活动很多,如赞助相关活动、捐献资金等,企业可从中获得特殊利益。

(3)举办社会活动。

企业可通过举办新闻发布会、展销会、看样订货会、博览会等社会活动,向公众进行市场宣传。

(4)编制宣传品。

编制介绍企业历史、企业产品、企业领导以及企业经营现状等内容的宣传品,传播信息,树立企业形象。

第四节 营销控制

一、营销控制的概念与类型

营销控制就是市场营销管理者根据营销目标和计划,考虑企业营销活动过程中的每一个环节,确保其按期望目标运行而实施的一套工作程序或工作制度,以及为使运行结果与期望目标一致,而采取的各种必要措施。也就是说,市场营销控制是由标准、对比检查和纠偏三个要素所组成。

未来环境多数是未知的、多变的,在计划的实施过程中,难免会遇到各种偶然事件,出现一些小偏差,而且随着时间推移,小错误如果没有得到及时纠正,就可能逐渐积累成严重的问题。而要想预防这样严重事件的发生,就需要通过营销控制,对计划本身或计划的实施过程进行必要的调整。这样做有助于及早发现问题,避免企业在营销活动中的失误而招致重大损失;有助于寻找更好的管理方法和手段充分控制企业尚未发挥的潜力;有助于激励企业员工的积极性,促使他们更好地实现营销目标和完成计划任务。

二、营销控制的步骤

营销控制实质上是实现企业目标而进行的计划过程的延伸,它能将实施过程中的市场信息反馈给营销部门,从而使企业调整现有计划或编制出新的计划。为了使控制在实施的过程中具有可操作性,企业有必要建立一个控制系统,对企业的市场营销活动进行控制和调整。市场营销控制过程的主要步骤如下:

(一)确定控制对象

确定控制对象是指确定应对哪些市场营销活动进行控制,即控制的内容。最常见的控制内容包括:销售收入、销售成本和销售利润;营销目标、政策、方针、战略和策略;营销因素组合;新产品开发的试制、试销;等等。当然,控制的内容多、范围广,可获得较多的信息,使各项活动的实施与计划相协调,但任何控制本身都会引起费用开支。因此,在确定控制内容、范围时,应当注意使控制成本小于控制活动可能带来的效益,这样才能提高营销活动的整体效果。

(二)设置控制目标

设置控制目标是指对控制的对象设立各种控制活动的目标,它是将控制与计划联结起来的主要环节。一般可借用在计划中已经确定了的目标作为控制目标,也可以就某项具体控制活动确定该活动的预期目标作为控制目标。

(三)建立衡量尺度

建立衡量尺度是指衡量营销活动结果的优劣、好坏。在很多情况下,企业的营销目标就决定了控制的衡量尺度,如销售量、营销费用或利润率、市场占有率等,反映的是一定的数量和比率。但还有一些尺度就难以定量表示,如销售人员的工作能力大小、组织能力强弱等,这就要在实际中规定一些必要的项目,如以销售人员年新客户的增长率和访问频率等来衡量。

(四)确定控制标准

确定控制标准是指以某种衡量尺度来表示控制对象的预期活动范围或可接受的活动范围,一般用一组数量化指标表现。例如,企业需要开发一种新产品,目的是达到一定比例的市场占有率,这里,市场占有率是衡量的尺度,而达到一定比例是控制标准。又如,规定每个推销人员每年应增加新客户的数量,等等。控制标准一般有一定浮动许可范围。设立标准可参考外部企业的标准,并尽可能吸收企业内多方面人员的意见,以使其更切合实际,被营销部门的管理人员和各类人员所认可。确定控制标准要有合理的稳定性、普遍的适应性,标准还必须明确、具体。

(五)比较实际结果

比较实际结果是指运用已建立的控制标准与实际执行结果进行比较。在比较时,需要决定比较的频率,即多长时间进行一次比较,这取决于控制对象是否经常变动。比较结果若是不能达到预期标准,就需要进行下一步工作。

(六)分析偏差的原因

分析偏差的原因是指实际执行结果与发生远离计划目标的偏差原因。产生偏差的原因可能有两种:一是实施过程中的问题,这种偏差比较容易分析;二是营销计划本身的问题。这种偏差难于确认,这种原因往往又是交叉在一起的,这就使分析偏差的工作很可能成为控制过程中的主要难点。企业必须要对市场营销活动的实施情况作深入全面的了解,尽量占有详细可靠的资料,以便寻找产生偏差的症结,检查计划制定时的各种假设条件,分析各类控制标准的可行性。如果某一部门营销结果不佳,可能是由于销售人员能力不够,可能是由于原订预期目标偏高,或可能是其他部门的配合出现问题,等等。对这些问题,只有在作仔细分析和研究后,才能找出偏差的真正原因。

(七)制定和执行修正措施

如果在明确了偏差的原因后,就要针对这些问题,迅速制订补救措施加以改进,或适当调整某些营销计划目标。

三、营销控制的方法

市场营销控制主要有年度计划控制、盈利率控制、效率控制和战略控制四种方法。

1.年度计划控制

年度计划控制是指为了确保营销计划中所确定的销售、利润和其他目标的实现,营销管理人员随时检查营业绩效与年度计划的差异,同时在必要的时候采取修正行动。营销管理人员可以通过销售分析、市场份额分析、销售费用率、财务分析及顾客态度分析等多种方法检查营销目的是否实现,造成超额完成或未完成计划、目标的原因是什么,计划目标的可行性是否存在问题等。

2.盈利率控制

盈利率控制是指在市场营销活动中,定期地按各种产品、销售地区、订单大小或市场规模等进行营销成本和利润的分析评估,衡量其获利的能力,并确定最佳改正方案和措施,从而使企业决定哪些营销活动应扩大、减少或删除。盈利率控制的目的是检查企业哪些产品能够盈利,在什么地方盈利,盈利程度如何;什么产品造成亏损,什么原因造成;等等。营销管理人员可通过销售情况、产品经营情况、销售渠道的经营情况等来分析企业现有的营销与销售之间的关系和盈利率。

3. 效率控制

效率控制用于评价和提高经费开支效率以及营销开支的效果。营销管理者和营销人员必须检查营销队伍的建设是否合理,营销人员的工作效率如何、怎样提高,广告和促销的分配比例是否合理,等等。

4. 战略控制

战略控制用于检查企业的基本战略是否与现有机会相适应,或者寻求新的战略发展机会。战略控制由企业高层领导者来完成,确定营销目标和手段是否适合现阶段企业经营情况和战略发展目标。

本章小结

营销管理是指为创造达到个人和机构目标的交换,而规划和实施理念、产品和服务的构思、定价、分销和促销的过程。营销管理理念的演进经历了生产观念、产品观念、推销观念、市场营销观念、社会营销观念这五种具有代表性的观念。

营销战略制定主要是 STP 战略,即通过市场细分将整体市场划分为多个子市场,根据企业的具体目标和优势等情况选择目标市场,然后进行市场定位,确定企业产品和经营的特色,尽可能将良好的市场机会与企业的自身优势有机结合,以赢得竞争优势。

市场营销组合战略是指根据目标市场需求特征以及市场定位和预期目标的要求,统筹选择、设计和整合企业内外一切营销变量,使其有机结合起来,以形成最佳组合方案。一般来说,营销组合战略包括产品策略、价格策略、渠道策略、促销策略。

市场营销控制,就是市场营销管理者根据营销目标和计划,考虑企业营销活动过程中的每一个环节,确保其按期望目标运行而实施的一套工作程序或工作制度,以及为使运行结果与期望目标一致,而采取的各种必要措施。

江中牌健胃消食片的第二次飞跃

2010年,江中健胃消食片销售突破15亿元,持续6年位居国内OTC单品销量第一。

简单回顾一下江中健胃消食片的发展,可以看出该产品在历史上有过两次"激增":第一次是在上市初期,当时还鲜有企业大量投入广告,江中药业以阿凡提形象制作了一条至今让很多消费者都有印象的电视广告进行投放,销售迅速提升,到1997年销量达1亿多元后就一直无法突破;第二次激增是在2002年7月份,江中健胃消食片一改往日的沉默,突然发力,在各大电视频道重磅出击,在当年销售达3亿多元,随后一路攀升。江中健胃消食片是如何突破多年的销售瓶颈实现这一飞跃的?

一、寻找市场突破点

2001年,对于国内制药企业而言,是极不平静的一年。国内药企纷纷重组,随着越来越多的中小企业被兼并,一些大型企业也在逐渐成型。成长的压力,迫使江中药业从2001年或更早些时候,就一直在寻找新的增长点。2002年中,由于一些客观原因,江中药业寄予厚望的新产品被延期上市。同时,健胃消食片的"国家中药品种保护"即将被终止(即国家不再限制其他制药企业生产健胃消食片),使江中健胃消食片的市场进一步受到威胁。但是,江中药业的总裁依然看好其市场潜力,力主将江中健胃消食片作为新增长点,承载起江中药业上台阶的艰巨任务。

二、行业环境分析

江中药业市场部委托其战略合作伙伴成美营销顾问有限公司(以下简称"成美"),对健胃消食片的市场潜力进行系统评估,并协助完成江中健胃消食片的品牌定位和推广工作。

(一)较低的行业集中度显示出消化不良用药市场并未成熟

在研究中,成美发现消化不良用药市场的行业集中度并不高,明显不符合市场成熟的一般规律(行业集中度指行业前四位品牌的市场份额占总市场的比例,比例高则市场集中度高,市场竞争趋于垄断竞争)。

在权威机构公布的各地统计数据中,一些没有品牌的"淘汰产品",如酵母片、乳酶生、多酶片等销售数量惊人。如零售价格仅为每包1元钱的干酵母片,其销售金额在全国消化系统用药零售市场位居前十,去除用于治疗"胃炎""消化性溃疡"的斯达舒等,其排名仅次于吗丁啉。同时,各地市场普遍存在区域产品,其中用于治疗儿童消化不良的产品更是数不胜数,这两类产品的广泛存在和销售良好,预示着尚有大量未被开采的"空白市场"。

(二)消化不良用药市场中吗丁啉一枝独秀,表明至少还有第二品牌的空间

在消化不良用药领域中,研究发现消费者的认知中仅有一个强势品牌吗丁啉,没有明显的第二品牌、第三品牌,市场格局并不清晰。而消化不良用药市场吗丁啉一枝独秀,再无其他强势品牌,也进一步证实了消化不良用药市场远未成熟。江中健胃消食片至少可以争取成为第二品牌,夺取"杂牌军"市场。

(三)消化不良患者用药率低,需求未被满足

研究同时还发现,消化不良用药市场的用药率较低,部分的消费者出现消化不良症状(肚子胀、不消化)时用药需求未被唤起,多采取揉揉肚子或散散步等方法来缓解。

其中,儿童市场用药率低的情况尤为突出。儿童由于脾胃尚未发育完全,消化不良的发病率高于其他人群,主要症状是挑食、厌食。

成美的研究人员得出结论,消费者需求未能得到很好的满足,消化不良用药市场远未成熟,存在较大的空白市场,初步打消了江中健胃消食片增长空间有限的疑虑。

三、主要竞争对手分析——吗丁啉:强势表象下的市场空白

吗丁啉的品牌名、产品名(多潘立酮)、包装盒、白色药片等产品形态,都有非常明显的西药,甚至处方药特征,加之消费者第一次服用吗丁啉主要由医生处方开出,这些信息综合起来,给消费者一种强烈暗示——这是一个治疗较严重病症的药品,药效较强。按照消费者对于药品的一贯认知:药效越强,副作用也越大,在不得不吃时才服用,更不能经常吃。而调查数据显示:消费者认为消化不良是"常见的小毛病"的超过50%。显然,对于消化不良这个小毛病,特别是饮食不当引发的消化不良,用点酵母片之类"小药"就可以了,药效较强的吗丁啉并非首选。

对进行全面深入的研究后,成美的研究人员进一步坚定了消化不良用药市场存在大量

空白。

四、品牌定位

在发现助消化药市场存在巨大的空白后,成美向江中药业提出江中健胃消食片的品牌定位——"日常助消化用药"。

定位在"日常助消化用药",避开了与吗丁啉的直接竞争,向无人防御、且市场容量巨大的的消化酶、地方品牌夺取市场。

同时,江中健胃消食片的现有消费群集中在儿童与中老年,他们购买江中健胃消食片主要是用来解决日常生活中多发的"胃胀""食欲不振"症状。显然,定位在"日常助消化用药"完全吻合这些现有顾客的认识和需求,并能有效巩固江中健胃消食片原有的市场份额。

五、广告策略

成美为江中健胃消食片制定了广告语"胃胀腹胀,不消化,用江中牌健胃消食片"。传播上尽量凸现江中健胃消食片作为"日常用药、小药",广告风格则相对轻松、生活化,而不采用药品广告中常用的恐怖或权威认证式的诉求。

六、战果辉煌

江中健胃消食片的重新定位与传播,不仅获得了销量的飞升,更重要的是,在助消化用药市场,江中健胃消食片已抢先进入了消费者心智,从而占据了宝贵的心智资源,得以有力量主导这个新兴市场。

讨论题:

1. 江中健胃消食片成功实现第二次飞跃,最关键的原因是什么?
2. 江中药业应对强势品牌吗丁啉的方法,对其他企业有什么启示?
3. 你如何评价江中健胃消食片的广告策略?

复习思考题

1. 一个完整的市场营销管理需要经过哪些过程?
2. 为什么要进行市场细分?如何衡量市场细分的有效性?
3. 怎样理解产品的整体概念?它包括的内容有哪些?
4. 试述产品生命周期各阶段的营销策略。
5. 试述影响产品定价的因素。
6. 什么是营销控制?为什么要进行营销控制?

第五章
生产运作管理

本章要点

*生产运作及其类型
*生产运作管理及其内容
*生产过程
*生产过程的空间组织和时间组织
*生产计划及其构成

案例导入

戴尔公司的生产运作方式

1983年,18岁的迈克尔·戴尔告诉父母:"我想与IBM竞争。"1984年,戴尔以1000美元创立"戴尔计算机公司";1992年,戴尔入选美国《财富》杂志,成为全球500强企业里最年轻的CEO;1998年,戴尔公司成为全世界第二大个人计算机制造商,成长率比计算机行业平均值高出5倍,资产达到180亿美元;1999年,戴尔公司的个人计算机销量超过IBM公司……

迈克尔·戴尔常问自己:"完成一件事情的最有效率的方式是什么?"答案是:"简单、直接、快速。"又问:"如何改进顾客购买计算机的流程?"答案是:"把计算机直接销售给顾客,去除中间商,把省下的钱回馈给顾客。"

在从设计、制造到销售的整个过程中,戴尔公司自始以聆听顾客意见、反映顾客问题、推出顾客所需为宗旨,把产品直接销售给顾客,这就是戴尔的"直接模式"或"戴尔模式"。

直接模式消除了中间商,减少了不必要的成本和时间,还让戴尔公司能更好地理解客户的需要。直接模式可使产品创意与科技创意得以有机结合,可缩短生产线至顾客家门口的时空距离,可消除产销过程中的可能过期的存货。

对于技术发展飞快、原料价格快速滑落的个人计算机行业,最糟的情形便是拥有存货。存货越少,存货贬值就越少。"过剩与过时"是戴尔公司的禁忌。

戴尔公司让顾客经由网络下订单、配置个人计算机。戴尔公司的在线配置系统,在硬盘能力、调制解调器等方面提供了多达1600多万种的组合。由此,戴尔公司实现了按订单生产,进行大量定制,消除不必要的成品库存。

理想的产品设计不仅满足了顾客需要,还使产品的整个供应链及制造过程有很低的存货,同时能以最少的零部件来满足最大的市场需求。尽管戴尔公司全球供应链较长且复杂多变,却仅保持4～6天的库存,而竞争对手则拥有30～45天的库存,甚至更多。

戴尔公司虽仅将2%的收入投入研发之中,但主要集中开发能加快和简化装机过程的软件,而不像有些竞争对手将收入的5%~6%投入硬件的研发。戴尔公司摸索出一套在接受订单后,快速而低成本的配件供应与装配系统,形成了独特的核心竞争能力。戴尔公司90%以上的个人计算机是按要求定制的,但每台计算机的生产、软件安装、测试和包装可在8小时内完成。

戴尔公司选择最重要、最擅长的事自己来做;而其他的事则找最佳伙伴来做。戴尔公司向专门的公司购买零部件,一则从他们的投资中获益,二则可专注自己最在行的"为顾客设计、传达解决的办法及系统"。它选择与全世界最棒的供应商合作,但原则是保持"单纯",尽量减少供应商数。供应商数目越少,则错误越少、成本越低、麻烦越少,而一致性越高。在发展初期,公司拥有的零部件供应商超过140家;而后来则不到40家的供应商,就能提供约90%的原料需求。

戴尔公司与供应商密切合作,保证了按实际制造所需进货,使得原料存货减至最低。

对于戴尔公司来说,供应链管理至关重要:物料成本在公司的运营收入中大约占74%,物料成本只需下降0.1%,其效果就远大于提高10%的劳动生产率。

问题:
戴尔公司的成功得益于哪些独特的生产运作方式?

第一节 生产运作管理概述

生产运作,传统上称为生产,现简称为运作,是企业的基本职能之一,对其进行有效的管理,对于实现企业的使命、战略目标和经营计划,对于企业竞争力的提高和长期的成功有着至关重要的作用。

一、生产运作管理的含义

(一)生产运作的含义

生产运作是指根据营销职能的结果将输入转化为输出的过程,即创造产品或服务的活动。因此,生产运作职能是一切企业的基础或主体,是企业实力的根本所在。

生产运作作为一切企业的一项基本职能,与营销、财务等职能并列,但又处于基础地位。由于生产运作同时与其他职能相联系,因而,在对生产运作职能进行研究和管理时,必须考虑其他职能的特殊要求和约束,这样才能取得实效。

过去,生产运作主要是指生产,即物质实体或有形产品的制造。但随着社会经济的发展,服务业迅速发展,服务业在国家、世界社会经济中的地位越来越高,人们对服务业也越来越重视。这样一来,将有形产品的制造过程仍叫做生产,而将无形产品——服务形成的过程称为运作。虽然生产和运作两者之间有许多不同,但基本形式却是一样的,即"输入—转化—输出"。于是,传统的生产管理(PM)加上对服务过程的管理,便形成了生产运作管理(P/OM),当前更一般化地称为运作管理(OM)。

将"输入—转化—输出"的过程视为一个有机整体,它是一个服从于特定目的的人造系统——生产运作系统,生产或提供顾客需要的特定产品或服务,并实现增值。生产运作系统包括输入、转化、输出、反馈等主要组成单元,其基本框架如图5-1所示。

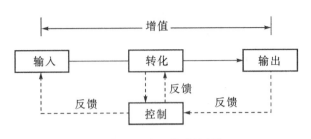

图 5-1 生产运作系统框架

转化是生产运作系统的核心,决定生产运作系统的结果和绩效,因而是生产运作管理的重点。有多种形式的转化:实物的——如制造厂,位置的——如运输公司,交换的——如零售商店,储藏的——如分配中心,生理的——如医院,信息的——如电信公司,智力的——如学校……反馈意味着持续地改进生产运作,不断地提高其效果和效率。

(二)生产运作的类型

生产运作的类型,是指从对生产运作管理影响的角度,将生产运作系统分成的类别。每种类别都有一些明显的共同特点,了解和掌握它们,对搞好生产运作管理有很重要的作用。

1. 按输出的性质分类

根据生产运作系统的输出是有形的还是无形的,可将生产运作分为制造和服务。

制造与服务的一个非常重要的区别在于"生产"与"消费"是否同时进行。前者基本上是非同时性的,而后者则几乎是同时性的。这个重要区别又可派生一些具体的区别,例如:顾客是否直接干预生产运作活动?生产运作环境对顾客有否直接影响?生产运作的结果是否可以储存、运输、修理、更换?生产运作能力的利用率是高还是低?生产运作效率是高还是低?生产运作人员的技能范围是宽还是窄?这些使得对制造和服务活动的管理有着明显的差别,如制造系统可远离顾客或市场,更关心成本因素、技术手段、自动化等;而服务系统则须靠近顾客,关心收益,考虑人的因素,要求更强的应变能力。

2. 按满足需求的方式分类

根据满足需求的方式,可将生产运作分为备货型生产运作、订货型生产运作、订装型生产运作。

(1)备货型(MTS)生产运作,是根据对需求的预测来安排生产运作的内容、数量和时间,将其产出置于仓库,通过库存来随时满足顾客的需求。现在也常称此类系统为"推系统",即将已有的产出"推"给市场或顾客,而无论他们的特殊需要是什么。

(2)订货型(MTO)生产运作,是根据已接到的顾客订单来安排特定的生产运作内容、数量和时间,以满足特定顾客的特定需求。现在也常称此类系统为"拉系统",即生产运作由市场或顾客直接拉动,在未得到具体顾客的需求前,不生产或不提供最终产品或服务,其实质是"定制"。

(3)订装型(ATO)生产运作,是根据已接到的顾客订单来安排特定的最终产品的装配内容、数量和时间,以满足特定顾客的特定需求;其物料的采购或零部件的生产是按对需求的预测进行的,发生在具体最终产品或服务的订单到达之前。此类生产运作为"订货型"生产运作和"备货型"生产运作的综合,即"前拉后推"系统,在一定程度上克服了前两者的缺点。目前,新型的"大量定制"或"延迟制造"就采用此种生产运作方式。

(三)生产运作管理

生产运作管理,是指对生产运作进行的计划、组织、控制等活动,它是对生产运作系统的建立、运行、改进等活动所进行的管理。

生产运作管理包含两个层次的决策:战略决策与战术决策。

1. 战略决策

生产运作管理的战略决策,是确定企业如何开发自己的生产资源或能力,以支持和保证企业战略的实现。这类决策将关系到企业战略的实施效果或顾客需要的满足程度,因此,要以企业战略为前提或约束。生产运作战略的重点一旦确定,将对以下主要内容进行决策:

(1)将生产或提供什么产品或服务?
(2)将用什么样的方式进行生产或服务?
(3)生产或服务的设施位置将在何处?
(4)将需要多大的规模或能力?将在什么时候增加能力?
(5)生产或服务场所将如何布置?
(6)将采用什么样的作业方法?

2. 战术决策

生产运作管理的战术决策,是在战略决策的约束下,确定如何有效地对物料和人力进行计划或安排、如何有效地实际地进行日常的生产运作活动。其主要的决策内容有以下方面:

(1)在什么时候?需用多少人力?
(2)每天工作几个班次?
(3)是否需要加班?加班多少时间?
(4)何时交付物料?交付多少?
(5)是否需要库存?库存多少?
(6)某周或某天应做什么工作?
(7)安排谁?去做什么?
(8)先做什么?后做什么?

(四)生产运作管理的发展

从泰罗的科学管理开始至今,生产运作管理的历史也有100多年了。生产运作管理发展大致经历了四个阶段,对应着四种生产运作模式。

1. 手工生产

手工生产,是指具有较高和较全面技能的工人利用简单和通用型的简陋工具,生产单件或少量特殊产品的生产模式。其最大的优点是能生产各种各样的定制产品,满足顾客的特定需要;其主要缺点是生产效率低、成本高。使用机器体系进行生产以前的生产基本上是手工生产模式。

2. 大量生产

大量生产,是指具有较低和较窄技能的工人利用专业化程度极高的设备,进行大规模生产,生产大量标准化产品的生产模式。其最大的优点是生产效率高、成本低;其主要缺点是生产系统缺乏柔性,产品缺乏多样性,不能满足顾客的特定需要。从泰罗时代开始直到20世纪80年代,这种生产模式是主流的生产模式,其典范是20世纪初福特流水装配线。

3. 精益生产

精益生产，是指具有较高和较全面技能的工人利用先进的柔性设备，生产从少量到大量的多种产品的生产模式。它吸取手工生产和大量生产的优点，能以相当高的生产效率生产较多种类的产品。它不是通过增大生产规模的方式，而是通过强调质量、柔性、缩短时间、协同工作、改进生产系统等方式，以更少的制造资源生产同样多的产品。这一生产模式由日本丰田汽车公司的准时生产(JIT)模式演化而来，形成于20世纪90年代。

4. 大量定制

大量定制的主要特点是采用延迟差异的方式(产品的差异尽可能延迟到顾客需要时才形成)或模块化设计制造方式(有限种类的标准零部件，不同种类零部件的标准接口或相互兼容)进行产品的设计、制造和装配，在产品零部件的层次上采用大量生产方式，而在装配层次上采用定制的方式。这样，既有较高的生产效率、低的成本、短的反应时间，又有多样化的产品。这一生产模式始于20世纪90年代。

(五)生产运作管理的新特点与新趋势

随着社会、经济、技术等的发展，以及生产运作系统的环境自身也在不断变化，因而，生产运作管理总是面临着一些新的问题和要求，总带着一些新的特征。特别是，自20世纪70年代以来，社会需求、市场条件和科学技术飞速发展，而且它们相互作用，相互促进，使得过去传统的生产运作方式及其管理发生了根本性的变化。这些变化还在进一步发展，掌握目前和未来这些变化的特征和趋势，对搞好生产运作管理至关重要。

1. 生产运作系统环境的新特点

(1)需求越来越个性化，多品种小批量的需求成为主导性的需求模式；
(2)市场对产品的质量、交货、服务等的要求越来越高；
(3)产品更新换代越来越快，产品生命周期越来越短；
(4)市场竞争越来越激烈，范围越来越广，手段越来越高级；
(5)技术发展越来越快，技术寿命越来越短；
(6)社会对生产运作的约束越来越强；
(7)不确定性因素越来越多，不确定性程度越来越高。

2. 生产运作管理的新趋势

(1)强调质量、反应时间、柔性、服务等；
(2)强调生产运作战略的开发和应用；
(3)强调生产运作系统的开放；
(4)强调不同职能、环节的集成，管理、技术和人的集成；
(5)强调员工参与和团队工作；
(6)强调在世界范围内最佳地配置生产运作资源；
(7)强调新技术的开发、利用；
(8)强调实现绿色产品、绿色设计、绿色工艺和绿色制造；
(9)强调对不确定性问题的管理；
(10)强调生产运作系统的改进。

二、生产类型

在组织企业的生产过程中必须注意不同企业的不同特点,其中最重要的特点就是生产类型。为了研究各企业的不同特点及其规律性,需要我们按照一定的标志来划分生产类型。影响企业生产类型的因素是多方面的,如产品的品种、数量,生产的重复性和专业化程度等。这些因素之间是相互联系而又相互制约的,并且集中反映在工作地的专业化程度上,因而工作地的专业化程度是划分生产类型的标质。但在实际操作中,工作地的专业化程度很难作出具体区分,我们把工作地负担的工序数目作为划分生产类型的具体指标和标准。根据这个标准,工业制造企业的生产类型一般分为以下三种(见表5-1)。

表5-1 生产类型一览表

工作地的生产类型	固定在工作地上的工序数目
大量生产	1~2
大批生产	2~10
中批生产	10~20
小批生产	20~40
单件生产	40以上

1. 大量生产

大量生产的特点是品种少、产量大,工作地经常重复地进行固定的同一种工作,即一道或少数几道工序,专业化程度很高。大量生产具有生产稳定、效率高、成本低和管理工作简单等优点,但也存在着投资大、适应性和灵活性差等缺点,因此,大量生产类型的企业,其产品的更新换代较困难。

2. 成批生产

成批生产的特点是品种从几种到若干种,加工对象周期性地更换,它的专业化程度随批量的大小而变化。按照进行工作的种数,成批生产还可以再分为大批生产、中批生产和小批生产。成批生产随着批量的由大到小,它的专业化程度也发生变化,成本由低到高,效率由高到低。大批生产与大量生产具有相近的特点。

3. 单件生产

单件生产的特点是工作地没有固定的工作,产品品种不稳定,即每种产品的产量很少,工作地的专业化程度很低。单件小批生产,由于产品不重复或不定期重复,作业准备改变频繁,造成生产能力利用率降低,生产稳定性差、连续性差、效率低、成本高,管理工作复杂,所以要努力作好作业准备,组织与计划工作和进度的调整工作。

从以上分析我们可以看出,不同的生产类型,对于提高劳动生产率和产品质量、降低原材料消耗和产品成本都有着不同的影响。一般来说,大量生产可以采用高效率的设备和专用工具,经济效益最好,成批生产次之,单件生产最差。但不同的生产类型,适应品种变化的能力也不同,一般来说,单件生产品种多、通用设备多、适应能力强,成批生产次之,大量生产最差。

由于科学技术的进步和经济的发展,社会对产品品种的要求越来越多,而每一品种的数量却不大,这种多品种、小批量生产是今后的发展方向。因此,要求将社会需要的多品种小批量生产同能给企业带来更好经济效益的大量、大批生产统一起来,把单件、小批生产改变成大批、大量生产,这是企业技术工作和管理工作的一项重要任务。

将单件、小批生产转化为大批、大量生产主要有以下措施:①积极发展生产专业化与协作,减少企业承担的产品和零部件种数,增加同种零部件的产量;②改进产品设计,加强标准化工作,扩大产品系列化、零部件通用化和标准化的范围;③提高工艺工作水平,推行成组技术,以增加零部件的生产批量;采用数控机床、程序控制机床、加工中心等先进设备,建立柔性制造系统;④组织同类型零件集中生产,加强生产计划工作,合理搭配品种,减少同期生产的品种数,扩大批量。

第二节 生产过程的组织

一、生产过程

(一)生产过程的概念

任何工业产品的生产都必须经过一定的生产过程。生产过程是指从原材料投入开始,一直到成品生产出来为止的全部过程。合理地组织生产过程,使劳动力、劳动工具和劳动对象达到最优组合,对提高企业生产经营的经济效益有着十分重要的影响。产品的生产过程主要是人的劳动过程,即作为生产过程要素的劳动者利用劳动工具,按照一定的方法和步骤直接地或间接地作用于劳动对象,使之成为有用产品的过程。在某些条件下,有些工业产品的生产还要借助于自然力的作用,如铸件的自然时效、油漆干燥、酿酒发酵等。因此,生产过程是劳动过程和自然过程的结合。

(二)生产过程的组成

由于不同工业的产品结构和工艺特点不同,生产过程的形式也不完全一样,按照产品所经历的各生产阶段的工艺性质和所担负的任务不同,产品的生产过程可分为以下四个过程:

1. **生产技术准备过程**

生产技术准备过程是指产品在投入生产前进行一系列的准备工作,如产品设计、工艺准备、调整劳动组织和设备布置等。

2. **基本生产过程**

基本生产过程是把劳动对象变成企业基本产品的过程,它是企业生产过程最主要的组成部分。如机器制造企业中的铸造、锻造、机械加工和装配;纺织企业的纺纱、织布。它们都代表着本企业的专业方向。

3. **辅助生产过程**

辅助生产过程是指保证基本生产过程正常进行所需的各种辅助产品的生产过程或劳务活动,如动力生产供应、夹具模具制造、设备维修等。

4. **生产服务过程**

生产服务过程是指为基本生产和辅助生产所进行的各种生产服务活动过程,如原材料、半成品等物资的供应、运输、保管、试验与检验等。

上述各组成部分既互相区别,又互相联系。其中基本生产过程居主导地位,是企业生产过程中不可缺少的部分,它可按照工艺加工性质划分为若干相互联系的工艺阶段。工艺阶段又可划分为许多人相互联系的工序。工序是组成生产过程的基本环节,是指一个或几个工人在一个工作地上对同一个(或几个)劳动对象连续进行生产活动。

二、合理组织生产过程的基本要求

组织生产过程就是要对各个生产阶段和各工序的工作进行合理安排,使它们的工作能有效地协调进行。组织生产过程的目的是要使产品在生产过程中行程最短、时间最省、耗费最小、效益最高。要达到这个目的,必须遵循下列基本要求。

1. 生产过程的连续性

连续性是指产品在生产过程各阶段、各工序之间的流动,在时间上是紧密衔接的、连续的,也就是说,产品在生产过程中始终处于运动状态,如加工、检验、运输等,不发生或很少发生不必要的停顿和等待时间。

2. 生产过程的比例性(协调性)

比例性是指生产过程各阶段、各工序之间在生产能力上要保持适当的比例关系,即各个生产环节的工人人数、机器设备、生产面积和生产能力都必须互相协调、互相适应。

3. 生产过程的平行性

平行性包括两方面的含义:一是指一个产品的各个零部件尽可能地平行生产,即尽可能同时生产或同时完工;二是指一批相同零件,同时在各个工艺阶段上加工,即零件在工序间采用平行移动方式。平行性的好处在于可以缩短生产周期,并为生产过程的连续性创造了条件。

4. 生产过程的均衡性(节奏性)

均衡性是指企业及各个生产环节在相等的一段时间内生产相等或递增数量的产品,各工序的负荷充分并相对稳定,不出现时松时紧、前松后紧的现象。

5. 生产过程的适应性

适应性是指生产过程为了适应市场变化而不断改变产品品种时,能以最少的投资和最短的时间适应这种改变的能力。

三、生产过程的空间组织

(一)生产过程空间组织的含义及要求

1. 生产过程空间组织的含义

生产过程的空间组织就是企业生产系统的布置,是指应用科学的方法和手段对组成企业的各个部分、各种物质要素(设施、设备等)进行合理的配置和空间及平面布置,使之形成有机的系统,以最经济的方式和较高的效率为企业的生产经营服务。

2. 生产过程空间组织的要求

生产过程的空间组织要尽量按工艺工序布置设备,尽量使加工对象在加工过程中运输路线最短,尽量减少往返交叉运输。车间设备布置要注意运输的方便,充分发挥运输工具的作用。车间设备布置要便于合理布置工作地,保证安全生产,尽可能为工人创造良好的工作环境。车间设备布置要尽量为工人实行多机床看管创造条件。要注意保护机床精度,如将高精度机床布置在不受振动的地方。

(二)生产过程空间组织的原则

1. 工艺原则

工艺原则也称工艺专业化原则,它是按工艺性质相同的特点来布置机器设备的一种方式,也就是把同类型的机器设备集中在一个小组、工段或车间里,如车工小组、铣工小组。在这种情况下,如果某种零件的加工路线是粗车、精车、铣键槽、磨端面、插齿、淬火和磨齿等七道工序,那么,这种零件便要经过七个工艺原则组成的小组才能完成。

(1)工艺专业化原则的特点如下:

①按同类工艺组织生产单位;

②只完成一个工件(或一个产品)的某一段工艺阶段;

③具有加工所需要的某种设备,这些设备按同类型、同规格集中布置;

④车间、工段、小组命名,以工艺或机床名称来命名,如铸工车间、铣床工段、立铣小组,这样可以顾名思义,马上知道所采用的专业化原则;

⑤适合单件小批生产。

(2)工艺专业化原则的优点如下:

①能够适应多品种单件小批生产的要求、产品或工艺变更,不需要移动机器设备;

②相同的设备和同工种的工人在一个生产单位里,便于交流经验、管好设备;

③便于调整组内计划,重新分配任务。

(3)由于产品要经过许多的生产单位才能完成加工,而在每一工序上都会有停留等待的时间,加之各生产单位之间都有一定的距离。因此,工艺专业化原则存在以下缺点:

①运输路线长,而且往返交叉,必然会延长产品生产周期;

②由于工序之间距离较大,不可能按件运输,而只能成批地运送,因而增加了运输量;

③由于在制品增多,占用的生产面积必然增大,同时占用的流动资金也多;

④生产管理、质量管理工作比较复杂。

2. 对象专业化原则

对象专业化原则又称产品专业化,它是按照产品(部件、零件)的不同来布置的。在产品专业化的生产单位中布置了生产该种零件所需要的大部分或全部机器设备,工艺过程是封闭的。如汽车制造厂的底盘车间把制造底盘的各种机器设备布置在一个车间内,在这个车间便可独自生产出底盘。

(1)对象专业化原则的特点如下:

①按产品组织生产;

②实现产品全部(或大部分)工艺过程;

③具备实现工艺过程所需的全部设备,设备按工艺过程顺序排列;

④用产品或零件名称命名车间或工段,如条帽车间,顾名思义,一听即可知道是对象专业化原则;

⑤适合大量大批生产。

(2)对象专业化原则布置方式的优点如下:

①可以大大缩短运输路线,缩短生产周期;

②可以减少在制品,节约流动资金,减少生产面积;

③可以大大简化生产管理和质量管理工作。

(3)对象专业化原则布置方式的缺点是:

①当产品品种或工艺改变时,这种布置形式就可能要随之而改变,因而适应性差;

②各台设备的负荷,在本单位内往往难以平衡,不能充分利用;

工艺专业化原则适用于单件小批生产,对象专业化原则适用于大批大量生产。

3. 混合原则

混合原则即在一个生产单位同时采用上述两种原则。如在按对象原则建立的车间中把某些设备(如热处理和负荷较低的重要设备)划分出去另外组成生产单位,这样既有利于充分利用设备,也便于管理。

四、生产过程的时间组织

生产过程的时间组织主要是研究劳动对象在工序间的移动方式。劳动对象在工序间的移动方式是指零件从一个工作地到另一个工作地之间的运送形式。如果某种产品只生产一件,那么就只能在一道工序加工完之后,再把零件送到下一个工作地去进行下一道工序加工;如果同时加工一批相同零件,那么就可以采用三种不同的移动方式。

生产过程的时间组织就是要求劳动对象在车间之间、工作地之间的移动,在时间上紧密衔接,以保证生产的连续性和节奏性,达到缩短生产周期、提高效率的目的。

劳动对象在生产过程中的移动,主要有三种方式,即顺序移动方式、平行移动方式、平行顺序移动方式。下面用一道例题,说明三种移动方式的计算。

【例 5-1】一批零件为 4 件,各工序的单件加工时间如表 5-2 所示:

表 5-2 加工时间一览表

工序	1	2	3	4
时间/min	1	0.5	1.5	1

(一)顺序移动方式

一批相同的零件,在某一道工序上(或某一工艺阶段上),全部加工完毕,再转工序,叫顺序移动方式,如图 5-2 所示。

1. 优点

(1)工作地可以连续加工;

(2)运输量小;

(3)便于管理。

2. 缺点

(1) 零件生产周期非常长;

(2) 连续性不好(工件始终处于运动状态最好,而此时大量工件堆放处于等待状态);

(3) 平行性不好(所谓平行性,是指所有工件同时都在各道工序上被加工,而此时只有一件或几件在加工,大量同类零件处于等待状态)。

根据以上两点,这种顺序移动方式不符合组织管理生产的要求,故经济效果差。

3. 适用范围

(1) 单件小批,(由于本身数量不多,只能成批转,一件一件转,即费时费工,还容易弄丢),适合于机群式小组,即工艺专业化。

(2) 零件比较轻小(如钟表零件、精密仪器、无线电零部件),加工时间非常短(加工时间很长的虽小也应及时转运)。

4. 顺序移动方式加工时间的计算

当工序时间为 t_i,一批制件数量为 n,按顺序移动方式,一批制件的加工时间为:

$$T_{顺} = n\sum_{i=1}^{m} t_i \quad (i = 1, 2, 3, \cdots, m)$$

式中: $T_{顺}$——顺序移动时,一批制件的加工时间; n——零件的批量; t_i——第 i 道工序单件时间; m——制件的工序数目。

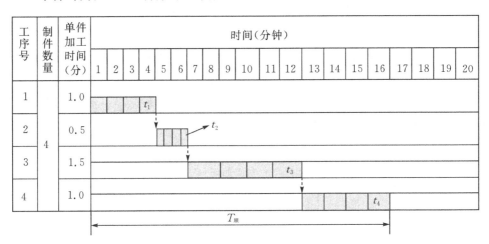

图 5-2 顺序移动示意图

将【例 5-1】中的数据代入 $T_{顺}$ 公式中,得出:

$T_{顺} = 4 \times (1.0 + 0.5 + 1.5 + 1.0) = 16(分)$

(二) 平行移动方式

平行移动方式的特点是每个制件在前道工序加工完成之后,立即转到下道工序进行加工,这样,一批制件同时在不同的工序上平行进行加工,如图 5-3 所示。

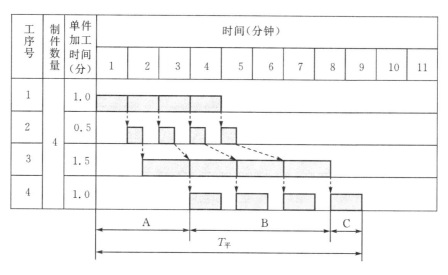

图 5-3 平行移动示意图

1. **优点**

(1)连续性好(工件始终处于运动状态);

(2)平行性好;

(3)生产周期非常短。

2. **缺点**

工作地不能连续加工,人机不能充分负荷(手快手慢也能造成等待),只有在零件加工同期性好的时采用(时间上差不多)。

3. **适用范围**

(1)大量大批适用(电子工业元件制作即采用这种方式或平顺移动);

(2)对象专业化的车间、工段、班组;

(3)零件要的紧迫(如军工、订货、政治任务)。

4. **平行移动方式加工时间的计算**

$$T_{平} = \sum_{i=1}^{m} t_i + (n-1)t_L$$

式中:t_L——工序的单件加工时间。

将【例 5-1】的数据代入 $T_{平}$ 公式得出:

$T_{平} = (1.0+0.5+1.5+1.0)+(4-1)\times 1.5 = 8.5(分)$

(三)平行顺序移动方式

这种方式的特点是:每批零件在一道工序上连续加工没有停顿;零件在各道工序的加工尽量作到平行(前一点像顺序,一批零件连续干;后一点像平行)。各工序既能充分负荷,又能把零碎时间集中起来,加以利用,如图 5-4 所示。

1. **优点**

集中了顺序移动和平行移动的优点,扬弃了以上两种的缺点,生产周期居中。

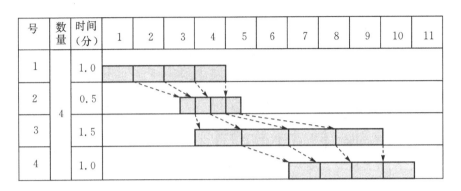

图 5-4 平行顺序移动示意图

2. 缺点

计划、管理、调度复杂,对管理人员要求高。

3. 适用范围

(1)大量大批,特别是成批生产;

(2)对象专业化车间(按产品来建立生产单位,加工对象是一定的,工艺方法是多样的)。

4. 工艺周期(加工时间)的计算

(1) T = 批量 × 各工序单件时间总和 + (批量 - 1) × 前后两道工序单件加工时间中的短者

一般公式:

$$T_{平顺} = n\sum_{i=1}^{m} t_i - (n-1)\sum_{i=1}^{m} t_{短} \tag{5-3}$$

式中:$t_{短}$——前后两道工序单件加工时间中的短者。

(2) T = 各工序单件时间总和 + (批量 - 1) × (较大工序的单件时间总和 - 较小工序单件时间总和)

一般公式:

$$T_{平顺} = \sum_{i=1}^{m} t_i + (n-1)\sum_{i=1}^{m} (t_L - t_S) \tag{5-4}$$

式中:t_L——同前后工序相比为较长工序的单件时间(又称峰工序时间);

t_S——同前后工序相比为较短工序的单件时间(又称谷工序时间)。

将【例 5-1】中的数据代入 $T_{平顺}$ 公式,得出:

$$T_{平顺} = \sum_{i=1}^{m} t_i + (n-1)(\sum t_大 - \sum t_小)$$

$$T_{平顺} = (1.0 + 0.5 + 1.5 + 1.0) + (4-1) \times (1.0 + 1.5 - 0.5)$$
$$= 4 + 3 \times 2 = 4 + 6 = 10(分钟)$$

总结以上三种类型:从加工时间看,平行移动最短,平顺次之,顺序最长;从设备利用方面看,平行时会出现停顿现象;从组织管理方面,平顺最复杂。所以三种方式具有优缺点,采用时,应结合具体条件来考虑:一般批量小,应采用顺序移动;批量大,应采用平顺或平行;零件加工时间短,可采用顺序;零件加工时间长,可采用平顺或平行;按工艺原则布置的车间、工段,应采用顺序;按对象原则布置的车间、工段,应采用平顺或平行。

总之,三种移动方式各有利弊,一般来讲平行移动方式生产同期最短,顺序移动生产周期最长,而平行顺序移动介于二者之间。在实际中,应结合企业的生产类型、专业化形式、零件的重量及工序的劳动量、调整设备和工艺装备的时间以及生产任务的轻重缓急等具体情况来考虑。例如,在单件小批量生产时宜用顺序移动方式,而大批量流水线生产宜用平行移动方式等。

第三节 企业生产计划与控制

企业生产计划是企业经营计划的重要组成部分,是企业实施生产管理的依据。生产计划是根据对市场的预测,从企业能够适应需求的生产能力出发,来规定企业计划期内应生产的产品品种、数量、质量和进度安排。生产计划工作与控制包括四个部分的内容,即生产能力的核定、生产计划的确定、生产作业计划的编制和生产运作系统的改进。

一、生产能力的核定

(一)生产能力的概念

生产能力是指企业固定资产在一定时期内,在一定的组织技术条件下,所能生产一定种类产品的最大可能数量。生产能力一般分为设计能力、查定能力和计划能力。

(1)设计能力是企业设计任务书和技术设计文件中所规定的生产能力,它是企业建设时所规划的。

(2)查定能力是企业在没有设计能力的数据或原设计能力数据不能反映企业生产能力水平时,企业以现有生产组织技术条件为依据,对原设计能力重新调查核定的生产能力。

(3)计划能力,又称为现有能力,是指企业计划期内所能达到的生产能力,它是编制企业年度(季度)计划的主要依据。

(二)生产能力的影响因素

影响企业生产能力的因素主要包括以下三个方面:
(1)生产中固定资产的数量;
(2)固定资产的有效工作时间;
(3)固定资产的生产效率。

(三)生产能力的计算方式

生产能力的计算一般从最基层生产环节算起,先计算设备组的生产能力,然后确定各生产工段(小组)的生产能力,而后再确定车间以至全厂的生产能力。

二、生产计划的确定

生产计划的确定就是根据对市场需求的预测,从企业能够适应需求的生产能力出发,来规定企业计划期内应出产的产品品种、数量、质量和进度安排。

生产计划的确定的步骤,可分为以下四大步:

1. 调查研究，收集相关信息

(1) 了解企业外部：市场需求情况，生产所需的资源供应情况，市场竞争状况等；

(2) 了解企业内部：生产能力，劳动力现状，以及生产所需要的其他准备情况等。

2. 拟订生产计划指标方案，进行方案优化

即运用现代管理方法和运算工具，根据市场需求和企业内部生产能力，初步拟定企业生产指标方案。

(1) 生产计划的主要指标。

① 产品品种指标：即按具体产品品种的用途、型号和规格等划分的各品种名称和数量；

② 产品质量指标：即企业在计划期内生产各种品种应该达到的质量标准；

③ 产品产量指标：企业在计划期内应当生产的符合质量标准的产品数量；

④ 产值指标：以货币表示的产量指标，包括总产值、销售产值、工业增加值等。

(2) 生产计划指标确定的方法。

确定生产计划指标的方法有很多种，本节着重只讲授两种方法：

① 企业保本点产量的确定。保本点，即盈亏平衡点；保本点产量 Q_0，即企业不亏本也不盈利的产量。盈亏平衡分析如图 5-5 所示。

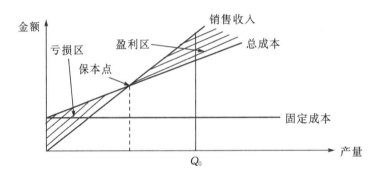

图 5-5 盈亏平衡分析示意图

保本点产量的计算：

已知：$I = P \cdot Q, C = C_F + C_V, C_V = C_{UV} \cdot Q$

其中：I——销售收入，P——商品的售价，Q——产量，

C——总成本，C_F——总固定成本，C_V——总可变成本，C_{UV}——单位可变成本。

在保本点即有：收入 = 总成本，则

$$P \cdot Q_0 = C_F + C_V$$
$$P \cdot Q_0 = C_F + C_{UV} \cdot Q_0$$
$$Q_0 = C_F / (P - C_{UV})$$

【例 5-2】企业明年计划生产甲产品，单位售价为 120 元，单位变动成本为 40 元，预计全年的固定成本为 120000 元。求该企业的保本点产量。

解：根据题意可知，$C_F = 120000$，$P = 120$，$C_{UV} = 40$，则：

$$Q_0 = C_F / (P - C_{UV}) = 150$$

因此，企业的保本产量点为 150。

②线性规划法确定产量。

线性规划法确定产量是运筹学中研究较早、发展较快、应用广泛、方法较成熟的一个重要分支。它是辅助人们进行科学管理的一种数学方法,是研究线性约束条件下线性目标函数极值问题的数学理论和方法。该方法广泛应用于军事作战、经济分析、经营管理和工程技术等方面,为合理利用有限的人力、物力、财力等资源作出最优决策提供科学的依据。

线性规划法一般采取三个步骤:

①建立目标函数;

②加上约束条件,在建立目标函数的基础上,附加约束条件;

③求解各种待定参数的具体数值,在目标最大的前提下,根据各种待定参数的约束条件的具体限制找出一组最佳的组合。

【例5-3】某企业同时生产甲、乙两种产品,每件甲产品利润400元,每件乙产品利润600元。生产这两种产品主要受共用的专用设备和某主要原材料的限制,其有关资料如表5-3所示:

表5-3 某企业甲、乙产品设备及原材料相关数据

资源项目	资源可供量	单位产品消耗定额	
		甲产品	乙产品
专用设备生产能力(台时)	1800	20	40
主要原材料(公斤)	1500	30	20

在上述条件下,企业如何充分利用现有资源安排甲、乙两种产品的产量,使企业获得最大的利润?

解: 设生产甲产品 X_1 单位,乙产品 X_2 单位可以使企业获得最大的利润。则:

目标函数:$Max \Pi = 400X_1 + 600X_2$,

约束条件:$20X_1 + 40X_2 \leq 1800$

$\qquad\qquad 30X_1 + 20X_2 \leq 1500$

$\qquad\qquad X_1, X_2 \geq 0$

可以得到:$X_1 = 30, X_2 = 30$,就可以使企业得到最大利润。

3. 综合平衡,确定生产计划指标

经过定性与定量分析,初步拟定了生产计划指标后,还必须进行以下几个方面的平衡之后,就可以具体地确定生产计划指标。

(1)生产任务与生产能力之间的平衡;

(2)生产任务与劳动力之间的平衡;

(3)生产任务与物资供应之间的平衡;

(4)生产计划指标与成本、利润、资金等指标之间的平衡。

4. 编制生产计划大纲

编制生产计划大纲的主要内容包括:编制生产计划的指导思想、主要的生产指标、完成计划的难点及重要环节、需要采取的有效措施以及生产计划表等方面的内容。

三、生产作业计划的编制

(一)生产作业计划的概念

生产作业计划是企业生产计划的具体执行计划,它是根据企业年、季度生产计划所规定的生产任务和进度,并考虑各个时期企业内部条件和外部环境,把企业的生产任务分配给各个车间、工段、班组、每个工作地和个人,并按日历顺序安排生产进度的具体计划。

(二)编制生产作业计划所需要的资料

要编制好生产作业计划,必须有充分可靠的依据资料,主要包括以下内容:

(1)年、季度生产计划和订货合同、技术组织措施计划、生产技术准备计划、工艺装备生产计划及其完成情况。

(2)产品零、部件明细表,产品零件分车间、工段和班组明细表,产品工艺技术文件。

(3)各种产品、零件分工种、分工序的工时消耗定额及其分析资料,人员配备情况及其各类人员数的技术等级。

(4)原材料、外购件、外协件、工艺装备等的供应和库存情况,动力供应情况和物资消耗情况。

(5)设备的类型、数量及其运转情况,设备修理计划,厂房生产面积和台时消耗定额。

(6)上期生产作业计划预计完成情况和在制品情况。

(7)市场动态及产品销售情况。

四、生产运作系统的改进

(一)改进的原则

改进是现代生产运作管理的一项重要内容。它首先是一种理念,其实质是对完美的永无止境的追求,进而追求对将输入转换为输出的流程作永不停止的改进,持续不断地增强满足顾客要求的能力。能力的提高意味着不断改进与流程有关的所有因素,包括设备、方法、材料以及人员等。在改进的理念下,不坏并不意味着不能改进。

为正确地实现改进的理念、有效地进行改进实践提供指南,须遵循一定的原则。

1.流程的改进

为提高顾客和社会的满意程度,也为提高企业自身运行的效果和效率,不仅要改进企业所提供的产品,而且更重要的是要改进企业提供产品的所有流程。因为所有工作都是通过流程来完成的,所以改进的根本是流程的改进。

2.持续性的改进

改进的一个基本信条是总存在着改进的机会或改进是无穷的。追求更高目标的活动必须是一种持续性的活动;持续性的改进是客观的要求。改进本身就有持续的含义,终止改进就意味着再没有改进,不断改进则意味着改进永在。

3.积极的改进

改进的机会大都潜藏、混杂于纷乱的事物之中,常常是转瞬即逝,只有抓住了它们,改进才有可能发生。所以,积极或主动的改进应是一种必要的主观态度和处事方式。

4. 预防性的改进

流程改进的重点在于预防问题的发生和再发生,这样可从根本上避免或减少不必要的损失。对于已存在的问题,要采取纠正措施,但重点是要查明并消除或减少导致问题产生的原因,以防止其再发生。对于现在尚未出现,但有可能出现的问题,也有必要予以研究,一旦确定其可能的原因,就要采取预防措施予以消除或减少,以防止问题的发生。

(二)改进的基本步骤

P—D—C—A 循环,即计划(plan)—实施(do)—检查(check)—处理(act)循环,是用于持续进行改进的基本步骤,如图 5-6 所示。

1. P—计划

以现存的问题或潜在问题为研究起点,然后收集识别问题所需要的数据,再分析数据,并形成一个改进的计划,确定用以评价该计划的方法或度量。

2. D—实施

实施改进计划,记录所作的任何改变,并形成文件,为作评价而系统地收集数据。

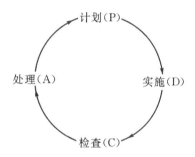

图 5-6 P—D—C—A 循环

3. C—检查

对实施阶段中收集的数据进行评价,检查其结果是否与计划所确定的目标相一致。

4. A—处理

如果结果是成功的,则将新的方法标准化,并将其传达给有关的所有人员,实施新方法的培训;如果不成功,则修改计划、重复以上过程,或停止该改进项目。

改进成功后,为了再次进行改进,则要在更高的水平上重复该循环。如果改进不成功,又有意继续下去,则需退回到某个适当的阶段,作修改后重复该循环。

P—D—C—A 循环不仅表明了持续改进的基本步骤,更重要的是它展示出改进永无止境的思想本质。

🌸 本章小结

生产运作是指根据营销职能的结果将输入转化为输出的过程,即创造产品或服务的活动。生产运作管理,是指对生产运作进行的计划、组织、控制等活动,它是对生产运作系统的建立、运行、改进等活动所进行的管理。产品的生产过程可分为四个过程,即生产技术准备过程、基本生产过程、辅助生产过程和生产服务过程,组织生产过程就是要对各个生产阶段和各工序的工作进行合理安排,使它们的工作能有效地协调进行。车间设备布置要尽量按工艺工序布置设备,尽量使加工对象在加工过程中运输路线最短,尽量减少往返交叉运输,车间设备布置的原则有三种,即工艺原则、对象专业化原则和混合原则。生产过程的时间组织主要是研究劳动对象在工序间的移动方式。劳动对象在生产过程中的移动,主要有三种方式,即顺序移动、平行移动、平行顺序移动,三种移动方式各有利弊,一般来讲平行移动方式生产同期最短,顺序移动生产周期最长,而平行顺序移动介于二者之间。企业生产计划是企业经营计划的重要组成部分,是企业实施生产管理的依据。生产计划工作与控制主要包括四个部分的内容,即生产能力的核定、生产计划的确定、生产作业计划的编制和生产运作系统的改进。

案例讨论

鲜果加工厂①

金希既想有一份挑战性的工作,又不想有过大的工作压力,来充分享受工作和生活的乐趣。于是她辞去了一家大型果品公司生产部经理的职务,来到有乡村风光的、规模不大的鲜果加工厂,就任负责生产的副总裁。

一、背景

鲜果加工厂是当地数百户果农出资合办的一个加工当地特产的一种水果的工厂。过去,这种水果都是采用"干收法"采收的,即用手从树上采摘下来,或摇下果子,再收拾装筐。近几年,"湿收法"已成为主要采收方法。这是一种机械化程度较高的方法:人们放水灌入果树种植园,机械摇动果枝,果子掉下来,漂浮在水面上,再排水集中,装筐运输,采摘效率提高20%。但湿收的果子——"湿果"由于经过水的浸泡,食用和加工前的存放时间较短。

这种水果一般在每年的9月初至12月初采收,高峰期从9月下旬开始,共持续约二十天。在采收季节其余的日子里,送来的果子就少多了。从9月1日至9月19日,平均每天送来的果子为2209筐,而从10月10日至12月10日,送来的果子为238413筐,平均每天为3845筐。

运果子的卡车都是从外部租用的,租用一辆卡车一个小时的租金为100元。果子用卡车运到之后,经卸货机传送至储存箱,再经过几道工序的加工处理:去除石子和茎叶;烘干湿果;接着把果子分成三个等级,即一级品、二级品和不合格品;然后再把合格品包装起来,运送到冷藏库,待进一步深加工为冷冻鲜果、果汁或果酱。

二、加工过程

1. 接收与临时储存

每周七天,从早七点至晚七点,都有运送果子的卡车陆续来到加工厂。卡车的装载量从20～400筐不等,平均每辆卡车的装载量为75筐。卡车卸货时,先由专用卸货机将果子卸在快速运转的传送带上,再由此传送到加工厂的储存箱内。

一台卸货机卸一车果子平均需用7.5分钟。共有5台卸货机,其中第五台卸货机是不久前花了200000元添置的。每台卸货机由3名工人操作。

---

① 根据 Ravi Anupindi, *Managing Business Process Flow*, Prentice—Hall, 1999 (p.123) 与其他资料改编。

果子卸下车之后，通过传送装置被送到27个储存箱中的一个。1号至16号储存箱仅存放干果，每个储存箱可以存放250筐。25号至27号储存箱的储存量为400筐，仅存放湿果。其余的储存箱(17号至24号)每个可以存放250筐，既可用于存放干果，也可用于存放湿果。如果存储箱装满，没有存放的地方，到达的卡车就得等待。

从储存箱通往加工设备的传送装置由2名工人在中央控制室操纵。打开储存箱后，果子就会落到通向加工设备的传送带上。

2. 去石子、去茎叶和烘干

采用"干收法"采收的"干果"，先要经过去除石子的工序(采用"湿收法"采收的"湿果"则无需经过这一道工序)。现有3台去石子设备，每台设备每小时可以处理1500筐。加工干果的第二道工序是去除茎干和叶子。现有3台去茎叶设备，每台设备每小时可以处理1500筐。

湿果从储存箱被传送到3台去茎叶设备中的一台。去除茎叶之后，再传送到3台烘干机中的一台去烘干。每台烘干设备每小时可处理200筐。

去石机、去茎叶机、烘干机都由1名工人操作。

3. 分选

接下来，果子被分选为三类，即一级品、二级品和不合格品。去掉茎叶的干果和被烘干的湿果通过传送装置被送往3台大型分选机。一台分选机每小时可以分选400筐果子，一台分选机由5名工人操作。

在分选设备中，果子从一个漏斗落到由斜面弹板组成的装置上，每块板都有一道门栏或隔栏。这种门栏有两个不同的高度。跳过高门栏的果子为一级品；跳过低门栏的果子为二级品；两道门栏都没有跳过的果子则为不合格品。不同的传送装置把一级果子和二级果子分别传送到装运区。

4. 装运

装运区有4个打包台和2个散装卡车装运台，具有灵活而充足的装运能力。散装果子被装进卡车直接送到成品加工厂；袋装果子被送到冷藏库存放，它们将在以后一年左右的时间内被深加工成果汁、果酱或冷冻鲜果等产品。

三、安排劳动力

在收获季节，加工厂一周七天都开工。在大约二十天的高峰期，计划使用53人(卸货15人，加工16人，装运20人，检控2人)。而在其余的非高峰期时间里，只有27人上班(卸货6人，加工11人，装运8人，检控2人)。工人在每天前八个小时内拿固定的计时工资，加班则多加50%的工资。平均的工资水平是每小时12.50元。

按照高峰期工作计划和非高峰期工作计划，负责接收的工人每天都要从早上七点钟工作到晚上七点钟。在非高峰期，其他的工人从下午三点钟开始上班，一直要工作到晚上十一点钟。在高峰期，其他的工人被安排从上午十一点一直工作到晚上十一点。但是，工厂收工时间需推迟到夜晚11点钟以后，这时大约还需要15名工人继续做清空储存箱和散装工作。虽然干果可以在储存箱内过夜，但湿果必须在下班前处理完。另外，还需要至少两个小时的时间打扫卫生和维护设备，但是该厂一天开工的时间从没有超过22个小时。

虽然该厂有15名全年工作的人员，但是大多数员工是根据季节雇用的季节工。由于缺勤，使得上班的工人只能延长工作时间。

四、制订措施

金希意识到,当务之急是要制订出改进措施。金希刚收到了该厂经理李恩提出的一份建议书。他建议再购置一些设备:添置2台烘干机(购置费用为75000元/台);再将16个干果储存箱改造为干湿果兼用的储存箱(改造费用约为15000元/个)。李恩是性格粗犷的、有三十年工作经验的行家里手,这个工厂中的每个岗位基本上他都干过。他第一次与金希见面就摆出了一副冷漠的神情,这显然表明,他没有把她放在眼里。

讨论题:

1. 绘制加工流程图。
2. 卡车长时间等待、工人长时间加班的原因是什么?
3. 储存箱在加工流程中有什么作用?加工流程中哪道工序是瓶颈?
4. 你认为"添置2台烘干机、更改16个干果储存箱"合适吗?
5. 你是否还有其他的建议?是否还有其他更多的考虑?

复习思考题

1. 什么是生产运作?什么是生产运作管理?对企业有何重要意义?
2. 简述生产过程的组成。
3. 简述合理组织生产过程的基本要求。
4. 简述工艺原则和对象专业化原则各自的优缺点。
5. 某种零件加工批量$Q=4$;加工工序数$m=4$;其工序单位时间$t_1=10$分钟,$t_2=5$分钟,$t_3=20$分钟,$t_4=15$分钟;试计算该批零件在采用顺序移动、平行移动、平行顺序移动三种不同方式下各自的加工周期。

第六章 质量管理

本章要点

＊质量和工作质量的概念
＊质量管理的发展阶段
＊全面质量管理

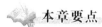案例导入

中国为什么需要工匠精神？

1. 工匠精神——存一颗工匠般的心去做事，去生活

工作是一种修行,世间只有必然性却没有偶然性!

截止到 2012 年,寿命超过 200 年的企业,日本有 3146 家,为全球最多,德国有 837 家,荷兰有 222 家,法国有 196 家。为什么这些长寿的企业扎堆出现在这些国家,是一种偶然吗?它们长寿的秘诀是什么呢?我们反复研究了这些长寿企业,发现它们都在传承着一种精髓——工匠精神!

很多人认为工匠是一种机械重复的工作者,其实工匠有着更深远的意思。他们代表着一个时代的气质,坚定、踏实、精益求精。工匠不一定都能成为企业家。但大多数成功的企业家身上都具有这种工匠精神。

2. "工匠精神"可以从瑞士制表匠的例子上一窥究竟

瑞士制表商对每一个零件、每一道工序、每一块手表都精心打磨、专心雕琢,他们用心来制造产品的态度就是工匠精神的思维与理念。在工匠们的眼里,只有对质量的精益求精、对制造的一丝不苟、对完美的孜孜追求,除此之外,别无所求。正是凭着这种凝神专一的工匠精神,瑞士手表得以誉满天下、畅销全球,成为传承百年的经典典范。

工匠精神并不是瑞士的专利,在日本的企业之中,日本式管理有一个绝招:用精益求精的态度,把一种热爱工作的精神代代相传。这种精神其实就是"工匠精神"。所谓"工匠精神"其核心是:不仅仅是把工作当作赚钱的工具,而是树立一种对工作执着、对所做的事情和生产的产品精益求精、精雕细琢的精神。在众多的日本企业中,"工匠精神"在企业领导人与员工之间形成了一种文化与思想上的共同价值观,并由此培育出企业的内生动力。

问题:

1. 质量管理对企业有何作用?
2. 中国的企业如何去践行工匠精神。

第一节 质量概述

一、质量概念发展的三个阶段

(一)符合标准质量

符合标准的质量观是以技术标准作为产品规格要求的,评价质量是以符合技术规范和规格要求作为标准的。与这种质量观念相适应的是,在产品生产阶段应以规格符合性来检验产品是否合格。

20世纪50年代,人们认为质量标准不应是人为无目的设置的,而应追求一种"最佳质量目标值",这种最佳质量目标值往往和质量水平、质量成本具有相关性。所谓"最佳质量目标值",就是谋求质量水平和成本两者的最佳平衡。符合最佳质量目标值才是企业质量追求的目的,这种观念丰富了符合性质量观念的内涵。

(二)符合使用质量

在20世纪60年代"适用性"质量的概念被提出。国际质量管理权威朱兰博士指出,对用户来说,质量就是"适用性",而不是规格符合性,最终用户很少知道规格到底是什么,用户对质量的评价总是以到手产品是否适用且其适用性是否持久为基础。

当人们在追求"适用性质量"提高的同时,还要追求"成本"的"适用",这就是20世纪70年代追求的"符合成本"的质量观念。

美国著名质量管理专家朱兰博士认为,产品质量就是产品的适用性,即产品在使用时能成功满足用户需要的程度。用户对产品的基本要求就是适用,适用性恰如其分地表达了质量的内涵。

这一定义有两个方面的含义,即使用要求和满足程度。人们使用产品,总对产品质量提出一定的要求,而这些要求往往受到使用时间、使用地点、使用对象、社会环境和市场竞争等因素的影响,这些因素变化,会使人们对同一产品提出不同的质量要求。因此,质量不是一个固定不变的概念,它是动态、变化、发展的;它随着时间、地点、使用对象的不同而不同,随着社会的发展、技术的进步而不断更新和丰富。

用户对产品使用要求的满足程度,则反映在对产品的性能、经济特性、服务特性、环境特性和心理特性等方面。因此,质量是一个综合概念。它并不要求技术特性越高越好,而是追求诸如性能、成本、数量、交货期、服务等因素的最佳组合,即所谓的最适当。

(三)符合需求质量

在20世纪80年代,日本形成了一种从"理所当然质量"向"魅力质量"进军的思潮,也即企业十分关注对顾客潜在需求的调查和研究,在此基础上,开发、研制、生产具有"魅力质量"的产品,这种产品能大幅度提高顾客满意度,获得顾客青睐,甚至引导消费新潮流。

二、产品质量特性

产品质量特性的含义很广泛,它可以是技术的、经济的、社会的、心理的或生理的。一般来说,常把反映产品使用目的的各种技术经济参数作为质量特性。

工业产品的质量特性大体可分为以下几个方面:

1. 物质方面

物质方面,如物理性能、化学成分等,是指产品满足使用目的所具备的技术特性和功能。比如,汽车功率、电视机的清晰度、食物的口感、金属材料的化学成分等。

2. 操作运行方面

操作运行方面,如操作是否方便,运转是否可靠、安全等。安全性指产品在流通和使用过程中,保证将人身伤害或损坏的风险限制在可接受水平的状态,如汽车的安全配置等。环境要求,即产品在使用过程中是否产生公害、污染环境、影响人的身心健康等。

3. 结构方面

结构方面,如结构是否轻便,是否便于加工、维护保养和修理等。

4. 时间方面

时间方面,如耐用性(使用寿命)、精度保持性、可靠性等。寿命指产品能够正常使用的期限,如电视机的使用小时数、轮胎的行驶里程数、气压式热水瓶杠杆的使用次数等。

5. 经济方面

经济方面,如效率、制造成本、使用费用(油耗、电耗、煤耗)等,指产品的寿命周期成本,即产品从设计、制造到使用整个过程中的成本大小,包括设计成本、制造成本和使用成本(使用过程中的营运费用、维护修理费用等)。一般用它来衡量产品的经济效果。

6. 外观方面

外观方面,如外形美观大方等。美学要求讲究产品的设计结构合理、制造工艺先进以及外观造型艺术性三者的统一,产品尽量能体现功能美、工艺美、色彩美、形体美、和谐美、舒适美等要求。

7. 心理、生理方面

心理、生理方面,如汽车座位的舒适程度,机器开动后的声响等。

这些质量特性,区分了不同产品的不同用途,满足了人们的不同需要。人们就是根据工业产品的这些特性满足社会和人民需要的程度,来衡量工业产品质量好坏优劣的。

三、工作质量

"质量"的含义是广义的,除了产品质量之外,还包括工作质量。全面质量管理,不仅要管好产品本身的质量,还要管好质量赖以产生和形成的工作质量,并以工作质量为重点。

企业的工作质量是指同产品质量直接有关的各项工作的好坏,如经营管理工作、技术工作和组织工作等,是企业或部门的组织工作、技术工作和管理工作对保证产品质量做到的程度。

工作质量涉及企业各个层次、各个部门、各个岗位工作的有效性。工作质量取决于企业员工的素质,包括员工的质量意识、责任心、业务水平等。企业决策层(以最高管理者为代表)的工作质量起主导作用,管理层和执行层的工作质量起保证和落实作用。对工作质量,可以通过建立健全工作程序、工作标准和一些直接或间接的定量化指标,使其有章可循、易于考核。实际上,工作质量一般难以定量,通常是通过产品质量的高低、不合格品率的多少来间接反映和定量。

产品质量与工作质量是既不相同而又密切联系的两个概念。产品质量取决于工作质量,工作质量是保证产品质量的前提条件。而产品质量则是企业各部门、各环节工作质量的综合反映;因此,实施质量管理,既要搞好产品质量,又要搞好工作质量,并且,应该把重点放在工作质量上,通过保证和提高工作质量来保证产品质量。

区分产品质量和工作质量这两个概念的意义,就在于能促使人们不断改进工作,从而提高企业管理水平,提高产品质量水平,增强企业素质。

四、产品质量的形成过程

产品质量是经过生产的全过程一步一步产生、形成和实现的。好的产品质量,首先是设计和生产出来的,不是单纯检验出来的。一般来说,产品质量产生和形成的过程,大致经过市场调查研究、新产品设计和开发、工艺策划和开发、采购、生产制造、检验、包装和储存、产品销售以及售后服务等重要环节,其详细过程可以用一个螺旋形上升循环示意图来表示,如图6-1所示。此螺旋称为朱兰质量螺旋或者质量环(quality spiral; quality loop)。

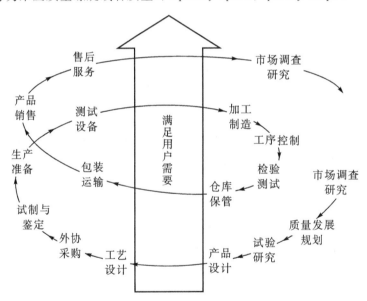

图6-1 产品质量螺旋形上升示意图

从图6-1中可以看到,产品质量在产生、形成和实现的过程中,各个环节之间存在着相互依存、相互制约、相互促进的关系,并不断循环,周而复始。每经过一次循环,产品质量就提高一步。

从产品质量的产生、形成和实现过程出发,可以把产品质量进一步分为如下方面:

(1)市场调研质量。即确定和完善满足市场需要的产品质量。

(2)设计质量。即把市场需要转化为在规定等级内的产品设计特性,最终都通过图样和技术文件的质量来体现。

(3)制造质量。即确保为顾客所提供的产品同所设计的特性相一致。换句话说,它是指按设计规定制造产品时实际达到的实物质量(即符合性质量)。

(4)使用质量。即在产品寿命周期内按需要提供服务保障的质量。

五、提高产品质量的意义

(一)社会意义

美国通用电气公司的质量总经理菲根堡姆(A. V. Feigenbaum)博士用"没有选择余地"(用技术名词来说就是"零冗余")来刻画质量的社会意义。他指出:"人们的日常生活和日程安排,完全取决于产品的性能或服务运转是否令人满意……这相当大地提高了顾客对产品或服务在持久性和可靠性方面的要求。"

质量和安全性的费用额占国民生产总值的比重愈来愈高。这笔费用以质量成本的形式增加了制造商的负担,大约占其总销售额的10%,质量问题对于购买者和商人也有强烈的影响,购买者维护和使用产品的费用可能等于或大于利润率。

"生存环境恶化"是现代社会面临的又一最迫切问题。工业"三废"及其他因素造成的环境污染,生态环境损害,生活环境恶化,很大程度上与我们的产品和服务质量有关。

"质量的社会意义"另外一个重要含义是质量同整个国家生产率水平的关联。产品或服务质量不仅是企业素质、企业发展、企业经济实力和企业竞争优势的主要因素,也是决定一国竞争能力和经济实力的主要因素。

(二)经济意义

著名质量管理专家朱兰博士提出了"质量和综合生产率"的概念来说明质量的经济意义。他认为,现代市场对质量的要求,日益扩大着生产率概念的范围。传统生产率概念,主要是以工厂为主着重注意于用"单位资源的投入得到更多产品或服务的产品"。现代生产率概念,则是以市场为主着重于用"单位资源的投入得到更多、更适销、更好的产品或服务的产出"。这二者在经营管理目标、衡量经营管理绩效的单位以及生产率规划的重点等方面都有根本差别。

(三)提高竞争优势的意义

提高质量的市场意义是指这一事实,即决定企业竞争优势最重要的因素是质量。质量是争夺市场战略中最为关键的因素。谁能够用灵活快捷的方式提供用户满意的产品或服务,谁就能赢得市场的竞争优势。

研究发现市场占有率是利润的主要来源,持续的市场占有率主要来自"顾客感觉到的产品或服务的相对质量"的领先地位。相对的质量是影响一个经济组织可持续发展的最重要因素,并且当研究采取何种方法来维持价值的领先地位时会发现,对市场占有率来说,相对质量的变化比价格的变化具有大得多的影响。

质量的市场意义最突出的表现是:市场竞争已经决定性地从"价格竞争"转向"质量竞争"。影响用户购买的三因素——价格、质量、交货方式(交货期和地点),其排列次序已经变为质量、交货方式、价格。质量已成为决定用户购买的首要因素。"质量竞争"在某种程度上正在取代"价格竞争"。经济大战的最锐利武器就是质量,这一战争事实上早已开始。这正是"质量的市场意义"核心所在。

第二节 质量管理发展与全面质量管理

一、发展阶段

质量管理是由于商品竞争的需要和科学技术的发展而产生、形成、发展至今的。它同科学技术、生产力水平以及管理科学化和现代化的发展密不可分。从工业发达国家解决产品质量问题涉及的理论和所使用的技术与方法的发展变化来看,它的发展过程大致可以分为三个阶段,即产品质量检验阶段、统计质量管理阶段和全面质量管理阶段。

(一)产品质量检验阶段

质量管理产生于19世纪70年代,当时,科学技术落后,生产力低下,普遍采用手工作坊进行生产,加工产品和检查质量没有合理的分工,生产工人既是加工者又是检查者,称为"操作者的质量管理"。因此,在20世纪前质量管理还没有形成科学理论。

20世纪初,美国工程师泰勒(F. W. Taylor)根据18世纪末工业革命以来大工业生产的管理经验与实践,提出了"科学管理"理论,创立了"泰勒制度"。泰勒的主张之一就是计划与执行必须分开,于是,检查产品质量的职责由工人转移到工长手中,形成了所谓的"工长的质量管理"。

20世纪30年代,随着资本主义大公司的发展、生产规模的扩大,对零件的互换性、标准化的要求也越来越高,使得工长已无力承担质量检查与质量管理的职责。因此,大多数企业都设置了专职检验人员和部门,并直属经理(或厂长)领导,由他们来承担产品质量的检验工作,负责全厂各生产部门的产品(零部件)质量管理工作,形成了计划设计、执行操作、质量检查三方面都各有专人负责的职能管理体系。这时的检验工作有人称它为"检验员的质量管理"。

产品质量检查阶段的质量管理,其主要手段是:通过严格的检验程序来控制产品质量,并根据预定的质量标准对产品质量进行判断。检验工作是质量管理工作的主要内容,其主导思想是对产品质量"严格把关"。

此时,人们对质量管理的理解还只限于质量的检验,即依靠检验手段挑出不合格品,并对不合格品进行统计而已,管理的作用非常薄弱。

产品质量检查阶段的长处在于:设计、制造、检验分属三个部门,可谓"三权分立"。有人专职制定标准(计划),有人负责制造(执行),有人专职按照标准检验产品质量。这样对产品质量标准的严肃性有好处,各部门的质量责任也得到严格的划分。

这种"检验的质量管理"有下列缺点:一是解决质量问题缺乏系统的观念;二是只注重结果,缺乏预防,"事后检验",只起到"把关"的作用,而无法在生产过程中"预防"和"控制"不合格品的产生,一旦发现废品,一般很难补救;三是它要求对成品进行100%的全数检验,对于检验批量大的产品,或对于破坏性检验,这种检验既不经济也不实用,在一定条件下也是不允许的。

(二)统计质量控制(statistical quality control,SQC)阶段

"事后检验"的弱点,迫切需要解决,这就在客观上为把数据统计的原理和方法引入质量管理领域创造了条件。

早在20世纪20年代,一些著名的统计学家和质量管理专家就注意到质量检验的弱点,并

设法运用数理统计学的原理去解决这些问题。1924年,美国贝尔电话研究所的休哈特(W. A. Shewhart)提出了控制和预防缺陷的概念,提出了控制产品质量的"6σ"法则,即后来发展完善的"质量控制图"和"预防缺陷"理论,其目的是预防生产过程中不合格品的产生,认为质量管理除了具有对产品质量检查监督的职能之外,还应具有预防产生不合格品的职能。此后,休哈特连续发表了多篇有关质量管理的文章,并于1931年出版了《工业产品质量控制经济学》一书。1929年,贝尔电话公司的道奇(H. F. Dodge)和罗米格(H. G. Romig)发表了"挑选型抽样检查法"的论文,提出了在对产品进行破坏性检验的情况下采用"抽样检查表",以及最早的抽样检验方案,目的是解决在破坏性检验情况下如何保证产品质量,并使检验费用减少的问题。他们是最早把数理统计方法引入质量管理领域的三位学者。瓦尔德(A. Wald)又提出了"序贯抽样检验法",把数理统计方法引入质量管理。

然而,当时正处于资本主义经济萧条时期,人们对产品质量和质量管理的要求不迫切,再加上运用数理统计方法需要增加大量的计算工作,因此,这些理论和方法并没有引起重视,更没有被普遍推广,未能在质量管理中发挥其应有的作用。

第二次世界大战初期,美国生产民用品的大批公司转为生产各种军需品。当时面临的一个严重问题是:由于事先无法控制不合格品而不能满足交货期的要求;由于军需物品的检验大多属于破坏性试验,质量检验工作立刻显示出其不可操作性。由于事先无法控制产品质量,使得美国提供的武器经常发生质量事故。美国国防部为了解决这一难题,特邀请休哈特、道奇、罗米格、华尔特等专家以及美国材料与试验协会、美国标准协会、美国机械工程师协会等有关人员研究,并于1941—1942年先后制订和公布了《美国战时质量管理标准》,即Z1.1《质量管理指南》、Z1.2《数据分析用的控制图法》和Z1.3《生产中质量管理用的控制图法》,强制要求生产军需品的各公司、企业实行统计质量控制。实践证明,统计质量控制方法是在制造过程中保证产品质量、预防不合格品的一种有效工具,并很快改善美国军需物品的质量。从此,统计质量管理在美国得到发展。由于统计质量控制方法给公司带来巨额利润,所以在战后那些公司转入民用品生产时,仍然运用这一方法,其他公司也相继采用,于是统计质量控制方法风靡一时。

统计质量管理阶段的主要特点是:利用数理统计原理,预防不合格品的产生并检验产品质量。这时,质量职能在方式上由专职检验人员转移给专业的质量控制工程师和技术人员承担,质量管理由事后检验改变为预测、预防事故的发生。这标志着将事后检验的观念改变为预防质量事故发生的预防观念。

但是,在宣传、介绍和推广统计质量管理原理和方法的过程中,由于过分强调质量控制的数理统计方法,运用大量数学原理和复杂计算,且不注意数理统计方法的通俗化和普及化工作,忽视了组织管理工作,使人们误认为"质量管理就是数理统计方法""数理统计方法理论深奥""质量管理是数学家的事情",因而对质量管理产生了一种高不可攀的感觉,令人"望而生畏",因此,影响和妨碍了统计质量管理方法的普及和推广,使它未能充分发挥应有作用。

(三) 全面质量管理(total quality control,TQC)阶段

20世纪50年代以来,随着社会生产力的迅速发展,科学技术以及社会经济与文化的不断进步,环境出现了变化,具体如下:

(1)人们对成品质量要求更高了。由于科学技术的发展,产品的精度和复杂程度大为提高,使得对产品质量的要求从仅注重性能指标转向可靠性、安全性、经济性等指标。对产品可靠性等质量的要求也得到极大提高,而单靠在制造过程中应用数理统计方法进行质量管理是难以达到要求的。

(2) 在生产技术和企业管理中广泛应用系统分析的概念,把质量管理看成是处于较大系统中的一个子系统。

(3) 管理理论有了新的发展和突破,在生产技术和企业管理活动中广泛应用系统分析的概念和方法,并且越来越"重视人的因素",出现了诸如"工业民主""参与管理""共同决策"等管理口号。这一切都促使质量管理从单一方法走向多种方法共存,从由少数人参加走向由公司全体人员参加。

(4) "保护消费者利益"运动的兴起,迫使质量管理方法进一步改善。

(5) 随着市场竞争,尤其是国际市场竞争的加剧,各国企业都很重视"产品责任"和质量保证问题。

统计质量管理相对于产品质量检查来说,无疑是质量管理发展史上的一次飞跃,但是,统计质量管理也有着其自身的局限性和不足之处。由于上述环境的变化,使得仅仅依靠质量检验和运用统计方法很难保证与提高产品质量,把质量职能完全交给专业的质量控制工程技术人员去承担也是不妥的。因此,自50年代起,许多企业就有了全面质量管理的实践。

最早提出全面质量管理概念的是菲根堡姆博士。1961年,他出版了《全面质量管理》一书。该书强调质量职能应由公司全体人员来承担,解决质量问题不能仅限于产品制造过程,质量管理应贯穿于产品质量产生、形成和实现的全过程,且解决质量问题的方法是多种多样的,不能仅限于检验和数理统计方法。他指出:"全面质量管理是为了能够在最经济的水平上并考虑到充分满足用户要求的条件下进行市场研究、设计、生产和服务,把企业各部门的研制质量、维持质量和提高质量的活动构成为一个有效的体系。"由此产生了"全面质量管理"思想。

《全面质量管理》理论和方法的提出,深深影响着世界各国质量管理的深入和发展。第二次世界大战后,日本从美国引进了科学的质量管理理论和方法,20世纪60年代又学习了美国的全面质量管理,并结合自己的国情,实行了全公司性的质量管理(company wide quality control,CWQC)。日本人的一些做法以及在产品质量方面取得的成就,已经引起世界各国的注意。20世纪60年代以来,全面质量管理的概念已逐步被世界各国所接受,各国在应用过程中有了进一步的完善和丰富。

全面质量管理理论虽然发源于美国,但真正取得成效却是在日本等国,由于种种原因,在美国并未取得理想效果。20世纪80年代初,在激烈的国际商业竞争中逐渐处于不利地位的美国重新认识到质量管理的重要性,在著名质量管理专家戴明(W. E. Deming)的倡导下,大力推行统计过程控制(SPC)理论和方法,取得显著成效。

质量管理发展三个阶段的比较具体如表6-1所示。

表6-1 质量管理发展三个阶段的比较

序号	对比内容	产品质量检查阶段	统计质量管理阶段	全面质量管理阶段
1	生产特点	以手工及半机械生产为主	大量生产	现代化大生产
2	管理范围	限于生产现场质量管理	限于生产现场质量管理	产品形成全过程质量管理

续表 6-1

序号	对比内容	产品质量检查阶段	统计质量管理阶段	全面质量管理阶段
3	管理对象	限于产品质量（狭义质量）	从产品质量向工作质量发展	产品质量和工作质量（广义质量）
4	管理特点	事后把关为主	把关与部分预防相结合	防检结合，全面管理
5	管理依据	产品质量符合质量规格	按既定标准控制质量	以用户为主，重在产品适用性
6	管理方法	主要用技术检验方法	应用数理统计方法	运用多种管理方法
7	管理标准化	标准化程度差	由技术标准发展到质量控制标准	严格标准化，技术、管理标准化
8	管理经济性	忽视经济性	注重经济性	讲究经济性
9	参与管理人员	依靠检验部门和质量检验人员	依靠技术部门、质量检验部门、质量检验人员	依靠全体职工

（四）质量管理理论的丰富

20世纪80年代以后，科学技术水平又有了新发展，人们认识到仅用"全面质量管理"来概括质量管理学的内容已远远不够，于是又出现了各种概念，例如美国的"质量经营管理"（quality management，QM），欧洲一些国家提出的"全面质量保证"（total quality assurance，TQA）等。国际标准化组织已将QM和TQA纳入了ISO9000系列国际标准。质量管理界又从系统观点出发，提出若干新理论，具体如下：

1. 质量保证理论

朱兰博士指出，质量保证就是对产品的质量实行担保和保证。在卖方市场条件下，不可能存在真正意义上的质量保证。在买方市场形成初期，质量保证只停留在恢复产品质量的"三包"（包退、包修、包换）水平上，用户得到的补偿是有限的。在成熟的买方市场条件下，质量保证的内容和范围都发生了质的变化。质量保证已从传统的、只限于流通领域的范围扩展到生产经营的全过程，供方向需方提供的不仅是产品和服务本身的信誉，而且要出示能够保证长期稳定生产，满足需方全面质量要求的质量证据。

2. 产品质量责任理论

为了制止企业和个体经营者的不正当竞争行为，减少质量事故的发生，保护消费者的利益，进行质量监督和制定相应的质量法规是十分必要的。国外在20世纪80年代兴起的产品责任理论就属于这方面的内容。

3. 质量经济学

质量经济学是80年代兴起的一门新的质量科学。从宏观角度看,质量经济学研究质量形成的经济规律、分析价格、税收等经济杠杆对促进产品质量提高的作用,对实施质量政策的经济评价等等。从微观角度看,质量经济学分析研究为获得一定质量所投入的资源的经济效益,国外在20世纪80年代倡导的所谓经济质量控制(economical quality control,EQC)即属于这类内容。德国的冯·考拉尼(Elart von Collani)是这方面的一个代表人物,其他如美国朱兰、费根堡姆在六七十年代提出质量成本的概念及核算方法,美国麦尔斯(L. D. Miles)早在40年代就提出的价值工程、价值分析理论,在许多领域取得了巨大的经济效益。

4. 质量控制理论

传统的休哈特质量控制理论对于生产异常只能作出显示,而不能告知是什么异常,发生于何处,换言之,即不能进行诊断。我国张公绪于1982年提出质量诊断的概念和两种质量诊断理论,这是世界上第一个统计诊断理论,开辟了统计质量诊断理论的新方向,从此统计过程控制(statistical process control,SPC)上升为统计过程控制与诊断(statistical process control and diagnosis,SPCD)。从20世纪90年代起,SPCD又上升为统计过程控制、诊断与调整(statistical process control, diagnosis and adjustment,SPCDA),国外称之为ASPC(algorithmic statistical process control),即算法的统计过程控制,目前国内外都在进行研究,尚无实用性成果。为了更好满足顾客的需求,生产日益趋向多品种、小批量的生产,所谓柔性生产系统理论也已问世。

5. 质量改进理论与田口方法

质量改进是质量体系运行的驱动力,是实施质量保证的有力手段。日本田口玄一在20世纪五六十年代由于发展出稳健性设计(robust design)方法,提高了日本产品质量以及产品开发设计能力,而于1962年获得日本戴明个人奖。现今,田口方法已成为质量改进理论的一个重要内容,在设计低成本、高质量的产品时,田口方法得到广泛应用。

6. 质量功能展开理论(quality function deployment,QFD)

该理论是日本赤尾洋二在20世纪六七十年代所创建的,他利用矩阵表能够将消费者的需求科学地转化为所开发产品的规格要求。这是开发设计任何产品的第一步。

从上述质量管理发展的历史可以清楚地看出,质量管理发展的三个阶段不是孤立、排斥的,前一个阶段是后一个阶段的基础,后一个阶段是前一个阶段的继承和发展。人们在解决质量问题中所运用的手段、方法是不断发展和完善的,而这一过程又同科学技术进步以及社会生产力水平的不断提高密切相关。可以预见,随着新技术革命的兴起,科学技术的日新月异,人们解决质量问题的思想、手段和方法必然会更为科学、完善和丰富,从而使质量管理的发展迈向一个更新的阶段。如今,全面质量管理的含义、内容和方法已逐步得到充实和完善,它已经发展成为一门具有独特理论和方法的应用科学。可以预料,随着科学技术的进步,社会的发展,质量管理的思想将更加成熟,更为丰富,质量管理的方法和技术也将更趋完善,不断创新。

二、全面质量管理的含义

全面质量管理(total quality control,TQC)源于美国,后来一些工业发达国家开始开展全面质量管理活动,并且在实践中各有所长,于是就有各种各样的叫法。比如,日本称为公司范围内的质量管理(CWQC),欧洲有些国家称为全面质量(TQ),现在国际标准化组织把它统一称为TQM(total quality management)。它是质量管理发展的最新阶段。

ISO8402把全面质量管理定义为:"一个组织以质量为中心,以全员参与为基础,目的在于通过让顾客满意和本组织所有成员及社会受益而达到长期成功的管理途径。"

全面质量管理并不等同于质量管理,它是质量管理的更高境界。

全面质量管理强调:①一个组织以质量为中心,质量管理是企业管理的纲;②全员参与;③全面的质量;④质量的全过程都要进行质量管理;⑤谋求长期的经济效益和社会效益。

具体地说,全面质量管理就是以质量为中心,全体职工和有关部门积极参与,把专业技术、经济管理、数理统计和思想教育结合起来,建立起产品的研究、设计、生产、服务等全过程的质量体系,从而有效利用人力、物力、财力和信息等资源,以最经济的手段生产出顾客满意、组织及其全体成员以及社会都得到好处的产品,从而使组织获得长期成功和发展。

全面质量管理与传统质量管理相比,其特点是:把过去以事后检验为主转变为以预防为主,即从管理结果转变为管理因素;把过去的就事论事、分散管理转变为以系统的观点为指导进行全面综合治理;把以产量、产值为中心转变为以质量为中心,围绕质量开展组织的经营管理活动;由单纯符合标准转变为满足顾客需要,强调不断改进过程质量来达到不断改进产品质量。

三、全面质量管理的基本观点

(一)质量第一、以质量求生存、以质量求繁荣

任何产品都必须达到所要求的质量水平,否则就没有或未完全实现其使用价值,从而给消费者、给社会带来损失。从这个意义上讲,质量必须是第一位的。从20世纪80年代以来,国际市场的竞争异常激烈。日本在产品质量和经济上的成功与欧美工业发达国家的衰退,促使欧美国家质量管理的复兴。例如,1984年英国政府发起了一项质量改进运动,与此同时,美国政府也发起了一项有关质量的五年运动。市场竞争归根结底就是质量的竞争,企业的竞争能力和生存能力主要取决于其满足社会质量需求的能力。1984年首届世界质量会议提出"以质量求繁荣",1987年第二届世界质量会议提出"质量永远第一",这些都说明"质量第一"的指导思想已成为世界各国的共同认识。

贯彻"质量第一"就要求企业全体职工,尤其是领导层,要有强烈的质量意识;要求企业在确定经营目标时,首先应根据用户或市场的需求,科学地确定质量目标,并安排人力、物力、财力予以保证。当质量与数量、社会效益和企业效益、长远利益与眼前利益发生矛盾时,应把质量、社会效益和长远利益放在首位。

"质量第一"并非"质量至上"。质量不能脱离当前的消费水平,也不能不问成本一味讲求质量。应该重视质量成本的分析,把质量与成本加以统一,确定最适宜的质量。

(二)"用户至上",用户第一,下道工序就是用户

实行全面质量管理,一定要把用户的需要放在第一位。因而,企业必须保证产品质量能达到用户要求,把用户的要求看做产品质量的最高标准、以用户的要求为目标来制定企业的质量标准。

在全面质量管理中,"用户"的概念是广泛的,它不仅仅指产品的购买者、使用者和社会,而且,还包括企业内部生产过程中的每一个部门,每一个岗位也是用户。

在全面质量管理中,提出了"下道工序就是用户"的指导思想。上道工序将下道工序作为用户,为下道工序提供合格品,为下道工序服务,下道工序对上道工序进行质量监督和质量信息反馈。每道工序的产品质量和工作质量都要经得起下道工序的检查,保证其质量使下道工序满意。凡是达不到本工序质量要求的产品不交给下道工序,否则就等于把不合格品销售给用户。这个观点,不但适用于各道工序,而且也适用于企业的一切工作。把这种对用户高度负责的观点应用到企业内部的生产、技术、供销、财务等各个方面的工作中去,就能增强每个职工的责任心,提高工作的严肃性。只有每道"工序"都为下道"工序"服务,做到每项工作都为同它有关联的工作着想,在质量上高标准、严要求,才能保证生产出来的是优质产品。

"使用本企业产品的单位和个人就是用户",即企业产品的质量管理工作不仅要在产品的设计、制造、销售等过程中进行,而且还要把工作做到产品的使用过程中去,努力做好为产品的使用者这个最终用户的服务工作。企业不仅要生产优质产品,而且还要对产品质量负责到底、服务到家,实行"包修、包换、包退"制度,不仅要保质保量、物美价廉、按期交货,而且要做好产品使用过程中的技术服务工作,不断改善和提高产品质量。

(三)系统的观点

产品质量的形成和发展的过程包含了许多相互联系、相互制约的环节,那么不论是保证和提高质量,或是解决产品质量问题,都应把企业看成是个开放系统,运用系统科学的原理和方法,对暴露出来的产品质量问题,实行全面诊断、辩证施治。人们常说"产品质量是企业各项工作的综合反映",就说明了系统对产品质量的影响。因此,要保证和提高产品质量,就应当建立系统的观点,并运用系统科学的理论和方法。

(四)以预防为主的观点

全面质量管理要求把管理工作的重点应从"事后把关"转移到"事前预防",把从管理产品质量"结果"变为管理产品质量的影响"因素",真正做到防检结合,以防为主,把不合格产品消灭在产品质量的形成过程中。在生产过程中,应采取各种措施,把影响产品质量的有关因素控制起来,以形成一个能够稳定地生产优质产品的生产系统。

当然,实行全面质量管理,以"预防为主",并不是说不要检验工作,不要"事后检查",质量检查和监督工作不但不能削弱,而且必须进一步加强。为了保证产品质量,不让不合格品流入下道工序或出厂,质量检验工作是必不可少的。同时,我们也应该看到,质量检验工作不仅仅具有"把关"的作用,也有着"预防"的作用。

(五)质量是设计、制造和服务出来的,而不是检验出来的

在生产过程中,检验是重要的,它可以起到禁止不合格品出厂的把关作用,同时还可以将检验信息反馈到有关部门。但影响产品质量好坏的真正原因并不在于检验,而主要在于设计、制造和服务。设计质量是先天性的,在设计时就已决定了质量的等级和水平;而制造只是实现设计质量,是符合性质量。而服务过程是实现顾客满意的重要环节需要格外强调。

(六)数据是质量管理的根本,一切用数据说话

实行全面质量管理,要坚持实事求是,树立科学地分析、控制质量波动规律的工作作风。一切用事实和数据说话,用事实和数据反映质量问题。一定要尽可能使产品质量特性数据化,

以利于对产品质量的优劣作出准确评价,从而进行有效管理。

(七)经济的观点

全面质量管理强调质量,但无论质量保证的水平或预防不合格的深度都是没有止境的,我们必须考虑经济性,建立合理的经济界限,这就是所谓的经济原则。因此,在产品设计制定质量标准时,在生产过程进行质量控制时,在选择质量检验方式为抽样检验或全数检验时等场合,我们都必须通过其经济效益来加以确定。20世纪80年代以来,由于国际市场竞争异常激烈,质量管理发展的新方向之一即经济质量管理(EQC),在推行全面质量管理时,追求经济上的最适宜方案。1986年德国乌尔茨堡(Wurzburg)大学成立了以冯·考拉尼教授为首的经济质量管理研究中心,就是这种趋势的一个明证。

(八)突出人的积极因素

在开展质量管理活动中,人的因素是最积极、最重要的因素。全面质量管理阶段格外强调调动人的积极因素的重要性。这是因为现代化生产多为大规模系统,环节众多,联系密切复杂,远非单纯靠质量检验或统计方法就能奏效的。必须调动人的积极因素,加强质量意识,发挥人的主观能动性,以确保产品和服务的质量。全面质量管理的特点之一就是全体人员参加的管理,"质量第一,人人有责"。

四、全面质量管理的基本要求

(一)全员参加的质量管理

全面质量管理要求企业中的全体职工参与,因为产品质量的优劣,决定于企业的全体人员对产品质量的认识和与此有密切关系的工作质量的好坏,是企业中各项工作质量的综合反映,这些工作涉及企业的所有部门和人员,所以,保证和提高产品质量需要依靠企业全体职工的共同努力。

全面质量管理要求以人为主,必须不断提高企业全体成员的素质,对他们进行质量管理教育,强化质量意识,使每个成员都树立"质量第一"的思想,保证和提高产品质量,其次还应广泛发动工人参加质量管理活动,这是生产优质产品的群众基础和有力保证,是全面质量管理的核心,也是全面质量管理之所以有生命力的根本所在。

全面质量管理要求全体职工明确企业的质量方针和目标,完成自己所承担的任务,发挥每个职工的聪明才智,主动积极地工作,实现企业的质量方针与目标。

实行全员参加的质量管理,还要建立群众性的质量管理小组。质量管理小组简称QC小组,是组织工人参加质量管理,开展群众性质量管理小组活动的基本组织形式。

总之,全员的质量管理就意味着全面质量管理要"始于教育,终于教育"。

(二)全过程的质量管理

全面质量管理的范围应当是产品质量产生和形成的全过程,即不仅要对生产过程进行质量管理,而且还要对与产品质量有关的各个过程进行质量管理。

产品质量是企业生产经营活动的成果。产品质量状况如何,有一个逐步产生和形成的过程,它是经过生产全过程一步一步实现的。根据这一规律,全面质量管理要求把产品质量形成全过程的各个环节和有关因素控制起来,让不合格品消灭在质量的形成过程中,做到防检结合、以防为主。产品质量的产生和形成过程大致可以划分成四个过程,即设计过程、制造过程、使用过程和辅助过程。

设计过程主要包括市场调查、产品规划、试验研究、产品设计和试制鉴定等环节,它是产品质量产生和形成的起点,产品质量的好坏取决于设计。根据国外质量管理专家的统计分析以及国内现状的调查,产品质量问题的 20%~50% 是由于设计不良引起的。如果研制和设计过程工作质量不好,仓促决策,草率投产,就会给制造过程留下许多隐患,可谓"先天不足,后患无穷"。质量管理发展至今,在设计过程中已形成了一系列专门的技术和方法,如产品设计、系统设计、参数设计和容差设计等。

制造过程是产品质量的形成过程,制造过程的质量管理是企业中涉及面最广,工作量最大,参与人数最多的质量管理工作。该阶段质量管理工作的成效对产品符合性质量起着决定性作用。制造过程的质量管理,其工作重点和活动场所主要在生产车间。因此,产品质量能否得到保证,很大程度上取决于生产车间的生产能力和管理水平。在制造过程的质量管理活动中,不仅要对整个过程的各个环节进行质量检查,而且还要对产品质量进行分析,找出影响产品质量的原因,将不合格品减少到最低限度。

使用过程主要包括产品流通和售后服务两个环节。因为产品质量最终体现在用户所感受的"适用性"上,这是对产品质量的真正评价。要使产品由生产者手中转移到用户手上,使其能充分发挥性能,就应充分重视产品的销售和售后服务这两个环节。使用过程质量管理的主要工作:一是做好对用户的技术服务;二是做好产品的使用效果和使用要求的调查研究;三是做好处理出厂产品的质量问题。只有做好这些工作,才能保证产品充分发挥作用,并且使改进产品的设计和制造有可靠的依据。因此,使用过程的质量管理既是全面质量管理的归宿点,又是它的出发点。

辅助过程既包括物资、工具和工装供应,又包括设备维修和动力保证,还包括生产准备和生产服务。设计过程和制造过程中出现的很多质量问题,都直接或间接地与辅助过程的质量有关。因此,在全面质量管理系统中,辅助过程的质量管理占有相当重要的地位。它既要为设计过程和制造过程实现优质、高产、低消耗创造物质技术条件,又要为使用过程提高服务质量提供后勤支援。

实行全过程的管理,以防为主,一方面要把管理工作的重点从管理事后的产品质量转到控制事前的生产过程质量上来,在设计和制造过程上面下功夫,在生产过程的一切环节上加强质量管理,保证生产过程的质量良好,消除产生不合格品的种种隐患,做到防患于未然。另一方面,要以顾客为中心,逐步建立一个包括从市场调查、设计、制造到销售、使用的全过程的,能够稳定地生产满足顾客需要的合格产品的质量体系。

可见,全过程的质量管理就意味着全面质量管理要"始于识别顾客的需要,终于满足顾客的需要"。

(三) 全企业的质量管理

(1) 从组织角度来看,企业可以划分成上层、中层、基层管理,"全企业的质量管理"就是要求企业各个管理层次都有明确的质量管理活动内容。当然,各层次活动的侧重点不同。上层管理侧重质量决策,制订出企业的质量方针、质量目标、质量政策和质量计划,并统一组织;协调企业各部门、各环节、各类人员的质量管理活动,保证实现企业经营的目标。中层管理则侧重贯彻落实上层管理的质量决策,更好地执行各自的质量职能,并对基层工作进行具体的管理。基层管理则要求每个职工要严格地按标准、按规程进行生产,相互间进行分工合作,并结合本职工作,开展合理化建议和质量管理小组活动,不断进行作业改善。

(2)从质量职能角度看,产品质量职能是分散在企业有关部门中的,要保证和提高产品质量,就必须把分散到企业各部门的质量职能充分发挥出来。但由于各部门的职责和作用不同,其质量管理的内容也不一样。为了有效进行全面质量管理,就必须加强各部门的组织协调。为了从组织上、制度上保证企业长期稳定地生产出符合规定要求、满足顾客需要的产品,企业应建立和健全质量体系,使企业研制、维持和改进的质量活动构成为一个有效的体系。

(四)全社会推动的质量管理

全面质量管理是全社会推动的质量管理,随着社会的进步,生产力水平的提高,整个社会大生产的专业化和协作化水平也在不断提高。在发达国家自有成本发生率有的达到30%左右的水平,每个产品都凝聚着整个社会的劳动,是社会分工与合作的产物,反映着社会生产力水平。因而,提高产品质量不仅仅是某一个企业的问题,而是需要全社会共同努力的推动,去共同提高全社会质量意识和质量水平,才能保证产品质量水平,提高和增强产品的全球竞争力。

(五)PDCA 循环

PDCA 循环是全面质量管理最基本的工作程序,即计划—执行—检查—处理(plan-do-check-action)。PDCA 循环是美国统计学家戴明(E. Deming)发明的,因此也称之为戴明循环。

第一个阶段称为计划阶段,又叫 P 阶段,这个阶段的主要内容是通过市场调查、用户访问等,搞清楚用户对产品质量的要求,确定质量政策、质量目标和质量计划等。第二个阶段为执行阶段,又称 D 阶段,这个阶段是实施 P 阶段所规定的内容,如根据质量标准进行产品设计、试制、试验,其中包括计划执行前的人员培训。第三个阶段为检查阶段,又称 C 阶段,这个阶段主要是在计划执行过程中或执行之后,检查执行情况,是否符合计划的预期结果。第四阶段为处理阶段,又称 A 阶段,主要是根据检查结果,采取相应的措施。

四个阶段循环往复,没有终点,只有起点。在全面质量管理中,通常还可以把 PDCA 循环四阶段进一步细化为八个步骤。

步骤一:分析现状,找出问题。强调的是对现状的把握和发现题目的意识、能力。

步骤二:分析产生问题的原因。找准题目后分析产生题目的原因至关重要,运用头脑风暴法等多种集思广益的科学方法,把导致题目产生的所有原因统统找出来。

步骤三:要因确认。区分主因和次因是有效解决题目的关键。

步骤四:拟订措施、制订计划。5W1H,即:为什么制订该措施(Why)? 达到什么目标(What)? 在何处执行(Where)? 由谁负责完成(Who)? 什么时间完成(when)? 如何完成(How)? 措施和计划是执行力的基础,尽可能使其具有可操性。

步骤五:执行措施、执行计划。高效的执行力是组织完成目标的重要一环。

步骤六:检查验证、评估效果。方案是否有效、目标是否完成,需要进行效果检验后才能得出结论。

步骤七:标准化,固定成绩。标准化是维持企业治理现状不下滑,积累、沉淀经验的最好方法,也是企业治理水平不断提升的基础。可以这样说,标准化是企业治理系统的动力,没有标准化,企业就不会进步,甚至下滑。

步骤八:处理遗留问题。所有问题不可能在一个 PDCA 循环中全部解决,遗留的问题会自动转入下一个 PDCA 循环,如此,周而复始,螺旋上升。

PDCA 循环如图 6-2 所示。

图 6-2 PDCA 循环

第三节 质量管理常用的七种工具

一、调查表

调查表也称为查检表、核对表等,它是用来系统地收集和整理质量原始数据、确认事实并对质量数据进行粗略整理和分析的统计图表。因产品对象、工艺特点、调查和分析目的不同,其调查表的表式也有不同。常用的调查表有不合格品项目调查表、不合格原因调查表、废品分类统计表、产品故障调查表、工序质量调查表、产品缺陷调查表等。

调查表的应用程序如下:

(1)明确收集资料的目的。

(2)确定为达到目的所需搜集的资料(这里强调问题)。

(3)确定对资料的分析方法(如运用哪种统计方法)和负责人。

(4)根据目的不同,设计用于记录资料的调查表格式,其内容应包括调查者及调查的时间、地点、方式等栏目。

(5)对收集和记录的部分资料进行预先检查,目的是审查表格设计的合理性。

(6)如有必要,应评审和修改该调查表格式。

表6-2所示为产品不合格原因调查实例。

表6-2 不合格原因调查表

批号	检查数	不合格品数	不合格原因					
			操作	设备	工具	工艺	材料	其他
1	4573	16	7	6	0	3	0	0
2	9450	88	36	8	16	14	0	14
3	4895	71	25	11	21	4	0	10
4	5076	12	9	3	0	0	0	0
5	5012	17	13	1	1	1	1	0
6	4908	23	9	6	5	1	0	2
7	4839	19	6	0	13	0	0	0

二、排列图

排列图(pareto diagram)又叫帕累托图,是建立在帕累托原理的基础上。所谓帕累托原理,是指意大利经济学家帕累托在分析意大利社会财富分布状况时得到的"关键的少数和次要的多数"的结论。

应用这一原理,就意味着在质量改进的项目中,少数项目往往产生主要的、决定性的影响。通过区分最重要和最次要的项目,就可以用最少的努力获得最大的改进。

在工厂里,要解决的问题很多,但往往不知从哪里着手。事实上大部分问题,只要能找出几个影响较大的原因,并加以处置和控制,就可以解决80%以上的问题。

排列图是根据整理的数据,以不良原因、不良状况发生的现象,有系统地加以(层别)分类,计算出各项目分别所产生的数据(如不良率、损失金额)以及所占的比例,再依照大小顺序排列,并加上累积值的图形。

排列图的应用程序如下:

(1)选择要进行质量分析的项目,即将要处置的事,以状况(现象)或原因加以区别。

(2)选择用于质量分析的量度单位,如出现的次数(频数)、成本、金额或其他量度单位。

(3)选择进行质量分析的数据的时间间隔。

(4)画横坐标。按项目频数递减的顺序从左至右在横坐标上列出项目。

(5)画纵坐标。在横坐标的两端画两个纵坐标,左边的纵坐标按量度单位规定,其高度必须与所有项目的量值和相等。右边的纵坐标应与左边纵坐标等高,并从0至100%进行标定。

(6)在每个项目上画长方形,其高度表示该项目量度单位的量值,长方形显示出每个项目的作用大小。

(7)由左到右累加每一项目的量值(以%表示),并画出累计频数曲线(帕累托曲线),用来表示各项目的累计作用。

(8)利用排列图确定对质量改进最为重要的项目。

【例6-1】某产品的不合格统计资料如表6-3所示。

表6-3 某产品的不合格统计资料

序号	缺陷项目	频数	累计	累计/%
1	A	3367	3367	69.14
2	B	521	3888	79.84
3	C	382	4270	87.68
4	D	201	4471	91.81
5	E	156	4627	95.01
6	F	120	4747	97.47
7	其他	123	4870	100.00

根据表6-3可画出如图6-3所示的排列图,从图中可以判断,A项缺陷是产生不合格的主要原因,如果解决了这两个质量问题就可使不合格品率降到79.84%以下。

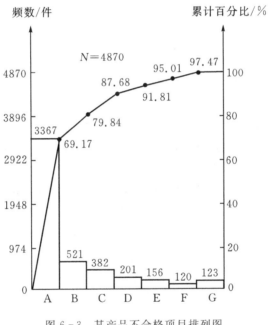

图6-3 某产品不合格项目排列图

三、因果图

所谓因果图(cause-and-effect-diagram),又叫石川图、特性要因图、树枝图、鱼刺图,表示质量特性波动与其潜在原因关系,亦即以图来表达结果(特性)与原因(要因)之间的关系。因果图如能做得完整的话,容易找出问题之症结,采取相应的对策措施,解决质量问题。

(一)因果图的应用程序

(1)简明扼要地规定结果,即规定需要解决的质量问题。

(2)规定可能发生的原因的主要类别。这时要考虑的类别因素主要有人员、机器设备、材料、方法、测量和环境(5M1E)等。

(3)开始画图,把"结果"画在右边的矩形框中,然后把各类主要原因放在它的左边,作为"结果"框的输入。

(4)寻找所有下一个层次的原因,画在相应的主(因)枝上,并继续一层层地展开下去。一张完整的因果图展开的层次至少应有2层,许多情况下还可以有3层、4层或更多层。

(5)从最高层次(即最末一层)的原因(末端因素)中选取和识别少量(一般为3~5个)看起来对结果有最大影响的原因(一般称重要因素,简称要因),并对它们作进一步的研究,如收集资料、论证、试验、控制等。

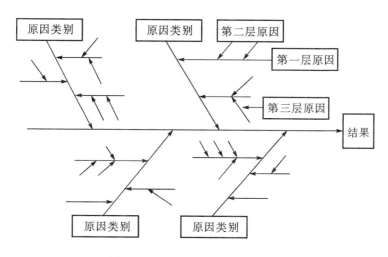

图6-4 因果图结构展开示意图

(二)画因果图的注意事项

(1)画因果图时必须充分发扬民主,畅所欲言,各抒己见,集思广益,把每个人的意见都一一记录在图上。

(2)确定要分析的主要质量问题(特性)。不能笼统、不具体,或在一张因果图上分析若干个主要质量问题,即一个主要质量问题只能画一张因果图,多个主要质量问题则应画多张因果图。所以,因果图是只能用于单一目的的研究分析工具。

(3)因果关系要层次分明,最高层次关系的原因就寻求到可以直接采取具体措施为止。

(4)"要因"一定要确定在末端因素上,而不能确定在中间过程上。

(5)对末端因素应进行论证,谁通过的"要因"一定要在对策表上反映出来。

四、分层法

分层法也称分类法或分组法,把"类"或"组"称为"层"。在进行分层时,常常按层把数据进行重新统计,做出频数频率分表。在分层时,要求同一层的数据波动较小,而不同层的数据间的波动较大,这样便于找出原因,改进质量。一般情况下分层标志如下:

(1)按时间分:比如按日期、季节、班次等。

(2)按操作者分:比如按性别、年龄、技术等级等。

(3)按使用的设备分:比如按机床的型号、新旧程度等。

(4)按原材料分:比如按原材料的成分、规格、生产厂家、批号等。

(5)按操作方法分:比如按工艺规程、生产过程中所采用的温度等。
(6)按检测手段分:比如按测量方法、测量仪器等。
(7)按其他分:比如按使用单位、使用条件等。

【例6-2】某公司生产系3班轮班,使用来自3个供应商的材料,其生产的不良品率统计结果如表6-4和表6-5所示。

表6-4 按轮班统计的不良率

项目\班别	A	B	C
不良率	0.3	0.4	0.2

表6-4 按使用材料的供应商统计的不良率

项目\材料	A	B	C
不良率	0.2	0.3	0.4

五、直方图

直方图又称柱状图,可将杂乱无章的资料,解析出其规律性。借着直方图,对于资料中心值或分布状况可一目了然。

(一)绘制步骤

(1)收集数据,并记录在纸上。统计表上的资料很多,都要一一记录下来,其总数以 N 表示。

(2)确定数据的极差。找出最大值(L)及最小值(S),并计算极差(R)。

$$R=L-S$$

(3)定组数。数据为50~100时,选5~10组;数据为100~250时,选7~12组;数据为250以上时,选10~20组;一般情况下选用10组。

(4)定组距(C)。

$$C=R/组数$$

(5)定组界。

最小一组的下组界=S−测量值的最小位数(一般是1或0.1)×0.5

最小一组的上组界=最小一组的下组界+组距。

第二组的下组界=最小的上组界依次类推。

(6)决定组的中心点。

(上组界+下组界)/2=组的中心点

(7)制作次数分布表。依照数值大小记入各组的组界内,然后计算各组出现的次数。

(8)制作直方图。横轴表示测量值的变化,纵轴表示次数。将各组的组界标示在横轴,各组的次数多少,则用柱形画在各组距上。

(二)直方图的分布

正常生产条件下计量的质量特性值的分布大多为正态分布,从中获得数据的直方图为中间高,两边低,左右基本对称的正态型直方图。但在实际问题中还会出现另一些形状的直方图,如图6-5所示,分析出现这些图形的原因,便于采取对策,改进质量。

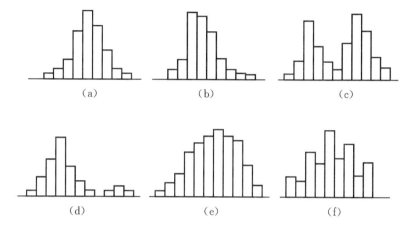

图6-5 常见的直方图形态

(1)正态形。这是生产正常情况下常常呈现的图形。

(2)偏态形。这里有两种常见的形状,一种是峰值在左边,而右面的尾巴较长,另一种是峰值偏在右边,而左边的尾巴较长。造成这种形状的原因是多方面的,有时是剔除了不合格品后作的图形,也有的是质量特性值的单侧控制造成的,比如加工孔的时候习惯于孔径"宁小勿大",而加工轴的时候习惯于"宁大勿小"等。

(3)双峰型。这种情况的出现往往是将两批不同原材料生产的产品混在一起,或将两个不同操作水平的工人生产的产品混在一起等造成的。

(4)孤岛型。这种图形往往表示出现某种异常,比如原材料发生了某种变化,生产过程发生了某种变化,有不熟练的工人替班等。

(5)平顶型。这种情况往往是由于生产过程空有某种缓慢变化的因素造成的,比如刀具的磨损等。

(6)锯齿型。这个图形的出现可能是由于测量方法不当,或者是量具的精度较差引起,也可能是分组不当引起的。

当观察到的直方图不是正态型的形状时,需要及时加以研究,比如出现平顶型时可以检查一下有无缓慢变化的因素,又比如出现孤岛型时可以检查一下原材料有无变化等,这样便于及时发现问题,采取措施,改进质量。

六、散布图

在质量管理活动中,经常需要绘制散布图。将具有相关关系的两个变量的对应观察值作为平面直角坐标系中点的坐标,并把这些点描绘在平面上,于是就能得到具有相关关系的分布图,通常称这种反映两个变量之间关系的图为散布图,或相关图。

(一)散布图绘制

在做散布图时,一般以坐标横轴表示原因 X,坐标纵轴表示结果 Y。如果所研究的是两种原因或两种结果之间的相互关系,那么在做散布图时,对坐标轴可以不加区别。此外,应当使数据 X 的极差在坐标上的距离,大致等于数据 Y 的极差在坐标轴上的距离。

(二)散布图类型

根据两个变量 X、Y 之间的不同关系所绘制成的散布图形状有多种多样,但归纳起来,主要有下面几种形式,如图 6-6 所示。

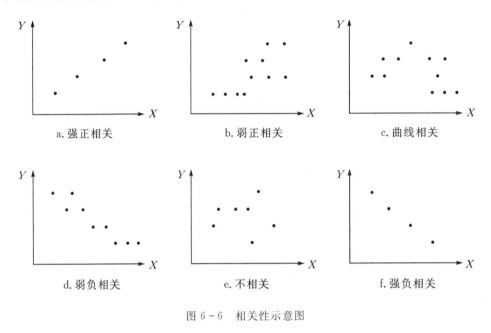

图 6-6 相关性示意图

(1)当变量 X 增大时,变量 Y 随之显著地增大。X 与 Y 之间的这种关系称为强正相关。

(2)当变量 X 增大时,变量 Y 也随之增大,但不明显。X 与 Y 之间的这种关系称为弱正相关。

(3)当变量 X 增大时,变量 Y 先随之增大,当增大到某个界限值之后,Y 又随之减小。X 与 Y 之间的这种关系称为曲线相关。

(4)当变量 X 增大时,变量 Y 随之减小,但不明显。X 与 Y 之间的这种关系称为弱负相关。

(5)当变量 X 增大时,看不出变量 Y 随之增大还是随之减小的任何趋势。对于这种情况,就称 X 与 Y 之间不存在相关关系。

(6)当变量 X 增大时,变量 Y 随之显著地减小。X 与 Y 之间的这种关系称为强负相关。

研究散布图的类型时,还需注意下面几种情况:

①观察有无异常点,即偏离集体很远的点。如有异常点,必须查明原因。如果经分析是由于不正常的条件或测试错误所造成,就应将它们剔除。对于那些找不出原因的异常点,应慎重对待。

②观察是否有分层的必要。如果用受到两种或两种以上因素影响的数据绘制散布图,那

么有可能出现下面这种情况:就散布图整体来看似乎不相关,但是,如作分层观察,发现又存在相关关系;反之,就散布图整体来看似乎存在相关关系。因此,绘制散布图时,要区分不同条件下的数据,并且要用不同记号或颜色来表示分层数据所代表的点。

③假相关在质量管理中,有时会遇到这样的情况:从技术上看,两个变量之间不存在相关关系,但根据所收集到的对应数据绘制成的散布图,却明显地呈现相关状态,这种现象称为假相关。假相关现象可能是结果(或特性)与所列的原因(或特性)之外的因素相关而引起的。因此,在进行相关分析时,除观察散布图之外,还要进行技术探讨,以免把假相关当作真相关。

【例 6-3】某机床厂为了调查某种规格的机器零件的淬火温度与硬度之间的相互关系,于是从最近的生产日报表上收集到 30 组有关该机器零件的淬火温度 $X(C)$ 与硬度 $Y(HRC)$ 之间的对应数据(数据见表 6-5,散布图见 6-7)。

表 6-5 淬火温度与硬度的对应数据表

数据号	温度 X(度)	硬度 Y(HRC)	数据号	温度 X(度)	硬度 Y(HRC)
1	810	47	16	820	48
2	890	56	17	860	55
3	850	48	18	870	55
4	840	45	19	830	49
5	850	54	20	820	44
6	890	59	21	810	44
7	870	50	22	850	53
8	860	51	23	880	54
9	810	42	24	880	57
10	820	53	25	840	50
11	840	52	26	880	54
12	870	53	27	830	46
13	830	51	28	860	52
14	830	45	29	860	50
15	820	46	30	840	49

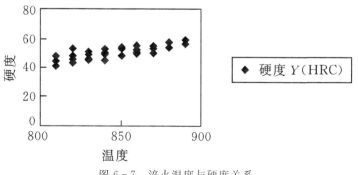

图 6-7 淬火温度与硬度关系

七、控制图

控制图是一个简单的过程控制系统,其作用是利用控制图所提供的信息,把一个过程维持在受控状态,一旦发现异常波动,分析对质量不利的原因,采取措施加以消除,使质量不断提高,并把一个过程从失控状态变为受控状态,以保持质量稳定。

本章小结

质量是一组固有特性满足要求的程度。质量管理是在质量方面指挥和控制组织协调的活动。质量管理发展阶段经历了产品质量检验阶段、统计质量控制阶段和全面质量管理阶段。全面质量管理是一个组织以质量为中心,以全员参与为基础,目的在于通过让顾客满意和本组织所有成员及社会受益而达到长期成功的管理途径。全面质量管理的基本要求:①全员参加的质量管理;②全过程的质量管理;③全企业的质量管理;④全社会推动的质量管理。质量管理的常用的七种工具包括调查表、排列图、因果图、分层法、直方图、散布图、控制图。

案例讨论

公司的审核员

某公司新产品研制均由产品设计工艺负责人负责,从研制到投产所有技术问题均由他一个人负责。审核员想了解对产品工艺的有关规定,开发部经理说:"这些东西都在产品设计工艺负责人脑子里,为了保密,只在个人的笔记本里有记录,没有整理成文件。"审核员要求索看笔记本,经理拿来一个项目的笔记本,审核员看到上面密密麻麻写了很多的内容,多是平时做试验的记录,没有一定的格式。审核员问开发部经理:"你看得明白吗?"经理说:"都是当事人自己记的,我一般不看他们的记录,一切由产品设计工艺负责人自己负责。"审核员看到该公司多数的研制人员都是原来从研究所出来的,平均年龄大概50岁以上。审核员问:"这些笔记本以后上交吗?"经理:"没有明确的规定。"审核员:"如果设计人员不在了怎么办?"经理:"不知道,好多年来都是这么规定的,没考虑以后的事。"

讨论题:

1. 评价该公司的做法?
2. 该公司在质量管理方面存在哪些问题?

复习思考题

1. 应如何理解质量的概念?
2. 什么是质量管理?什么是全面质量管理?
3. 全面质量管理的基本观点和基本要求是什么?
4. 开展全面质量管理的基础工作有哪些?

第七章 企业新产品开发管理

本章要点

＊新产品、新服务的概念及类别
＊新产品开发、新服务开发的原则
＊新产品开发和新服务开发的程序
＊新产品开发策略

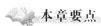案例导入

招商银行"一卡通"

招商银行是在1987年4月8日经中国人民银行批准并由招商局出资成立的;1989年进行了首次股份制改造,成为我国第一家完全由企业法人持股的股份制商业银行。招商银行不断开拓,锐意创新,在革新金融产品与服务方面创造了若干个第一,较好地适应了市场和客户不断变化的需求,被广大客户和社会公众称誉为国内创新能力强、服务好、技术领先的银行。而真正取得突破的是"一卡通"的推出。"一卡通"集定活期、多储种、多币种、多功能于一体,具有"安全、快捷、方便、灵活"的特点。

1.统一的物理凭证集中了过去不同的账户

"一卡通"把账户集中到一张卡片上,便于携带,并且具有相当安全的保密措施,卡片上没有具体金额,具有密码保护功能。

2."一卡通"是以客户账户为中心进行业务持续创新的基础平台

"一卡通"面世后,可以相对容易地进行新业务创新,实现多种渠道的消费、转账、理财等功能,便于实现以账户为中心的创新活动。

3.名称定位

名称直指功能简洁明了,客户一看就懂,且便于记忆和传播,客户看了名称即能产生正确的联想。

4."一卡通"给招商银行带来巨大的效益

1995年7月招商银行推出银行卡——"一卡通",被誉为我国银行业在个人理财方面的一个创举;截至2014年上半年,招商银行一卡通发卡数量突破6500万张,卡均存款突破1万元,居全国银行卡首位。在中央电视台和《人民日报》联合开展的"全国34个主要城市居民消费者喜爱的品牌"调查中,"一卡通"被广大消费者评为"最受欢迎的国内银行卡"之一。

问题:

招商银行"一卡通"的成功得益于什么?

第一节 新产品开发管理概述

一、新产品的概念与分类

(一)新产品的概念

新产品一般是指通过采用新材料(新元件)、新技术原理或新设计构思,从而使得产品在结构、材质、加工工艺、性能或功能等的某个方面或某几个方面与老产品有着本质不同或者显著差异的产品。

新产品一般具有以下一项或多项特征:

(1)具有新的原理、新的设计构思;
(2)采用新的材料或元器件;
(3)选用新的加工工艺和技术;
(4)具有新的结构、新的形态或式样;
(5)具有新的功能或新的用途;
(6)具有其他新的特性或特征。

实践证明,大量的新产品是在原有产品的基础上不断改进发展起来的。这是新产品开发的一条客观规律。在开发新产品、改进老产品的过程中,要特别重视技术的继承性,改进老产品的不适应、不合理的部分,保留其适应部分。

(二)新产品的分类

新产品是一个相对的概念,它与老产品之间没有绝对的分界线。根据新产品的性能、结构等特点,新产品可分为以下四种类型:

1. 全新型新产品

全新型新产品是指采用新原理、新结构、新技术、新材料、新工艺制成的前所未有的崭新的产品。这类新产品是在基础研究成果的基础上通过应用研究而发展的新产品,或者是几项技术的综合,是技术上的重大突破。全新型新产品的开发需要投入大量的人力、物力和财力,且需要经历相对长的开发周期,对绝大多数企业来说,是件不容易做到的事情,调查表明全新型新产品只占所有新产品的10%左右。

2. 革新型新产品

革新型新产品是模仿国内外已研制出来的新产品,根据消费者的需要,重新采用各种科学技术进行较大革新、改造后的产品。革新产品的特征与价值,并不在于要改变或增加产品的使用功能,而在于影响或改变人们使用这种产品的习惯和方式,突破产品使用的时空限制。在这方面日本企业有很多成功的例子,如随身听的发明。此类产品占全部新产品的20%左右。

3. 改进型新产品

改进型新产品是对已投入市场的现有产品进行性能改良,以提高其使用质量的产品,这类产品的特征大多表现为产品使用功能的改进、规格型号多样化和花色款式的翻新。这类产品一旦进入市场,比较容易被消费者接受,也容易被竞争者所模仿。大多数企业实际上着力于改进现有产品,而不是创造一个新产品。这类产品占全部新产品的60%。

4. 换代型新产品

换代型新产品是指在原有产品的基础上,不改变基本原理,只是部分采用新技术而制造出来的,适合新用途、满足新需要的产品。这类新产品的性能有较大提高,并具有新的功能,一般占全部新产品的10%左右。

二、新产品开发的方式、条件和趋势

(一)产品开发的方式

产品开发包括新产品开发和老产品整顿。

1. 新产品开发的方式

(1)自行研制。自行研制是指企业依靠自己的力量,根据现有产品的状况,创造性地研制出具有特色的新产品。采用这种方式开发的一般是更新换代或是全新产品。它要求企业有较强的技术力量,要花费很多的资金和人力,适用于大中型企业。

(2)技术引进。技术引进是指企业通过引进市场已有的成熟技术而开发的新产品。这种方式投资少、见效快,可以较快地掌握产品制造技术,以节约科研经费和人力,缩短与先进企业的技术差距,是企业常用的一种方式。

(3)研究与引进相结合。这种方式可以在充分消化引进技术的基础上,结合本企业特点进行某些创新;也可以在充分利用本企业技术的基础上,引进某些新技术,以弥补自己的不足。

2. 老产品整顿的方式

整顿老产品是指不断地改进老产品性能,淘汰技术老化、性能落后的产品。通常老产品整顿可采取如下措施:

(1)改进部分设计,提高产品的工作效率;

(2)增加辅助装置,改进产品的安全可靠性;

(3)改进产品结构、形式,发展产品的有用性,扩大或改变产品原有用途;

(4)简化产品结构,方便使用,提高经济效益;

(5)改进产品动力机构,节能降耗;

(6)改变产品外观,增加花色款式等。

(二)新产品开发的条件

1. 科技队伍

人是一切社会经济、科技活动的主体。企业开展产品开发必须具有一定数量和质量、结构合理的科技人员群体。既要有高级研究人员作为项目的带头人,又要有中级科技人员作为攻坚的骨干,还要有一定数量的初级技术人员做好一般技术工作。

2. 科研场所

一定规模的试验场所是企业开展科研开发的必备条件。一项新技术、新产品的问世,要有一个小试、中试直至正式批量生产的过程。因此,企业的科研部门既要充分利用企业生产部门的设备、加工条件、场地等有利条件,又要建设一个自己的试验基地和场所。

3. 技术装备

技术装备水平是衡量企业科研开发能力的重要标志,而且技术装备品种多、维修复杂、购置费和使用费昂贵,因此,要进行有效的管理。

4. 科技情报

科技情报是科研开发活动的原料和基础。科学技术的重大突破,都是建立在丰富的科技情报基础上的。因此,企业要尽可能广泛地收集、掌握情报资料,以借鉴前人和他人的经验教训,避免不必要的重复研究。

5. 科研经费

科研经费是从事科研开发的重要条件,它决定着科研活动的空间规模和时间的持续性。企业应通过争取政府拨款、企业自筹、接受委托的科技合同收入、银行贷款等多种途径,扩大资金来源。

总之,只有在人员、场所装备、情报、资金上提供必要的条件,企业才能搞好科学研究,把握好产品的开发时机,做好技术储备,确保产品的先进性和市场竞争能力,使企业立于不败之地。

(三)新产品开发的趋势

根据市场发展的动向,新产品呈现如下趋势:

1. 多功能、高功能

多能化是指增加产品的功能,一物多用。高能化是指产品向高效率、高质量方向发展。如手表现在已不是单纯的计时工具,而是多功能的信息传载器。日本的精工表号称有27种功能。

2. 微型、轻型化

微型、轻型化是指在产品基本性能不变甚至提高的条件下,缩小体积、减轻重量。如电脑的微型化、轻型化。

3. 多样化

多样化是指生产多品种、多型号、多档次的产品,注重产品的特色,以满足消费者多层次、多样化的需求。

4. 系列化

系列化是指根据产品在使用上的联系,将相关产品组成系列。如家具、家用电器、化妆品、餐具等,均可形成系列。

5. 简易化、公益化

简易化是指新产品应结构简单,操作维修方便,自动化程度高。傻瓜照相机是简易化的最好范例,既提高了功能又简化了操作。公益化是指新产品要有利于节省能源和材料,在生产和使用过程中无污染,不产生公害。

6. 美观化、舒适化

美观化、舒适化是指新产品应能给消费者带来健康、愉快和享受,要从营养、美观、舒适等方面满足消费者的需求。

三、新产品开发管理及新产品开发原则

(一)新产品开发管理

新产品开发管理就是企业根据市场变化的要求和企业的资源优势,拟订企业的新产品开发计划,并组织和控制企业的有关部门、各个工作环节和各项活动,努力实现企业新产品开发计划目标,力争达到"生产一代、试制一代、设计一代、构思一代"的全过程。

(二)新产品开发的原则

为了提高新产品开发的成功率,降低风险,取得较好的经济效益,新产品开发应遵循以下基本原则。

1. 符合国家发展战略和技术经济政策

国家的社会经济发展战略是指导一切经济工作、生产活动、消费活动的总纲。新产品开发项目的选择必须符合国家经济发展战略的产品要求,特别是国家发展急需的、无法靠进口解决的、需要填补空白的重要新产品项目。只有这样,产品开发才能有的放矢,所开发的新产品才有持久的生命力。

国家为促进技术进步和经济发展,在不同历史时期都制定了相应的技术经济政策和产品发展战略,这是确定新产品开发的重要依据。国家要求在开发新产品时,重视资源的合理开发和利用以及对生态环境的保护;要充分利用我国现有的资源、劳动力充足的条件,多发展一些投资少、见效快的劳动密集型新产品。

2. 符合社会需要和市场需要

新产品开发必须在国家经济发展战略指导下,以社会和市场需要为出发点,不仅要考虑当前的国内外社会和市场需求,而且还要考虑这种需求的变化、流向和发展趋势。一般来说,科技进步、人口发展及构成比例、消费水平、消费习惯、消费结构、文化变迁等因素都会引发社会和市场需求的变化。因此,新产品开发要进行广泛的社会和市场调研,研究消费者的新需求和潜在需求,把握市场的变化趋势。只有这样才能科学地确定新产品的开发方向,使新产品的品种、质量、性能、功能等能满足消费者的新需求或潜在需求。

3. 坚持技术先进性与经济合理性的统一

技术先进性是新产品的主要特征。但是这种技术先进性要符合我国国情,有利于原材料的供应,符合消费者的购买水平和消费习惯等。所谓经济合理性,就是要求新产品能够在尽可能降低研究开发、设计与制造费用的条件下,实现批量生产,力求功能最大,成本最低,使新产品价廉物美,同时降低使用成本。企业在新产品开发中,必须兼顾两者,坚持两者的平衡统一。

4. 符合标准化要求,有利于制造和使用

新产品开发从一开始就要考虑到便于组织社会化大生产,符合标准化、系列化、通用化的要求,这是开发新产品的技术保证和有效措施。新产品开发过程中实行标准化、系列化、通用化,可以保证新产品的质量、使用效果和使用寿命,对合理简化产品品种、改进产品结构、减少工艺工装设计与制造工作量、缩短新产品生产周期和降低费用等具有重要意义。对于出口的新产品,不仅符合我国的质量标准,还必须与进口国的标准或国际标准相一致。开发出的新产品不能停留在样品、展品阶段,要能成批地生产出来,以满足社会需要。因此,在新产品开发时

要考虑到有利于制造,如新产品的工艺性要好;形状、精度规定得要合理,便于加工制造,提高效率;新产品制造工艺要便于采用先进的加工方法和生产组织管理形式等。同时,新产品要便于消费者和用户使用,如操作方便,安全可靠,易于维修保养等。

5. 要充分利用企业现有的条件和资源

新产品开发必须从生产企业自身的实际情况出发,尽可能地利用和发挥本企业的优势和特长,并要充分考虑到企业开发所选定新产品的能力及生产可能性,包括技术力量、生产设备、企业素质、管理水平等。在引进先进技术时,要根据本企业的实际情况,有目的、有选择地引进,要尽量引进专利技术、用国内的原材料和元器件自己制造,做到仿中有创,创中有仿,仿创结合,努力开发有特色的新产品,以保持企业强大的市场竞争力。

第二节 新产品开发程序

新产品开发是一项艰巨而且有风险的工作,因此,企业为了避免损失和走弯路,应当根据科学方法,按一定的步骤进行。一般说来,新产品开发的程序如下:

一、新产品开发的调查

有些企业在着手新产品开发时,首先组织人员进行调查,以便使企业对新产品开发的方向和要求,做到心中有数。调查的内容包括如下方面:

(1)市场需求的变化趋势和潜在的需求;
(2)生产技术的发展动向;
(3)竞争对手产品的特点;
(4)本企业产品的销售情况与用户意见等。

二、新产品的构思创意

创意是指对产品的一种新启示或新意向,构思是指据此所做的进一步设想或方案。创意与构思是新产品诞生的开始,因此,企业应从各个方面广泛收集各种构思,以免埋没或遗漏好的构思。

(一)构思创意的来源

(1)消费者。消费者需求是开发新产品的起点和归宿,企业应通过各种方式调查搜集消费者的愿望和要求。实践证明,来自用户的构思创意最有生命力,在此基础上发展起来的新产品成功率最高。

(2)科技情报。企业应掌握科学技术的新发明、新技术,引发创新构思。

(3)竞争产品。客观地分析竞争产品的成功和失败之处,从中找出新的突破点。

(4)企业的业务人员和经销商。他们最了解市场和消费者需求,对竞争的压力最敏感,是产生新产品构思的重要来源。

(二)构思创意的筛选

构思创意的筛选是指从征集到的许多个方案中选择出具备开发条件的构思创意,目的是既要剔除那些不可行的方案或设想,以减少不必要的时间浪费和费用开支,又必须保留那些有新意而又有开发条件的设想,以免使企业失去盈利的机会。因此,构思创意的筛选是新产品开发过程中的重要决策,企业领导者要亲自过问,慎重从事。

三、新产品概念的形成和检验

在新产品概念的形成和检验阶段,企业要把产品的构思创意变成一个具体的建议方案,进行生产可行性分析和接受市场检验。产品构思是企业从本身的角度对它可能向消费者提供的产品的设想;产品概念则是企业从消费者角度对这种设想的具体的形象的描述,即把新产品的构思具体化,用文字或图像描述出来。

当产品概念形成后,即可进行概念的检验。可将其拿到一般目标顾客中采用问卷方式进行测试,也可以邀请各类消费者组成小组讨论评价产品概念,根据他们反映的意见和提出的问题,与相似产品的属性比较。产品概念的检验,可以使企业根据消费者的反映,初步确定该产品是否有发展前途及进一步改进的方向。如果消费者反应不佳,就不宜继续进行该项新产品的开发。

四、新产品的经营分析

新产品的经营分析是指对已基本定型的新产品构思从财务上进行更加详细的分析,合理地估计新产品的收益情况。具体内容包括细分市场的研究、市场潜力的估计、销售预测、产品开发费用预算、价格水平估计、整个产品寿命周期内的盈利和投资报酬估计等。

估计时,应参考同类产品的销售历史,并调查用户意见,对销售额同时作最高销售额与最低销售额的两种估计,借以观察风险的大小。

必须注意的是,成本估计应由研究与开发、生产、销售和财务等部门联合进行。经过分析,如果符合企业的既定目标,有足够的盈利,即可正式进入新产品的具体开发阶段。此外,还应考虑到机会成本问题,即企业由于将资金用于该产品的开发,而不能用于其他投资所损失的利益。

五、新产品的研制

新产品经过经营分析如果判断是有前途的,那么就要将这个产品的构思转变成为可以进行生产的实际样品,包括设计、试制等过程。

1. 新产品设计

新产品设计又分为编制设计任务书、技术设计和工作图设计三个阶段。

2. 工艺准备工作

新产品设计的任务是生产什么样的产品,工艺准备的任务是如何制造产品。工艺准备是完成对产品设计图纸的工艺分析和审查,拟订工艺方案,制定工艺规程,设计、制造工艺装备,确定产品质量控制等。

3. 产品试制和鉴定

任何新产品和有重大改进的老产品,在产品设计、工艺准备完成后,必须经过一定形式的试制和鉴定，才允许正式投产。

六、新产品的市场试销

在包装、商标、制造与营销规划等工作都准备好以后，即可将试制成功的产品拿到所选定的市场进行试销，这是对产品进行的最有效、最可信赖的检验。

所谓试销，就是把产品和营销方案在更加符合实际的条件下推出，以便企业了解顾客对该产品在使用与重复购买上的实际反应，以及市场规模的大小。一般在试销过程中要掌握试用率、再购率、正式采用率和购买频率四个数据。同时，还应注意收集关于市场定位、销售渠道、广告宣传、价格、品牌、包装等方面的资料和数据，为商业性投产的成功奠定基础。

企业进行试销可以确保新产品大规模投资的安全，减少产品投放发生失败。但是试销也有缺点：一是试销并不能精确预测市场销售的成功。因为有些客观因素有时是难以预测的。二是试销的费用较高。三是试销容易泄露企业的新产品信息，为竞争者所利用。因此，并非所有的产品都要经过这个阶段。

七、新产品的商业性投产

经试销成功的新产品，即可大批投产上市。这时需要大量投资，用以支付设备、原材料、广告费、推销人员培训费等。新产品的商业性投产是新产品开发的最后一个阶段，这一阶段应当作出以下几项决策。

1. 投放时间

新产品要选择上市的最佳时机。如果是季节性较强的产品，最好是应季上市，以便立即引起消费者的兴趣；如果新产品直接起着代替原有产品的作用，则应适当推迟，待原有产品库存不多时再投放市场；如果新产品尚可进一步改进，应等改进后再上市，以保证扩大销路，提高信誉。

2. 投放地点

一般情况下，企业应当找出最有吸引力的市场集中投放，加强促销宣传及服务，在某一部分市场上占有一定的市场份额，取得立足点，再向其他地区扩张。

通常，小企业可选好一个中心城市推出新产品，迅速占领市场，站住脚后，再逐步发展到其他地区；大企业可先在一个地区推出，然后再逐步扩展，如有把握也可在全国甚至国际市场上同时推出。当然，企业在选择地点或地区时，还要考虑到竞争者的市场分布状况、运输条件及该市场对其他地区的影响等因素，最后作出抉择。

3. 目标顾客

推销新产品应当选择最有利的目标顾客，目的是利用这些顾客带动一般顾客，以最快的速度、最少的费用扩大市场占有率，提高产品的销售量。因此，目标顾客应具备以下条件：一是产品的早期使用者；二是产品的大量使用者；三是对产品有好评并且在社会上有影响力者（意见领袖）；四是用最少的促销费用可争取到的购买者。

4. 营销策略

企业应当设计最有利的营销策略把新产品打入市场。决定各营销组合要素的投资比例，安排各种营销活动的先后顺序,从而有计划地进行新产品销售活动。针对不同地区、不同市场和不同目标顾客,应有不同的营销策略,即要因地、因货、因客制宜。

以上是新产品开发的一般程序。在实际工作中,企业可以根据自身情况有所取舍。比如,许多企业省去了新产品开发调查、市场试销等步骤。

第三节　新产品开发策略

新产品开发策略主要是针对产品的生命周期,研究产品的不同发展阶段的新产品开发的规律,以指导新产品的开发。

一、产品寿命周期的概念及其划分的标准

由于科技进步和生活水平的不断提高,社会对产品的要求也日益提高。企业为了适应市场竞争的需要,必须不断开发新产品以取代那些衰退和即将衰退的产品,否则就不可能持久地立足于市场。因此,研究产品寿命周期问题,便成了一项事关企业生存和发展的重大策略问题。

(一)产品寿命周期及其各阶段的特点

产品寿命周期是指产品的经济寿命(不同于产品的自然寿命和使用寿命),也就是指产品从投入市场到退出市场所经历的时间。由于科技进步和市场竞争,产品寿命周期有日益缩短的趋势。产品寿命周期一般包括四个阶段,即投入期、成长期、成熟期和衰退期。产品寿命周期主要是根据产品的销售量(额)来衡量的。以时间为横坐标,销售量(额)为纵坐标,则产品寿命周期表现为一条S型曲线,如图7-1所示。

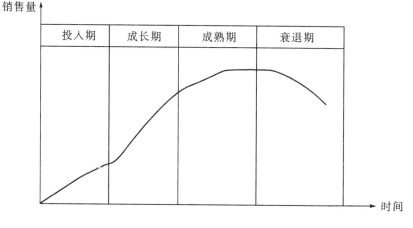

图7-1　产品寿命周期示意图

1. 投入期

投入期是指产品由试制转为小批生产,开始进入市场试销的阶段。在这个阶段,由于产品性能、质量不稳定,销售渠道不够畅通,消费者对产品不太了解,所以销售增长缓慢且不稳定,一般难以提供理想的利润,个别还可能产生亏损。所以,企业在此阶段的任务主要是发展和建

立市场对产品的需求,应集中力量提高质量,完善性能,扩大宣传,积极占领市场,使产品迅速进入成长期。

2. 成长期

成长期是指新产品开始被消费者接受,销售迅速增长的阶段。由于销售量的增加,单位产品成本下降,产品利润率升高。竞争者被日益增长的市场所吸引,竞争产品也将相继投入市场,销售量的增长将减慢。成长期是决定性阶段,企业务必采取措施,促使产品高速成长并进入成熟期。

3. 成熟期

成熟期是产品的主要销售阶段。这时产品已经享有声誉,占有一定市场,企业为开发新产品和推销所支付的投资已全部收回,利润达到最高点。但由于竞争加剧和新产品的出现,使产品的销售增长逐渐出现缓慢趋势。企业应采取措施,增加推销费用,以争取最后的购买者,使产品保持尽可能长的成熟期,延缓进入衰退期。

4. 衰退期

衰退期时产品逐渐老化,不能适应市场需要的发展,销售量锐减,直至为市场所淘汰,退出市场为止。在衰退期,有的产品可能多年维持在较低的销售水平上。这个阶段应当注意该收则收,及早作战略转移,把力量转移到创新和改进上,避免打得不偿失的消耗战,造成亏损。

(二)寿命周期各阶段的划分标准

产品寿命周期各阶段的判定,在理论上尚无一定的标准,无法进行准确的计算,基本上属于定性判断。在产品寿命周期变化过程中,判断产品处于哪一个阶段,通常采用以下四种方法。

1. 经验判断法

经验判断法是指依产品进入市场后销售量的变化来判断产品所处寿命周期的阶段。

2. 类比法

类比法是指与先于该产品进入市场的类似产品的市场销售情况进行比较,作出判断。例如,美国在彩色电视机进入市场后,参照黑白电视热寿命周期资料进行预测,事后证明二者寿命周期大致相同,因此,预测取得较好效果。

3. 社会普及程度判断法

社会普及程度判断法是指根据某一地区的社会普及程度判断该商品在这一地区市场上大致处于寿命周期的哪一个阶段。

4. 销售增长率判断法

销售增长率判断法是指以事先确定的阶段销售增长率为标准划分产品目前所处的阶段。其标准是投入期的销售增长率不稳定,成长期在 10% 以上,成熟期在 0.1~10%,衰退期为负数。

二、产品寿命周期与产品开发

产品寿命周期理论,对于企业整顿老产品和开发新产品,抓好产品的升级换代工作,具有重要的指导意义。

1. 产品开发的规律

当第一代产品处于投入期时:生产量小,成本高,销售量小。这一阶段广告宣传要短而强,要作有力度的广告宣传,旨在迅速进入市场。同时要广泛征求用户意见,搜集相关的产品市场信息,着手第二代产品的构思和研究。

当第一代产品进入成长期后:由于生产量、销售量的增长,带来了利润和竞争。在此阶段,不仅要提高产品质量,创名牌,更应投入相当的技术力量,对第二代产品进行设计性试制。

当第一代产品进入成熟期后:除了在提高产品和服务质量上下功夫以求较高的市场占有率、扩大销售量、延缓下降趋势外,对第二代产品应进行小批生产,并投入市场试销。当销售增长率递减的趋势较为明显之际,正是新产品投入市场的最佳时机。

当第一代产品处于衰退期时,第二代产品要扩大产量,进入成长期,适时接替第一代产品,使企业保持原有的销售旺势。

总之,在市场竞争日益加剧的今天,产品寿命周期也日趋缩短。企业应根据生产的产品及其复杂程度等特点,遵循"生产一代、试制一代、设计一代、构思一代"的规律,制定适应市场需要的产品开发规划,增强企业的市场竞争能力。

2. 产品改进与产品寿命的延长

总的来说,在产品的寿命周期内,企业通常应采取有效措施,力求缩短投入期,追求成长期更高的增长率,尽可能延长成熟期,着力推迟衰退期等,来给企业带来更多的经济效益。

而当企业的产品渐趋衰退的时候,还可以通过以下措施来延缓产品的衰退,如图7-2所示。

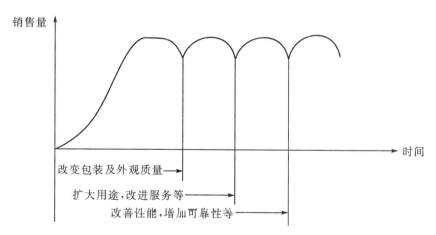

图7-2 产品寿命周期的延长

(1)通过改变包装及外观质量;
(2)通过扩大用途,改进服务,降低售价;
(3)通过改善性能,增加可靠性等方式,促使产品出现另一个销售高峰,即双周期、多周期,以延长成熟期,推迟衰退期,给企业创造尽可能多的经济效益。

第四节 新服务开发

一、新服务开发的概念

新服务开发(new service development, NSD),是指服务企业根据顾客和市场需求或在其他环境要素的推动下,通过可行的开发阶段向企业现有顾客或新顾客提供(包含从风格变化到全新服务产品等各种新颖服务)的正式或非正式的服务开发活动,它形成了现有服务或新服务的价值增值。新服务开发也被称为服务创新(service innovation)。

在市场经济条件下,服务作为一种商品进行生产和交换,变成一种独立的社会活力,并形成一种产业,为社会创造价值和财富。随着经济发展和科技进步,人们的物质和精神生活内容日益丰富,要求提供的服务内容越来越广,服务方式、方法和手段越来越多,服务质量的要求越来越高。因此在全球化和竞争日趋激烈的市场环境中,服务企业不能靠过去的成功来生存,而是要持续地开发新的创意和新的服务。

二、新服务开发的内容

新服务开发的内容主要包括服务概念开发、服务系统开发、服务过程开发三个部分。

1. 服务概念开发

服务概念是指如何理解顾客需求和如何通过相应形式的服务内容或"服务包"的设计来满足这些需求。

服务概念表明在顾客需求与服务提供之间达成一致非常重要。服务概念包含了顾客需求(主要需求和次要需求)和服务提供(核心服务和支持性服务)的内容,其中核心服务用来实现和满足顾客的主要需求,支持性服务用来实现和满足顾客的次要需求。因此,服务提供者必须对顾客需求进行全面分析,识别不同的层次需求,从而形成完整的服务概念。需要特别注意的是,顾客感知的服务质量不仅建立在核心服务的基础上,还建立在一系列相关的支持性服务基础之上。

进行服务概念开发时,不应只注重核心服务的开发,更要强化支持性服务的开发,并以此作为开展差别化竞争的主要手段。此外,在开发服务概念时,需要识别顾客的某些隐含需求,并通过刺激使其成为实际需求。

服务概念的开发是新服务开发获得成功的基础,同时又是难点。服务本身的无形特性决定了服务概念具有一定的模糊性,难以明确表达。因此,服务企业要尽量准确地表达服务概念的内涵,减少抽象性,使新服务开发具备坚实的基础。

2. 服务系统开发

服务系统是指实现服务概念开发或者实现新服务所要求的相关资源。服务系统包括很多子系统,这些子系统不仅单独发挥作用,而且和其他子系统整合在一起发挥作用。服务系统的资源包括服务企业的员工、顾客、物质技术环境、组织和控制。顾客作为共同的服务生产者,也是服务系统的重要构成部分。

服务系统必须按照服务概念进行设计。服务系统开发的核心活动主要有以下三方面:

(1)在服务概念基础上对顾客各个层次的需求进行说明;
(2)对现有服务系统进行详尽的评估,识别需要改进、补充或增加的资源;
(3)对新服务系统的设计进行全面、详细的描述。

服务系统的开发不是其中某一要素的开发,而是多个要素及其相互关系的开发,它是一个综合的、相互关联的系统开发过程。

3. **服务过程开发**

服务过程是指特定服务产品如何被生产和消费的整个过程。与有形产品不同,服务的生产和消费是同时发生并同步进行的,服务产品主要表现为一个过程而不是一件物体。新服务的生产和消费及其过程开发都包含着服务提供者与顾客的一系列相关活动,人们把它们形象地称为"活动链"。新服务的过程开发需要对这些相关开发活动作出详细说明。因此,企业不能完全和直接地控制所有开发过程。此外应该注意,服务过程开发中存在一些难以控制的关键子过程,如服务企业内部各部门之间的界面协调、企业与第一线服务员工和顾客的界面关系等。对这些子过程的有效控制和管理是服务过程开发顺利进行的保证,也是确保新服务开发最终成功的关键所在。

三、新服务开发的原则

服务本身的特性,如无形性、异质性、生产与消费同步性等,决定了新服务开发遵循的原则有其特殊性,具体如下:

(1)新服务开发必须充分理解服务的独特属性,在设计新服务项目和新服务提供方式之前,必须认识到顾客购买的新服务实质是购买一种新体验。

(2)新服务开发的对象是一个无形过程,事先必须对其特征进行准确描述,否则不能确保开发的最终结果是否符合最初的设计意图。

(3)新服务的开发要建立在对顾客感知、市场需求和可行性分析的综合评价的客观基础上,不能以企业自身的主观看法为出发点。

(4)新服务开发应全方位地建立起针对新服务项目的操作规范、质量标准、设施标准、卫生标准等,使之成为保证新服务质量的依据,成为新服务品牌文化的重要组成部分。

四、新服务开发的过程

(一)新服务开发的过程模型

图7-3是一个较为全面的新服务开发的过程模型,从最初的服务目标和环境分析,到服务概念产生,再到中间的服务设计与试验,直至最终投放市场和评价,基本包含了新服务开发的各项内容和步骤。可以看出,新服务开发的过程与制造业的新产品开发过程类似,但服务本身的特性决定了在具体开发过程中,这些原则和步骤具有相当独特与复杂的内容,因此与制造业的新产品开发有着较大区别。

新服务开发的过程包含很多步骤,一般适用于任何一种新服务开发的类型,无论是全新服务产品的开发,还是现有服务的延伸,或只是服务风格的转变,都可以根据有关步骤实施开发。但各个企业情况不同,在开发时不应僵化地执行所有步骤,而要根据实际情况灵活掌握,可以跳过某些步骤,或者几个步骤同时进行,新服务的开发过程具有较强的灵活性。

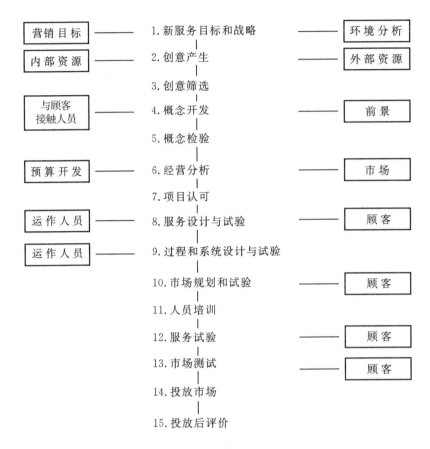

图7-3 新服务开发的过程模型

(二)新服务开发的程序

1. 制定新服务目标和战略

制定新服务目标和战略是服务设计开发过程的第一步,如果没有明确新服务战略,没有建立明确的服务目标,服务战略就会失去作用。新服务的类型依赖于服务的目标、规划、发展计划等,通过制定服务目标和战略,企业就能根据特定市场或细分市场的需求特点,以顾客需求为导向来设计开发相应的新服务,在价值提供和成本控制之间寻求平衡点。

2. 创意产生

通过对服务渠道信息的收集,寻求新服务的建议和意见以激发产生新服务的创意。通过对顾客、服务人员、竞争对手、供应商等方面的观察、调研,为企业的服务提供有创意的思想。更为重要的是,建立起一套能够保证新服务创意产生的机制来为企业的新服务开发服务。

3. 创意筛选

同新产品的构思筛选一样,在所收集到的创意中,并不是每一个创意都是可行的,所以需要进行筛选,选择能够在市场上获得成功的新服务创意。其主要工作是关注所选择创意的可行性和潜在收益性。

4. 概念开发

经过筛选后的创意进一步发展成为服务概念，服务概念是服务为顾客创造的利益、解决问题的方案以及所提供的价值。如果某种创意既符合服务业务又符合新服务战略，就可以进行服务概念开发。通过确定服务概念，在所有的服务利益相关体之间达成一致。

5. 概念检验

检验服务概念的目的在于确定目标顾客是否会对企业所采用的服务概念认可，对那些不能引起关注的服务概念进行删除。通过评估服务概念是否符合需求，顾客是否认同及该项服务提供的利益和需求的符合程度的比较，将企业有限的资源集中于可能获得顾客认可的服务概念开发中去。

6. 经营分析

如果服务概念已经获得顾客的认可评价，随后就需要确定其可行性和潜在的利润。这一阶段主要包括市场评估、需求分析、收入计划、成本分析和操作可行性分析。在进行回报率和可行性分析进行筛选后如果得到正向的结果，那么这项服务就值得进行下一步。

7. 项目认可

经过经营分析和利润预测的结果如果和管理层的预测相吻合，那么这个服务开发项目就会得到认可，认可也不仅仅是管理层的认可，如果能够得到全体员工认可，才能真正地获得全员参与。设计开发所需的资源也会源源不断地流入到新的服务设计部门中。

8. 服务设计与试验

在服务设计中要对所进行设计的服务项目进行详尽的描述，特别是描述此项服务和其他服务之间存在的差异性特征。在这个阶段，与新服务相关的所有人员都应该通力合作，使新服务具体化、细节化。在设计的过程中要不断地进行试验，将试验后的信息及时进行反馈、评估，并且不断地融入设计开发。

9. 过程和系统开发和试验

大多数新服务都是在服务流程中创造出来的，在这一阶段里应该将方法和概念融合起来创造出更好的服务质量和价值。除此之外，在系统开发中还应注意到服务的一些特性可能对操作流程的影响，如顾客参与新服务的程度、专门化的程度、新服务的感知程度、预期需求等方面。在一些情况下会引入服务蓝图来加以辅助完成开发工作。

10. 市场规划和试验

在设计开发出符合需求的新服务后，最重要的一点就是要确定一个市场营销规划方案，和潜在的顾客一起进行设计、开发、测试活动，对这个新服务项目进行推广、传递、销售，以确保能能够获得市场的认可。

11. 人员培训

设计出优秀的服务后，还需要选择合适的服务人员。任何新服务都是在原有服务基础上的创新，因此在很多方面会与以前所提供的服务不同，这就需要对服务人员进行专业培训，使他们了解整个服务系统。这样才能在服务投向市场后，迅速高效地向顾客提供新服务，且保证新服务的质量水平。服务的人员培训一般和新服务开发同时进行。

12. 服务试验

服务试验是一种实地测试,在选定的有限的时间和空间范围内进行,测试中的服务、人员、顾客、场地都是真实的。服务试验的主要目的是为了根据第一手资料确定顾客对新服务的认可度。同时,如果在试验中出现问题,可以及时地进行纠正和调整,为即将到来的正式上市打好基础。

13. 市场测试

同有形产品的市场试销相似,市场测试是为了检验新服务项目的可行性,只是其测试的范围更广一些。市场测试的另一个目的就是测试市场营销方案的有效性。在新服务开发的这个阶段,可以测试服务是否如计划那样正常运行,服务系统的每一个环节是否能够平稳、有效地进行运转。市场测试的主要方法是通过在不同的条件下进行营销组合来测试新服务的效果,也可以在现实的条件下,向顾客提供假设的营销组合,收集其对新服务的信息反馈,进而对营销方案加以调整和完善。

14. 投放市场

新服务项目经过测试且调整后就可以正式投放市场。这个阶段有两个基本目标:一是使人数广泛的服务人员认可新服务项目,从而可以自觉地提供预期的高质量服务;二是让这种新服务获得顾客的认可,尤其是那些习惯于传统服务的顾客,让他们知道新服务可能带来更大的价值。

15. 投放后评价

投放后评价阶段主要是评价目标实现的程度,对服务引入期的全过程进行监测。通过进行定期的回顾、信息收集、评估等操作活动,来确定新服务是否获得预计的效果,并决定是否进一步进行调整和修改,以适应不断变化的环境和不确定因素的影响,持续地改进服务。

本章小结

商品开发包括新产品开发和新服务开发。本章介绍了新产品的概念、种类和新产品开发的概念、原则、程序,同时也尝试探讨新服务开发的概念、内容、原则,为确保新产品和新服务开发成功,不同的企业必须依据自身资源条件和本国国情,结合目标市场与竞争程度,正确地选择合理的开发战略和开发方式。新产品开发程序包括制定新服务目标和战略、创意产生、创意筛选、概念开发、概念检验、经营分析、项目认可、服务设计与试验、过程和系统开发和试验、市场规划和试验、人员培训、服务试验、市场测试、投放市场和投放后评价等环节。

案例讨论

娃哈哈营养快线

娃哈哈营养快线,是娃哈哈集团根据中国人独特膳食结构和营养状况,精心研制而成的一种全新的饮品,于2007年正式上市,2008年又有新口味的营养快线产品推出。纯正果汁与香浓牛奶的完美结合,让营养快线不但拥有来自牛奶的丰富营养和钙质,而且还有来自果汁的丰富维生素。饮品含有人体所需的维生素 A、D、B_3、B_5、B_{12}、钾、钙、钠、镁等15种营养元素,加上时尚出跳的包装,清新滑爽的口感,丰富全面的营养,契合了都市人的现代生活节奏,一上市就赢得了众多消费者的喜爱,成为营养早餐、课间小憩、工作闲暇、聚会旅游的理想选择。

当时,中国饮料市场竞争异常激烈。首先,可口可乐和百事可乐两大巨头为了弥补美国本土市场业绩的滑落均加强了对中国市场的攻势。在如此白热化的市场竞争中,娃哈哈很难通过在传统的碳酸、果汁以及茶饮料等正面市场展开强硬攻势。实力雄厚的对手的强力挤压也促使娃哈哈不得不另辟蹊径,试图凭借差异化的产品创新在市场缝隙中进一步扩大自己的属地。从营养快线的最初创意生成来看,其是由消费者尚未被满足的需求所驱动的,同时竞争对手的盲区也为产品开发人员进一步完善产品创意指明了方向。

讨论题:结合本章内容,分析娃哈哈营养快线的新产品开发活动。

复习思考题

1. 什么是新产品?新产品是如何分类的。
2. 新产品开发应遵循什么原则?
3. 以某一具体产品(或服务)为例,简述新产品开发(或新服务开发)的程序。
4. 收集国内外名牌企业在新产品开发中的案例,你从中得到哪些启发?
5. 收集新服务开发的成功或失败的案例,试运用所学知识分析其原因。

第八章 企业人力资源管理

本章要点

＊人力资源的概念
＊人力资源管理的概念及内容
＊人力资源考核的作用
＊薪酬设计的基本流程

案例导入

松下幸之助的用人之道

松下电器公司把"集中智慧的全员经营"作为公司的经营方针。公司根据长期人才培养计划,开设各种综合性的系统的人才培养机构。

1. 松下的人才观

他经营思想的精华——人才思想奠定了他事业成功的基础。松下先生说:"事业的成败取决于人""没有人就没有企业""松下电器公司是制造人才的地方,兼而制造电气器具。"松下的心愿是这样的:事业是人为的,而人才则可遇而不可求,培养人才就是当务之急。"别家公司输给松下电器公司,是输在人才运用。"

人才的标准:不念初衷而虚心好学的人,不墨守成规而常有新观念的人,爱护公司和公司成为一体的人,不自私而能为团体着想的人,有自主经营能力的人,随时随地都有热忱的人,能得体支持上司的人,能忠于职守的人,有气慨担当公司重任的人。

2. 松下的选才观

人才可遇不可求,人才的鉴别,不能单凭外表,人才效应不能急功近利,不能操之过急。

吸收人们来求职的手段,不是靠高薪,而是靠企业所树立的经营形象。

争取人才最好不要去挖墙脚。人员的雇用,以适用公司的程度为好,程度过高不见得合用。只要人品好、肯苦干,技术和经验是可以学到,即所谓劳动成果＝能力×热忱(干劲)。

3. 松下的人才培训观

松下的职工教育是从加入公司开始抓起的。凡新招收的职工,都要进行八个月的实习培训,才能分配到工作岗位上。

(1)注重人格的培养。松下认为,造成社会混乱的原因,可能在于忽略了身为社会人所应有的人格锻炼。缺乏应有的人格锻炼,就会在商业道义上,产生不良的影响。

(2)要培养员工的专业知识和正确的价值判断。如果员工没有足够的专业知识,就不能满足工作上的需要;如果员工没有正确的判断事物的价值,也等于乌合之众,无法促进公司以至社会的繁荣。

(3) 培养员工的竞争意识。松下认为,无论政治或商业,都因比较而产生督促自己的力量,一定要有竞争意识,才能彻底地发挥潜力。

(4) 人才要配合恰当。一加一等于二,这是人人都知道的算术,可是用在人与人的组合调配上,如果编组恰当,一加一可能会等于三、等于四,甚至等于五,万一调配不当,一加一可能会等于零,更可能是个负数。所以,经营用人,不仅是考虑他的才智和能力,更要注意人事上的编组和调配。

(5) 任用就得信任。松下说:用他,就要信任他;不信任他,就不要用他,这样才能让下属全力以赴。

(6) 任用强过自己的人。松下主张任用强过自己的人,认为员工某方面的能力强过自己,领导者才能有成功的希望。

此外,松下还注重员工的精神教育,训练员工的细心,重视知识与人才相结合,重视员工的升迁,创造能让员工发挥所长的环境。

4. 激励职工

(1) 在精神方面:提倡"全员经营"。"如果职工无拘无束地向科长提出各种建议,那就等于科长完成了自己工作的一半,或者是一大半,反之,如果造成唯命是从的局面,那只有使公司走向衰败的道路。"职工提出的合理化建议,按成效分成9等,有的表扬,有的奖励,贡献大的给予重奖。

(2) 在物质方面:推行周休二日制,采用按照工作能力确定报酬的新工资制度,不断提高职工的工资收入,规定"35岁能够有自己的房子";赠给职工的私人财产1亿日元为基金的"松下董事长颂德福会",实行"遗族育英制度";等等。

问题:

1. 分析松下公司人力资源管理的特点。
2. 你认为松下公司在人力资源管理方面有哪些值得学习、借鉴的地方?
3. 你对"松下电器公司是制造人才的地方,兼而制造电气器具"是怎样理解的?

第一节 企业人力资源管理概述

一、人力资源及其特点

(一) 人力资源概念

人力资源是与自然资源或物质资源相对应的概念,与人口资源、劳动力资源和人才资源相关的概念。

人口资源是指在一定时期内一个国家或地区的人口总体。人口资源主要表明的是数量概念,劳动力资源、人力资源、人才资源都以其为基础。

劳动力资源是指在一定时期内一个国家或地区有劳动能力并在劳动年龄范围内(16~60岁)的人口的总和,侧重于劳动者数量。

人力资源指在一定时期内一个国家或地区具有或将具有为社会创造物质和文化财富的、从事体力劳动和智力劳动的人们的总称。人力资源有广义和狭义之分:广义的人力资源是指以人的生命为载体的社会资源,凡是智力正常的人都是人力资源;狭义的人力资源则是有智力和体力劳动能力的人的总称,包括数量和质量两个指标,也可以理解成为社会创造物质文化财富的人。

人才资源指一个国家或地区具有较强的管理能力、研究能力、创造能力和专门技术能力的人的总称,是在一定时期内杰出的、优秀的人力资源,着重强调人力资源的质量。它反映了一个民族的素质和发展潜力,是人力资源中最为宝贵和精华的部分,是企业中优秀的生产、管理、服务人员的总和,即企业精英或者说企业骨干与核心员工。

人口资源、人力资源、劳动力资源和人才资源之间的关系如图8-1所示。

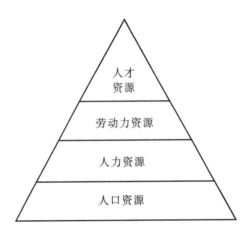

图 8-1 人口资源、人力资源、劳动力资源和
人才资源之间的关系

我国人口资源、人力资源、劳动力资源丰富,但是人才资源却相当贫乏。这是我国长期以来只重视人力资源的利用,忽视人力资源开发所造成的恶果。因此,我国必须重视教育和人力资源开发,不断地提高人力资源的质量。

(二)人力资源特征

人力资源是第一资源,与企业拥有的其他资源相比,人力资源具有以下特征。

1. **生物性**

人力资源属于人类自身所有并存在于人体中的一种有生命的"活"的资源,与人的自然生理特征相联系,具有生物性。

2. **主观能动性**

人力资源可以有意识、有目的地进行活动,能对自身的行为作出抉择,并根据环境变化进行主动调节。只有人力资源才能调动、控制和加工其他资源,才能创造出价值。人的主观能动性及潜能的调动情况体现着人力资源开发的程度。

3. **时效性**

人力资源的形成、配置、开发及其使用都受到时间的限制,具有时效性。从当代医学、生物学角度看,人的劳动能力及能被开发利用的时间都被限制在生命周期的中间一段。而在这一段中,又视人才的类别、层次的不同,具有其才能发挥的最佳期、最佳年龄段及最佳时段。这意味着人力资源管理必须适时开发,及时利用,应讲究时效性。

4. 连续性

一般的物质资源只有一次开发或二次开发,且形成产品后不存在继续开发问题。人力资源则不同,可通过继续教育和终身学习进行再次开发,具有连续性。因此,人力资源的培训与开发已经成为现代企业人力资源管理的重要内容。

5. 再生性

人力资源是可再生资源,通过人口总体内个体的替换、更新和劳动力的消耗—生产—再消耗—再生产的过程实现其再生。人力资源的再生性,除受生物规律支配外,还受到人类自身意识、意志的支配和人类文明发展活动的影响和新技术革命的冲击。

6. 资本性

人力资源是资本性资源,可以投资并得到回报。与物质资本不同,人力资本是一种活的资本,是劳动者能力和价值的资本化,可以能动地进行自我投资、自我择业和自我创业,可以自我增值、自我利用。

7. 社会性

从宏观上看,人力资源总是与一定的社会环境相联系,它的形成、开发、配置和使用都是一种社会活动。从本质上讲,人力资源是一种社会资源,应当归整个社会所有,而不应仅仅归属于某一个具体的经济单位。

二、人力资源管理的含义及内容

(一)人力资源管理的含义

人力资源管理就是企业通过工作分析、人力资源规划、员工招聘选拔、绩效考评、薪酬管理、员工激励、人才培训和开发等一系列手段来提高劳动生产率,最终达到企业发展目标的一种管理行为。人力资源管理的最终目标是促进企业目标的实现。

(二)人力资源管理的内容

1. 工作分析

工作分析是指对企业各个工作职位的性质、结构、责任、流程,以及胜任该职位工作人员的素质、知识、技能等,在调查分析所获取相关信息的基础上,编写出职务说明书和岗位规范等人事管理文件。

2. 人力资源规划

人力资源规划也叫人力资源计划,是指为实施企业的发展战略,完成企业的生产经营目标,根据企业内外环境和条件的变化,通过对企业未来的人力资源的需要和供给状况的分析及估计,运用科学的方法进行组织设计,对人力资源的获取、配置、使用、保护等各个环节进行职能性策划,制定企业人力资源供需平衡计划,以确保组织在需要的时间和需要的岗位上,获得各种必需的人力资源,保证事(岗位)得其人、人尽其才,从而实现人力资源与其他资源的合理配置,有效地激励、开发员工。

3. 员工招聘与录用

员工招聘与录用是指根据人力资源规划和工作分析的要求,为企业招聘、选拔所需要人力资源并录用安排到相应岗位上。

4. 绩效管理

所谓绩效管理,是指各级管理者和员工为了达到组织目标,共同参与的绩效计划制定、绩效辅导沟通、绩效考核评价、绩效结果应用、绩效目标提升的持续循环过程。绩效管理的目的是持续提升个人、部门和组织的绩效。

5. 薪酬管理

薪酬管理包括对基本薪酬、绩效薪酬、奖金、津贴以及福利等薪酬结构的设计与管理,以激励员工更加努力地为企业工作。

6. 培训与开发

培训与开发是指通过培训提高员工个人、群体和整个企业的知识、能力、工作态度和工作绩效,进一步开发员工的智力潜能,以增强人力资源的贡献率。

7. 职业生涯规划

职业生涯规划是指鼓励和关心员工的个人发展,帮助员工制定个人发展规划,以进一步激发员工的积极性、创造性。

8. 劳动关系管理

劳动关系管理是指协调和改善企业与员工之间的劳动关系,进行企业文化建设,营造和谐的劳动关系和良好的工作氛围,保障企业经营活动的正常开展。

三、人力资源的管理类型

(一)控制型参与管理

控制型参与管理适合于刚开始导入参与管理模式时使用。严格地讲,它不属于真正意义上的参与管理,只是从传统管理向现代管理的一种过渡。控制型参与管理强调控制,在传统的自上而下管理模式之下,引入自下而上的管理反馈机制,让员工的建议和意见有一个正式的反馈渠道,渠道的建设和管理仍然由管理人员负责。这个阶段对于知识层次较低的工人管理可能会持续相当长的异端时间。

(二)授权型参与管理

在授权型参与管理中,员工已经被赋予少量的决策权,能够较灵活地处理本职工作以内的一些事务。对于知识型员工的管理,在一开始,就可以从这个阶段入手。授权型参与管理的重要意义在于,它让员工养成了自主决策,并对决策负责的习惯。由于经验和能力的问题,员工常常会有一些决策失误,所以还需要管理人员进行管理。在这个阶段,要允许员工犯错误,当然不能连续犯同类的错误,管理人员的管理职能也逐渐转化为指导职能。

(三)自主型参与管理

授权型参与管理使员工自我决策和自我管理能力有了很大的提高,就可以进入自主型参与管理阶段。在这个阶段,员工有更大的决策权限,当然也要为决策的失误负更大的责任。员工在工作过程中,对信息的获取量越来越大,员工之间的沟通和讨论越来越频繁。企业对每位员工实行目标管理,由员工自主决策工作的过程,但要保证达到企业要求的工作结果。企业管理人员的管理职能,从指导职能逐渐转化为协调职能。

(四)团队型参与管理

团队型参与管理已打破了传统的行政组织结构体系,根据企业发展需要临时组建或撤销职能团队。每个职能团队有明确的工作目标,团队中的成员可以自由组合,也可以由企业决策层指定。由于部门的撤销,大量的管理人员将加入团队,丧失了管理职能。在团队中,由团队成员自主选择团队协调人。团队协调人不是团队的领导,他没有给其他成员安排工作的权力,他只在团队内部或与外界沟通发生冲突时起到调解人的作用。团队协调人没有企业的正式任命,只是一个民间职务,他可以根据团队的需要随时选举和撤销。团队协调人也有自己的工作,与团队其他人员同等待遇。由企业指定团队工作目标,由团队成员讨论达成工作目标的方式,然后各自分工相互协作完成工作。

第二节 人力资源引进

一、人力资源引进的目标与原则

(一)人力资源引进的必要性

人力资源引进就是企业采取一些科学的方法寻找、吸引应聘者,并从中选出企业需要的人员予以录用的过程。它包括征召、筛选和录用三个阶段。

人力资源引进主要在以下几种情况下提出:①新组建一个企业;②原有企业由于业务发展而人手不够;③员工队伍结构不合理,在裁减多余人员的同时,需要及时补充短缺专业人才;④企业内部由于原有员工的调任、离职、退休或死伤出现职位空缺。总之,人力资源部门需要不断吸收新生力量,为组织不断适应市场和发展需要,提供可靠的人力保障。

(二)人力资源引进的目标

企业在决定要引进新的人力资源时,就应当确定引进的目标,如需要引进几位新人、要引进什么样的人才等。这里仅简要介绍人力资源引进的普遍目标。

1. 获得企业需要的人才

新补充进来的员工就像制造产品的原材料,他们的素质高低对企业今后的生产经营活动会有很大的影响。如果不能招聘到合适的员工,企业在时间和资金等方面的投入都会有很大的浪费,并且可能影响企业员工的士气。因而,以获得企业需要的人员为招聘目标,有利于保证企业人员的素质,提高人员的使用效率。

2. 减少不必要的人员流失

企业不仅要招聘到人,更要留住人。能否留住有用的员工,招聘工作的好坏是一个重要的因素。应该肯定的是,那些认可公司的价值观,在企业中能找到适合自己兴趣、发挥自己能力的岗位的人,在短期内离开公司的可能性比较小。而这就有赖于招聘过程中双方信息的有效传递和企业对应聘者的准确评价。

3. 树立企业形象

招聘过程是企业代表与应聘者直接接触的过程。负责招聘的人员的工作能力、招聘过程中对企业的介绍、面试的程序以及招聘或拒绝什么样的人等都会成为应聘者评价企业的依据。招聘过程既可能帮助企业树立良好的形象、吸引更多的应聘者,也可能损害企业形象,使应聘者失望。

(三)人力资源引进的原则

人力资源部门在引进人才时,只有遵循一定的原则,才能实现既定的引进目标。在引进人才的过程中,需遵循的原则有以下几点:

1. 公开招聘原则

公开招聘原则指招聘信息、招聘方法应公之于众。这样做不仅可以将录用工作置于公开监督之下,以防不正之风,还可以吸引大批的应聘者,从而有利于企业找到合适的人才。

2. 平等竞争原则

平等竞争原则指对所有应聘者应一视同仁,不得人为地制造各种不平等的限制。要通过考核、竞争选拔人才,"赛马不相马"。以严格的标准、科学的方法对候选人进行测评,根据测评的结果确定人选,来创造一个公平竞争的环境。这样既可以选出真正优秀的人,又可激励其他员工积极向上,减少"相马"的主观片面性。

3. 效率优先原则

效率优先原则即以尽可能少的招聘成本录用到合适的人员。选择最适合的招聘渠道、考核手段,在保证任职人员质量的基础上节约招聘费用,避免长期职位空缺造成的损失。

4. 双向选择原则

双向选择原则是指企业根据职位说明书的要求自主地选择需要的员工,同时劳动者也可以根据自己的条件自主地选择职业。在招聘过程中,招聘者不能以主观意志为转移,只一味地去选择,更要考虑所需人员的需求,创造吸引他们的条件,使他们愿意为企业工作。

二、人力资源引进的方法

(一)人力资源引进的程序

确定招聘结果有一个科学的过程,只有按照一定的程序来进行招聘,才可能招到合适的人选,才能实现组织目标。员工招聘的基本程序包括:招聘决策、发布招聘信息、招聘测试、确定录用结果。只有重要岗位才需要经过以上四大步骤,非重要岗位不需要经过以上步骤也可以完成招聘计划。

1. 招聘决策

招聘决策是指组织中的最高决策层关于如何填补空缺岗位的决定过程。

在作招聘决策时需遵循以下步骤:①由用人部门提出申请。需要增加人员的部门负责人向人力资源开发管理部提出需要人员的人数、岗位、要求,并解释理由。②人力资源开发管理部复核。人力资源开发管理部到用人部门去复核申请,是否一定要这么多人员,减少一些人是否可以,并写出复核意见。③最高管理层做出决定。根据组织的不同情况,可以由总经理工作会议决定,也可以在部门经理工作会议上决定。决定应该在充分考虑申请和复核意见的基础上产生。

招聘决策的主要内容包括以下几点:①什么岗位需要招聘?招聘多少人员?每个岗位的具体要求是什么?②何时发布招聘信息?运用什么渠道发布招聘信息?③委托哪个部门进行招聘测试?④招聘预算是多少?⑤何时结束招聘?⑥新进员工何时到位?

2. **发布招聘信息**

一旦决定招聘后,就应发布招聘信息。发布招聘信息就是向可能应聘的人群传递组织将要招聘的信息。这一环节是一项十分重要的工作,直接关系到招聘的质量。发布招聘信息时应遵守面广原则、及时原则和层次原则。

发布招聘信息的渠道有报纸、杂志、电视、电台、布告和新闻发布会等。此外,还有随意传播的发布形式,是指有关部门或有关人员用口头的、非正式的方式进行发布招聘信息。其主要优点是:费用最低,几乎不用什么费用,可以进行双向交流,速度较快;其缺点则在于:覆盖面窄,一般在劳动力市场明显供大于求、招聘层次不是很高时选用这种类型。

3. **招聘测试**

招聘测试是指在招聘过程中,运用各种科学方法和经验方法对应聘者加以客观鉴定的各种方法的总称。人与人之间是存在差异的,这种差异可以通过各种方法加以鉴定,这为招聘测试奠定了基础。

招聘测试有很多种,比较常用的有四种:①心理测试,是指通过一系列的心理方法来测试应聘者的智力水平和个性方面差异的一种科学方法;②知识考试,是指主要通过书面测试的形式,了解应聘者的知识广度、知识深度和知识结构的一种方法;③情景模拟,是指根据应聘者可能担任的职务,编制一套与该职务实际情况相似的测试项目,将应聘者安排在模拟的、逼真的工作环境中,要求应聘者处理遇到的各种实际问题,用多种方法来测试其心理素质、潜在能力的一系列方法;④面试,是指一类要求应聘者用口头语言来回答面试者的提问,以便了解应聘者心理素质和潜在能力的测试方法。

4. **确定录用结果**

确定录用结果是招聘中的最后一环,也是最重要的一环。如果前三个步骤都做得很好,但是最终录用的决策错了,组织仍然招不到理想的员工。

(二)人力资源引进的方法

人力资源引进在进行证明材料以及履历资料审查与筛选后,要进行招聘测试,最后要确定招聘结果。目前常用的人力资源引进方法有以下几种类型:

1. **内部招聘**

内部招聘是指由内部晋升而实现人力资源补充的招聘形式。这种形式的优点是:内部招聘可以使组织得到自己很熟悉的员工,不必再花费很多力气去认识和了解新员工;此外,这些应聘者对组织的状况及空缺职位的性质都比较了解,同时也省去了很多适应岗位的麻烦。因此,内部招聘成为一种既经济又快速的人力资源引进方式。

2. **外部招聘**

外部招聘是指面向组织外部征集应聘者以获取人力资源的过程。外部招聘是相对于内部招聘而言的,其原因在于:首先,对于某些初等职位以及一些特定的高层职位来说,组织内部没有合适的人选;其次,外部招聘可以为组织带来新的思维模式和新的理念,有利于组织创新,如果仅仅采用内部招聘,久而久之会出现思维僵化、近亲繁殖等弊端,组织很难适应创新的市场要求。

3. 职业中介机构招聘

职业中介机构招聘是指委托专门从事职业介绍和协调的专业机构进行人员招聘。目前,这种中介机构分为以下两种:

(1)带有官方性质的公共就业服务机构,也称为"人才交流中心"。人才交流中心是由政府承办的,主要以促成失业、下岗人员再就业为目的的服务性机构。

(2)私营的职业中介机构,也称"猎头"。现在,由于大学生就业也需扩大渠道,因此,人才市场的来源越来越丰富。随着市场经济的发展,合理的人才流动越来越成为经济发展的重要特征和重要组成部分,"猎头"就在这样的背景下应运而生了。和人才交流中心不同的是,它是收取中介费的,它主要为在职的人员甚至是高层次的人才流动提供优质服务。

4. 网上招聘

网上招聘就是企业通过公司自己的网站、第三方招聘网等机构,发布招聘信息来完成招聘的过程。随着互联网的迅猛发展,网上招聘在近几年发展很快,在有些企业,它甚至已经取代了传统的招聘形式,一跃成为企业的主要招聘形式。企业可以在网上公布招聘信息,并在线浏览求职者的信息。目前在国内从事网络招聘的专业网站有千余家,有自动搜索功能,提供优质服务,拥有良好的信誉。

第三节 人力资源培养

一、人力资源培养概述

人力资源培养指的是员工培训与开发,是人力资源管理的重要组成部分,是提高组织运转绩效、使组织获取和增强竞争优势、维持组织有效运转的重要手段。在一般意义上,所谓人力资源培养是指组织根据发展和业务需要,通过学习、训练等手段进行的旨在改变员工的价值观、工作态度和工作行为,提高员工的工作能力、知识水平、业务技能并最终改善和提高组织绩效等的有计划、有组织的培养和训练活动或过程。美国学者 L.S. 克雷曼认为,培训与开发是"教会工人们怎样去有效地完成其目前或未来工作的有计划的学习经历","培训与开发的实践旨在通过提高雇员们的知识和技能去改进组织的绩效"。

人力资源培养包括培训和开发两方面内容。实际上,培训与开发在内涵上略有区别,各有所侧重。一般认为,培训是为了提高员工的理论素养、知识水平和业务操作技能,或改变员工的价值观、工作态度和工作行为,使他们在现在或未来的工作岗位上的工作表现达到组织的要求而进行的各种形式的教育与训练活动。培训主要集中于现在的工作,侧重于提高员工当前的工作绩效;而开发是指为员工未来发展或为员工准备将来的工作而对员工开展的教育、工作实践等以提高员工的综合素质和各种潜能的培养、测评等活动。

二、人力资源培养的意义

从根本上说,人是生产力诸要素中最活跃、最重要的因素。一个组织大到国家,小到各企业事业单位,其命运如何归根结底取决于人员素质的高低。"市场竞争的实质在于人才的竞争"这一命题已广为人们所接受。因此,加强人力资源培养具有十分重要的意义。近年来,世界著名跨国公司都非常重视人力资源培养的工作。如在20世纪90年代,美国摩托罗拉公司每年在人力资源培养上的花费达到1.2亿美元,这一数额占工资总额的3.6%,每位员工参加培训的时间平均为36小时。美国《财富》杂志曾经把摩托罗拉公司称为公司培训的"金本位"。有资料显示,美国100名员工以上的组织在1992年的培训开支为450亿美元,比1988年增长12%。美国联邦快递公司每年花费2.25亿美元用于员工培训,这一费用占公司总开支的3%。同时该公司创建了一种根据知识对员工付酬的报酬系统,每两年对员工的工作进行一次测试,并把测试的结果与报酬的增减幅度联系起来。20世纪末和21世纪初,伴随世界经济的全球化、信息化、知识化和网络化时代的到来,以及与此相适应的市场竞争范围的日益扩大和程度的日益加深,人力资源培养更是受到企业的广泛重视,并被普遍视为获取竞争优势的工具。具体地说,人力资源培养的重要意义体现在以下几个方面:

(一)人力资源培养是提高员工素质和职业能力的重要手段

员工作为企业人力资源的载体是组织资源中弹性最大的因素,是企业生存与发展的根本。如果员工普遍具有较高的素质和极强的职业能力,那么就将成为组织的宝贵财富;反之,如果员工素质低下,跟不上时代发展的要求和职业需要,那么他就将成为无用资源,甚至成为组织的负担。通过员工的选拔、录用等方式固然可以为企业招聘到素质较高和职业能力较强的员工,但现代社会发展的一个重要趋势就是新技术、新知识、新工艺、新产品层出不穷,特别是知识、技术的更新速度在近年明显加快,加之市场需求变化多端,市场竞争日趋激烈,这些都对员工素质和职业能力提出了更高的要求。而人力资源培养则是企业解决这一问题的有效途径。

(二)人力资源培养是组织获取竞争优势以有效应对激烈市场竞争的重要途径

世界经济的知识化、全球化、网络化时代的到来,新技术革命的日新月异,市场竞争的日趋激烈和市场需求的日益复杂多变,对企业等各类组织提出了前所未有的挑战。任何一个企业如果不具备较强的综合素质或特有的核心专长,将很难获得竞争优势甚至难以立足于市场。由于人力资源在企业各类资源中所具有的独特地位,包括员工培训与开发在内的人力资源培养就显得比以往任何时候都更加重要。而人力资源培养则是提高员工素质与能力,发现人才、快出人才、多出人才的重要途径。它可以使企业拥有更多高素质员工,进而拥有更多的人力资本,从而有效应对市场竞争,获得竞争优势,并最终赢得胜利。

(三)人力资源培养是提高企业工作质量的重要措施

企业的工作质量包括生产过程质量、产品质量、客户服务质量等,通过人力资源培养,员工可以明确自己的工作职责、任务和目标,提高自己的知识和技能,并具备与实现组织目标相适应的自身素质与业务技能及人际交往、沟通协调、集体参与等其他能力,这样就可以有效地解决组织中"人"与"事"的矛盾,实现"人"与"事"的和谐发展;可以有效地提高员工的工作质量和工作效率;使员工适应在新的工作环境和业务流程下工作角色转变的需要,从而为整个组织工作质量的提高奠定坚实的人力基础。

(四)人力资源培养是实现员工个人发展和自身价值的必要措施

与传统的人事管理不同,现代人力资源管理把员工视为一种资源,以人为中心的管理、人本管理、尊重人关心人等口号的提出和管理理念的确立就是明显的例证。以人为中心的管理或人本管理思想,其核心就是企业在谋求整体利益、追求最佳绩效的同时,也把员工个人的成长、员工自身人力资本价值的增值和员工个人的职业发展放在与组织利益同等重要的地位。从员工角度来看,在现代组织中,员工为企业工作的目的已不再停留在满足低层次需要上,绝大多数员工工作的目的在于追求高层次的需要,即自尊的需要和自我实现的需要,实现自我价值。而人力资源培养能给员工不断提供学习和掌握新知识、新技能的机会,使其能适应和接受新的工作岗位所提出的挑战和任务,能够跟上时代发展的步伐,实现自我成长和自我价值。这不仅能使员工得到物质上的满足,而且能使员工得到精神上的成就感。这就是所谓人力资源培养的激励作用。

三、人力资源培养的形式与内容

人力资源培养是指一定组织为开展业务及培育人才的需要,采用各种方式对员工进行有目的、有计划的培养和训练的管理活动,其目标是使员工不断地更新知识,开拓技能,改进员工的动机、态度和行为,使其适应新的要求,更好地胜任现任工作或担负更高级别的职务,从而促进组织效率的提高和组织目标的实现。

(一)人力资源培养的形式

人力资源培养的形式包括入职培训、在职在岗培训、在职脱产培训和职业资格培训。下文将对这些人力资源培养形式作详细阐释。

1.入职培训

入职培训是指企业在新员工进入企业时所从事的提高其价值的人力资源管理活动。入职培训的主要目的是让员工尽快熟悉企业、适应环境和形势。入职培训的特点如下:

(1)基础性。入职培训的目的是使任职者具备一名合格员工的基本条件。作为企业的一员,任职者必须具有该企业产品的知识,熟悉企业的规章制度。因此,入职培训又被称为上岗引导活动。

(2)适应性。在被录用的员工中,有相关工作经验者一般占相当大的比重,许多企业只聘用有一定工作经验的求职者。这些人尽管有一定工作经验,但由于企业和具体工作的特点,仍须接受培训,除了要了解这个企业的概况、规章制度外,还必须熟悉这个企业的产品和技术开发的管理制度。

(3)非个性化。入职培训的内容和目标是以企业的要求、岗位的任职条件为依据的。也就是说,这种培训是为了使新员工能够达到工作的基本要求,而较少考虑他们之间的具体差异。

2.在职在岗培训

在职在岗培训是指在工作中直接对员工进行培训,是通过聘请有经验的工人、管理人员或专职教师指导员工边学习边工作的培训方式。在职在岗培训是一种历史悠久、应用最普遍的培训方式,也是一种比较经济的方式。在职在岗培训不仅使员工获得完成工作所需要的技能,还可以传授给员工其他的技能,诸如如何解决问题、如何与其他员工沟通、学会倾听、学习处理人际关系等。

在职在岗培训是人力资源培养的一种基本形式和工作重点,强调紧密结合职业,实行按需施教、急用先学的原则,按职务岗位需要进行培训,以确保劳动者上岗任职的资格和能力为出发点,使其达到本岗位要求,其实质是提高从业人员总体素质。

3. 在职脱产培训

在职脱产培训是指为有选择地让部分员工在一段时间内离开原工作岗位,进行专门的业务学习与提高的培训方式。其形式有举办技术训练班,开办员工业余学校,选送员工到正规院校或国外进修等。在职脱产培训的费用较高。随着企业人力资本投资比例的增加,组织对员工工作效率的日益重视,在职脱产培训在一些实力雄厚的大型企业和组织严密的机关事业单位得到普遍采用。

4. 职业资格培训

职业资格培训是提高企业员工职业适应性和开放性的重要内容。企业性质决定了其培训活动首先要解决生产经营所面临的实际问题。许多职业或岗位需要通过考试取得相应资格证才能上岗,而且资格证一般几年内有效。资格证到期时,员工需接受培训并再参加资格考试。

(二)人力资源培养的内容

人力资源培养的内容包括管理开发培训、专业职能培训、新员工导向培训和骨干员工技能培训,各种培训具体内容如下。

1. 管理开发培训

管理开发培训是一种计划和管理过程的总称,是企业为了提高其生产力和赢利能力,确定和持续追踪高潜能员工,帮助企业内经理成长和提高的项目。管理开发培训不仅是正式的培训项目和教育,它还包括与企业内部和经理人员有关的许多政策和惯例,如在职培训、绩效评估、工作轮换、职业轨迹、管理继任和高潜能人员确认系统,特别项目以及职业发展咨询活动。管理开发是一个持续不断的过程,它从上至下渗透到整个企业,对企业发展是一项战略性任务。

一项有效的管理开发项目可以不断地提供称职和经过良好训练的各级管理人才,并使新任经理人员接受组织的价值观和准则。具体地讲,其作用包括以下几个方面:①通过帮助经理人员掌握技能和技术,提高他们的自信,提升他们帮助下属提高的能力,改进他们在现任岗位上的生产力和有效性;②帮助企业确认将来的领导人,并加速他们的成长,以确保领导的连续性;③能为企业培养相当数量的经理人,以满足企业成长的需要;④鼓励经理人员的自我成长,提升经理人员的能力,使他们能承担更多责任,发挥所有潜能;⑤为高级管理人员和经理提供可能对组织有影响的企业理论和实践方面的创新或新技术;⑥鼓励营造一种参与管理的氛围,企业和个人可以共同建立业绩目标和评估方法。

2. 专业职能培训

专业职能培训指对财务人员、工程技术人员等,围绕其业务范围进行掌握本专业的知识技能培训。在现代企业里,团队工作方式日益普遍,如果各类专业人员局限于自己的专业领域,彼此之间缺乏沟通与协调,必将妨碍团队的工作。培训的目的,首先是让他们了解别人的工作,使他们能从整体出发开展工作;其次是及时了解各自领域内的最新动态和最新技术,不断更新专业知识。

3. 新员工导向培训

新员工导向培训是指对刚被招聘进企业、对内外情况不熟悉的新员工指引方向,使之对新的工作环境、条件、人际关系、应尽职责、规章制度、组织期望有所了解,使其尽快融合到组织之中的一系列培训活动。

新员工导向教育的内容主要有规章制度、企业概况、产品知识、行为规范和共同价值观。专业内容主要包括业务知识、技能和管理实务。

新员工导向培训的意义在于:首先,要让新员工感受到企业重视他们的到来;其次,要让他们对企业和他们即将从事的工作有较为详细的了解;最后,要让新员工对企业的发展前景与自己的成功机会产生深刻的认识。新员工导向培训的深层意义在于培养员工对企业的归属感,包括对组织从思想上、感情上及心理上产生认同感、依附感并投入其中,这些是培训员工对组织责任感的基础。

4. 骨干员工技能培训

骨干员工技能培训主要依据工作说明书和工作规范的要求,明确职业分工、操作规程、权责范围,掌握必要的工作技能,培养与组织相适应的工作态度与行为习惯,使之有效地完成本职工作。

骨干员工技能培训有三个要求:①强调培训的专用性,即针对不同职能部门人员进行不同类型的知识、技能培训;②强调专业知识和技能的层次,对同一职能部门相同专业的不同员工分别提出不同的专业技能要求,以适应不同职位不同岗位的需要;③强调培训的适应性和前瞻性,即根据变化了的外部环境和人员结构,以及预期未来企业发展状况,适时地开展某些专业培训,以调整组织内员工素质结构,适应外部形势,或为未来储备必要的人才。

四、人力资源培养的原则与方法

(一) 人力资源培养的原则

人力资源培养的原则是企业在培训过程中应遵循的基本指导思想和应坚持的基本原则,这是提高培训绩效所必须把握的。

1. 理论和实际相统一的原则

培训必须强调理论与实际相统一,在培训中要全面规划、学用一致,多采用"事例法""演示法"和"专题法",并强调在理论指导下,注意实践及应用。

2. 技能培训与企业文化培训相统一的原则

要对全员实行技能培训与企业文化培训,既要对文化、专业技能方面进行培训,又要对理想、信念、价值观和道德观等方面进行培训,使企业员工不但技能符合企业发展的需要,而且思想与企业文化相吻合。

3. 技术培训与管理培训相统一的原则

不仅要对员工进行在业技术培训,也要对员工进行管理知识培训,即一专多能培训,使企业员工不仅懂技术,而且善管理,这样才能为企业整体利益作出最大的贡献。

第八章 企业人力资源管理

4. 整体培训与重点培训相结合的原则

要对全体员工进行素质培训,在提高全体员工技能水平与管理水平的前提下,对为企业作出贡献即业绩显著、潜质突出、有发展前途的后备接班人进行重点培训,使这批人前途更加光明,为他们开创更好的职业道路。此外,还要对培训进行严格考核。

(二)人力资源培养的方法

人力资源培养的方法有很多种,不同的培训类型往往需要采用不同的培训方法,主要有角色扮演法、案例培训法和讲授法。

1. 角色扮演法

角色扮演法是指设定一个最接近真实情况的培训环境,指定受训者扮演环境中的某一角色,借助所扮演角色的演练来增强其对所扮演角色的感受,并培养和训练其解决问题的能力,如人际交往技能、解决冲突技能及推销技巧等。

实际上,角色扮演法就是提供给受训者一种具体的情景,然后给每个受训者一定的任务和角色让其扮演,在扮演过程中培训者随时加以指导,并在扮演结束后组织大家加以讨论,以各自对某一扮演角色的看法发表自己的意见,通过这样一个过程来深化受训者对于角色的体会,进而达到培训的目的。对于受训者来说,做好角色扮演的训练需要非常投入,并且所扮演的应该是充满活力的、能使自信心迅速增长的角色。角色扮演可以直接改变受训者对某一个位置或工作一贯的看法,也可以让受训者了解自身的某种希望可能带来的影响和后果。

角色扮演法的主要优点有:它使受训者能够在一个比较安全的学习环境中练习某项工作技巧,教会人们如何在生活中交流自己的看法、经验和心得,并增进人们之间的情感和合作精神。

2. 案例培训法

案例培训法是指围绕一定的培训目的,把实际中买卖的情景加以典型化处理,用书面的方式形成供受训者思考分析和判断决策的案例,通过受训者的独立研究和相互讨论的方式,来提高受训者分析问题和解决问题能力的一种方法。

案例培训法要遵循三个原则:第一,其内容是真实的,不允许虚构。为了保密,有关人名、单位名、地名可以改用假名;但基本情节不得虚构,有关数据可以乘以某掩饰系数加以放大或缩小,但相互间比例不能改变。第二,教学案例中应包含一定的管理问题,否则便没有学习研究的价值。第三,教学案例必须有明确的教学目的,它的编写与使用都是为某些既定的教学目的服务的。

案例培训法的主要功能不是在于了解一项独特的经验,而是在自己探索以及学员之间切磋怎样解决管理问题的过程中,总结出一套适用自己特点的思考与分析问题的逻辑和方法,学会如何独立地解决问题、作出决策。

案例培训法提供的情景是具体的、全方位的,人们的行为可以从多方面进行解释,很难存在一个最优答案,案例的培训者也不要对某种现实表现出自己的赞成或反对,以避免影响受训者的独立思考,降低培训效果。

3. 讲授法

讲授法是培训中应用最为普遍的一种方法。它是教师通过语言表达,系统地向受训者传授知识,期望受训者能记住其中的特定知识和重要观点。目前讲授法中也有结合实物与教具、示范来进行的,同时组织课堂讨论,利用视听技术等各种方式来提高授课效果。

为了提高讲授法的效果,必须做到以下几点:内容要有科学性,这是保证讲授效果的前提;讲授要有系统性,条理清晰,重点突出;语言表达清楚、准确而生动;必要时要运用板书,这既有利于受训者加深对一些重点问题和难点问题的理解和印象,又有利于控制速度和节奏;受训者要与教师密切配合,形成互动,这样有利于调动双方积极性。

第四节 人力资源使用

一、人力资源使用的含义

(一)人力资源使用的概念

人力资源使用就是内在状态的人力资源外化为社会财富,可能的生产力转化为现实的生产力,精神变为物质的过程。人力资源使用在具体的管理过程中就是如何科学并合理地解决人员和岗位的匹配问题。一方面进行职位和工作分析,另一方面进行人员的测评,两方面结合使人尽其才。

人力资源使用的主要任务是将员工安排到合适的岗位上,使其最大限度地发挥作用。它的主要职能包括新员工的安置、干部的选拔和任用、职务升降和员工内部调动等。

(二)人力资源使用的意义

人力资源使用对于企业来说是非常重要的,其意义主要表现在以下几个方面:

(1)人力资源使用是人力资源管理的核心环节。如果不能选择适当的人员担当适当的工作,不论其他管理方法如何,都不会有好的效果。人员使用不当,不论是大材小用,还是小材大用,都是人力资源的浪费。因此,人力资源有效使用是影响整个管理全局的非常重要的一环。

(2)人力资源使用关系到企业人力资源开发的程度。人力资源在使用过程中会得到不断的充实、丰富、改善和提高。如果不使用,人力资源中的智力资源就会陈旧老化,从而失去其价值。

(3)人力资源使用是组织生存和发展的根本保证。任何组织,大到国家,小到企业,要把工作做好,首先得用好人。公正合理地使用员工,不仅可以调动其积极性、主动性和创造性,而且还会产生效益,促进组织内部良好风气的形成,增强组织的凝聚力。如果用人不当,就会影响员工积极性的发挥,甚至造成人心涣散,影响组织的生存和发展。

二、人力资源使用的方式

(一)委任制

委任制是指由主管部门直接确定任用人选,委派其担任一定职务的任用方式。

委任制的优点表现为:有较严格的考察审批程序,选拔和使用人员的手续完备;自上而下逐级考察任免,容易形成协调一致、指挥畅通的领导机制;有利于实行统一管理和调动,在大的范围内进行交流,有利于在各部门之间进行人才的余缺调剂。然而,委任制的缺点也是客观存在的,主要表现为:主观随意性比较大,人治成分比较多,缺乏统一的客观标准和法定民主化程序;缺少监督机制,人员的选拔过程处于封闭状态;缺乏公开和竞争,容易压抑和埋没人才。

委任制是我国现行的选拔任用各类人员沿用时间最长、运用范围最广的一种形式和制度。对于委任制,既不可全盘否定、弃之不用,又不可完全肯定、固守成章。应结合本企业的实际情况加以选用。

(二)选举制

选举制是指一定机构的全体人员或其代表通过选举使某人担任某个领导职务的任用方式。如企业的董事、工会主席通常都是选举产生的。

选举制的优点主要表现为:选举定期举行,从而废除了领导干部"终身制",有利于克服官僚主义;有利于人才的选拔与使用,使年轻的优秀人才不断涌现出来;增强职工的参与意识、监督意识以及被选任者对职工群众的责任感。同样,选举制也不是尽善尽美的,它也有缺点,主要表现在:任用范围只能局限在原有组织内,组织以外的人员没有被选举权;企业越大,选举人对被选举人的了解越少,因而大企业的领导人不宜通过选举产生;有才干的人可能因为一些小缺点而落选,而"老好人"反而选票多。

(三)聘任制

聘任制是指本着用人单位及员工双方自愿的原则,通过合同这种契约形式,由用人单位根据工作需要聘任员工担任某一职位的任用方式。

聘任制的优点表现为:打破用人终身制,为能官能民、能上能下创造了社会环境;有利于人才成长,较好地体现了人尽其才,岗择其人的原则;有利于人员流动,实行人才的动态管理。聘任制也有制度尚不完善、比较复杂等缺点。

常见的聘任形式有两种:一种是根据工作需要,对新进人员实行招聘,规定聘任期;另一种是对现有人员不再实行终身制,实行公开考核,择优聘任。这种制度目前多用于企事业单位的行政管理人员和各类专业技术人员的聘用。

(四)考任制

考任制是指通过公开考试,并以考试成绩为主要依据录用各种人员的任用方式。考任制通常在层次较高的职位中采用,如管理人员、专业技术人员等。考任制的优点表现为:具有竞争性,考试为人才提供了充分表现才能的机会,使企业在人才竞争中能选拔出最优秀的人才;具有群众性,考试是公开的,所有的人都可以应试,可在群众中选拔优秀人才;具有科学性,它体现了量才录用的原则,使人才衡量有了比较合理、科学的客观标准。但是考任制也存在制度不完善、程序和内容不规范、有关法规不健全等缺点。

三、人力资源使用的原则

企业在使用人力资源时只有遵循一定的原则,才能最大限度地挖掘企业人力资源的潜力。需要遵循的原则包括能职相称原则、充分信任原则、双向选择原则、配置优化原则、动态管理原则、最适原则和任人唯贤原则。下面将对这七大原则作详细介绍。

(一)能职相称原则

能职相称即现代管理科学中的能级原理,就是按每个人员才能的不同层次分配与之相应层次范围的工作,工作有层次之分,人员也有层次之别。由于不同管理层次和管理岗位对人员的要求不同,根据该原理,就要根据每个人的才能、品德、知识、资格、身体等条件安排相应的工作岗位,明确责任,使其才能与其职位、责任、权利相适应,也就是能级相称。要人尽其才、才尽其用。如果大材小用,因其才能没有充分发挥,是一种浪费。如果小材大用,就不能胜任工作。因此,领导者应人尽其才、知人善用、量才用人,使能职相称。

(二)充分信任原则

充分信任原则就是用人不疑。即要对任用的人充分信任,不干涉他职权范围内的工作,放手让他行使自己的权力。信任可以使受任者感到受尊重、受鼓励。用人时,首先要给人以宽松环境,形成相互信赖的氛围。这样可以增强受任者的自信心,使其充分发挥积极性和创造性。信赖使人感动、信任使人激动,这些都是充分发挥潜力的催化剂。

用人不疑,疑人不用。管理者要做到充分信任,就要不听信流言蜚语;要正确对待受任者的工作失误,人无完人,有错误在所难免;要有一个宽松环境、一种宽容态度。管理者要做到充分信任,就要对受任者加强管理,使用前要认真考察,确实不可信任,就不要任用。总之,要正确理解充分信任原则,真正用好这一原则。

(三)双向选择原则

双向选择是指用人单位有选择职工的权利,同时被选者也有挑选单位的权利。

人有对自身资源的支配权和使用权,所以也有对职业和工作的选择权。"兴趣是成功的一半。"一些人面对他所喜欢的工作会高度兴奋,从而产生强烈的工作欲望,发挥更大的潜力。但是,长期以来,由于体制、观念等原因,我们并没有对人的兴趣和工作意向给予足够的重视,而是用行政手段把人安排在某一岗位上,以此固定个人与组织之间的劳动关系,不允许员工根据自身条件和意愿选择职业。人被安排在一个岗位上,就往往干一辈子。使人在知识、能力等各方面无法得到锻炼和提高,进而产生僵化、不思进取的惰性思想,最终导致人力资源使用效益下降。

在市场经济体制下,企业是一个自主经营的主体,因此需自主选择所需要的人员。如果用行政手段安排人员,将直接影响工作者的积极性,不利于人力资源的合理流动和配置,不利于人力资源使用效率的提高。所以,人力资源使用要遵循双向选择原则,落实个人的择业自主权和企业用人的自主权。要允许员工特别是专业技术人员自由选择职业,允许单位根据发展需要自主选择和招聘人员。

(四)配置优化的原则

人力资源使用要配置优化。由于人员使用的目的在于获得更高的工作效率,因此要求人员数量和质量优化、人员比例优化、年龄优化、智力优化和环境优化。

长期以来,我们没有使用现代化的管理方法,造成机构臃肿、人浮于事,不仅工作效率低,而且复杂的人际关系还带来了"内耗"。这种用人状况不能适应市场经济发展的需要。现代化管理观念要求择优任用精明强干的人,同时用最少的人办最多的事。要充分考虑人员数量、质量、比例和年龄的组合,采用最佳组合配置人员,提高工作效率。

(五)实行动态管理的原则

人力资源的使用不是静态的,而是动态的。人和机器不同,人是发展的、变化的。人员使用和管理应在动态中进行,其原因有三点:①由于边缘学科和综合性学科的不断出现和发展,与其相应的新职业不断产生,旧的职业不断退出市场,这就要求人们在学科和职业中不断流动。②由于种种原因,用非所学、学非所用等不对口现象普遍存在。即使是现在对口了,由于科学技术的发展和生产的变化,也要求人员自身的素质不断提高,所以不对口的现象时有发生。因此,流动是必要的,实行动态管理也是必需的。③人才分布不合理,人员比例失调、压制人才、闲置人才等不合理现象的存在,这些都需要通过人员的流动来克服。

(六)最适原则

最适原则是指用人贵在及时,不要错过人员才能的最佳时期。要允分使用人员的最佳时期,从而产生最大效益。

人在一生中,出成果的时期因职业而异。运动员在25岁以前是出成绩的黄金时间,专业技术研究人员出成果的时间是在35~45岁,领导干部多在40岁以后才会走入高层领导岗位。因此,充分使用各个职业的最佳时期是我们首先要考虑的。这也是人力资源使用的主要经验。这样做的优点主要有两点:一是可以避免人员才能的浪费,若不及时发现和使用人的最佳年龄,就不能充分发挥人员的才能。二是针对最佳时期可以有效地使用激励作用,最大限度地发挥人的积极性和创造性。

总而言之,要尽量遵循最适原则,充分利用黄金时间,采用各种有效方法,提高人力资源使用的效率。

(七)任人唯贤原则

所谓贤是指德才兼备。任人唯贤是指不唯权势、地位、阶层,只要具备德和才,就应放宽一切条件,不用条条框框去限制其选拔与任用。

"德"包括政治品德、思想品德、职业道德、伦理道德和社会公德。从人力资源使用的角度看,"德"对高层领导的要求高,要求以上各方面均具备。而一般工作岗位上的人员,只要职业道德良好并且工作勤勤恳恳就可以了。

"才"包括知识与能力。不同种类的工作对知识结构的要求不同,如领导干部应具有较高的决策才能,公关人员应具有较强的交际能力。统管全局的人应是有较高综合素质的"通才",某一专业部门的人员则应是"专才"。

第五节 人力资源考核

一、人力资源考核概念

人力资源使用的效果是通过绩效表现出来的。绩效即表现,是个体或群体的工作表现、直接成绩和最终效益的统一体。按照现行人力资源开发与管理工作的理解,绩效往往指员工在经济效益方面的具体贡献,如销售人员的销售业绩。"考核"的含义是评价、评估,是一定的管理人员对被考核对象的评价、打分。

人力资源考核是指对员工在工作过程中表现出来的工作业绩(工作的数量、质量和社会效益等)、工作能力、工作态度以及个人品德等进行评价,并用来判断员工与岗位的要求是否相称。人力资源考核是人力资源开发与管理中非常重要的一环,是管理工作中大量应用的手段,也是人力资源开发与管理操作系统的一个重要组成部分。人力资源考核的目的是确认员工的工作成果,改进员工的工作方式,提高工作效率和经营效益。

二、人力资源考核的作用

人力资源考核作为人力资源管理的重要一环,在人力资源管理中发挥着重要作用。

(一)为员工培训工作提供依据

有效的员工培训必须针对员工目前的表现、业绩和素质特征与其所在岗位的岗位规范、组织发展要求等方面的差距来进行,并以此合理地确定培训目标、培训内容,选择相应的培训方法。通过绩效考评,可以了解员工的长处与不足、优势与劣势,从而根据实际需要,制订培训计划。

此外,在员工培训结束后,企业要对培训效果进行评估。培训工作是否提高了员工的工作能力,是否有助于企业的经营发展,也就是说企业在员工培训中的投资是否有回报,往往体现在受训员工的工作表现和工作业绩上。而这些信息可以通过定期的人力资源考核来获得,因此,人力资源考核还有助于企业对员工培训效果进行评估。

(二)为薪酬管理提供依据

企业向员工支付报酬要遵循"按劳分配"的原则。薪酬制度是否公平合理直接影响员工的工作积极性。定期的、规范的人力资源考核可以为员工报酬的确定提供客观有效的依据,使工资、奖金等物质报酬的高低与员工的贡献大小相联系,从而使员工感到公平合理,以激励其为企业的发展多作贡献。

(三)为企业内部的员工流动提供依据

员工在企业内部的流动通常也要以员工的业绩和能力作为依据。在企业中,具备晋升要求的人数往往多于可能得到晋升的人数,因此,较为公平合理的做法是依据客观的人力资源考核结果择优晋升。同样,企业在做出员工工作调动(包括平级调动或降级调动)或辞退决策时,往往也要以人力资源考核的结果为依据。只有以人力资源考核的结果为依据,才能服众。

(四)为员工的奖惩提供依据

以奖励为主,惩罚为辅,奖惩结合,这历来是企业管理中的激励原则。对于那些忠于职守、踏实工作、业绩优异的员工要给以物质或精神上的奖励,而对于那些不负责任、偷工减料、业绩低下的员工则要给予相应的惩戒。只有如此,才能鼓励员工向优秀者学习,防止不良行为在企业中蔓延。而这种对员工的奖惩同样也要以人力资源考核结果为依据,只有奖惩与员工的工作状况挂钩,才能产生激励作用。

(五)为员工的自我发展明确方向

对于员工在工作中取得的成绩以及在某一方面的卓越能力,通过人力资源考核可以得到企业的认可与肯定;而对于员工在工作中存在的不足以及工作能力方面的缺憾,通过人力资源考核也可以使员工有清楚的认识,从而明确其未来的努力方向,鞭策员工不断地进行自我完善。

(六)促进上下级之间的沟通与交流

在人力资源考核过程中,上级主管要通过面谈等方式将考核结果反馈给员工。通过这种途径,主管人员可以了解员工的反映和潜力,员工也可以通过与主管人员的交谈明确自身的不足以及企业对自己的期望,并与主管人员一起商定下一步的努力方向及奋斗目标,从而增进上下级之间的沟通与交流,使管理人员与员工之间的工作关系得到改进。

三、人力资源考核的基本内容

人力资源考核的内容不仅包括实际成效,即员工的劳动成果,而且还将员工的工作态度和行为作为考核的重点内容。英美国家的考核制度一般包括"考勤"(工作态度)与"考绩"(工作成果)两大方面。在国外大多数企业中,考核项目分为"个人特征"(包括技能、能力、需要、素质)"工作行为"和"工作结果"三大方面。

我国从20世纪80年代开始对人力资源考核进行研究,尤其是对干部、公务员绩效考核的研究,将"德、能、勤、绩"四个方面确定为人员的考核项目内容。德和能是业绩的基础,勤和绩是工作成果的具体表现。也可以说,绩是德、能和勤的综合体现。这种思路与企业、事业单位的人力资源考核原理是完全相同的。下面将对"德、能、勤、绩"四方面的内容作具体介绍。

(一)德

"德"是人的精神境界、道德品质和思想追求的综合体现。德决定了一个人的行为方向——为什么而做;行为的强弱——做的努力程度;行为的方式——采取何种手段达到目的。德的标准不是抽象、一成不变的。不同时代、行业、层级对德有不同的标准和要求。

(二)能

"能"是指人的能力素质,即认识世界和改造世界的能力。能力不是静态的,也不是孤立存在的。因此,对能力的评价应在素质考察的基础上,结合其在实际工作中的具体表现来判断。一般来说,一个人的能力包括动手操作能力、认识能力、思维能力、表达能力、研究能力、组织指挥能力、协调能力和决策能力等。不同的职位对任职者能力的要求有所不同。

(三)勤

"勤"是指工作态度,它主要表现在员工日常工作表现上,如工作的积极性、主动性、创造性、努力程度以及出勤率等方面。对勤的考察不仅要有量的衡量,如出勤率,更要有质的评价,即是否以满腔热情,积极主动地投入到工作中去。

(四)绩

"绩"是指员工的工作业绩,包括完成工作的数量、质量、经济效益、影响和作用。在一个企业中,岗位、责任的不同,工作业绩的评价重点也应有所侧重。此外,在评价员工工作业绩时,不仅要考查员工的工作数量、质量,更要考查其工作为企业所带来的经济效益。对效益的考查是对员工绩效评价的核心。

在人力资源考核中还有员工的个性,包括员工的性格、兴趣、嗜好等。为合理安排工作,使企业的整体效益最大化,有时必须考虑员工的性格(内向、外向、风度)、兴趣、习惯和嗜好等与岗位是否合适。

四、人力资源考核的常用方法

人力资源考核的方法有很多种,企业可以根据自身的实际情况选择使用。比较常用的人力资源考核方法有以下几种。

(一)民意测验法

民意测验法是最传统的人力资源考核方法之一。这种方法在使用时通常遵循一定的步骤:确定考核内容;将考核内容分成若干项;根据各项考核内容设计考评表,对每一考核项目设定相应的等级;由被考核者述职,做出自我评价;由考核人员填写考核表;计算每个被考核者得分的平均值,以此确定被考核者所处等级。

在一般情况下,参加民意测验的多为被考核者的同事、直属下级和与其发生工作关系的有关人员。民意测验法具有较好的群众性和民主性,但是,由于参加考核人员的素质有限,会使考核结果产生较大偏差。因此,这种方法通常可以作为其他方法的辅助和参考。

(二)短文法

短文法是指通过一则简短的书面鉴定来进行考核的方法。书面鉴定通常谈及被考核者的成绩和长处、不足和缺点、潜在能力、改进意见和培养方法等方面。这种方法也是较为传统的考核方法之一,并在很长一段时间里为我国企业所使用。

短文法属于主观判断型的定性考核方法。它只是从总体上进行考核,不考虑考核维度,也不设计具体的考核标准和量化指标。因此,这种方法操作起来灵活简便,考核者可以针对被考核者的特点进行考核,具有较强的针对性。但是,由于缺乏具体的考核标准,难以进行相互对比,并且考核人员的主观性所带来的偏差也比较大,因此这种方法通常应与其他方法配合使用。

(三)评级量表法

评级量表法是被采用得最普遍的一种考评方法。这种方法主要是借助事先设计的等级量表来对员工进行考核。使用评级量表进行绩效考核的具体做法是:根据考核的目的和需要设计等级量表,表中列出有关的绩效考核项目,并说明每一项目的具体含义,然后将每一考评项目分成若干等级并给出每一等级相应的分数,由考核者对员工每一考核项目的表现作出评价和记分,最后计算出总分,得出考核结果。评级量表如表 8-1 所示。

表 8-1 评级量表法示例

考核项目	考核要素	说明	评定
基本能力	知识	是否充分具备现任职务所要求的基础理论知识和实际业务知识	A B C D E 10 8 6 4 2
业务能力	理解力	是否能充分理解上级指示,干脆利落地完成本职工作任务而不需要上级反复指示和指导	A B C D E 10 8 6 4 2
	判断力	是否能充分理解上级指示,正确把握现状,随机应变,恰当处理	A B C D E 10 8 6 4 2
	表达力	是否具有现任职务所要求的表达力(口头文字水平),能否进行一般的联络说明工作	A B C D E 10 8 6 4 2
	交涉力	在与企业内外的对手交涉时,是否具有使双方诚服、接受、同意或达成协商的表达交涉力	A B C D E 10 8 6 4 2

续表 8-1

考核项目	考核要素	说明	评定
工作态度	纪律性	是否严格遵守工作纪律和规定，有无早退、缺勤等情况，对待上下级、同级和企业外部人士是否有礼貌，是否严格遵守工作汇报制，是否按时提出工作报告	A B C D E 10 8 6 4 2
	协调性	在工作中，是否充分考虑到别人的处境，是否主动协助上级、同级和企业外人员	A B C D E 10 8 6 4 2
	积极性责任感	对分配的任务是否不讲条件，主动积极，尽量多做工作，主动进行改良、改进，向困难挑战	A B C D E 10 8 6 4 2
评定标准 A——非常优秀，理想状态 B——优秀，满足要求 C——略有不足 D——不满足要求 E——非常差，完全不满足要求		最后评定分数换算 A——48分以上 B——24～47分 C——23分以下	合计分 评语 考核人签字

（四）排序考核法

排序考核法是依据某一考核维度，如工作质量、工作态度或依据员工的总体绩效，将被考核者从最好到最差依次进行排列。在实际操作中，可以进行简单排序也可以进行交替排序。简单排序是依据某一标准由最好到最差依次对被考核者进行排序；交替排序则是先将最好的和最差的列出，再挑出次好的和次差的，以此类推，直至排完，如表 8-2 所示。

表 8-2 交替排序法的工作绩效评价等级

交替排序法的工作绩效评价等级	
考核所依据的要素：	
说明： 　针对考核所依据的要素，将所有员工的姓名都列出来。将绩效评价最高的员工姓名列在第 1 格中；将绩效评价最低的员工姓名列在第 10 格中。然后将次最好的员工姓名列在第 2 格中，将次最差的员工姓名排列在第 9 格中。依次交替进行，直到所有的员工姓名都被列出。	
评价等级最高的员工	
1.	6.
2.	7.
3.	8.
4.	9.
5.	10.
	评价等级最低的员工

排序考核法最大的优点是简单易行，省时省力。但其不足也来源于此：首先，由于没有具

体的考核指标,只是被考核者之间进行对比排序,因此,在两个人业绩相近时,很难确定其先后顺序;其次,由于主要依靠考核者的主观判断进行排序,而不同考核者之间又有不同的倾向性,因此会造成排序中的偏向;再次,由于缺乏具体标准,使用这种方法无法将同一企业中不同部门的员工进行比较;最后,被考核者仅知道自己的排序情况,而不能明确自身优点和不足。

排序考核法通常适用于小型企业的员工考核,而且被考核对象最好是从事同一性质的工作。

(五)配对比较法

配对比较法也称为两两比较法或对偶比较法,是较为细化和有效的一种排序方法。其具体做法是:将每一位被考核者按照所有评价要素,如工作质量、工作数量、工作态度等,与所有其他员工一一进行比较,优者记为"+"或"1",逊者记为"-"或"0",然后计算被考核者所得正负号的数量或具体得分,排出次序。例如,在表 8-3 所示的比较中,员工乙的工作态度是最好的,而员工甲的创造性是最强的。

表 8-3 使用配对比较法对员工工作绩效的评价

就"工作态度"这一评价要素所作的比较						就"创造性"这一评价要素所作的比较					
比较对象＼被考核者	甲	乙	丙	丁	戊	比较对象＼被考核者	甲	乙	丙	丁	戊
甲		+	+	-	-	甲		-	-	-	-
乙	-		-	-	-	乙	+		+	+	+
丙	-	+		-	-	丙	+	-		-	-
丁	+	+	+		+	丁	+	-	+		-
戊	+	+	+	-		戊	+	-	+	+	

配对比较法实质上是将全体被考核者看做一个有机系统,其准确度较简单的排序考核法要高得多。但是,该方法在操作时较复杂,因而其应用受到被考核者人数的限制。如果 n 位被考核者,每一考核要素的对比次数是 $n(n-1)/2$ 次。也就是说,如果考核 10 个人,则针对每一考核要素进行对比的次数就是 45 次,如果有 6 个具体的考核要素,则一次完整的考核活动就需要进行 270 次对比。

(六)强制分布法

强制分布法也称为强制正态分布法。这种方法是建立在一个假设的基础上的,即假设企业所有部门都同样具有优秀、一般、较差的员工。因此,在运用强制分布法进行人力资源考核时,要求考核人员依据正态分布规律,即俗称"中间大、两头小"的分布规律,预先确定评价等级以及各等级在总数中所占的百分比,然后按照被考核者绩效的优劣程度将其列入其中某一等级。例如,把最好的 10% 的员工放在最高等级中,次之的 20% 的员工放在第二个等级中,再次之的 40% 放在第三个等级中,接下来的 20% 放在倒数第二个等级中,余下的 10% 则放在最后一个等级中。当然,具体的比例也可以有所不同,但无论采用何种比例,其分布都要符合正态分布的规律。

强制分布法适用于被考核人数较多的情况,操作起来比较简单。由于遵从正态分布规律,可以在一定程度上减少由于考核人员的主观性所产生的偏差。此外,该方法也有利于管理控制,尤其是在引入员工淘汰机制的企业中,它能明确地筛选出被淘汰的对象,由于员工担心因多次落入绩效最低区而遭淘汰,因而具有强烈激励和鞭策功能。但是,由于该方法的核心是事先按正态分布规律确定各评价等级的比例,而在现实工作中,并非每一个部门的员工业绩情况都符合正态分布规律。有可能存在这样的情况,即某一个部门的所有员工工作绩效都很好,这时,使用强制正态分布方法进行人力资源考核所得到的结果就难以令人信服。

(七)关键事件法

关键事件法是以记录直接影响工作绩效优劣的关键性行为为基础的考核方法。所谓关键事件,是指员工在工作过程中做出的对其所在部门或企业有重大影响的行为。这种影响包括积极影响和消极影响。使用关键事件法对员工进行考核要求管理者将员工日常工作中非同寻常的好行为和坏行为记录下来,然后在一定时期内,主管人员与下属见一次面,根据所作的记录来讨论员工的工作绩效。

关键事件法通常可以作为其他评价方法的补充。首先,对关键事件的记录为考核者向被考核者解释绩效考核结果提供了一些确切的实施依据。其次,它可以确保在对员工进行考核时,所依据的是员工在整个考察周期内的工作表现,而不是员工在近期内的表现,也就是说可以减少近因效应所带来的考核偏差。最后,通过对关键事件的记录可以使管理人员获得一份关于员工通过何种途径消除不良绩效的实际记录。

但是,关键事件法在实施过程中也存在不足之处。最突出的是管理人员可能漏记关键事件。在很多情况下,管理人员都是在工作前期忠实地记录每一个关键事件,到后来失去兴趣或因为工作繁忙等原因而来不及记录,等到考核期限快结束时再去补充记录。这样有可能会夸大近期效应的偏差,员工也可能会误认为管理人员编造事实来支持其观点。

(八)360°绩效反馈体系

360°绩效反馈(见图 8-2)是一种较为全面的绩效考核方法,它是指帮助一个企业的员工(主要是管理人员)从与自己发生工作关系的所有主体那里获得关于本人绩效信息反馈的过程。这些信息的来源包括上级监督者自上而下的反馈、下属自下而上的反馈、平级同事的反馈、被考核者本人的自我评价和企业外部的客户和供应商的反馈。

员工自评是指员工在正式的上级评价之前对自己的工作进行回顾,对自己的业绩、能力等方面作出初步的评价。上级的评价是指由员工的上级尤其是其直接主管人员对员工的工作绩效进行评价,它是大多数绩效考核制度的核心。通常,员工的主管人员能够处于最佳的位置来观察员工的工作业绩,因而能够对员工的各方面情况有较为允分的了解,从而可以较好地掌握考核的事实依据。然而,上级只能观察到员工工作表现的一部分,在很多情况下,员工的同事更能够全面地了解员工的日常工作情况。尤其是在主要依靠团队的企业中,团队成员之间的合作程度是工作成功的关键。因此,在作出评价的同事与被评价的员工之间很相似而且很熟悉的情况下,同事的评价可能具有较高的参考价值。在对管理人员的绩效考核过程中,下级的评价过程往往可以使企业的高层管理者对企业的管理风格进行诊断,认识企业中潜在的问题。客户的评价通常用来收集客户的抱怨和意见。尤其对于服务行业,客户的意见对于员工绩效的改进和企业信誉的保持具有重要意义。供应商是企业的合作伙伴,对与供应商有直接接触的员工进行考核时,其意见有一定参考价值。

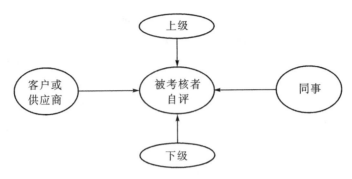

图 8-2 360°绩效反馈体系模式

360°绩效反馈的优点主要体现为：全方位、多角度的信息反馈，从而使考核结果更加全面、详细；360°绩效反馈的实施可以促进来自不同渠道的信息在企业内部的交流，增进上下级之间、平级之间的信息沟通，有利于建立员工间更加和谐的工作环境。然而，360°绩效反馈的缺点则体现为信息收集成本较高，同时，对参与人员素质有较高的要求。

第六节 薪酬管理

薪酬是指用人单位以现金或现金等价物的任何方式付出的报酬，包括员工从事劳动所得到的工资、奖金、提成、津贴以及其他形式的各项利益回报的总和。薪酬有广义和狭义之分：狭义的薪酬是与劳动直接联系的部分；广义的薪酬是与上述雇佣关系有关的组织各项付出或员工得到的酬劳，包括用人单位的福利和其他各种待遇，以及其他使员工获得利益和承认、满足个人需求的内容，如在工作中参与决策。

一、薪酬管理的主要学说

(一) 分享理论

利益分享是指员工的工资不是按工作时间确定固定的工资，而是与雇主共同分享企业经营的利益，亦即员工工资占企业经营收入的一定比例。美国经济学家马丁·魏茨曼主张，员工的报酬要采用"工资制"和"利益分享制"两种模式，就是要使员工的利益与企业的经营效益挂钩。

利益分享论认为，在传统的工资制度中，工人的工资与厂商的经济活动、经济效益无关，是一种固定成本。在产品市场不景气时，厂商只能减少生产和缩减用工数量而不能降低成本、降低产品价格以适应市场，因而导致市场收缩和失业。当社会为消灭这些失业而采取扩张性财政政策和货币政策时，又导致通货膨胀。因此，工资问题成为造成整个宏观经济问题的根本性病因。要摆脱经济滞涨局面，须对其根源——工资制度采取措施，要将这种"员工劳动报酬"式的工资制度改变为"工人与雇主共同关心劳动成本节约"的制度，使单位产品的劳动成本随就业的增加而下降。当一个国家的全部或大多数企业都实行利益分享制时，经济就会平衡扩张、顺利发展。

利益分享论为现代人力资源管理提供了重要的思想方法，它在一定程度上承认了员工的主人地位,也提出了卓有成效的薪酬管理方法。经济学者的朴素语言将此描述为"馅饼做得大一点",大家就能分得多一点。要想"大家分得多",基础是把馅饼做大,而"馅饼"做大的动力正在于员工自觉地努力工作。

(二)公平理论

美国学者斯达西·亚当斯提出了公平理论。该理论指出,当一个人察觉到自己在工作上的努力(投入)对由此得到的报酬(所获结果)之比,与其他人的投入对结果之比相等时,就认为是公平的。这说明人们在判断分配是否公平时,并不是比较所获结果的绝对量的多少,而是比较付出与所得的比值。其公式为:

$$\frac{自己所得}{自己付出} = \frac{他人所得}{他人付出}$$

在确定一个单位的工资水平和工资政策时,公平性是重要的出发点。实际上,组织必须顾及两个方面的公平性,即内部公平性和外部公平性。内部公平性是指企业内部的职工感受公平,认为基本上做到了劳酬相符。进一步来说,内部公平是把报酬基点建立在科学的职位分析和个人劳动得到了恰当的承认以及补偿的"个人公平"上。外部公平性则是指企业的工资水平必须以市场工资率为基准,进一步来说是要在与同行业的竞争中有利于吸引和留住人才。

(三)激励理论

激励理论是非常重要的管理理论,也是非常重要的人力资源开发与管理理论。美国心理学家弗詹姆的期望理论在激励理论中占有重要地位,它着重研究目标与激励之间的规律。按照期望理论,人是通过选择一定的目标,然后作出努力以实现这一目标,从而直接或间接地满足自身需要。人在行动之前的目标选择是由对行为结果的某种预期得到,这种预期本身就是一种力量,它能够激发人的动机,调动人的积极性。激励力量的大小取决于两个因素:一是效价,即所追求目标的价值;二是期望值,即所追求目标得以实现的可能性的大小。其公式为:

$$激励力量 = \sum 效价 \times 期望值$$

这个模式说明:目标价值和期望值的不同组合决定着不同的激励程度,要使被激励对象的激励力量最大时,效价和期望值都必须高;只要效价与期望值中有一项的值很低,对被激励对象来说就缺乏激励力量。例如,对月薪数万元的高层管理人员来说,每月发放100元的某种津贴或奖金,其激励效果几乎为零;而几十元的津贴或奖金对月薪数百元的打工者来说,则具有较大的激励作用。

此外,影响激励水平的因素还有关联性、奖酬、能力和选择等因素。关联性是指工作绩效与所得报酬之间的关联程度。

运用期望理论调动员工积极性,需处理好努力与成绩的关系、成绩与报酬的关系、报酬与满足个人需要的关系,这是组织制定薪酬政策时需遵循的。

二、薪酬管理的目标

薪酬管理在人力资源开发与管理中居于非常重要的地位,它既是日常管理工作的主要内容,也是战略性工作。一般情况下,企业薪酬管理的目标有以下几点。

(一)维系组织的发展

薪酬制度的设计与实行要保证企业生产经营活动的完成,要协调好企业内部的人际关系,提高员工的凝聚力,进而达到维系和促进组织发展的作用。这就要求企业的工资水平在社会比较中定位合理以至较高,工资的内部分配结构发放合理,以达到薪酬的两个公平。

(二)强化激励作用

在组织的薪酬分配中,要注意薪酬制度设计对员工有较大的激励作用,以发挥员工的积极性、创造性和增强员工的责任感,促进经济效益的提高。这就要求管理者应加强工资核算,提高人力资源各环节的工作水平,精心研究和制定工资薪酬分配方案。

对经营性单位而言,一般采用绩效工资模式,贯彻"业绩优先"的原则。为此,要在工资结构中加大效益工资的比重,加强其调节力度。

(三)开发和吸引人才

薪酬制度要有利于调动管理人员、技术人员的积极性,有利于开发和吸引人才。在许多现代组织中,人力资源被看做是最重要的财富;在人力资源中,人才是最珍贵、创造效益极大(因为人力投资回报极大)和非常稀缺的资源。这就要求用人单位更加仔细地研究管理人员、技术人员的工资方案,做到反馈及时,调整到位。

三、薪酬设计的基本流程

制定科学、合理的薪酬制度是企业人力资源管理的难点,因此,很多企业都不惜重金聘请薪酬设计专家或咨询机构来帮助企业规范薪酬设计基本流程。规范的薪酬设计基本流程应遵循的步骤和操作程序有以下几方面。

(一)制定薪酬原则和策略

企业薪酬策略是企业人力资源管理策略的重要组成部分,而企业人力资源策略是企业人力资源战略的落实。因此,制定企业的薪酬原则和策略要在企业各项战略的指导下进行,集中反映各项战略的需求。薪酬策略作为薪酬设计的纲领性文件要对以下内容作明确规定:对员工本性的认识;对员工总体价值的认识;对管理骨干即高级管理人才、专业技术人才和营销人才的价值估计等;企业基本工资制度和分配原则;企业工资分配政策与策略,如工资拉开差距的分寸标准,工资、奖金、福利的分配依据即比例标准等。

(二)岗位设置与职位分析

首先要结合公司经营目标作好岗位设置,然后,公司管理层要在业务分析和人员分析的基础上,明确部门职能和职位关系,人力资源部和各部门主管合作编写职位说明书。进行薪酬设计的第一步是确定每个工作职位的具体职责。

职位分析是薪酬体系中的重要环节,反映了公司管理者和员工对某一职位的期望。只有使用职位分析,管理者才能在市场上与其他公司进行比较。一方面,明确该职位在市场的职能定位;另一方面,确定市场对该职位的定价。

(三)职位评价

职位评价(职位评估)重在解决薪酬的对内公平性问题。它有两个目的:一是比较企业内部各个职位的相对重要性,得出职位等级序列;二是为进行薪酬调查建立统一的职位评估标准,消除不同公司间由于职位名称不同或职位名称相同但实际工作要求和工作内容不同所导致的职位难度差异,使不同职位之间具有可比性,为确保工资的公平性奠定基础。它是职位分析的自然结果,同时又以职位说明书为依据。

(四)薪酬调查与薪酬定位

薪酬调查重在解决薪酬的对外竞争力问题。薪酬调查可以通过咨询公司,也可以自己组织力量开展薪酬调查。通过调查,了解和掌握本地区、本行业的薪酬水平状况,特别是对竞争对手的薪酬展开调查,同时要参照同行业同地区其他企业的薪酬水平,及时制定和调整本企业对应工作的薪酬水平即企业的薪酬结构。

(五)薪酬结构设计

通过工作分析和薪酬调查,我们确定了企业每一项工作的理论价值。但是工作的理论工资率要转换成实际工资率还必须进行工作结构设计。工资结构是指一个企业的组织结构中各项工作的相对价值及其对应的实付工资之间保持何种关系。这种关系不是随意的,而是以某种原则为依据,具有一定规律的,这种关系的外在表现是"工资结构线"。"工资结构线"为我们分析和控制企业的工资结构提供了更清晰、更直观的工具。

(六)薪酬体系的实施和修正

在制定和实施薪酬体系过程中,及时地沟通、宣传或培训是保证薪酬改革成功的因素之一。从本质意义上讲,劳动报酬是对人力资源成本与员工需求之间进行权衡的结果。世界上不存在绝对公平的薪酬方式,只存在员工满意的薪酬制度。人力资源部可以利用薪酬制度问答、员工座谈会、满意度调查、内部刊物甚至BBS论坛等形式,详细介绍公司的薪酬制定依据。

薪酬设计的时效性很强,方案一旦形成就要立即实施,否则,方案中涉及的数据发生变化,市场价格进行了调整,那么方案的数据也要进行相应调整。因此,在保证薪酬方案相对稳定的前提下,要随着企业经营情况和市场薪酬水平的变化做相应的调整。

在确定薪酬调整比例时,要对总体薪酬水平作出准确的预算。目前,大多数企业是财务部门在作此预算。为准确起见,最好同时由人力资源部作此预算。因为按照企业的惯例,财务部门并不清楚具体工资数据和人员变动情况。人力资源部需要建立工资台账,并设计一套比较好的测算方法。

本章小结

本章介绍了人力资源和人力资源管理的基本概念,首先揭示了人力资源管理的地位和作用,分析了人力资源管理的发展趋势,并进一步分析了引进人力资源时应遵循的指导思想和方法;其次论述了人力资源培养的概念、意义、形式、内容、应遵循的原则和方法;培养人力资源的目的是使用,因而接着阐释了人力资源使用的方式和原则。企业使用了人力资源之后,需要知道其效果,此时就需要对人力资源进行考核。其具体内容包括人力资源考核的作用、基本内容和常用方法;此外,企业对人力资源的使用不应是免费的,于是接下来就论述了薪酬管理。其主要内容包括薪酬管理的原则、目标和设计流程。

案例讨论

DY集团的绩效考核制度

DY集团是世界著名的跨国公司,在66个国家拥有二十多万名员工和三百多个办事机构,其业务包括电子、机械、航空、通讯、商业、化学、金融和汽车等领域。该公司在中国各地投资兴建了几十家生产和销售公司。由于各个公司投产的时间都不长,内部管理制度的建设还不完善,因此在业绩考核中采用设计和实施相对比较简单的"强制分配法"。各个公司的生产员工和管理人员都是每个月进行一次业绩考核,考核的结果对员工的奖金分配和日后的晋升都有重要的影响。但是这家公司的最高管理层很快就发现这种业绩考核方法存在许多问题,但又无法确定问题的具体表现及其产生的原因,于是他们请北京的一家管理咨询公司对企业员工业绩考核系统进行诊断和改进。

咨询公司的调查人员在实验性调查中发现,该外资企业在中国的各个分公司都要求在员工业绩考核中将员工划分为 A、B、C、D、E 五个等级,A 代表最高水平,而 E 代表最低水平。按照公司规定,每次业绩考核中要保证员工总体的 4%~5% 得到 A 等评价,20% 的员工得到 B 等评价,4%~5% 得到 D 或 E 等评价,余下的大多数员工得到 C 等评价。员工业绩考核的依据是工作态度占 30%,业绩占 40%~50%,遵守法纪和其他方面的权重是 20%~30%。被调查的员工认为,在业绩评价过程中存在轮流坐庄的现象,并受员工与负责评价工作主管的人际关系的影响,结果使评价过程与员工的工作业绩之间联系不够紧密。因此,业绩考核虽然有一定的激励作用,但是不太强烈。而且评价的对象强调员工个人,而不考虑各个部门之间业绩的差别。此外,在一个整体业绩一般的部门工作,工作能力一般的员工可以得到 A 或 B;而在一个整体业绩好的部门,即使员工非常努力,也很难得到 A 甚至 B。员工还指出,他们认为员工的绩效考核是一个非常重要的问题,这不仅是因为考核的结果将影响到自己的奖金数额,更主要的是员工需要得到一个对自己工作或成绩的客观公正的评价。员工认为,业绩评价的标准比较模糊、不明确。销售公司人员抱怨,销售业绩不理想在很多情况下都是由于市场不景气、自己所负责销售的产品在市场上的竞争力不强造成的,这些都是自己的能力和努力无法克服的,但是评价中却被评为 C 甚至 D,所以觉得这种业绩考核方法很不合理。

现在,咨询公司已经结束了实验性调查,下一步需要咨询公司向这家公司的管理总部提交一份工作报告,来指出公司业绩考核体系中存在的主要问题和今后的改进方向。

讨论题:
1. 请指出 DY 集团目前所使用的业绩考核制度的弊端及其产生的不良影响。
2. 如果你是咨询公司的咨询师,请为 DY 集团的业绩考核制度提供一个改进方案。

复习思考题

1. 现代企业为什么越来越重视人力资源管理?
2. 人力资源培养的方法有哪些?同时请说明每一种方法的优缺点。
3. 请阐述使用人力资源应遵循的原则。
4. 人力资源考核的内容有哪些?
5. 请阐述薪酬设计的流程以及每一个步骤的主要职责。

第九章
企业物流管理

本章要点

*物流和物流管理的概念
*国外物流管理发展的主要历程
*物流管理的内容
*仓储管理
*配送管理
*供应链管理

案例导入

耐克公司的物流管理

耐克的成功,除了品牌经营、广告宣传因素外,其先进、高效的物流系统,也是必不可少的因素之一。耐克公司非常注重其物流系统的建设,跟踪国际先进的物流技术的发展,及时对其系统进行改进,可以说其物流系统是一个国际领先的、高效的货物配送系统。

1. 耐克在全球布局物流网络以快速响应市场需求

公司在美国有三个配送中心,其中在孟菲斯有两个。在田纳西州孟菲斯市的耐克配送中心,运行于1983年,是当地最大的自有配送中心。作为扩张的一部分,耐克建立了三层货架的仓库,并安装了新的自动补货系统,使得耐克能够保证在用户发出订单后48小时内发出货物。耐克公司在亚太地区生产出的产品,通过海运经西海岸送达美国本土,再利用火车经其铁路专用线运到孟菲斯,最后运抵耐克的配送中心。所有的帽子、衬衫等产品都从孟菲斯发送到美国各地,每天都要发送35万到50万单位的衣物。当销量进一步增大时,耐克迅速对其物流管理进行了改变,采用了实时的仓库管理系统,并使用手持式和车载式无线数据交换器,使得无纸化分拣作业成为可能,增加了吞吐能力和库存控制能力,同时还尽力从自动化中获取效益而不会产生废弃物。设备升级后配送中心吞吐能力提高了一倍多,从每8小时的10万件提高到了25万件,设计最高日工作量为75万件。而且,这套系统能非常容易地处理任何尺寸和形状的货物。随着效率的提高,全部生产力从每工作小时40~45装运单位提高到了每工作小时73装运单位。订单精确率也提高到了99.8%。

除在美国外,耐克在欧洲也加强物流系统建设。耐克在欧洲原有20多个仓库,分别位于20多个国家。这些仓库之间是相互独立的,这使得耐克的客户服务无法做到非常细致。另外,各国家的仓库只为本国的消费进行准备,也使得其供货灵活大打折扣。经过分析,耐克决定关闭其所有的仓库,只在比利时的Meerhout建造一个配送中心,负责在整个欧洲和中东的配送供给。因为这里是一港口城市,交通比较便利,并且在地理上也位于欧洲中心。Meerhout 配送中心于 1994 年开始运营,配送中心有着一流的物流设施、物流软件,以及 RF 数据通讯,从而使其能将其产品迅速地运往欧洲各地。

在亚洲,耐克巩固在日本的配送基础,设计了世界上最先进高密度的配送中心,这种设施可以满足未来七年销售量增长的需要。耐克在中国运输方式主要是公路运输,在中国境内生产的产品委托第三方物流公司以公路货运的方式运往设在中国主要城市的耐克公司办事处的仓库。各个代理公司自备车辆,到耐克公司当地的办事处仓库提货,运往自己的仓库,再运往代理公司的各个店铺。

2. 使用电子商务物流方案,部分物流业务外包

耐克在选择物流合作伙伴时总是选择有经验的、国际专业性的、可以信任的服务商。

在 2000 年年初,耐克开始在其电子商务网站上进行直接到消费者的产品销售,并且扩展了提供产品详细信息和店铺位置的功能,这部分销售的物流业务,由 UPS 环球物流给予实现。UPS 环球物流除及时送货外,还附加进行存货管理、回程管理和一个客户呼叫中心的管理。消费者在呼叫耐克客户服务中心的时候,实际上是在同 UPS 电话中心的职员通话,这些职员将这些订单以电子数据方式转移到 UPS 的配送中心,配送中心存储了大量的耐克鞋及其他体育用品,每隔一个小时完成一批送货,并将这些耐克用品装上卡车运到航空枢纽。这样,耐克公司不仅省下了人头开支,而且加速了资金周转。

耐克在美国的另一个物流合作伙伴是 MENLO 公司。该公司是一家从事全方位合同物流服务的大型公司,其业务范围包括货物运输、仓储、分拨及综合物流的策划与管理。该公司年运输批次达到 200 万,运量相当于 110 亿磅,并拥有 800 万平方英尺的仓储设施,业务活动遍及美国 50 个州及加拿大、拉丁美洲、欧洲和太平洋周边地区,耐克在日本的合作伙伴——岩井是一个综合性的贸易公司,是全球 500 强之一,公司每年的贸易额高达 715 亿美元。它主要负责日本地区耐克商品的生产、销售和物流业务。这些大型的物流公司帮助耐克完成了迅捷的客户服务。

无论从工作效率和服务水平上说,耐克的物流系统都是非常先进高效的。其战略出发点就一个消费地域由一个大型配送中心来服务,尽量取得规模化效益。耐克还非常注意物流技术的进步,积极采用新的高效的科技,新的科学的管理方法,来降低成本和提高工作效率。根据耐克的 1999 年财政年度报告,耐克公司 1999 年总收入为 87.8 亿美元,净收入为 45140 万美元,比 1998 年增长了 13%,毛利润占总收入的比例由 1998 年的 36.5% 上升到 1999 年的 37.4%。公司 1999 年的货物存货在所有地区均有所降低,最明显的是亚太地区,下降了 31%,欧洲减少 26%,美国则减少了 4%。由于高效的物流管理,降低了经营成本和库存管理费用,耐克打算在今后几年里每年将继续削减约 3600 万美元的费用,这些费用包括裁减员工、降低包装费用,减少租赁费及清理没有用处的设备。

问题:

阅读案例,归纳耐克公司在物流管理方面的经验。

第九章 企业物流管理

第一节 企业物流管理概述

一、物流管理的概念

(一)物流的概念

"物流"一词,最早是在20世纪50年代从美国的"physical distribution"一词演变而来的,简称"PD",原意是指"物的分发",指的是实物流通过程中的商品实体运动,是与商品销售有关的物流活动。到了20世纪60年代,日本改称为"物流"。

关于物流的概念,由于人们对物流的认识有一个不断深化的过程,所以目前还没有一个严格的定义。

美国最早对物流的定义是在20世纪50年代,定义为:"物流系指军队运输、补给及屯驻。"后来人们逐渐认识到,物流不仅发生在军事后勤系统,而是普遍地存在于一般的经济体系中,包括企业界、交通运输部门、城市规划中的交通运输系统等。物流活动不论其发生在哪些部门、哪些地区,一般都包括运输和存储活动,并要适时适地提供所需的产品。

1963年,美国物流管理协会对物流管理的定义为:"为了计划、执行和控制原材料、在制品库存及制成品从起源地到消费地的有效率的流动而进行的两种或多种活动的集成。这些活动包括顾客服务、需求预测、交通、库存控制、物料搬运、订货处理、零件及服务支持、工厂及仓库选址、采购、包装、退货处理、废弃物回收、运输、仓储管理。"但是,实体配送表达的领域较为狭窄,物流的概念更宽广、连贯和整体。后来,对这个概念进行了修订,将定义中的"原材料、在制品、制成品"修改为"货物、服务",这大大拓展了物流的内涵与外延,既包括生产物流,也包括服务物流。

20世纪70年代后期,被采用的定义为:"物流管理是为了便利产品的流通,从物料的获取到最终消费点之间,所有储运活动的计划、组织与控制,并包括有关信息的沟通,以达成顾客服务水平与成本之间的平衡,克服时间与空间的障碍。"

20世纪80年代,美国物流管理协会将物流定义为:"以满足客户需求为目的,对货物、服务及相关信息从供应地到消费地的高效率、低成本流动和储存而进行的计划、实施和控制过程。"物品流动也完成了从实体配送向现代物流的转变。

20世纪五六十年代,日本的企业界和政府为了提高产业劳动率,组织了各种专业考察团到国外考察学习,公开发表了详细的考察报告,全面推动了日本生产经营管理的发展。1956年日本流通技术考察团考察美国引入物流观念后,1958年6月又组织了流通技术国内考察团对日本国内的物流状况进行了调查,这大大推动了日本物流的研究。在1961—1963年上半年,日本将物流活动和管理称为"PD",即"physical distribution"的缩写。到1963年下半年,"物的流通"一词开始登场,日通综合研究所1964年6月《输送展望》杂志中刊登了日通综合研究所所长金谷璋的标题为"物的流通的新动向"的演讲稿,正式运用"物的流通"概念来取代原来直接从英语中引用过来的"PD",在物流概念导入日本的过程中,物流已被认为是一种综合行为,即"各种活动的综合体",也就是说既被理解为商品从生产到消费的流通过程,又被认为是流通过程各种活动中物理商品的取汲活动。因此,"物的流通"一词包含了"运输""配送""装卸""保管""在库管理""包装""流通加工"和"信息传递"等各种活动。此后,物流行业在日本不断蓬勃发展。物流的内涵与外延也在不断丰富。

中国物流的发展,在20世纪实现了从无到有和从小到大两个阶段的变化。物流概念的引入是在20世纪70年代末,把物流作为一门学科进行研究是在20世纪80年代中期以后。关于物流的概念,2001年8月1日颁布实施的中华人民共和国国家标准《物流术语》(GB/T18354—2001)将物流定义为:"物品从供应地向接受地的实体流动过程。根据实际需要,将运输、储存、装卸、搬运、包装、流通加工、配送、信息处理等基本功能进行有机结合。"这一定义实际上是对物流活动过程所作的客观描述。在这个概念中,还需要明确以下两个问题:①关于"物"的概念。物流中的"物"是指一切可以进行物理性移动的物质资料和物流服务。物质资料包括物资、物料和货物,从经济用途上,包括生产资料和生活资料。物流服务包括货物代理和物流网络服务。②关于"流"的概念。从一般意义上讲,物流中的"流"是上述物的一种物理性运动形式。这种运动无论在哪种情况下,都要有一系列的活动才能实现,如包装、装卸搬运、储存保管等。物流中的"流"存在于社会再生产的全过程,包括生产领域、流通领域和消费领域。

(二)物流管理的概念

《物流术语》中对物流管理的定义为:"为了以最低的物流成本达到客户所满意的服务水平,对物流活动进行的计划、组织、协调与控制。"换句话说,物流管理是对原材料、半成品和成品等物料在企业内外流动的全过程所进行的计划、实施、控制等活动。这个全过程就是指物料经过的包装、装卸、搬运、运输、储存、流通加工、物流信息等物流运动的全部过程。

从宏观上来讲,物流管理是指在社会再生产过程中,根据物质资料实体流动的规律,应用管理的基本原理和科学方法,以物流系统为研究对象,对物流活动进行计划、组织、指挥、协调、控制和监督,使各项物流活动实现最佳的协调与配合,以降低物流成本,提高物流效率和经济效益,不断促进物流业的发展,更好地为社会主义现代化和提高人民生活水平服务。

二、物流管理的发展沿革

(一)物流管理的产生

随着生产技术和管理技术的提高,企业之间的竞争日趋激烈,竞争的焦点开始从生产领域转向非生产领域,转向过去那些分散、孤立的,被视为辅助环节的,诸如运输、存储、包装、装卸、流通加工等物流活动领域。人们开始研究如何在这些领域里降低物流成本,提高服务质量,创造"第三个利润源泉"。

(二)国外物流管理发展的主要历程

自20世纪初物流概念产生至今,物流及其管理活动经历了各种各样的变化和发展。在理论研究方面,目前,国内外已形成了许多相关的协会和组织,物流作为"第三利润源泉"已引起了许多人的关注,现代物流管理已成为管理学中一门非常重要的学科。在实践上,随着计算机技术的发展、全球营销的不断开展,物流产业也前所未有地得到了扩大。关于物流管理的发展过程,从国际范围上看大致经历了以下三个阶段。

1. 运输管理阶段

物流管理起源于第二次世界大战中军队输送物资装备所发展出来的储运模式和技术。

第九章 企业物流管理

在第二次世界大战后这些技术被广泛应用于工业界,并极大地提高了企业的运作效率,为企业赢得了更多客户。当时的物流管理主要针对企业的配送部分,即在成品生产出来后,如何快速而高效地经过配送中心把产品送达客户,并尽可能维持最低的库存量。美国物流管理协会叫做实物配送管理协会,而加拿大供应链与物流管理协会则叫做加拿大实物配送管理协会。

在这个初级阶段,物流管理只是在既定数量的成品生产出来后,被动地去迎合客户需求,将产品运到客户指定的地点,并在运输的领域内去实现资源最优化使用,合理设置各配送中心的库存量。准确地说,这个阶段物流管理并未真正出现,有的只是运输管理、仓储管理、库存管理。物流经理的职位当时也不存在,有的只是运输经理或仓库经理。

2. 物流管理阶段

现代意义上的物流管理出现在20世纪80年代。人们发现利用跨职能的流程管理的方式去观察、分析和解决企业经营中的问题非常有效。通过分析物料从原材料运到工厂,流经生产线上每一个工作站,产出成品,再送到配送中心,最后交付给客户的整个流通过程,企业可以消除很多看似高效率却实际上降低了整体效率的局部优化行为。因为每个职能部门都想尽可能地利用其产能,没有留下任何富余,一旦需求增加,则处处成为瓶颈,导致整个流程的中断。又比如运输部作为一个独立的职能部门,总是想方设法降低其运输成本,这本身是一件天经地义的事,但若因此而将一笔需加快的订单交付海运而不是空运,虽然省下了运费,却失去了客户,导致整体的失利。所以,传统的垂直职能管理已不适应现代大规模工业化生产,而横向的物流管理却可以综合管理每一个流程上的不同职能,以取得整体最优化的协同作用。

在这个阶段,物流管理的范围扩展到除运输外的需求预测、采购、生产计划、存货管理、配送与客户服务等,以系统化管理企业的运作达到整体效益的最大化。一个典型的制造企业,其需求预测、采购和原材料运输环节通常叫做进向物流,材料在工厂内部工序间的流通环节叫做生产物流,而配送与客户服务环节叫做出向物流。物流管理的关键则是系统管理从原材料在制品到成品的整个流程,以保证在最低的存货条件下,物料畅通地买进、运入、加工、运出并交付到客户手中。对于有着高效物流管理的企业的股东而言,这意味着以最少的资本作出最大的生意,产生最大的投资回报。

3. 供应链管理阶段

20世纪90年代随着全球一体化的进程,企业分工越来越细化。各大生产企业纷纷外包零部件生产,把低技术、劳动密集型的零部件转移到人工最廉价的国家去生产。以美国的通用、福特、戴姆勒—克莱斯勒三大车厂为例,一辆车上的几千个零部件可能产自十几个不同的国家,几百个不同的供应商。这样一种生产模式给物流管理提出了新课题:如何在维持最低库存量的前提下,保证所有零部件能够按时、按质、按量,以最低的成本供应给装配厂,并将成品车运送到每一个分销商。

这已经远远超出一个企业的管理范围,它要求与各级供应商、分销商建立紧密的合作伙伴关系,共享信息,精确配合,集成跨企业供应链上的关键商业流程,才能保证整个流程的畅通。只有实施有效的供应链管理,方可达到同一供应链上企业间协同作用的最大化。市场竞争已从企业与企业之间的竞争转化到供应链与供应链的竞争。

在这样的背景下,加拿大物流管理协会于2000年改名为加拿大供应链与物流管理协会。美国物流管理协会曾试图扩大物流管理概念的外延来表达供应链管理的理念,最后因多方反对,不得不修订物流管理概念,承认物流管理是供应链管理的一部分。

(三)中国物流管理的发展历程及内容

1. 物流的形成阶段(新中国成立初到 1965 年)

在此阶段国民经济开始恢复,工业生产较快增长,交通运输建设有了较大进展,社会商品流通不断扩大,物流也得到相应的发展。流通部门相继建立了储运公司、仓储等附属于专业公司、批发站的"商物合一"型、兼营性的物流企业。国家对物流比较重视,专业性的物流企业得到了加强和发展,物流人才的培养也引起各部门的重视和关注,是我国物流业务的形成阶段。

2. 物流发展的停滞阶段(1966—1976 年)

在这一阶段经济发展遭到破坏,国家建设停滞。物流也和其他行业一样维持现状或处于停滞状态,个别地方物流企业遭到破坏。

3. 物流管理的较快发展阶段(1977—1990 年)

随着国内商品流通和对外贸易的不断扩大,在此阶段我国物流有了很大的发展。流通部门的专业性和兼营的物流企业不断增强,生产部门也开始重视物流合理化的研究。在交通运输方面增加了公路、铁路、港口、码头,部分区段实现电气化、高速化,并增加了车辆、改进了技术设备,开展了联合运输、散装运输和集装箱运输等先进的运输方式。外贸部门还开展物流对外服务,使物流向国际化方向迈进。

4. 物流管理高速发展阶段(1991 年至今)

这一阶段生产过程越来越建立在流通的基础上,物流受到重视。在运输领域引进了一批具有国际先进水平的物流技术设备,并在一些部门、地区和企业逐步使用了电子计算机等先进的技术设备。货运委托代办、联运、货物配载、信息咨询、理货打包仓储保管、中转等运输服务也迅速发展。配送等现代的流通方式在 80 多个城市试点,配送物资过百种。在一些大、中城市出现了新型的物流服务公司。物流的信息受到重视,全国性的物流信息系统正在建立。我国物流业正进入一个自觉调整的发展阶段。

三、物流管理的主要内容

(一)物流管理的层次

从企业经营的角度讲,物流管理是以企业的物流活动为对象,以最低的成本向用户提供满意的物流服务,对物流活动进行的计划、组织、协调和控制。根据企业物流活动的特点,企业物流管理可以从以下三个层次展开。

1. 物流战略管理

企业物流战略管理是指站在企业长远发展的立场上,就企业物流的发展目标、物流在企业经营中的战略定位、物流服务水准以及物流服务内容等问题作出整体规划。

2. 物流系统设计与运营管理

企业物流战略确定以后,为了实施战略,必须要有一套得力的实施手段和工具,即物流运作系统。作为物流战略制定后的下一个实施阶段,物流管理的任务是涉及物流系统和物流能力,对物流系统运营进行监控,并根据需要调整系统。

3. 物流作业管理

根据业务需求,制定物流作业计划,按照计划要求对物流作业活动进行现场监督和指导,并对物流作业的质量进行监控。

(二)物流管理的内容

1. 物流基本活动管理

对物流活动诸要素的管理,包括运输管理、储存管理、装卸搬运管理、保管管理、配送管理、流通加工管理和物流信息管理等。

2. 物流基本要素管理

对物流系统诸要素的管理,即对其中人、财、物、设备、方法和信息六大要素的管理,包括人力资源管理、物流技术管理、物流设施管理、物流成本管理等。

3. 物流基本职能管理

对物流活动中具体职能的管理,主要包括物流计划、质量、技术、经济等职能的管理,包括物流战略管理、物流计划管理、物流组织管理、物流运行监控等。

(三)现代物流管理的特点

与传统物流管理相比较,现代物流管理具有以下四个方面的特点:

1. 以实现客户满意为第一目标

现代物流是基于企业经营战略,从客户服务目标的设定开始,进而追求客户服务的差别化。它通过物流中心、信息系统、作业系统和组织构成等综合运作,提供客户所期望的服务,在追求客户满意最大化的同时,求得自身的不断发展。

2. 以企业整体最优为目的

企业物流既不能单纯追求单个物流功能的最优,也不能片面追求各"局部物流"最优,而应实现企业整体最优。

3. 以信息为中心

信息技术的发展带来了物流管理的变革,物流信息技术的运用和供应链物流管理方法的实践,都是建立在信息基础上的,信息成为现代物流管理的中心。

4. 重效率,更重效果

原来的物流以提高效率降低成本为重点,而现代物流不仅重视效率方面的因素,更强调整个物流过程的效果,即若从成果角度看,有的活动虽然使成本上升,但它有利于整个企业战略目标的实现,则这种活动仍然可取。

四、物流服务管理

(一)物流服务的定义

物流服务是企业为了满足客户的物流需求,进行一系列物流活动的结果。

物流服务本身不创造商品的形质效用,而是产生空间效用和时间效用。现代物流管理的核心是在成本有效的范围内,向物流需求方及时有效地供应物品和服务。现代物流管理以客户满意为首要目标,在物流企业经营战略中确立客户服务的标准,通过物流服务差异化途径保证物流服务的高水平。

(二)物流服务的作用

1.物流服务成为市场细分营销的重要环节

在从大批量生产和销售的规模营销转向细分市场营销后,市场的多样化和分散化使企业不断地符合各种类型与不同层次的市场要求,企业根据差别化战略对客户进行差异化服务,物流服务是差别化营销的重要方式和途径。

2.物流服务水平是构建物流系统的前提条件

物流的形式将随物流服务水平不同而变化。因此,物流服务水平是构建物流系统的前提条件。企业的物流网络如何规划,物流设施如何设置,物流战略怎样制定,都必须建立在一定的物流服务水平之上。不确定一定的物流服务水平而空谈物流,是"无源之水,无本之木"。

3.物流服务水平对经营效益的作用

企业的物流成本控制决定企业的物流服务是有限的。因此,在制定合理的企业预期物流服务时,必须考虑到对企业经济效益的影响,特别是对一些非常规紧急物流服务,应考虑其成本适当化,保证经营效益不受太大影响。

4.物流服务水平是降低物流成本的依据

物流在降低成本方面起着重要的作用,而物流成本的降低必须首先考虑物流服务水平,在保证一定物流服务水平的前提下尽量降低物流成本。从这个意义上说,物流服务水平是降低物流成本的依据。

5.物流服务有效推动了供应链的运作

对供应链的所有成员提高物流服务,将导致整个流通过程中不断调整企业应对市场的策略,进而创造出一种超越单个企业的供应链价值。

(三)物流服务分类

1.基本物流服务

物流服务通过功能要素的活动实现,包括包装、运输与配送、储存、流通加工以及相关的物流信息。物流基本服务实现物品的空间效用、时间效用和流通加工效用,提供可靠性和及时性。

(1)运输功能。运输功能是物流服务的基本服务内容之一。物流的主要目的就是要满足客户在时间和地点两个条件下对一定货物的要求,时间的变换和地点的转移是实现物流价值的基本因素。企业既可以通过拥有车辆的方式自己设计运输系统,也可将这项物流业务外包给第三方——专业物流公司。

(2)储存功能。它是物流服务的第二大职能,实现了物流的时间价值。对于企业来说,储存功能是通过一定的库存来实现的。与运输一样,企业既可以构建自己的仓库或租用仓库来对产品进行管理,也可以交给第三方物流企业来完成这项功能。

(3)配送功能。这是物流服务的第三大职能。配送是将货物送交收货人的一种活动,目的是要做到收发货经济,运输过程更为完善,保持合理库存,为客户提供方便,可以降低缺货的危险,减少订发货费用。

(4) 装卸功能。这是为了加快商品的流通速度必须具备的功能,无论是传统的商务活动还是电子商务活动,都必须具备一定的装卸搬运能力,通过提供更加专业化的装载、卸载、提升、运送、码垛等装卸搬运机械,以提高装卸搬运作业效率,减少作业对商品造成的破损。

(5) 包装功能。物流的包装作业目的不是要改变商品的销售包装,而是通过对销售包装进行组合、拼配、加固,形成适于物流和配送的组合包装单元。

(6) 流通加工功能。流通加工的主要目的是方便生产或销售,专业化的物流中心常常与固定的制造商或分销商进行长期合作,为制造商或分销商完成一定的加工作业,比如贴标签、制作并粘贴条形码等。

(7) 信息处理功能。由于现代物流系统的运作已经离不开计算机,因此可以将物流各个环节及各种物流作业的信息进行实时采集、分析、传递,并向货主提供各种作业明细信息及咨询信息,这是相当重要的。

2. 增值服务

增值服务是指针对特定客户或特定的物流活动,在基本服务基础上提供的定制化服务,它是超出基本服务范围之外的附加性服务。物流增值服务的内容包括以客户为核心的服务、以促销为核心的服务、以制造为核心的服务和以时间为核心的服务。

(1) 以客户为核心的服务。以客户为核心的增值服务是向买卖双方提供利用第三方专业人员配送产品的各种可供选择的方式。

例如,美国 UPS 公司开发的独特服务系统,专门为批发商配送纳贝斯克食品公司的快餐食品,这种配送方式不同于传统的糖烟配送服务。这些增值活动的内容包括:处理客户向制造商的订货,直接送货到商店或客户家,以及按照零售商的需要及时地持续补充送货。这类专门化的增值服务可以被有效地用来支持新产品的引入,以及基于当地市场的季节性配送。

(2) 以促销为核心的服务。以促销为核心的增值服务是指为刺激销售而独特配置的销售点展销及其他各种服务。

销售点展销包含来自不同供应商的多种产品,组合成一个多结点的展销单元,以便于适合特定的零售商品。在许多情况下,以促销为核心的增值服务还包括对储备产品提供特别介绍、直接邮寄促销、销售点广告宣传和促销材料的物流支持等。

(3) 以制造为核心的服务。以制造为核心的物流服务是通过独特的产品分类和配送来支持制造活动的物流服务。

这种增值服务的核心是将流通加工活动提前至生产加工阶段进行,根据客户的需要,对产品进行最终的修正和调整,以适应特定客户的需求,其结果是使服务得到了极大的改善。这些活动在物流系统中都是由专业人员承担的。这些专业人员能够在客户的订单发生时对产品进行最后定型,利用的是物流的时间延迟。

(4) 以时间为核心的服务。以时间为核心的增值服务的主要特征是消除不必要的仓库设施,减少重复装卸、搬运活动,最大限度地提高服务速度。

以时间为核心的增值服务的一种流行形式就是准时化。在准时化概念下,供应商先把商品送进工厂附近的仓库,当需求产生时,仓库就会对由多家供应商提供的产品进行重新的分类、排序,然后送到配送线上。比如,汽车装配线以准时制的零部件配送代替传统的车间内仓库,进而以同步零件输送线供应组装所需的零件。基于时间的物流战略是竞争优势的一种主要形式。

第二节 仓储管理

一、仓储管理概述

(一)仓储的概念

仓储是仓库储存和保管的简称,一般是指从接受储存物品开始,经过储存保管作业,直至把物品完好地发放出去的全部活动过程。概括地讲就是指通过仓库对暂时不用的物品进行收存、保管、交付使用的活动过程。在这个活动过程中包括存货管理和各项作业活动,即静态的物品储存和动态的物品存取。

仓储活动是随着社会化大分工和商品交换而逐步产生和发展的。自从人类社会开始有了剩余产品,物品储存就成为一切社会形态的一种社会经济现象。特别是在社会化大生产占主导地位的现代社会里,具有一定规模的物品储存更是经济发展的客观要求。

(二)仓储的作用

1. 仓储是确保社会再生产顺利进行的必要条件

及时、齐备、按质、按量供应生产建设所需物资是确保社会再生产顺利进行的必要条件。

2. 仓储是保持商品使用价值和合理使用的重要手段

任何一种商品,从生产出来到消费之前,由于其本身的性质、所处的条件以及自然的、社会的、经济的、技术的因素,都可能使商品在数量上减少、质量上降低,如果不创造必要的条件,就不可避免地使商品造成损害。因此,必须进行科学的管理,加强对商品的养护,搞好仓储活动,以起到对商品的保值作用。

3. 仓储可以加快资金周转、节约流通费用,降低物流成本

搞好物资的仓储活动,可以减少物资在仓储过程中的物质耗用和劳动消耗,可以加速物资的流通和资金的周转,从而节省费用支出,降低物流成本,开拓"第三利润源泉",提高社会的、企业的经济效益。

(三)仓储的功能

1. 储存功能

现代社会生产的一个重要特征就是专业化和规模化生产,劳动生产率极高,产量巨大,绝大多数产品都不能被及时消费,需要经过仓储手段进行储存,这样才能避免生产过程堵塞,保证生产过程能够继续进行。另一方面,对于生产过程来说,适当的原材料、半成品的储存,可以防止因缺货造成的生产停顿。而对于销售过程来说,储存尤其是季节性储存可以为企业的市场营销创造良机。适当的储存是市场营销的一种战略,它为市场营销中特别的商品需求提供了缓冲和有力的支持。

2. 保管功能

生产出的产品在消费之前必须保持其使用价值,否则将会被废弃。这项任务就需要由仓储来承担,在仓储过程中对产品进行保护、管理,防止损坏而丧失价值。在保管过程中要选择合造的储存场所,采取合适的养护措施。

3. 加工功能

保管物在保管期间,保管人根据存货人或客户的要求对保管物的外观、形状、成分构成、尺度等进行加工,使仓储物发生所期望的变化。比如,对保鲜、保质要求较高的水产品、肉产品、蛋产品等食品,可进行冷冻加工、防腐加工、保鲜加工等;对金属材料可进行喷漆、涂防锈油等防锈蚀的加工;对钢材卷板的舒展、剪切加工;对平板玻璃的开片加工;将木材直接加工成各种型材,可使消费者直接使用;对钢材、木材的集中下料,搭配套材,减少边角余料,可节省原材料成本和加工费用。对配送的物品进行各种加工活动,如拆整化零,定量备货。

4. 整合功能

整合是仓储活动的一个经济功能。通过这种安排,仓库可以将来自于多个制造企业的产品或原材料整合成一个单元,进行一票装运。其好处是有可能实现最低的运输成本,也可以减少由多个供应商向同一客户进行供货带来的拥挤和不便。

5. 分类和转运功能

分类就是将来自制造商的组合订货分类或分割成个别订货,然后安排适当的运力运送到制造商指定的个别客户。

仓库从多个制造商处运来整车的货物,在收到货物后,如果货物有标签,就按客户要求进行分类;如果没有标签,就按地点分类,然后使货物不在仓库停留而直接装到运输车辆上,装满后运往指定的零售店。

6. 提供信用保证

在大批量货物的实物交易中,购买方必须检验货物、确定货物的存在和货物的品质,方可成交。购买方可以到仓库查验货物。由仓库保管人出具的货物仓单是实物交易的凭证,可以作为对购买方提供的保证。仓单本身也可以作为融资工具,可以直接使用仓单进行质押。

7. 市场信息的传感器

任何产品的生产都必须满足社会的需要,生产者都需要把握市场需求的动向。社会仓储产品的变化是了解市场需求极为重要的途径。仓储量减少、周转量加大,表明社会需求旺盛;反之则为需求不足。厂家存货增加,表明其产品需求减少或者竞争力降低,或者生产规模不合适。仓储环节所获得的市场信息虽然比销售信息滞后,但更为准确和集中,且信息成本较低。现代企业生产特别重视仓储环节的信息反馈,将仓储量的变化作为决定生产的依据之一。现代物流管理特别重视仓储信息的收集和反应。

(四)仓储管理的概念

仓储管理是指对仓库和仓库中储存的货物进行管理,是仓储机构为了充分利用所具有的仓储资源(包括仓库、机械、人、资金、技术),提供高效的仓储服务所进行的计划、组织、控制和协调过程。

仓储管理的内涵随着其在社会经济领域中的作用的不断扩大而变化。仓储管理从单纯意义上对货物存储的管理,已转变为物流过程中的中心环节,它的功能已不是单纯的货物存储,而是兼有包装、分拣、整理、简单装配等多种辅助性功能。

(五)仓储管理的原则

1. 效率原则

效率是指在一定劳动要素投入量时的产品产出量。高效率是现代生产的基本要求。仓储效率表现在作业效率、仓容利用率、货物周转率以及破损率和差错率指标上。

仓储成本是物流成本的重要组成部分,因而仓储效率的提高关系到整个物流系统的效率和成本。在仓储管理过程中要充分发挥仓储设施设备的作用,提高仓库设施和设备的利用率;要充分调动仓库生产人员的积极性,提高劳动生产率;要加速在库物品周转,缩短物品在库时间,提高库存周转率。

2. 效益原则

企业生产经营的目的,就是要获得最大的经济效益,而利润是经济效益的表现形式。利润大,经济效益好;反之,经济效益差。

$$利润＝经营收入－经营成本－税金$$

从这个公式中可以看出,要实现利润最大化则需要实现经营收入最大化和经营成本最小化。

3. 服务原则

仓储活动本身就是向社会提供服务产品、围绕服务定位,如提供服务、改善服务、提高服务质量,要在经营成本和服务水平间寻找平衡。不能因一味降低经营成本而降低服务水平,如运输过程中,一路揽货提高运输效率,但造成运货时间耽误;也不能不计成本,一味追求服务水平,如为吸引客户而提供无原则的服务标准,将会造成缺乏经济效益。

二、商品入库管理

商品入库是商品进入仓库的首要环节,是仓储作业的开始,是商品保管工作的基础,入库工作的好坏直接影响到后续工作的开展。因此,必须对入库作业进行系统的管理,科学地组织入库作业流程。商品入库管理,是根据商品入库凭证,在接受入库商品时所进行的卸货、查点、验收、办理入库手续等各项业务活动的计划和组织。入库作业主要包括入库交接、入库验收和入库手续办理。

(一)商品入库交接

由于货物到达仓库的形式不同,除了一小部分由供货单位直接运到仓库交货外,大部分要经过铁路、公路、航运、空运和短途运输等运输工具转运。凡经过交通运输部门转运的商品,都必须经过仓库接运后才能进行入库验收。因此,货物的接运是入库业务流程的第一道作业环节,也是仓库直接与外部发生的经济联系。商品接运是商品入库和保管的前提,接运工作完成的质量直接影响商品的验收和入库后的保管保养。商品接运的主要方式有以下两种:

1. 提货

(1)到承运单位提货。到承运单位提货是物流中心组织货源的一种重要形式,对于这种提货方式应进行合理组织、精心安排。

①物流中心应组织专门人员及提货车辆进行提货业务,在提货前要求做好各种准备。如提货人员要了解所提货物的品名、规格、数量、到货时间和交货情况,根据到货量的多少,组织

装卸人员、车辆及机具。

②提货时,应根据运单及有关资料详细核对所提货物的品名、规格、数量,并要注意商品外观,查看包装铅封是否完好。若存在品名、数量等不符情况,应当场要求承运部门检查,对于短缺、破损、受潮、变质等情况,提货人员当场要求其出具铁路货运记录、普通记录或公路运输交接单。

③商品入库后,提货员要与保管员密切配合,使提运、验收、入库堆码等作业尽可能一次完成,提高作业工作效率。

(2)到供货单位提取货物。到供货单位提取货物是仓库受托运方的委托,直接到供货单位提货的一种形式。其作业内容和程序主要是当货栈接到托运通知单后,做好一切提货准备,并将提货与物资的初步验收工作结合在一起进行。最好在供货人员在场的情况下,当场进行验收。因此,接运人员要按照验收注意事项提货,必要时可由验收人员参与提货。

(3)承运单位送货到库。交通运输等承运部门受供货或货主委托送货到库。接货要求与供货单位送货到库的要求基本相同。所不同的是发现错、缺、损等问题后,除了要送货人员当场出具书面证明、签章确认外,还要及时向供货单位和承运单位发出查询函电并作有关记录。

除了以上几种方式外,接运的方式还有铁路专用线到货接运、供货单位送货到库等。

2. 办理交接手续

货物到库后,仓库收货人员首先要检查货物入库凭证,然后根据入库凭证开列的收货单位和货物名称与送交的货物内容和标记进行核对,然后就可以与送货人员办理交接手续。交接手续通常是由仓库保管员在送货回单上签名盖章表示货物收讫。如果在以上工序中发现有异常情况,必须在送货单上详细注明并由送货人员签字,或由送货人员出具差错、异常情况记录等书面材料,作为事后处理的依据。

(二)商品入库验收

商品入库验收是根据合同或标准的规定要求,对入库的商品的品质、数量、包装等进行检验查收的总称。凡商品进入仓库储存,必须经过检查验收,只有验收后的商品方可入库保管。

1. 质量检验

质量检验是鉴定商品的质量指标是否符合规定。质量检验分外观质量检验和内在质量检验。前者是从外观、外包、规格、品种等方面进行检验,后者是由专业技术检验单位进行。检验方法有感官检验和理化检验两种。感官检验一般是由仓库保管员在验收商品时凭感官检查商品的包装、外观等,理化检验一般由技术检验部门进行取样测定。

2. 数量检验

商品运到后,收货人员要按商品入库单清点商品数量。商品数量检验包括点件查数、抽验查数和检斤换算等方法。点件查数法是指按件、只、台等计量的商品检验方法,即逐件、逐日、逐台进行点数加总求值。抽验查数法是按一定比率开箱验件的方法。一般适合批量大、定量包装的商品。检斤换算法是指通过重量过磅换算该商品的数量,适合商品标准和包装标准的情况。

3. 包装检验

物资包装的好坏、干潮直接关系着物资的安全储存和运输。所以,对物资的包装要进行严格验收,凡是产品合同对包装有具体规定的要严格按规定验收,如箱板的厚度、纸箱、麻包的质量等。对于包装的干潮程度,一般是用眼看、手摸方法进行检查验收。

4. 验收中发现问题的处理

商品在验收中,可能会发现一些问题,验收人员应分不同情况,在有效期内进行处理。对于验收中发现的问题,应根据不同情况,采取不同的方法进行处理。

(1)商品入库凭证不齐或不符时,仓库有权拒收或要求重办入库凭证,将所到商品另行堆放,暂作待验处理,待证件到齐后再进行验收。

(2)凡质量不符合规定时,验收人员应如实慎重填写商品验收记录,并及时通知存货单位,由存货单位向供货单位交涉处理。

(3)数量、型号、规格不符合规定时,应根据造成的原因不同分别进行处理。如果是由于供货单位少发、错发原因引起时,应及时向存货单位和供货单位反映,由存货单位与供货单位协商解决。在问题未解决前,该批商品应单独存放、妥善保管,不得发放出库,以备供货方复查。待问题解决后,再办理入库手续。

(三)商品入库交接

入库物品经过点数、查验之后,可以安排卸货、入库堆码,表示仓库接受物品。在卸货、搬运、堆垛作业完毕后,与送货人办理交接手续,并建立仓库台账。

1. 交接手续

交接手续是指仓库对收到的物品向送货人进行的确认,表示已接收到物品。办理完交接手续,意味着分清运输、送货部门和仓库的责任。完整的交接手续包括以下方面:

(1)接受物品。仓库通过理货、查验物品,将不良物品剔出、退回或者编制残损单证等明确责任,确定收到物品的确切数量、物品表面状态良好。

(2)接受文件。接受送货人送交的物品资料、运输的货运记录、普通记录等,以及随货的在运输单证上注明的相应文件,如图纸、准运证等。

(3)签署单证。仓库与送货人或承运人共同在送货人交来的送货单、交接清单上签署。各方签署后留存相应单证。入库、查验、理货、残损单证、事故报告由送货人或承运人签署。

2. 登账

物品入库,除仓库的财务部门有商品账单凭证结算外,报关业务部门也要建立详细反映库存商品进、出和结存的商品明细账单,用以记录库存商品的动态,并为对账提供依据。

登账的主要内容有:物品名称、规格、数量、件数、累计数或结存数、存货人或提货人、批次、金额,注明货位号或运输工具、接(发)货经办人。

3. 立卡

物品入库或上架后,将物品名称、规格、数量或出入状态等内容填在料卡上,称为立卡。料卡又称为货卡、货牌,插放在货架上物品下方的货架支架上或摆放在货垛正面明显位置。货卡按其作用不同分为货物状态卡、商品保管卡。商品保管卡包括标识卡和储存卡等。

4. 建立档案

建立商品档案,是将商品入库作业全过程的有关资料进行整理、核对,建立资料档案,为商品的保管、出库业务活动创立良好条件。

三、商品出库管理

商品出库,是仓库根据业务部门或存货单位开具的出库凭证,经过审核出库凭证、备料、拣货、分货等业务直到把商品点交给要货单位或发运部门的一系列作业过程。它是仓储作业的结束,是商品保管工作的实现和完成。商品出库工作的好坏直接影响到企业的经济效益和社会效益,因此,及时、准确地做好出库业务工作,是仓储管理的一项重要工作。

(一)商品出库方式

送货与自提是两种基本的发货方式,此外,还有过户、取样、移仓。

1. 送货

送货是指仓库根据货主单位的出库通知或出库请求,通过发货作业把应发物品交由运输部门送达收货单位或使用自有车辆把物品运送到收货地点的发货形式。送货可向外地送货,也可向本地送货。以送货方式出库的手续,须由送料人员办理发料凭证,一式四份,一份送料人签收后交给仓库保管留存并依次核销库存,一份由保管员签章后留存,一份由送料人、保管人共同签章后交给送料单位,一份由送料人、保管人共同签章后交物料统计员。

仓库实行送货具有多方面的好处:仓库可预先安排作业,缩短发货时间;收货单位可避免因人力、车辆等不便而发生的取货困难;在运输上,可合理使用运输工具,减少运费。

2. 自提

自提这种发货形式是由收货人或其代理人持取货凭证直接到库取货,仓库凭单发货。仓库发货人与提货人可以在仓库现场划清交接责任,当面交接并办理签收手续。

3. 过户

过户是一种就地划拨的形式,物品实物并未出库,但是所有权已从原货主转移到新货主的账户中。仓库必须根据原货主开出的正式过户凭证,才予以办理过户手续。

4. 取样

取样是指货主由于商检或样品陈列等需要,到仓库提取货样(通常要开箱拆包、分割抽取样本)。仓库必须根据正式取样凭证发出样品,并做好账务记载。

5. 移仓

移仓是指货主为了业务方便或改变储存条件,将某批库存自甲库转移到乙库。仓库也必须根据货主单位开出的正式转仓单办理转仓手续。

(二)商品出库作业

商品出库作业包括两个内容,即发货前的经常性准备和发放商品出库。

通常情况下,仓库在接到客户通过网络传来或送来的提货单后,为了能准确、及时、安全、节约地做好商品出库,提高工作效率,仓库应根据出库凭证的要求做好以下准备工作:①选择发货的货区、货位;②原件商品的包装整理;③安排好出库商品的堆放场地;④送货上门的商品要备好车辆;等等。

商品出库作业流程的一般程序是:核单—记账—配货—复核—发货。

仓库部门在接到出货凭证后,必须对出库凭证进行审核,包括审核出库凭证的合法性和真实性;核对出库商品的品名、型号、规格、单价、数量;审核出库凭证手续是否齐全、内容是否完整。

出库凭证经审核确实无误后,将出库凭证信息进行处理。记账员将出库凭证上的信息按照规定的手续登记入账,同时在出库凭证上批注出库商品的货位编号,并及时核对发货后的结存数量。

配货过程包括拣货和分货两个环节。拣货就是依据客户出库单或仓储部门的拣货单,尽可能迅速地将商品从其储存位置或其他区域拣取出来的作业过程。在拣货作业完成后,根据客户订单进行货物分类工作,即分货。

为了保证出库商品不出差错,配好货后企业应立即进行出货检查,即复核。复核由复核员按出库凭证对出库商品的品名、规格、单位、数量等进行复核,既要复核单货是否相符,又要复核货位结存量来验证出库量是否正确。检查无误后,复核人在出库凭证上签字,方可包装或交付装运。

复核完成后,有的商品不需要进行包装就可直接装运出库,有的需要进行包装才可装运出库,这时需要加上包装这个作业环节。出库商品无论是要货单位自提,还是交付运输部门发送,发货人员必须向收货人或运输人员撞车逐件交代清楚,划清责任,即进行点交。在点交办完后,应装车发运。

四、仓储成本管理

(一) 仓储成本

仓储成本指仓储企业在储存物品过程中,包括装卸搬运、存储保管、流通加工、收发物品等各项环节和建造、购置仓库等设施设备所消耗的人力、物力、财力及机会成本、风险成本的总和。仓储成本是衡量仓储企业经营管理水平和管理质量高低的重要标志。

(二) 仓储成本的构成

仓储成本的构成要素包括以下方面:

1. 折旧费

折旧费主要包括仓库、堆场等基础设施建设的折旧,仓储设施设备的折旧。

2. 职工薪酬

职工薪酬指仓储企业内各类人员的工资、奖金和各种补贴,以及由企业缴纳的住房公积金、医疗保险、退休基金等。

3. 修理费

修理费是用于大型设备修理的资金每年从经营收入中提取,提取额度一般为设备投资额的3%~5%,专项用于设备大修用。

4. 管理费用

管理费用指仓储企业为组织和管理仓储生产经营所发生的费用,包括行政办公费用、工会经费、职工教育经费、劳动保险经费、排污费、绿化费以及其他管理费等。

5. 财务费用

财务费用是指仓储企业为筹集资金所发生的费用,包括仓储企业作业经营期间所发生的利息支出、汇兑净损失、调剂外汇手续费、金融机构手续费以及筹资所发生的其他财务费用等。

6. 销售费用

销售费用包括企业宣传、业务广告、仓储促销、交易费用等经营活动的支出。

7. 能源费、耗损材料费

能源费、耗损材料费包括动力、电力、燃料、流通加工耗材等,装卸搬运用的工具、索具、绑扎、衬垫、苫盖材料的起用等。

8. 货物仓储保险费

货物仓储保险费是仓储企业对于意外事故或自然灾害造成仓储物品损害所要承担的赔偿责任进行保险所支付的费用。

9. 外协费

外协费是仓储企业在提供仓储服务时由其他企业提供服务所支付的费用,包括业务外包,如配送业务外包。

10. 营业税金

营业税金指由仓储企业承担的税费。

(三) 仓储成本分析与控制

根据成本的性质将仓储成本分为固定成本和变动成本两部分。固定成本是指仓储作业活动过程中,在一定时间内不会随着仓库储存量的大小、仓容利用率的高低变化而变化的成本,即不随着储存量变化而发生变化的成本。变动成本是指在仓储作业活动过程中、在一定时间内随着仓库储存量的增加或减少而成正比例变化的成本,它是与业务量大小直接相关的成本,即随着储存量的变化而发生变化的成本。

从固定成本和变动成本的性质分析,一方面,仓储企业必须有足够多的储存量用来分摊固定成本,合理规划仓储空间,提高设备完好率,减少非生产人员,有效地降低固定成本;另一方面,要在变动成本上下功夫,这就需要加强管理,合理选择备货方式,合理选择流通加工的方式,做好商品养护工作,提高装卸搬运灵活性,提高劳动效率,提高仓储服务质量,降低机具物料的损耗和燃料的消耗,降低风险成本,有效降低变动成本。

1. 储存成本分析与控制

储存成本的分析主要是对固定费用分摊的分析。储存量及储存的规律性会影响储存成本的高低,这是因为仓库的储存量可以"分摊"固定费用,也就是说一定的储存量和稳定的储存规律性可以通过降低单位物品的储存成本来提高储存效益,因此要提高仓库储存量,合理规划仓储空间。

2. 装卸搬运作业成本分析与控制

装卸搬运作业成本主要包括装卸搬运机具的成本和费用,燃、润料消耗费用,人工成本和时间费用等。

(1) 合理选择装卸搬运机具。合理选择和使用装卸搬运机具,是提高装卸效率、降低装卸搬运成本的重要环节。

(2) 提高物品装卸搬运的活性化与可运性。提高物品装卸搬运的活性化与可运性是合理装卸搬运和降低装卸搬运成本的重要手段之一。

(3)利用重力作用,减少能量消耗。在装卸搬运时应尽可能借助物品重力的作用,减轻劳动力和其他能源的消耗。如流动货架、利用地势安装倾斜无动力小型传送带进行物品装卸,使物品依靠本身重量完成装卸搬运作业。

(4)合理选择装卸搬运方式。在装卸搬运过程中,必须根据物品的种类、性质、形状、重量来确定装卸搬运方式。

(5)改进装卸搬运作业方法。装卸搬运是物流的辅助功能之一,是一个重要的环节。合理分解装卸搬运活动,选择适合企业的装卸搬运设备,提高机械化和自动化装卸水平,对于改进装卸搬运作业、提高装卸搬运效率、降低装卸搬运成本有着重要的意义。

3. 备货作业成本分析与控制

备货作业是仓储作业中最繁杂的作业,为了降低备货作业成本,可以采取以下方式:

(1)合理选择备货作业方式。备货的作业方式包括全面分拣、批处理分拣、分区分拣、分拨分拣。

(2)合理安排仓储空间,降低备货成本。在备货作业中,妨碍作业效率提高的主要因素是仓储空间。仓储的空间越大,备货时移动的距离就越长。因此,应合理安排仓储空间,将仓储空间分为保管区和备货区,有利于提高备货的作业效率。

(3)加强货位管理,提高备货作业效率。备货人员必须熟悉物品存放的货位。应用计算机管理的仓库,备货人员可利用仓储管理系统,查出订单中物品的存放位置,提高备货作业效率,有利于降低备货成本。

4. 流通加工成本分析与控制

流通加工成本分析与控制主要考虑在以下几方面的问题:

(1)确定合理的加工能力。
(2)确定合理的流通加工方式。
(3)加强流通加工的生产与管理。

5. 人工费用的分析与控制

如果要使仓储企业对仓储过程中投入的劳动力尽可能充分地利用,并使其能够发挥最大的效用,就应当分析工时利用率。仓储企业还可以通过考察每项主要业务活动所耗用的生产时间的百分比作进一步分析,对劳动实行定量管理。利用这些作业量指标核算成本支出的数据,进行成本控制并达到降低成本的目的。

6. 包装作业成本分析与控制

包装作业成本是影响仓储管理成本的重要成本之一,要考虑以下几个方面的问题:

(1)使用物美价廉的包装材料。
(2)包装作业机械化,提高包装效率。
(3)采用大包装,尽量使包装简单化,节约包装材料。
(4)利用原有包装,加贴新标签。

7. 机具物料和燃料的成本控制

在仓储作业过程中,要使用各种工具,如索具、叉车、吊车、制冷、除湿、通风等的使用,都要耗费燃料、润料、电力和水资源等,要进行有效的控制,把消耗降至最低点。要制定合理的作业流程,尽量减少不必要的重复性作业,避免过度使用设备,提高设备完好率。

8. 提高仓储服务质量,降低仓储成本

一般而言,仓储服务质量越高则仓储成本就越高。但是,仓储服务质量也有极限,因为仓储服务质量的高低与仓储成本不成正比。也就是说,当仓储质量达到一定高度时,仓储质量的增长速度慢于仓储成本的增长速度,这时仓储质量的提高是依靠成本的大幅度提高而提高的,这种质量的提高是不被客户认同的。客户总是希望以最经济的成本得到最佳的服务,所以仓储服务水平应该是在合理的仓储成本之下的服务质量。

9. 降低机会成本和风险成本

物品变质、短少(偷窃)、损害或报废的相关费用构成仓储成本的最后一项。在仓储过程中,物品会因各种原因被污染、损坏、腐烂、被盗或由于其他原因不适于或不能使用,直接造成物品的损失,构成了企业的风险成本;客户未履行合同的违约金以及仓库支付的赔偿金也构成企业的风险成本;保险虽然作为一种保护性措施能帮助企业预防灾害性损失,但保险费也构成风险成本的一部分。此外,对于轻、大和重物、短期储存和长期储存都存在机会成本的问题,企业要根据经验和规律合理解决。

第三节 配送管理

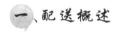

一、配送概述

(一)配送的概念

配送是指按用户订货的要求,以现代送货形式,在配送中心或其他物流据点进行货物配备,以合理的方式送交用户,实现资源的最终配置的经济活动。这个概念说明了以下几个方面的内容:

(1)明确指出按用户订货的要求。所以,配送是以用户为出发点,用户处于主导地位,配送处于服务地位。因此,配送在观念上必须明确"用户第一、质量第一"。

(2)配送的实质是现代送货。配送和传统送货的区别在于,一般送货可以是一种偶然的行为,而配送却是一种体制行为;一般送货是完全被动的服务行为,而配送则是一种有组织、有计划、高效率、优质服务的行为;传统送货依靠自发意识,而配送依靠现代生产力和现代物流科技。

(3)配送是从物流节点至用户的一种特殊送货形式,表现为中转型送货,而不是工厂至用户的直达型。

(4)配与送有机地结合。"配"是指配用户、配时间、配货品、配车辆、配路线;"送"是指送货运输。

(5)强调合理的方式送交用户,即配送者必须以用户要求为依据的同时,应该追求合理性,并指导用户,实现双方都有利可图的商业原则。

(6)配送是对资源的配置作用,是最终配置。

(二)配送的作用

配送与运输、仓储、装卸搬运、流通加工、包装和物流信息融为一体,构成了物流系统的功能体系,其作用表现在以下几个方面:

1. 配送可以降低整个社会物资的库存水平

发展配送,实行集中库存,整个社会物资的库存总量必然低于各企业分散库存总量。同时,配送有利于灵活调度,有利于发挥物资的作用。此外,集中库存可以发挥规模经济优势,降低库存成本。

2. 配送有利于提高物流效率,降低物流费用

采用配送方式,批量进货、集中发货,以及将多个小批量集中于一起大批量发货,都可以有效地节省运力,实现经济运输,降低成本,提高物流经济效益。

3. 对于生产企业来讲,配送可以实现零库存

一方面,对于产成品而言,可以根据需要多少就生产多少,实现产成品零库存;另一方面,对于原材料而言,需要多少,供应商就供应多少,也可以做到零库存,从而大大降低经营成本。

4. 配送对于广大用户而言,提高了物流服务水平

配送能够按时按量、品种配套齐全地送货上门,一方面简化了手续,节省了成本,提高了效率;另一方面,保障了物资供应,满足了人们生产生活的物资需要和服务享受。

5. 配送对于整个社会和生态环境来说,也起着重要的作用

配送可以节省运输车辆、缓解交通紧张状况、减少噪声、尾气排放等运输污染。

(三)配送的构成要素

集货、分拣、配货、配装、配送运输、送达服务以及配送加工等是配送最基本的构成单元。

1. 集货

集货是指将各个用户所需要的各种物品,按需要的品种、规格、数量,从仓库的各个货位拣选集中起来,以便进行装车配送的作业。

2. 分拣

分拣是指将集货形成的集中物品按运输车辆分开来,分别堆放到指定地点的作业或是指按品名、规格、出入库先后顺序进行分门别类的作业。分拣可分为订单拣取和批量拣取。

3. 配货

配货是指使用各种拣选设备和传输装置,按客户的要求将商品分拣出来,配备齐全,送入指定发货区。

4. 配装

配装是指将客户所需的各种货品,按其配送车辆的装载容量进行装载组配。在单个用户配送数量不能达到车辆的有效载运负荷时,就存在如何集中不同用户的配送货物,进行搭配装载以充分利用运能、运力的问题,这就需要配装。

5. 配送运输

配送运输属于运输中的末端运输、支线运输,和一般运输形态的主要区别在于:配送运输是较短距离、较小规模、额度较高的运输形式,一般使用汽车做运输工具。

6. 送达服务

配好的货物运输到用户还不算配送工作的完结,这是因为送达货物和用户接货往往还会产生不协调,使配送前功尽弃。因此,要圆满地实现运货的移交,并有效地、方便地处理相关手续并完成结算,还应讲究卸货地点、卸货方式等。

7. 配送加工

配送加工是指按照配送客户的品种要求所进行的流通加工活动。它可以扩大配送品种的实用度,提高客户的满意程度,提高服务水平,提高配送的吸引力。在配送中,配送加工这一功能要素不具有普遍性,但往往是有重要作用的功能要素。

二、配送中心功能

(一)配送中心概念

配送中心是组织配送性销售或供应,专门从事实物配送工作的物流节点。

配送中心是物流领域社会分工、专业分工细化的产物,它适应了物流合理化、生产社会化、市场扩大化的客观需求,集储存、加工、集货、分货、装运、信息等多项功能于一体,通过集约化经营取得规模效益。

(二)配送中心功能

配送中心的功能全面完整,众多配送任务均通过功能完成。具体来说,配送中心的功能如下:

1. 集货功能

为了能够按照用户要求配送货物,首先必须集中用户需求规模备货,从生产企业取得种类、数量繁多的货物,这是配送中心的基础功能,是配送中心取得规模优势的基础所在,一般来说,集货批量应大于配送批量。

2. 储存功能

配送中心的服务对象是众多的企业和商业网点(如超级市场和连锁店),为了顺利而有序地完成向用户配送商品(货物)的任务及更好地发挥保障生产和消费需要的作用,通常,配送中心都要兴建现代化的仓库并配备一定数量的仓储设备,储存一定数量的商品,形成对配送的资源保证。

3. 分拣功能

为了将多种货物向多个用户按不同要求、种类、规格、数量进行配送,配送中心必须有效地将储存货物按用户要求分拣出来,并能在分拣基础上,按配送计划进行理货,这是配送中心的核心职能。为了提高分拣效率,应配备相应的分拣装置,如货物识别装置、传送装置等。

4. 集散功能

在物流实践中,配送中心凭借其特殊的地位和其拥有的各种先进的设施和设备,能够将分散在各个生产企业的产品(即货物)集中到一起,而后,经过分拣、配装,向多家用户发运。与此同时,配送中心也可以做到把各个用户所需要的多种货物有效地组合(或配装)在一起,形成经济、合理的货载批量。配送中心在流通实践中所表现出的这种功能即（货物）集散功能,也有人把它称为"配货、分放"功能。

5.流通加工功能

经济高效的运输、装卸、保管一般需要大的包装形式。但在配送中心下位的零售商、最终客户,一般需要小的包装。为解决这一矛盾,有的配送中心设有流通加工功能。流通加工与制造加工不同,它对商品不作性能和功能的改变,仅仅是商品尺寸、数量和包装形式的改变。

6.信息功能

配送中心在干线物流与末端物流之间起衔接作用,这种衔接不但依靠实物的配送,也依靠情报信息的衔接。配送中心的信息活动是全物流系统中重要的一环。

三、配送作业管理

(一)配送作业的基本环节

从总体上看,配送是由备货、理货和送货等三个基本环节组成的,其中每个环节又包含着若干项具体的、技术性的活动。

1.备货

备货指准备货物的系列活动,它是配送的基础环节。备货应当包括两项具体活动,即筹集货物和储存货物。

(1)筹集货物。在不同的经济体制下,筹集货物是由不同的行为主体去完成的。若生产企业直接进行配送,那么,筹集货物的工作自然是由企业自己去组织的。在专业化流通体制下,筹集货物的工作会出现两种情况:其一,由提供配送服务的配送企业直接承担,一般是通过向生产企业订货或购货完成此项工作;其二,选择商流、物流分开的模式进行配送,订货、购货等筹集货物的工作通常是由货主自己去做,配送组织只负责进货和集货等工作,货物所有权属于货主。总之,筹集货物都是由订货、进货、集货及相关的验货、结算等一系列活动组成的。

(2)储存货物。储存货物是购货、进货活动的延续。在配送活动中,货物储存有两种表现形态:一种是暂存形态,另一种是储备形态。暂存形态的储存,是按照分拣、配货工序要求,在理货场地储存少量货。储备形态的储存是按照一定时期配送活动要求和根据货源的到货情况,有计划地确定的,它是决定配送效益高低的关键环节。

2.理货

理货是配送的一项重要内容,也是配送区别于一般送货的重要标志理货包括货物分拣、配货和包装等经济活动。货物分拣是采用适当的方法和手段,从储存的货物中分出用户所需要的货物。分拣货物一般采取两种方式来操作:一种是摘取式,一种是播种式。

3.送货

送货是配送活动的核心,也是备货和理货工序的延伸。在物流活动中,送货的现象形态实际上就是货物的运输,因此,常常以运输代表送货。但是,组成配送活动的运输与通常所讲的"干线运输"是有很大区别的。由于配送中的送货需面对众多的客户,并且要多方向运动,因此,在送货过程中,常常要进行运输方式、运输路线和运输工具三种选择。按照配送合理化的要求,必须在全面计划的基础上,制定科学的、距离较短的货运路线,选择经济、迅速、安全的运输方式和适宜的运输工具。

(二)配送作业的一般流程

配送作业的一般流程即配送活动必须经过的基本工艺流程,也是各种货物的配送活动共同具有的工艺流程。配送的一般流程基本上是这样一种运动过程:进货—储存—分拣—配货、配装—送货。每个流程的作业内容如下所述:

1.进货

进货亦即组织货源,其方式有两种:一种是订货或购货,一种是集货或接货。前者的货物所有权属于配送主体,后者的货物所有权属于用户。

2.储存

储存即按照用户提供的要求并依据配送计划将购到或收集到的各种货物叫做验,然后分门别类地储存相应的设施或场地中,以备拣选和配货。储存作业一般都包括这样几道程序:运输—卸货—验收—入库—保管—出库。储存作业依产品性质、形状不同而形式各异:有的利用仓库进行储存,有的利用露天场地储存,特殊商品则需储存在特制的设备中。为了提高储存的作业效率及储存环节合理化,目前,许多国家普遍采用了先进的储存技术和储存设备。

3.分拣、配货

分拣和配货是同一个工艺流程中的有着紧密关系的两项经济活动。有时,这两项活动是同时进行和同时完成的。在进行分拣、配货作业时,少数场合是以手工方式进行操作的,更多的场合是采用机械化或半机械化方式去操作的。随着一些高新技术的广泛应用,自动化的拣/配货系统已在很多国家的配送中心建立起来,并发挥了重要的作用。

4.送货

在送货流程中,包括这样几项活动:搬运、配装、运输和交货。其作业程序为:配装—运输—交货。送货是配送的终结。在送货这道工序中,运输是一项主要的经济活动。据此,在进行送货作业时,选择合理的运输方式和使用先进的运输工具,对于提高送货质量至关重要。

第四节 供应链管理

一、供应链管理概述

(一)供应链的概念

关于供应链,目前尚没有一个统一的定义。我国2001年发布实施的《物流术语》国家标准(GB/T18354—2001)对供应链的定义如下:"供应链就是指在产品生产和流通过程中,涉及将产品或服务提供给最终用户活动的上游与下游企业所形成的网络结构。"

供应链是20世纪80年代后期全球制造和全球经济一体化浪潮下,为克服传统企业管理模式的弊端而形成的一个新概念。供应链一般分为内部供应链和外部供应链。内部供应链是指企业内部产品生产和流通过程中所涉及的采购部门、生产部门、仓储部门、销售部门等所组成的供需网络;而外部供应链是指企业外部与企业相关的产品生产和流通过程中所涉及的原材料供应商、生产厂商、储运商、零售商以及最终消费者组成的供需网络。内部供应链和外部供应链共同组成了企业产品从原料到成品再到消费者的供应链。可以说,内部供应链是外部供应链的缩小化。

(二)供应链的特征

根据供应链的定义,可以得出供应链的结构模型。从供应链的结构模型可以看出,供应链是一个网链结构,由围绕核心企业的供应商、供应商的供应商和用户、用户的用户组成。一个企业是一个节点,节点企业和节点企业之间是一种需求与供应的关系。供应链主要具有以下特征:

1. 复杂性

因为供应链节点企业组成的层次不同,供应链往往由多个、多类型,甚至多国企业构成,涉及不同的组织文化或民族文化背景,所以供应链结构模式一般比单个企业的结构模式更为复杂。

2. 动态性

为了企业战略和适应市场需求变化的需要,节点企业需要动态地更新,这就使得供应链具有明显的动态性。

3. 面向用户需求

供应链的形成、存在、重构,都是基于一定的市场需求而发生的,并且在供应链的运作过程中,用户的需求变动是供应链中信息流、产品流、资金流运作的驱动源。

4. 交叉性

节点企业可以是这个供应链的成员,同时又是另一个供应链上的成员,众多的供应链形成交叉结构,增加了协调管理的难度。尤其是在信息系统的建设和使用上,会产生接口的协调问题,需要有信息技术的支持使之标准化,才能满足节点企业在多条供应链上交叉点的现实需求。

(三)供应链管理的概念

供应链管理作为管理学的一个新概念,是伴随着供应链竞争力概念的出现而在管理领域形成的一个崭新的管理思想和方法,已经成为管理哲学中的一个新元素。但是,关于对供应链管理概念的理解仍然仁者见仁,智者见智。下面介绍几个不同机构对供应链管理所下的定义。

全球供应链论坛对供应链管理的定义为:"供应链管理是从最终用户到初始供应商的向客户和持股者提供增值的产品、服务和信息的关键业务流程的集成。"

美国供应链协会认为:"供应链管理贯穿于整个渠道,主要管理供应与需求、原材料与零部件采购、制造与装配、库存与存货跟踪、订单输入、分销和向客户交货。"

我国2001年发布实施的《物流术语》国家标准(GB/T18354—2001)对供应链管理的定义为:"利用计算机网络技术全面规划供应链中的商流、物流、信息流、资金流等,并进行计划、组织、协调与控制。"

(四)供应链管理的特点

供应链管理是一种新型的管理模式,它的特点可以从与传统管理方法及传统物流管理的比较中显现出来。

1. 与传统的管理方法相比较

供应链管理主要致力于建立成员之间的合作关系。与传统的管理方法相比,它具有如下特点:

(1) 以客户为中心。在供应链管理中,客户服务目标的设定优先于其他目标,它以客户满意为最高目标。供应链管理本质上是满足客户需求,它通过降低供应链成本的战略,实现对客户的快速反应,借此提高客户满意度,获取竞争优势。

(2) 跨企业的贸易伙伴之间密切合作、共享利益、共担风险。在供应链管理中,企业超越了组织机构的界限,改变了传统的经营意识,建立起新型的客户关系,这些使企业意识到不能仅仅依靠自己的组员来参与市场竞争,提高经营效率,而要通过与供应链参与各方进行跨部门、跨职能和跨企业的合作,建立共同利益的合作伙伴关系,追求共同的利益,发展企业之间稳定的、良好的、共存共荣的互助合作关系,建立一种双赢关系。

(3) 集成化管理。供应链管理应用网络技术和信息技术,重新组织和安排业务流程,实现集成化管理。通过应用现代信息技术,供应链成员不仅能及时有效地获得其客户的需求信息,并且能对信息作出及时响应,满足客户的需求。

(4) 供应链管理是对物流的一体化管理。物流一体化是指不同职能部门之间或不同企业之间通过物流合作,达到提高物流效率、降低物流成本的目的。供应链管理是指通过物流将企业内部各部门及供应链各节点企业联结起来,改变交易双方利益对立的传统观念,在整个供应链范围内建立起共同利益的协作伙伴关系。供应链管理把从供应商开始到最终消费者的物流活动作为一个整体进行统一管理,始终从整体和全局上把握物流的各项活动,使整个供应链的库存水平最低,实现供应链整体物流最优化。

总之,供应链管理可以更好地了解客户,给他们提供个性化的产品和服务,使资源在供应链上合理流动,缩短物流周期,降低库存,降低物流费用,提高物流效率,从而提高企业的竞争力。

2. 与传统物流管理相比较

物流已经发展成为供应链管理的一部分,它改变了传统物流的内涵,与传统物流管理相比,供应链管理具有如下特点:

(1) 供应链管理是对互动界面的管理。从管理的对象来看,物流是以存货资产为其管理对象的而供应链管理则是对存货流动(包括必要的停顿)中的商务过程的管理,因此更具有互动的特征。兰博特教授认为,必须对供应链中所有关键的商务过程实施精细的管理,即需求管理、订单执行管理、制造流程管理、采购管理和新产品开发及其商品化管理等。在有些企业的供应链管理过程中,还包括从环境保护理念出发的商品回收渠道管理,如施乐公司。

(2) 供应链管理是物流的更高级的形态。事实上,供应链管理也是从物流的基础上发展起来的,在企业运作的层次上,从实物分配开始,到整合物资管理,再到整合相关信息,通过功能的逐步整合形成了物流的概念。从企业关系的层次来看,则有从制造商向批发商和分销商再到最终用户的前向整合,也有向供应商的后向整合。通过关系的整合形成了供应链管理的概念。从作业功能的整合到渠道关系的整合,使物流从战术的层次提升到战略高度。所以,供应链管理看起来是一个比较新的概念,实际上是传统物流的逻辑延伸。

(3) 供应链管理是协商的机制。物流在管理上是一个计划的机制,主导企业通常是制造商,它们力图通过一个计划来控制产品和信息的流动,其与供应商和客户的关系本质上是利益冲突的买卖关系,常常导致存货向上游企业的转移或成本的转移。供应链管理同样需要制定计划,但目的是为了谋求在渠道成员之间的联动和协调。

供应链管理是一个开放的系统,它的一个重要的目标就是通过分享需求和当前存货水平的信息来减少或消除所有供应链成员企业所持有的缓冲库存。这就是供应链管理中"共同管理库存"的理念。

(4)供应链管理更强调组织外部一体化。物流主要是关注组织内部的功能整合,而供应链管理认为只有组织内部的一体化是远远不够的。供应链管理是一项高度互动和复杂的系统工程,需要同步考虑不同层次上的相互关联的技术经济问题,进行成本效益权衡。比如,要考虑在组织内部和组织之间,存货以什么样的形态放在什么样的地方,在什么时候执行什么样的计划;供应链系统的布局和选址决策,信息共享的深度;实施商务过程一体化管理后所获得的整体效益如何在供应链成员之间进行分配;特别是要求供应链成员在一开始就共同参与制定整体发展战略或新产品开发战略等。

(5)供应链管理对共同价值有着更大的依赖性。作为系统结构复杂性增加的逻辑必然,供应链管理将更加依赖信息系统的支持。供应链管理则是首先解决在供应链伙伴之间的信息可靠性问题。所以,有时也把供应链看做是基于信息增值交换的协作伙伴之间的一系列关系,互联网为提高信息可靠性提供了技术支持,但如何管理和分配信息则取决于供应链成员之间对商务过程一体化的共识程度。所以,与其说供应链管理依赖网络技术,还不如说供应链管理首先是对供应链伙伴的相互信任、相互依存、互惠互利和共同发展的共同价值观和依赖。

(6)供应链管理是"外源"整合组织。与垂直一体化物流不同,供应链管理更多的是在自己的"核心业务"基础上,通过协作整合外部资源来获得最佳的总体运作效果,除了核心业务以外,几乎每件事都可能是"外源的",即从公司外部获得的。例如,著名的企业 Nike 公司和 Sun 微系统公司,通常外购或外协所有的部件,而自己集中精力于新产品的开发和市场营销。这一类公司有时也被称为"虚拟企业"或者说"网络组织"。实际上,一台标准的苹果机,其制造成本的 90% 都是"外源的"。表面上看,这些企业是把部分或全部的制造和服务活动以合同形式委托其他企业代为加工制造,但实际上是按照市场的需求,以标准、品牌、知识、核心技术和创新能力所构成的网络系统来整合或重新配置社会资源。

(7)供应链管理是一个动态的响应系统。在供应链管理的具体实施中,贯穿始终的对关键过程的管理测评是不容忽视的。高度动态的商业环境要求企业管理层对供应链的动作实施规范的和经常的监控和评价,当管理目标没有实现时,就必须考虑可能的替代供应链和作出适当的应变。

(五)供应链管理的内容

供应链管理主要涉及五个主要领域,即供应(supply)、生产计划(schedule plan)、物流(logistics)、需求(demand)和回流(return)。供应链管理是以同步化、集成化生产计划为指导,以各种技术为支持,尤其以"Internet/Intranet"为依托,围绕供应、生产作业、物流(主要指制造过程)、满足需求来实施的。供应链管理主要包括计划、合作、控制从供应商到用户的物料(零部件和成品等)和信息。供应链管理的目标在于提高用户服务水平和降低总的交易成本,并且寻求两个目标之间的平衡(这两个目标往往有冲突)。

在以上五个领域的基础上,我们可以将供应链管理细分为基本职能领域和辅助领域。基本职能领域主要包括产品工程、产品技术保证、采购、生产控制、库存控制、仓储管理、分销管理、回收管理;而辅助领域主要包括客户服务、制造、设计工程、会计核算、人力资源、市场营销等。

由此可见,供应链管理关心的并不仅仅是物料实体在供应链中的流动,除了企业内部与企业之间的运输问题和实物分销以外,供应链管理还包括以下主要内容:

(1)战略性供应商和用户合作伙伴关系管理;
(2)供应链产品需求预测和计划;
(3)供应链的设计(全球节点企业、资源、设备等的评价、选择和定位);
(4)企业内部与企业之间物料供应与需求管理;
(5)基于供应链管理的产品设计与制造管理、生产集成化计划、跟踪和控制;
(6)基于供应链的用户服务和物流(运输、库存、包装等)管理;
(7)企业间资金流管理(汇率、成本等问题);
(8)基于Internet/Intranet的供应链交互信息管理;
(9)反向物流管理。

供应链管理注重总的物流成本(从原材料到最终产成品的费用)与用户服务水平之间的关系,为此要把供应链各个职能部门有机地结合在一起,从而最大限度地发挥出供应链整体的力量,达到供应链企业群体获益的目的。

二、供应链合作伙伴关系管理

(一)供应链合作伙伴关系的定义

所谓供应链的合作伙伴关系(supply chain partnership,SCP),也就是供应链中各节点企业之间的关系,对制造业来说,就是供应商与制造商之间的关系。马罗尼·本顿对供应链合作伙伴关系的定义是:"在供应链内部两个或两个以上独立的成员之间形成的一种协调关系,以保证实现某个特定的目标或效益。"供应链管理的精髓就在于企业间的合作,没有合作就谈不上供应链管理。

供应链合作伙伴关系形成于集成化供应链管理环境下,形成于供应链中为了特定的目标和利益的企业之间,形成的目的通常是为了降低供应链总成本、降低库存水平、增强信息共享水平、改善相互之间的交流、产生更大的竞争优势,以实现供应链节点企业的财务状况、质量、产量、用户满意度以及业绩的改善和提高。

实施供应链合作伙伴关系意味着新产品和技术的共同开发、数据和信息的交换、市场机会共享和风险共担。在供应链合作关系环境下,制造商选择供应商不再只是考虑价格,而是更注重选择能在优质服务、技术革新、产品设计等方面进行良好合作的供应商。

(二)供应链战略合作伙伴关系的管理

供应链系统运行业绩的好坏主要取决于合作伙伴关系是否协调,只有和谐而稳定的关系才能发挥最佳效能。通过发挥主导企业的核心作用,在培育企业自身实力及核心竞争力的同时,不断缩小与合作企业之间的文化差异,加强信息交流与知识共享问题,建立相应的激励措施,树立供应链全局观念,最终实现供应链企业之间合作的双赢关系。

1. 信息交流与知识共享机制

信息交流和知识共享有助于减少投机行为,有助于促进重要生产信息的自由流动。为加强供应商与制造商的信息交流,可以从以下几个方面着手:在供应商与制造商之间经常进行有关成本、作业计划、质量控制信息的交流与沟通,保持信息的一致性和准确性;实施并行工程。制造商在产品设计阶段让供应商参与进来,这样供应商可以在原材料和零部件的性能与功能方面提供有关信息,为实施质量功能配置(QFD)的产品开发方法创造条件,把用户的价值需求及时地转化为供应商的原材料和零部件的质量与功能要求,建立联合的任务小组解决共同关心的问题。在供应商与制造商之间应建立一种基于团队的工作小组,双方的有关人员共同解决供应过程以及制造过程中遇到的各种问题;供应商和制造商经常互访。供应商与制造商采购部门应经常性地互访,及时发现和解决各自在合作活动过程中出现的问题和困难,建立良好的合作气氛,使用电子数据交换(EDI)和因特网技术进行快速的数据传输。

2. 合作伙伴的激励机制

要保持长期的双赢关系,对供应商的激励是非常重要的。没有有效的激励机制,就不可能维持良好的供应关系。在激励机制的设计上,要体现公平、一致的原则。给予供应商价格折扣和柔性合同,以及采用赠送股权等,使供应商和制造商分享成功,同时也使供应商从合作中体会到双赢机制的好处。

本章小结

物流是指"物品从供应地向接受地的实体流动过程。根据实际需要,将运输、储存、装卸、搬运、包装、流通加工、配送、信息处理等基本功能进行有机结合"。物流管理是指为了以最低的物流成本达到客户所满意的服务水平,对物流活动进行的计划、组织、协调与控制。物流管理的内容包括:物流基本活动管理、物流基本要素管理和物流基本职能管理。仓储一般是指从接受储存物品开始,经过储存保管作业,直至把物品完好地发放出去的全部活动过程。仓储的功能体现在储存、保管、加工、整合、分类和转运、提供信用保证和市场信息的传播这七个方面。商品入库是商品进入仓库的首要环节,是仓储作业的开始,是商品保管工作的基础,入库工作的好坏直接影响到后续工作的顺畅开展。商品出库,是仓库根据业务部门或存货单位开具的出库凭证,经过审核出库凭证、备料、拣货、分货等业务直至把商品点交给要货单位或发运部门的一系列作业过程。配送是指按用户订货的要求,以现代送货形式,在配送中心或其他物流节点进行货物配备,以合理的方式送交用户,实现资源的最终配置的经济活动。配送中心是组织配送性销售或供应,专门从事实物配送工作的物流节点。配送的一般流程基本上是这样一种运动过程:进货—储存—分拣—配货、配装—送货。供应链就是指在产品生产和流通过程中,涉及将产品或服务提供给最终用户活动的上游与下游企业所形成的网络结构。供应链管理是指利用计算机网络技术全面规划供应链中的商流、物流、信息流、资金流等,并进行计划、组织、协调与控制。供应链管理主要涉及五个主要领域,即供应、生产计划、物流、需求和回流。

案例讨论

山东东大化工集团的物流管理

山东东大化工集团主导产品生产能力和原材料用量,近两年翻了一番,但原材料及产成品运输费用、车辆、库存不仅没增,反而大幅度下降。这一切得益其卓有成效的物流管理。该集团在被管理学家称为"黑色地带"的采购、仓储、运输等非生产环节,创出了不凡业绩。

前身为张店化工厂的东大集团,建厂四十年来,原材料运输一直由公司车队承担。车队26名员工,18辆大货车,附加一个修理厂,运转费用不菲,效率却不高。司机上班拖拖拉拉,不想出车就推说车子有毛病;跑一趟上海按说五六天能打个来回,但哪辆车跑一趟都得十七八天,都知道司机借机跑了私活,跑一趟能赚回台彩电,但想追究,司机一句"车在路上出了毛病",就堵得管理者哑口无言。

后来公司决定向内部招标拍卖,18辆车卖了12辆,收回75万元,14名司机中标,其余车辆报废、人员分流。拍卖车辆想承担公司运输任务,吨公里运价先是与公司以前平均运价持平;过渡两个月后降低二分钱,与市场价持平;紧接着又比市场价降低三分钱。车成了自己的,每辆车运行里程比拍卖前多出两倍。半年公司节约运输费用184万元,加上人员工资、运输规费、车辆维修费一概不用负担,合计节约费用354万元。拍卖车辆逐渐进入报废期,公司开始将运输推向社会,先是面向社会公开竞价招标,年节约运费390万元;然后又对运量相对集中的几条线路公开招标买断,吨公里运价由0.44元降到0.2元,前后节支1431万元。

讨论题:

1. 东大集团是如何提高运输效率的?
2. 东大集团的做法给了我们什么启示?

❓复习思考题

1. 简述物流管理的含义及内容。
2. 简述仓储的功能。
3. 简述配送的流程。
4. 什么是供应链管理?供应链管理涉及哪些领域?

第十章 企业财务管理

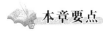

本章要点

＊企业的财务活动和财务关系
＊财务管理的涵义及特征
＊财务管理的内容及原则
＊筹资、资金投放、利润分配

案例导入

中国联通的资金筹措

在竞争日益激烈的移动通信市场,中国联通成立10年资产由13.4亿元增加到2050亿元,增值150多倍。"中国联通从诞生之日起,就担负着打破电信垄断坚冰的重任。要完成这一历史使命,就必须成为与对手旗鼓相当并独具特色的竞争主体。"信息产业部一位负责人说。

但是,要建设覆盖全国的移动通信网和数据固定业务网,对2000年以前的中国联通来说,可以算是一项难以企及的目标。当时,23亿元的资产只是杯水车薪。国家投资和中国联通集团15家股东投资极其有限,国内资本市场也无法满足其资本需求。

尽管董事长提出了"建立新机制、建设新网络、采用新技术、实现高增长、发展综合业务"的"两新两高一综合"发展战略,但资金短缺却是中国联通发展道路上的致命"瓶颈"。

"融资目光不能仅限于境内,要紧紧抓住国际资本市场看好中国电信业的非常机遇,争取在香港、纽约挂牌上市。"中国联通董事长说。

综合业务的品牌优势和移动通信业务的高速成长性,成为中国联通上市的最大卖点。按照"整体上市,分步实施"的原则,中国联通选择了12个省市的资产,在2000年6月21日、22日,分别在香港、纽约成功上市,融资56.5亿美元;2002年10月,中国联通A股在上海证券交易所成功上市,融资115亿元;随后经过两次注资,在2003年12月,实现了公司核心业务整体上市。

上市只是一个短暂的过程,而上市带给中国联通观念和机制的变化却是长久的、根本的。如果说,上市前的中国联通只简单追求市场规模和企业规模的扩大,上市后的中国联通追求的则是企业价值最大化和股东利益最大化。

为了公正考核,中国联通的绩效考核体系细分为收支系数、资产报酬率、收入利润贡献率等多个指标。各分公司的薪酬按照绩效考核得分确定。绩效考核确定经济收入,也是荣誉的象征。在绩效考核体系中,中国联通的每一位员工都受到激励和制约。

问题：
1. 中国联通是如何有效地解决资金短缺问题的？
2. 分析中国联通的理财观念和财务目标。

第一节　企业财务管理概述

财务管理是现代企业管理的重要组成部分。它是市场济条件下企业最基本的管理活动，市场经济越发展，财务管理越重要。特别是在现代市场经济中，竞争日趋激烈，财务管理已成为企业生存和发展的重要环节，也是提高经济效益的重要途径。要了解什么是财务管理，必须先分析企业的财务活动和财务关系。

一、财务活动

财务活动是指因企业筹资、投资、营运、分配等所产生的一系列与资金收支有关的活动（或称为资金运动）。在商品经济条件下，一切物资都具有一定量的价值，它体现着耗费于物资中的社会必要劳动量，社会再生产过程中物资价值的货币表现，就是资金。资金形态的不断转化，不断循环，形成了资金运动。企业的生产经营过程，一方面表现为实物商品的运动过程，另一方面表现为资金的运动过程，即资金运动。资金运动是企业生产经营过程的价值方面，它以价值形式综合地反映着企业的生产经营过程，构成企业生产经营活动的一个独立方面，这就是企业的财务活动。企业财务活动可分为以下四个方面。

（一）企业筹资引起的财务活动

筹资又称融资，是指企业从不同的渠道、利用不同的方式筹措生产经营所需要的资金的行为。占有并能支配一定数额的资金，是企业生存和发展的前提条件，因而筹资也就成为企业的一项最基本的财务活动。企业通过发行股票、发行债券、向银行借款等方式筹集资金，表现为企业资金的流入；企业偿还借款、支付利息、发放股利以及支付各种筹资费用等，则表现为企业资金的流出。这种因为筹集资金而产生的相关资金收支，便是由企业筹资而引起的财务活动。

（二）企业投资引起的财务活动

企业取得资金后，必须将资金投入生产经营过程，以谋求最大的经济利益；否则，筹资就失去了目的和效用。企业将筹集到的资金投放于内部生产经营领域用于购置固定资产、无形资产等，便形成企业的对内投资；企业将筹集到的资金投放于外部金融市场用于购买股票、债券或与其他企业联营等，便形成企业的对外投资。无论企业购买内部所需资产，还是从外部购买各种证券，都需要流出资金；而当企业变卖其对内投资形成的资产或收回其对外投资时，则会产生资金的流入。这种因为投放资金而产生的相关资金收支，便是由企业投资而引起的财务活动。

（三）企业经营引起的财务活动

企业在其日常生产经营过程中，会发生一系列的资金收付。首先，企业要采购材料或商品，以便从事生产和销售活动，同时，还要支付工资和其他营业费用；其次，当企业售出产品或商品后，便可取得销售收入，从而收回资金；第三，如果企业现有资金不能满足日常生产经营的需要,还要利用短期负债方式来筹集所需资金。这种因为企业日常生产经营而产生的相关资金收支,便是由企业经营而引起的财务活动,也称为资金营运活动。严格而言,资金营运活动属于企业的筹资和投资活动,它所强调的是与企业日常生产经营过程有关的筹资和投资活动。

(四)企业分配引起的财务活动

企业自身的生产经营活动会产生利润,企业因对外投资也会分得利润,这表明企业有了资金的增值或取得了投资收益。企业的利润需要按规定的程序进行分配:利润总额要按税法规定缴纳所得税;净利润要提取公积金和公益金,分别用于扩大积累、弥补亏损和改善职工集体福利设施;剩余利润则作为投资者的收益分配给投资者(股份公司为支付股利)或暂时留存企业作为投资者的追加投资(留存收益或保留盈余)。企业的利润无论是分配给投资者还是留存于企业,都会引起相应的资金流出或流入。这种因为利润分配而产生的相关资金收支,便是由企业分配而引起的财务活动。严格而言,净利润的分配属于企业的筹资活动,它所强调的是因企业向所有者筹资而给予的收益回报以及所有者暂时放弃一部分收益而形成企业变相的筹资。

应该指出的是,上述财务活动的四个方面,不是相互割裂、互不相关的,而是相互联系、相互依存的。正是上述互相联系又有一定区别的四个方面,构成了完整的企业财务活动。

二、财务关系

财务关系是指企业在组织财务活动过程中与各有关方面所发生的经济利益关系。企业的筹资活动、投资活动、经营活动、利润分配活动必然导致企业与各方面有着广泛且复杂的经济联系,这就形成了企业的财务关系。企业财务关系可分为以下六个方面:

(一)企业与其所有者之间的财务关系

企业与其所有者之间的财务关系主要是指企业的所有者向企业投入资金,企业向其所有者支付投资报酬所形成的经济关系。企业的所有者包括国家、法人单位和个人。所有者要按照投资合同、协议、章程的约定履行出资义务以便及时形成企业的资本。企业利用资本进行营运,实现利润后,应该按照所有者的出资比例或合同、章程的规定,向其所有者支付投资报酬。企业与其所有者均拥有约定的经济权利,并需履行和承担约定的经济责任与义务。企业与其所有者之间的财务关系,体现着所有权的性质,反映着企业所有权和经营权的关系。

(二)企业与其债权人之间的财务关系

企业与其债权人之间的财务关系主要是指企业向债权人借入资金,并按借款合同的规定按时支付利息和归还本金所形成的经济关系。在市场经济条件下,企业除利用所有者提供的资本进行经营外,还要借入一定数量的资金,以便降低融资成本,扩大经营规模。企业的债权人包括贷款机构、本企业所发行的债券的持有者、商业信用提供者、其他出借资金给企业的单位和个人。企业利用债权人提供的资金,要按约定的利息率及时向债权人支付利息;债务到期时,要按约定及时向债权人归还本金。企业与其债权人之间的财务关系,体现着债务与债权关系的性质。

(三)企业与其受资者之间的财务关系

企业与其受资者之间的财务关系主要是指企业以购买股票或直接投资的形式向其他经济

组织投资所形成的经济关系。企业的受资者主要指其他企业,随着市场经济的不断发展,企业经营范围和经营规模的不断扩大,这种关系将会越来越广泛。企业向其他企业投资,应按投资合同、协议、章程的约定履行出资义务,并参与被投资企业的经营管理和利润分配。企业与其受资者之间的财务关系,体现着所有权性质的投资与受资的关系。

(四)企业与其债务人之间的财务关系

企业与其债务人之间的财务关系主要是指将其资金以购买债券、提供借款或商业信用等形式出借给其他单位使用所形成的经济关系。企业的债务人包括政府、金融机构、其他企业等。企业将资金借给债权人使用后,有权要求其债务人按约定的条件支付利息和归还本金。企业与其债务人之间的财务关系,体现着债权与债务关系的性质。

(五)企业内部的财务关系

企业内部的财务关系主要是指企业内部各单位(供产销各部门、各分公司、各生产车间、各分店等)之间在生产经营各环节中相互提供产品或劳务,以及企业向其员工支付劳动报酬所形成的经济关系。在企业实行内部经济核算制和内部经营责任制的条件下,企业生产经营过程中的各环节、各部门之间相互提供的劳务和产品也要计价结算,形成内部的资金结算关系。企业要按照劳动合同或协议,根据员工的劳动情况,向其支付工资、津贴和奖金等,形成企业与其员工之间的薪酬结算关系。企业内部的财务关系,体现着企业内部责、权、利关系的性质。

(六)企业与社会行政事务组织之间的财务关系

企业既是一个经济组织,也是一个社会组织,必然与社会行政事务组织发生各种经济关系。社会行政事务组织包括工商管理机构、税务机构、行业业务主管机构等。企业在其生产经营活动中,占用了各种社会资源,就需要接受社会行政事务组织的管理与监督,就需要以缴纳税款、管理费、行政罚金等履行对社会应尽的各种责任与义务。税务机构是与企业相关的社会行政事务组织的典型代表,企业必须按照税法规定向中央和地方政府缴纳各种税款,如所得税、流转税、资源税、财产税、行为税等。企业与税务机构之间的财务关系,体现着强制和无偿的分配关系的性质。

上述各方面的财务关系伴随着企业财务活动的发生而发生。企业在组织财务活动的同时,也在处理着相应的财务关系。只有处理好企业的各种财务关系,才会使企业的各项财务活动顺利开展,也才能实现企业的财务目标。

三、财务管理的含义及特征

(一)财务管理的含义

财务管理是基于企业再生产过程中客观存在的财务活动和财务关系而产生的,是组织企业财务活动、处理企业财务关系的一项经济管理工作,是企业管理的重要组成部分。具体来说,财务管理是以价值形式对企业的生产经营活动进行综合管理,它利用资金、成本费用、收入利润等价值形式来反映企业经济活动中的劳动占用量、劳动消耗量和劳动成果,进而反映出企业经济效益的好坏。财务管理中的各项价值指标,为企业提供了全面、系统的经济信息,是企业经营决策的重要依据;通过加强财务管理工作,企业可以合理筹集资金,有效使用资金,以尽可能少的占用、消耗取得尽可能多的生产经营成果,以实现提高经济效益这一财务管理的最终目标。

(二)财务管理的特征

1. 财务管理是一种价值管理

企业生产经营活动的复杂性,决定了企业管理必须包括多方面的内容,如生产管理、技术管理、物资管理、人力资源管理、销售管理、财务管理等。各项管理工作是相互联系、紧密配合的,同时又有科学的分工,具有各自的特点。财务管理的对象是企业的资金及其运动,它利用收入、成本、利润、资产、负债、权益、现金流量等价值指标,来组织企业生产经营中价值的形成、实现和分配,并处理这种价值运动中的各种经济利益关系。所以,财务管理区别与企业其他管理的最大特点,在于它是一种价值管理。

2. 财务管理是一种综合管理

商品的二重性决定了市场经济下的经济要素都是使用价值和价值的统一体,企业生产经营过程也表现为使用价值的生产和交换过程及价值的形成和实现过程的统一。由于财务管理是一种价值管理,使之又具有综合管理的特征。即使企业管理中存在着侧重点不同的各种管理职能,但它们的管理效果和业绩都可以通过资金运动的状况反映出来;而且,市场经济环境也要求企业各项职能管理的效果和业绩最终统一于相应的价值指标上。所以,财务管理在企业管理中属于一种综合性的管理,并对其他职能管理起着导向作用。

3. 财务管理是一种行为规范管理

"经济学是对稀缺资源产权的研究……一个社会中的稀缺资源的配置是对稀缺资源产权的研究"①,经济学的方法就是研究稀缺性的资源如何达到最佳配置的方法。在经济资源的优化配置时,必然要涉及各个经济利益主体的行为及其相互关系问题。财务管理则以企业财务活动为对象、以财务关系为角度、以制度约束为特征,处理企业内部各行为主体、企业与外部各利益相关集团之间的利益矛盾与协调问题,从而以管理制度的方式来规范财务行为主体的权、责、利关系,提高企业经济资源的综合配置效率。同时,财务管理也是一门艺术,体现着管理者的智慧和才华。

四、财务管理的内容

从资金运动角度来看,财务管理内容包括如下几个方面:

1. 资金的筹集

资金筹集是企业财务管理的起点。企业作为从事生产经营的经济组织,必须拥有一定数量的资金。这些资金的来源主要包括两部分:一是投资者投入的资本金以及资本公积金和留存收益;二是企业的负债,包括长期负债和流动负债。

2. 资金的运用

企业资金的运用,包括资金的投放、占用和耗费。企业用筹集来的资金购建生产经营所需的房屋、建筑物、设备、材料以及技术投资,同时支付生产经营中的各种费用。

---

① 阿尔钦:载《财产权利与制度变迁》,上海三联书店,1991年版,第205页。

企业资金经过投放和占用，形成了企业的各项资产。如企业的流动资产、企业的长期投资、企业的固定资产、企业的无形资产，以及企业递延资产和其他资产等。

资金耗费是指企业在生产经营过程中所发生的以价值形式表现的消费。具体表现为产品的制造成本、企业的销售费用、管理费用和财务费用等。

3. 资金的回收与分配

企业筹集和运用资金的目的是为了取得理想的营业收入，即所取得的收入不仅能补偿生产经营中资金的耗费，而且还能带来营业利润。

营业收入是指企业将生产的产品或购入的商品进行销售、移交已完工程或提供劳务等收回的货币。企业取得营业收入，使资金完成了从货币形态开始，经过形态变化，又回到货币形态这一资金循环。这一循环过程，称为资金周转。资金回收就是资金运动的重要环节。

营业利润是企业的营业收入扣除成本、费用和各种流转税及附加税费后的数额，包括产品(商品)销售利润和其他业务利润。企业的营业利润加上投资净收益，再加(减)营业外收支净额，就是企业的利润总额。企业的利润要按有关规定在国家、企业、投资者之间进行分配。

五、财务管理的原则和任务

在市场经济条件下，工商企业面临着日益广泛的资金运动和复杂的财务关系，这就需要企业财务管理人员正确地、科学地加以组织和处理。财务管理原则就是组织调节资金运动和协调处理财务关系的基本准则。在企业财务管理工作中应遵循以下原则：

1. **资本金保全原则**

资本金保全原则是指企业要确保投资者投入企业资本金的完整，确保所有者的权益。企业资本金是企业进行生产经营活动的本钱，是所有者权益的基本部分。企业的经营者可以自主使用投资者依法投资的任何财产，有责任使这些财产在生产经营中充分得到利用，实现其保值和增值。投资者在生产经营期间，除在相应条件和程序下依法转让资本金外，一般不得抽回投资。

2. **价值最大化原则**

企业财务管理的目标是使资产所有者的财富最大化。在企业财务管理中贯彻价值最大化原则应贯彻到财务管理工作的各个环节中。

在筹资决策阶段，要根据这一原则，对各种筹资渠道进行分析、比较，选择资金成本最低、风险最小的筹资方案。

在进行投资决策时，也要贯彻这一原则，在长期投资和短期投资之间进行选择。短期投资有利于提高企业的变现能力和偿债能力，能减少风险；长期投资会给企业带来高于短期投资的回报，但风险较大。通过对不同投资项目进行可行性研究，选择一个收益最大的方案。

3. **风险与所得均衡原则**

在市场经济条件下，企业的生产经营活动具有不确定性，企业的生产量、销售量都将随着市场需求的变化而变化。因此，企业生产经营的风险是不可避免的，其资金的筹措、运用和分配的风险也是客观存在的，所以财务管理人员应意识到风险，并通过科学的方法预测各种生产经营活动及资金筹集、运用和分配方案风险的大小。风险越大，其预期收益越高；风险越小，其预期收益越低。要做到风险与收益的平衡。

4. 资金合理配置原则

资金的合理配置是由于资源的有限性和企业追求价值最大化所决定的。在企业财务管理中贯彻这一原则体现在合理配置资金,即在筹集资金时,要考虑资产负债的比例(负债总额比全部资产总额),做到既能举债经营,提高资金利润率,又能防止举债过多,加大企业财务风险;在资金运用时,要考虑资产结构,即各类资产在全部资产总额中所占比重,防止出现某类资产占用过多,而另一类资产却占用不足的情况。企业要把有限的资金用在刀刃上,并经常考核其资金配置结构的合理性和有效性。

5. 成本—效益原则

企业在生产经营过程中,为了取得收入,必然会发生相应的成本费用。如筹资会发生资金成本;生产产品会有直接材料、直接人工、制造费用的支出;销售商品会有商品购进成本和经营费用支出;从事生产经营管理工作,会发生管理费用;等等。在收入一定的情况下,成本费用越多,企业利润越少。因此,降低成本费用是企业提高经济效益,增加利润的有效途径。但是,企业的收入随着成本的增大而增大,随着成本的减少而减少,此时按成本—效益原则,在充分考核成本的基础上,如收入的增量大于成本的增量,则提高企业的效益;反之则使企业的效益下降。

企业财务管理的基本任务是:做好各项财务收支的计划、控制、核算、分析和考核工作,依法合理筹集资金,有效利用企业各项资产,努力提高经济效益。

第二节 资金的筹集与筹资结构优化

一、资金的筹集

企业资金的筹集是资金循环周转的起点,也是企业财务管理的首要问题。在企业整个资金筹集过程中,要先预测、衡量企业各项资金的需要量;然后,要确定相应的筹资渠道和方式。

企业资金来源从大类上分可以分为所有者权益和负债两大类,包括企业资本金、资本公积金、留存收益、企业负债四个方面。

1. 资本金

企业资本金是指企业在工商行政管理机关登记的注册资金,即企业开办时的本钱。对股份制企业而言,资本金就是股本。资本金按照投资主体分为国家资本金、法人资本金、个人资本金及外商资本金。企业筹集资本金的方式可以是多种多样的,既可以吸收货币资金的投资,又可以吸收实物、无形资产等形式的投资,企业还可以发行股票来筹集资本金。

发行股票筹集资本金是股份公司最常用的一种融资手段。股票是股份公司为筹集资本金而发行的。股票,是持股人拥有公司股份的入股凭证,它代表股份企业的所有权,股票持有者即为股东。股份公司发行股票筹资是一种很有弹性的筹资方式,股票无到期日,公司无需为偿还资金担心,而且,当公司经营不佳或资金短缺时,可以不发股息和红利。因此,发行股票筹资风险低。但是,由于投资者承担的风险较大,他们只有在股票的报酬高于债券的利息收入时,才愿意投资于股票,加之股息和红利要在税后利润中支付,使股票的筹资成本大大高于债券成本。另外,增发普通股会降低原有股东的控制权。

2. 资本公积金

资本公积金是一种资本储备形式,或者说是一种准资本,可以按照法定程序转化为资本金,是所有者权益的构成之一。其主要来源包括如下几个方面:

(1) 股票溢价。股份公司以发行股票的方式筹集资本金,其股票发行价格与股票面值可能一致,也可能不一致。按超出股票面值的价格发行,为溢价发行;按低于股票面值的价格发行,为折价发行;按与股票面值相同的价格发行,为面值发行。企业如果采用溢价发行股票,其取得的收入,相当于股票面值的部分作为资本金;超出面值的部分在扣除发行股票所支付的佣金、手续费等支出后,即股票溢价净收入作为资本公积金。

(2) 法定资产重估增值。按照国家法律、法规进行资产重估,其重估价值大于账面净值的差额,作为资本公积金。

(3) 企业接受捐赠的财产。企业接受捐赠,是指捐赠方给企业的一种无偿赠予,不同于接受投资,应作为资本公积金。

3. 留存收益

留存收益是企业生产经营活动所取得净收益的积累。它是所有者权益的一个组成部分,也是企业的一个重要资金来源。留存收益一般包括如下几个方面:

(1) 盈余公积金。盈余公积金是企业按照规定从税后利润中提取的积累资金。盈余公积金可以按照法定程序转增资本金,可以用于弥补企业以前年度亏损,还可按规定用于分配股利。

(2) 公益金。公益金是企业按规定从税后利润中提取的专门用于企业职工集体福利设施的准备金。

(3) 未分配利润。未分配利润是企业实际利润和已分配利润的差额,在分配前形成企业资金的一项来源。

4. 企业负债

企业负债是指企业承担的能够以货币计量,并需要以资产或劳务偿付的债务。在市场品经济条件下,企业借入资金是企业筹集资金的重要方式。企业负债一般按其偿还期限的长短分为流动负债和长期负债。

(1) 流动负债。流动负债是指可在一年或超过一年的一个营业周期内偿还的债务,包括短期借款、应付票据、应付账款、预收货款、应付工资、应交税金、应付利润、其他应付款、预提费用等;

(2) 长期负债。长期负债是指偿还期限在一年或超过一年的一个营业周期以上的债务,包括长期借款、应付债券、长期应付款等。

企业资金筹措方式及渠道如表10-1所示。

表 10-1　企业资金筹措方式及渠道

筹资种类	筹资方式	筹资渠道	协调单位
长期筹资	长期银行借款 企业发行债券 企业发行股票 融资租赁 外部投资 利用外资	向银行借入 向社会集资 向社会集资 出租人信用 有关联营单位投资 外商投资	商业银行 证券交易所 证券交易所 租赁公司 有关部门单位 外国投资者
短期筹资	短期银行借款 商业信用	向银行借入 结算中形成	商业银行 往来客户

二、资金成本与筹资结构优化分析

1. 资金成本

资金成本是指企业为筹措和使用资金而付出的代价，包括筹资过程中发生的筹资费用和用资过程中支付的报酬。前者如股票、债券的发行费用，后者如利息、股利等，这是资金成本的主要内容。

资金成本分为短期资金成本和长期资金成本。长期资金成本通常称为资本成本，它是企业资金成本问题研究的重点。资金成本通常用相对数来表示，即支付的报酬与获得的资金之间的比率。根据不同情况，资金成本可以有不同的表现形式，如银行借款资金成本率、债券资金成本率、股票资金成本率等。

2. 筹资结构优化分析

最佳的资本结构，是企业在一定时期使其综合资本成本最低，同时企业价值最大的资本结构。筹资结构优化分析就是指不同资金来源的筹资方案，实现最优的组合，以期选出经济合理、效益最好的方案，从筹资结构的总体上，可以使总资金成本最低。

一般地说，有如下两种情况：①各项资金成本率已定，但资金来源比例未定；②各项资金成本率未定，但资金来源比例已定。

现就第一种情况举例说明优化分析的方法。

【例 10-1】某公司经研究，决定从申请银行借款、发行债券和股票三个方面筹措资金，其各自资金成本率已确定，从四种资金来源不同比例的方案中，选出最优方案。

表 10-2　筹资结构优化分析

资金来源	不同资金来源比例方案				资金成本率
	第一方案	第二方案	第三方案	第四方案	
银行借款	20%	20%	30%	25%	8%
发行债券	30%	40%	30%	45%	9%
发行股票	50%	40%	40%	30%	10%

根据表 10-2 的资料，各方案的总资金成本率计算如下：

第一方案：总资金成本率＝0.2×0.08＋0.3×0.09＋0.5×0.1＝0.093
第二方案：总资金成本率＝0.2×0.08＋0.4×0.09＋0.4×0.1＝0.092
第三方案：总资金成本率＝0.3×0.08＋0.3×0.09＋0.4×0.1＝0.091
第四方案：总资金成本率＝0.25×0.08＋0.45×0.09＋0.3×0.1＝0.0905

计算结果表明，第四方案的总资金成本率最低，只有9.05％。企业应进一步结合实际情况分析各筹资渠道的可行性，权衡利弊得失，择优定案。

第三节 资金运用管理

企业资金从占用形态上看，可以分为流动资金和固定资金两种基本形态。为了使企业的资金发挥最大的效力，应针对流动资金和固定资金特点实施有效管理。

一、流动资金管理

(一)流动资金的概念

流动资金是流动资产的货币表现，又称营运资金。具体地说，流动资金就是垫支在材料、能源、备品备件和低值易耗品，并准备用于支付工资和其他费用方面的资金。

(二)流动资金的形态

流动资金在周转中表现为储备资金、生产资金、成品资金、货币资金、结算资金等占用形态。它的价值周转是一次全部地进行的，经过一个生产周期就完成一次循环。资金的瞬间占用与周而复始的循环相结合是流动资金的主要特点。

(三)流动资金管理

流动资金管理的基本任务就是保证生产经营所需资金得到正常供给，并在此基础上减少资金占用，加速资金周转。其主要内容如下：

1. 货币资金管理

货币资金包括库存现金和银行存款，控制流动资金首先要从货币资金开始。货币资金管理的目的就是：要求有效地保证企业能够随时有资金可以利用，并从闲置的资金中得到最大的利息收入。货币资金管理的内容主要有以下几个方面：

(1)编制现金预算或现金收支计划，以便合理地估计未来的现金需求。
(2)对日常的现金收支进行控制，力求加速收款，延缓付款。
(3)用特定的方法确定理想的现金余额。当企业实际现金余额与理想余额不一致时，采用短期融资策略或采用归还借款和投资于有价证券等策略达到理想状况。

2. 应收账款管理

应收账款是指企业因销售产品、材料和供应劳务等，应向购货单位收取的账款。随着市场经济发展，商业信用的推行，企业应收账款数额明显增多，因而应收账款已成为流动资金管理中一个日益重要的问题。

企业进行应收账款管理的基本目标：就是在充分发挥应收账款增加销售、减少存货功能的基础上，降低应收账款投资的成本，使提供商业信用、扩大销售所增加的收益大于有关的各项费用。

3. 存货管理

存货是指企业在生产经营过程中为销售或者耗用而储备的物资。存货管理的目的是以最低的存货成本提供维持企业生产经营所需的物资。

加强存货管理需要做到以下方面：一要建立、健全存货的检验、收发、领退、保管的清查盘点制度，保证存货的安全完整；二要合理确定存货量，节约使用资金；三要提高存货的利用效果，加速存货周转。

二、固定资金管理

1. 固定资产的概念

固定资金是固定资产的货币表现。固定资产是指使用期限超过一年，单位价值在规定标准以上，并在使用过程中保持原有物质形态的资产。固定资产包括机器设备、厂房建筑物、运输工具等。

2. 固定资产的分类

(1) 按固定资产经济用途：固定资产可分为生产用固定资产和非生产用固定资产；

(2) 按使用情况：固定资产可分为使用中固定资产、未使用固定资产和不需用固定资产；

(3) 按所属关系：固定资产可分为企业自有固定资产和租入固定资产。

3. 固定资产管理

(1) 应根据企业生产任务、经营规模、生产经营发展方向，正确测定固定资产需要量，合理配置固定资产。

(2) 正确计提折旧，及时补偿固定资产损耗价值。固定资产的损耗包括有形损耗和无形损耗两种类型。有形损耗提取的折旧是在物质寿命期限内的直线折旧，其特点是折旧时间长（大约为物质寿命），在折旧年限内平均计提。无形损耗是由于劳动生产率提高或技术进步，固定资产由更先进、更便宜的设备所取代而引起的价值磨损，提取的折旧是在技术寿命期限内的快速折旧。

(3) 做好固定资产投资（包括基本建设投资和更新改造投资）预测与决策，提高投资效益。与流动资产相比，固定资产具有投资数量大、投资回收期长、投资影响大等特点。为了获得固定资产投资的最佳经济效果，要在投资项目落实之前，论证投资项目技术上的可行性、先进性和经济上的合理性、效益性，通过比较，选择最佳方案。

(4) 加强固定资产综合管理，提高固定资产的利用效果。在进行固定资产价值核算的同时，还要进行固定资产的实物管理。企业财务部门应与固定资产管理部门和使用部门相配合，严密组织固定资产的收发、保管工作，正确、及时、全面地反映各项固定资产的增减变化，定期进行实物清查，以保证固定资产完整无缺；加强固定资产的维护、修理工作，使之处于良好的技术状态并在使用中充分发挥作用，从而提高固定资产的利用效果。

此外，无形资产也是企业的一项重要经济资源。所谓无形资产又称无形固定资产，它是指企业长期使用的，具有一定价值，但不具有实物形态的资产。它一般包括专利权、商标权、著作权、非专利技术、土地使用权、商誉等。

第四节　成本和利润管理

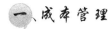

一、成本管理

(一)成本的概念

产品成本是指企业在一定时期内为生产和销售一定的产品而发生的全部费用的总和。从财务管理与分析的角度讲,产品成本也是企业在一定时期内为生产和销售一定的产品所发生的资金耗费量。企业生产经营中发生的全部费用可分为制造成本和期间费用两大类。广义的产品成本包括制造成本和期间费用,狭义的产品成本则是指制造成本。

(二)成本的构成

1. 产品制造成本

制造成本是工业企业生产过程中实际消耗的直接材料、直接工资、其他直接支出和制造费用。它包括以下方面：

(1)直接材料。直接材料包括企业生产经营过程中实际消耗的原材料、辅助材料备品配件、外购半成品、燃料、动力、包装物以及其他直接材料等。

(2)直接工资。直接工资包括企业直接从事产品生产人员的工资、奖金、津贴和补贴等。

(3)其他直接支出。其他直接支出是指直接从事产品生产人员的职工福利费等。

(4)制造费用。制造费用是企业在生产车间范围内为生产产品和提供劳务而发生的各项间接费用,包括车间管理人员工资费、折旧费、修理费、办公费、水电费、物质消耗、劳动保护费、季节性及修理期间的停工损失等。

直接费用直接计入制造成本,间接费用则需要按一定的标准分配计入制造成本。

2. 期间费用

期间费用是企业为组织生产经营活动发生的、不能直接归属于某种产品的费用。它包括管理费用、财务费用和销售费用。

(1)管理费用。管理费用指企业行政管理部门为组织和管理生产经营活动而发生的各项费用,包括工资和福利费、工会经费、职工教育经费、劳动保险费、待业保险费、研究开发费、业务招待费、房产税、土地使用税、技术转让费、技术开发费、无形资产摊销、无形损失等。

(2)财务费用。财务费用是指企业为筹集资金而发生的各项费用,包括利息支出、汇兑净损失、金融机构手续费以及为筹资发生的其他费用。

(3)销售费用。销售费用是指企业在销售产品、自制半成品和提供劳务等过程中发生的各项费用以及专设销售机构的各项经费,包括应由企业负担的运输费、装卸费、包装费、保险费、展览费、广告费、销售服务费用、销售部门人员工资、职工福利费和其他经费等。

期间费用直接计入当期损益,从当期收入中抵消。

(三)成本管理

成本管理就是对企业的成本费用进行预测、计划、控制、核算、分析与考核,并采取降低成本费用措施等管理工作。

成本预测是成本管理的起点。成本预测就是通过对企业成本的形成进行事先的估计和预测,并与国内外、行业内外、企业内外进行对比分析,从而确定出企业的成本目标、成本降低目标以及相关的保证条件。成本预测既是成本控制的目标,又是成本分析与考核的依据。

成本控制是从技术、生产、经营各个角度对产品成本的形成过程,采用一定的标准进行经常的监督,发现问题,及时采取措施,对产品成本进行全面管理,以达到降低成本,求得最佳经济效益的目的。首先,对材料成本控制,应严格执行材料消耗定额,实行限额领料制度,降低采购成本,并做好修旧利废工作。其次,对工资成本控制,应充分利用工时,控制工作时间,提高劳动生产率。再次,对制造费用控制,应编制弹性预算,采取费用包干,归口负责。最后,对期间费用控制,企业应根据《企业财务通则》和行业财务制度的要求,正确确定费用开支范围以及各项目的开支标准,对实际支出和耗费的各项费用进行计量、监督和限制,使其数额与预定的经营目标相一致。

成本分析是根据成本核算资料及其他有关资料,全面分析了解成本费用变动情况,系统研究影响成本费用升降的各种因素及其形成原因,挖掘企业内部潜力,寻找降低成本费用的途径。

二、利润管理

利润是企业在一定时期内生产经营活动的最终财务成果,是企业生产经营活动的效率和效益的最终体现。企业的利润主要是指利润总额和净利润。

(一)利润总额的构成

企业的利润总额包括营业利润、投资净收益、补贴收入和营业外收支净额四大部分。其计算公式为:

利润总额＝利润营业＋投资净收益＋补贴收入＋营业外收入＋营业外支出

其中:

营业利润 ＝产品销售利润＋其他业务利润－管理费用－财务费用

产品销售利润 ＝产品销售收入－产品销售成本－产品销售费用－产品销售税金及附加

(1)产品销售利润。产品销售利润即工业企业的主营业务利润,受产品销售收入、产品销售成本、产品销售税金及附加、产品销售费用制约。

(2)其他业务利润。其他业务利润即企业从事基本生产经营活动以外的其他经营活动所取得的利润。在工业企业中,它包括材料出售、固定资产出租、包装物出租、外购商品销售、无形资产转让、提供非工业性劳务等取得的利润,由其他销售收入扣除其他销售成本、其他销售税金及附加后形成。

(3)投资净收益。投资净收益即企业对外投资取得的收益减去对外投资损失后的余额。

(4)补贴收入。补贴收入是指企业收到的各种补贴收入,包括国家拨入的亏损补贴、减免增值税转入等。

(5)营业外收入。营业外收入即固定资产盘盈净收入、出售固定资产净收益、对方违约的罚款收入、教育费附加返还款,以及因债权人原因确实无法支付的应付款项等。

(6)营业外支出。营业外支出包括固定资产盘亏、报废、毁损和出售的净损失,非季节性的非大修理期间的停工损失、非常损失、公益救济性捐赠、赔偿金、违约金等。

(二) 净利润的形成

净利润又称税后利润,是指企业缴纳所得税后形成的利润,是企业进行利润分配的依据。其计算公式为:

$$净利润 = 利润总额 - 应交所得税$$

(三) 利润分配

企业实现的利润总额,要在国家、企业所有者和企业法人之间分配,形成国家的所得税收入,分给投资者的利润和企业的留用利润(包括盈余公积金、公益金和未分配利润)等不同项目。企业所得税后利润分配顺序为:

(1) 用于抵补被没收财产损失,支付各项税收的滞纳金和罚款;
(2) 弥补以前年度亏损;
(3) 按税后利润扣除前两项后的10%提取法定盈余公积金;
(4) 提取公益金;
(5) 向投资者分配利润,以前年度未分配利润可以并入本年度分配。

第五节 企业经济效益分析与评价

一、经济效益的内涵

经济效益就是经济活动中产出与投入之间的比例关系。换句话说,经济效益就是要以尽量少的劳动消耗和资源占用,取得更多的符合社会需要的有用成果。

(1) 劳动消耗。劳动消耗包括物化劳动消耗和活劳动消耗。物化劳动消耗是指经济活动中实际消耗的燃料、原材料,机器设备的磨损,等等。活劳动消耗是指在劳动力使用过程中,脑力劳动和体力劳动消耗的总和。

(2) 资源占用。资源占用是指生产过程中所占用的各种人力、物力、财力等各种资源,主要是物化劳动的占用,如使用的房屋、机器设备以及为保证劳动正常进行所需要的其他劳动条件和必要的物资储备。资源占用还包括占用的人力、占用的土地和自然资源等。

(3) 有用成果。在物质生产部门,有用成果表现为符合社会需求的各种产品和劳务。

经济效益的一般概念,可以用简单的公式表示如下:

$$经济效益 = \frac{有用成果}{劳动消耗 + 资源占用}$$

二、企业经济效益评价的标准

评价企业经济效益的标准有质和量的规定性。所谓质的规定性,是指企业生产的产品要适销对路,满足社会需要。所谓量的规定性,有以下五种评价标准:

(1) 企业现实指标与上一年同期实际水平相比较;
(2) 与本企业历史最高水平相比较;
(3) 与同行业的平均水平相比较;

(4)与同行业的先进水平相比较;
(5)与国际同行业先进水平相比较。
上述五种评价标准由低到高一共五个档次,在实际工作中应结合起来进行评价。

三、企业经济效益评价的指标

企业经济效益的评价指标有三类,即生产经营成果指标、消耗及消耗效果指标、资金占用及占用效果指标。每一类指标又包括若干具体的绝对指标与相对指标。

(1)生产经营成果指标。生产经营成果指标包括资产报酬率、所有者权益报酬率、销售利税率、销售收入及其增长率、税前利润及其增长率、税金及其增长率、人均销售收入及其增长率、人均税前利润及其增长率、人均税金及其增长率。

(2)消耗及消耗效果指标。消耗及消耗效果指标包括销售利润率、成本利润率、单位产品成本、单位产品人工成本率、单位产品材料成本率、单位产品费用成本率等。

(3)资金占用及占用效果指标。资金占用及占用效果指标包括总资产周转率、固定资产周转率、流动资产周转率、资产报酬率、存货周转率和应收账款周转率等。

四、企业经济效益综合分析

分析企业经济效益可以从企业收益性、成长性、流动性、安全性及生产性等五方面进行。

1. 收益性比率

收益性指标主要是反映企业的获利状况和获利能力的指标,它也是一个全面反映与评价企业经营状况的综合性指标。其主要指标有以下几个:

(1)销售利税率。销售利税率是用来衡量企业销售收入的收益水平的。其计算公式为:

$$销售利税率 = \frac{利润总额}{销售净收入} \times 100\%$$

(2)资产报酬率。资产报酬率又称资产收益率或投资报酬率,是指企业运用全部资产的收益率,反映企业对所有经济资源的运用效率。其计算公式为:

$$资产报酬率 = \frac{净利润}{资产总额} \times 100\%$$

在市场经济比较发达,各行业间竞争比较充分的情况下,各行业的资产报酬率将趋于一致。如果某些企业资产报酬率偏低,说明该企业资产利用效率较低,经营管理存在问题,应调整经营方针,加强经营管理。

(3)所有者权益报酬率。所有者权益报酬率简称权益报酬率,该指标用来反映企业投入资本每一元所赚取的净收益。其计算公式为:

$$所有者权益报酬率 = \frac{净利润}{所有者权益} \times 100\%$$

(4)毛利率。毛利率是企业的毛利与净销售收入的比率。其计算公式为:

$$毛利率 = \frac{毛利}{净销售收入} \times 100\%$$

式中:毛利是企业净销售收入与销售成本的差额,没有扣除三个期间费用。毛利率越大,说明在净销售收入中销售成本所占比重越小,企业通过销售获取利润的能力越强。

(5)净利润率。净利润率也称销售利润率或销售净利率,是净利润与净销售收入的比率。其计算公式为:

$$净利润率 = \frac{净利润}{净销售收入} \times 100\%$$

净利润率表明企业每一元销售收入可实现的净利润是多少。净利润率越高,说明企业的获利能力越强。

(6)成本费用利润率。成本费用利润率是企业利润总额与成本费用总额的比率。其计算公式为:

$$成本费用利润率 = \frac{利润总额}{成本费用总额} \times 100\%$$

成本费用是企业为了取得利润而付出的代价。成本费用利润率越高,说明企业为获取收益而付出的代价越小,企业的获利能力越强。因此,通过这个比率不仅可以评价企业获利能力的高低,也可以评价企业对成本费用的控制能力和经营管理水平。

(7)每股利润。每股利润也称每股收益,主要是针对普通股股东而言的。每股利润是指股份公司发行在外的普通股每股所取得的利润,它可以反映股份公司获利能力的大小。其计算公式为:

$$普通股每股利润 = \frac{净利润 - 优先股股利}{普通股发行在外股数}$$

(8)每股股利。每股股利又称每股股息,是指普通股每股获得的现金股利。其计算公式为:

$$每股股利 = \frac{支付普通股的现金股利}{普通股发行在外股数}$$

(9)股利发放率。股利发放率是每股股利与每股利润的比率,表明股份公司在净收益中有多少用于股利的分派。其计算公式为:

$$股利发放率 = \frac{每股股利}{每股利润} \times 100\%$$

(10)股利报酬率。股利报酬率是普通股每股股利与每股市价的比率,可以反映股票投资在股利方面所获得的报酬。其计算公式为:

$$股利报酬率 = \frac{每股股利}{每股市价} \times 100\%$$

(11)市盈率。市盈率又称价格盈余率或价格与收益比率,是指普通股每股市价与每股利润的比率。其计算公式为:

$$市盈率 = \frac{普通股每股市场价格}{普通股每股利润}$$

市盈率是反映股份公司获利情况的一个重要财务比率,无论是企业管理当局,还是投资者对这个比率都十分关心。

2. 流动性比率

分析企业流动性指标的目的在于观察企业在一定时期内资金周转状况,是对企业资金活动的效率分析,为此要计算出各种资产的周转率或周转期,分别讨论其运用效率。

3. 安全性比率

安全性指的是企业经营的安全程度,或者说是资金调度的安全性。分析企业安全性指标的目的在于观察企业在一定时期内的偿债能力状况。企业收益性好,安全性也高,但在有的情况下,收益性高,资金调度却不顺利。

4. 成长性比率

分析企业成长性指标的目的在于观察企业在一定时期内的经营能力发展的状况。一个企业即使收益性高,但如果成长性不好,也不能作出很高的评价。成长性分析就是从量和质的角度评价企业发展情况及将来的发展趋势。

5. 生产性比率

分析企业生产性指标的目的在于要查明企业在一定时期内企业人均生产经营能力、生产经营水平和生产成果的分配问题。

本章小结

财务管理是以价值形式对企业的生产经营活动进行综合管理,它利用资金、成本费用、收入利润等价值形式来反映企业经济活动中的劳动占用量、劳动消耗量和劳动成果,进而反映出企业经济效益的好坏。财务管理中的各项价值指标,为企业提供了全面、系统的经济信息,是企业经营决策的重要依据。

企业资金的筹集是资金循环周转的起点,也是企业财务管理的首要问题。在企业整个资金筹集过程中,首先,要预测、衡量企业各项资金的需要量。然后,就要确定相应的筹资渠道和方式。企业资金来源从大类上分可以分为所有者权益和负债两大类,包括企业资本金、资本公积金、留存收益、企业负债四个方面。企业资金从占用形态上看,可以分为流动资金和固定资金两种基本形态。产品成本是指企业在一定时期内为生产和销售一定的产品而发生的全部费用的总和。利润是企业在一定时期内生产经营活动的最终财务成果,是企业生产经营活动的效率和效益的最终体现。企业的利润主要是指利润总额和净利润。成本管理就是对企业的成本费用进行预测、计划、控制、核算、分析与考核,并采取降低成本费用措施等管理工作。经济效益就是经济活动中产出与投入之间的比例关系。换句话说,经济效益就是要以尽量少的劳动消耗和资源占用,取得更多的符合社会需要的有用成果。评价企业经济效益的标准有质和量的规定性。企业经济效益的评价指标有三类,即生产经营成果指标、消耗及消耗效果指标、资金占用及占用效果指标。分析企业经济效益可以从企业收益性、成长性、流动性、安全性及生产性等五方面进行。

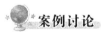

案例讨论

迪斯尼公司的融资策略

1922年5月23日,迪斯尼公司创始人沃尔特·迪斯尼用1500美元组成了"欢笑卡通公司"。现在,迪斯尼公司已经成为全球最大的一家娱乐公司,也是好莱坞最大的电影制片公司。

在长期经营中,融资扩张策略和业务集中策略是其始终坚持的经营理念。这两种经营战略相辅相成,一方面保证了迪斯尼公司业务的不断扩张,创造了连续数十年的高速增长;另一方面确保新业务与公司原有资源的整合,同时起到不断地削减公司运行成本的作用。迪斯尼公司的长期融资行为具有以下四个特点:①股权和债权融资基本呈同趋势变动。②融资总额除了在1996年有较大的增长,其他年份都比较稳定。而1996年的融资激增,显然是与并购美

第十章 企业财务管理

国广播公司相关的。③除了股票分割和分红之外,迪斯尼公司的股权数长期以来变化不大。仅有的一次变动在1996年,由于收购美国广播公司融资数额巨大而进行了新股增发。④长期负债比率一直较低,近年来仍在下降。迪斯尼公司的负债平均水平保持在30%左右。1996年为并购融资后,负债率一度超过40%,此后公司每年都通过增加股权融资来逐步偿还债务,降低负债比率。值得注意的是,公司在2000年通过股权融资大幅削减长期债务,为2001年并购福克斯公司创造了良好的财务条件。

讨论题:
请结合案例分析迪斯尼公司融资的特点。

复习思考题

1. 企业财务活动和财务关系包括的具体内容有哪些?
2. 如何评价财务管理目标的几种观点?
3. 为什么"企业价值最大化"是现代企业财务管理目标的合理选择?
4. 财务管理的手段有哪些?

第十一章 企业文化与制度建设

本章要点

* 企业文化的内涵和层次
* 企业文化的类型
* 企业文化建设的原则
* 企业制度建设的内容
* 企业制度建设的原则
* 企业文化与制度创新的动因
* 企业文化与制度创新的原则

案例导入

宝洁的核心价值观

始创于1837年的宝洁公司,是世界最大的日用消费品公司之一。1998—1999,公司全年销售额为381亿美元,在《财富》杂志最新评选出的全球500家最大工业、服务业企业中,排名第60位。宝洁公司全球雇员超过11万,在全球70多个国家设有工厂及分公司,所经营的300多个品牌的产品畅销140多个国家和地区,其中包括洗发、护发、护肤用品、化妆品、婴儿护理产品、妇女卫生用品、医药、食品、饮料、织物、家居护理及个人清洁用品。

宝洁公司的一位前任董事长曾说:"如果你把我们的资金、厂房及品牌留下,把我们的人带走,我们的公司会垮掉;相反,如果你拿走我们的资金、厂房及品牌,而留下我们的人,十年内我们将重建一切。"这种自信并非朝夕所能练就,它源自员工内心深处对公司文化的认同,而这种认同感得益于宝洁公司多年来的核心价值观。

宝洁公司的核心价值观是:领导才能(leadership)、主人翁精神(ownership)、诚实正直(integrity)、积极求胜(passion for winning)和信任(trust)。特别值得一提的是,在"主人翁精神"的核心价值观之下,宝洁给予员工高度的信任与自由度,不仅让员工自行安排工作内容与优先顺序,也不必打卡考勤,一切由员工自我管理,并赋予员工自主权与决策空间。因为宝洁相信员工会按照对公司整体最有利的方式进行规划,这种信任员工、尊重员工的信念,也是主人翁精神核心价值观能够有效落实的关键之一。

在核心价值观指导下,宝洁人力资源管理遵循这样的三大准则:①宝洁应该只雇佣具有优秀品质的人;②宝洁支持员工拥有明确的生活目标和个人专长;③宝洁公司应该提供一个支持和奖励员工个人成长的工作环境。无论在世界哪个地方,宝洁的员工每天都在展示自己的聪明才智、创新精神和工作主动性,而这一切都是他们业务发展的动力。

宝洁公司的成功经验告诉我们,人才是公司最宝贵的资源,而留住人才离不开企业文化的凝聚作用和制度的规范作用。

问题：

1. 宝洁公司的核心价值观是什么？
2. 宝洁公司的成功给了我们哪些启示？

第一节 企业文化与制度建设的必要性

当今时代是一个文化热销的时代,越来越多的企业正在自觉远离经验管理,经历着由制度管理向文化管理的主动进化与加速提升。通过或利用企业文化进行管理,是人力资源管理发展到今天的必然要求,也是企业管理者所追求的最高管理境界,它超越了"科学管理"理论中刚性约束的范畴,达到一种精神激励、自我完善的至高境界,因此,管理界把企业文化称为"柔性管理的精髓"。

一、认识企业文化

从1769年第一家现代企业在英国诞生至今240余年间,企业管理大体上经历了三个阶段:1769—1910年,为经验管理阶段,其特点是"人治",即主要经营者靠个人的直觉和经验进行决策和管理;1911—1980年,为科学管理阶段,其特点是"法制",即主要靠科学的制度体系实现高效率;1981年以来,发达国家的优秀公司率先进入了文化管理阶段,其特点是"文治",即靠企业文化建设带动企业经营管理达到更高的境界。所以,今天企业的管理理念已经进入"文化管理"的时代,或者说是"文化制胜"的时代。要运用"文治"来管理企业,我们有必要先认识一下什么是"企业文化"。

(一) 企业文化的含义

究竟何谓"企业文化"？企业文化的特点和内涵是什么？企业界和学术界还没有形成完全统一的看法。总的来说,在理论界对企业文化大致有以下两种看法。

(1) 狭义的看法。认为企业文化是意识范畴的,仅仅包括企业的思想、意识、习惯、感情等领域。这是一种狭义的观点,其代表人物是美国学者迪尔和肯尼迪。他们认为,企业文化应该有别于企业制度,企业文化有自己的一套要素、结构和运行方式,应包括四个要素,即价值观、英雄人物、典礼及仪式、文化网络。其中,价值观是企业文化的核心；英雄人物是企业文化的具体体现者；典礼及仪式是传输和强化企业文化的重要形式；文化网络是传播企业文化的通道。

(2) 广义的看法。认为企业文化是指企业在创业和发展的过程中所形成的物质文明和精神文明的总和,包括企业管理中的硬件与软件、外显文化与内隐文化(表层文化与深层文化)两部分。这种观点的理由是企业文化同企业的物质生产过程和物质成果联系在一起,即企业文化包括物质文化和非物质文化。

综合国内外的研究,我们认为:企业文化是企业在经营实践过程中,由企业管理者倡导的、在大部分员工中逐渐形成的共同的价值观念、行为模式、感觉氛围、企业形象的总和。

(二) 企业文化的层次

优秀的企业文化应当是一个相互配合、相互支撑的有机整体,我们将企业文化再进行细分,可以分为四个层次,即精神层、制度层、行为层和物质层。

1. 精神层

企业文化的精神层是用以指导企业开展生产经营活动的企业精神、经营哲学、管理理念、群体意识和价值观念等内容,它是以企业精神为核心的价值体系。

企业精神是企业广大员工在长期的生产经营活动中逐步形成的,并经过企业家有意识的概括、总结、提炼而得到确立的思想成果和精神力量,它是企业优良传统的结晶,是维系企业生存发展的精神支柱。它是由企业的传统、经历、文化和企业领导人的管理哲学共同孕育的,集中体现了一个企业独特的、鲜明的经营思想和个性风格,反映着企业的信念和追求,也是企业群体意识的集中体现。

企业精神是企业价值观的核心。具有号召力、凝聚力和向心力,是一个企业最宝贵的经营优势和精神财富,它不是可有可无,而是必不可少。

2. 制度层

"没有规矩,不成方圆。"任何企业都具备一套制度。

企业文化的制度层是由企业的法律形态、组织形态和管理形态构成的外显文化。它是企业文化的中坚和桥梁,把企业文化中的物质文化和精神文化有机地结合成一个整体,主要包括企业制度体系、企业风俗和员工行为规范。

在企业文化的建设过程中,必然涉及与企业有关的法律和法规、经营体制和企业的管理制度等问题。企业的法律形态体现了社会大文化对企业的制约和影响,反映了企业制度文化的共性。企业的组织形态和管理形态则体现了企业各自的经营管理特色,反映了企业制度文化的个性。

3. 行为层

企业文化的行为层是指企业员工在生产经营、学习娱乐中产生的活动文化。它包括行为规范、道德准则、教育宣传、人际关系活动、文娱体育活动中产生的文化现象。它是企业经营作风、精神面貌、人际关系的动态体现,也是企业精神、企业价值观的折射。

在一个具有优秀企业文化的企业中,最受人敬重的是那些集中体现了企业价值观的企业模范人物,他们使企业的价值观"人格化"。他们是企业员工学习的榜样,他们的行为常常被企业员工作为仿效的行为规范。

4. 物质层

企业文化的物质层作为社会文化的一个子系统,其显著的特点是以物质为载体,物质文化是它的外部表现形式,它包括企业生产环境、产品服务、企业广告、员工面貌仪容和建筑布局等。

优秀的企业文化是通过重视产品的开发、服务的质量、产品的信誉、良好的形象、生产工作环境、健全的文化设施和积极开展健康有益的文体活动等物质现象来体现的。

二、企业文化与企业制度

(一)企业文化

企业文化是由松下幸之助先生最先提出的,主要是指公司创立和发展过程中形成的并植根于企业全体创立成员头脑中,决定企业全部经营活动的精神观念和行为规范,是企业的一种价值观。从人体行为学的角度进行分析,人的任何行为都有一定的心理基础,一切外在因素对人行为的影响,都要通过人的心理发挥作用。企业文化理念的作用机理就是通过控制员工的思想,进而控制员工的行为。换句话说,是用企业的价值观、精神与理念统一员工的价值观、精神与理念,使员工用企业的价值观指导自己的行动,从而产生对企业积极的行为。

(二)企业制度

企业制度是指要求成员共同遵守的、按一定程度办事的规程,它是一种规范人行为的方法,具有强制性、工具性和时效性。在企业中处处充满了矛盾和管理(上级和下级之间、平级同事之间等),企业制度的意义就在于建立使管理者意愿得以贯彻的有力支撑体系,使企业管理中不可避免的矛盾从人与人的对立弱化为人与制度的对立,从而更好地约束和规范员工行为。

(三)二者之间的关系

1. 企业文化和企业制度相互融合

企业文化是指导和约束企业整体行为以及员工行为的价值理念,同时也指导着管理制度的制定和执行。企业文化和企业制度虽然形式上不同,但目的是相同的,都是为了激发员工工作和创造的积极性,从而推动企业的发展。在过去的企业管理实践中,人们往往注重制度的建立,一系列的管理制度、法规以及细则纷纷出台,员工受到制度的严格约束,整个企业缺乏创新,直接影响到其稳定健康的发展。于是企业家们逐渐摸索出了一条"以人为本"的道路,即坚持企业制度与企业文化相结合。近年来,人们越来越清楚地认识到企业制度和文化是紧密融合的,从而产生了"制度文化"。企业文化的广义范畴包括质量文化、管理文化、环境文化、商标文化以及制度文化等。企业的发展不仅需要有一系列管理制度约束员工的行为,而且还要有企业文化在潜移默化中影响员工的行为。企业文化和制度是激励员工的两种有力工具,是紧密融合的,缺一不可。

2. 企业文化和企业制度相互促进

企业制度促进企业文化的不断强化。如何让员工认同公司的文化,并转化为自己的工作行为,是企业文化建设中的关键。体现企业核心理念的企业制度可以强化企业文化,经过长期反复的实践与完善,最终使企业文化扎根于企业,成为员工共同认可的思想。相反,不适宜的管理制度则会使企业偏离其核心,与企业文化建设方向背道而驰。例如,惠普公司提倡员工人人平等与相互尊重,希望通过消除等级差别让每位员工感到满足。另外,惠普公司为了贯彻充分信任和依赖员工的理念,还制定了一些制度,比如实验室备品库中的电器和机械零件允许工程师们随意使用。正是这些制度使惠普员工真正感觉到被尊重与信任,从而与公司同呼吸共命运,形成了极具凝聚力的惠普文化。企业文化促进企业制度的有效实施和不断创新。企业文化形成之前,制度的执行只能靠外在的监督进行约束,一旦监督不力员工就极有可能不按要求去做,管理成本很高。企业文化一旦形成,员工的行动就会变成一种自愿的行为,无须加强监管。可见,企业文化可以激发员工的"自律意识",从而降低管理成本。当一些有形的制度真正变成员工的自觉行动,那么它的使命也就完成了。然而企业所处的环境是不断变化的,这样或那样的新问题会出现,接下来的工作就是要根据新环境创造出更好地保存企业核心理念的管理制度。

3. 企业文化和企业制度相互交替

国外一些知名的企业管理学家认为,企业文化是先于企业制度出现的,先有企业家的精神和价值观,后有企业和企业制度。在企业发展的初期,企业文化的调节作用占据了主导地位,甚至可以说,刚开始出现的管理制度几乎就是企业文化规范的衍生。但随着企业规模的不断扩大以及管理制度体系的建设和完善,企业制度在企业控制体系中的作用越来越突出,逐渐占据了主导地位。同时,符合企业文化内涵的管理制度也在不断促进企业文化的发展和贯彻。随着企业的进一步发展,对企业综合水平的要求越来越高,企业文化再次发挥了其重要作用,成为主导力量。当然,这并不意味着企业制度的作用比以前弱了,而是说虽然管理制度的力量在不断上升,但相对于企业文化作用的提高,而暂时处于了次要地位。在企业发展的历史过程中,这种交替反复出现,最终实现企业文化与制度的协同发展,推动企业整体实力的不断提高。

三、企业文化制度建设的必要性

(一)对知识员工的激励和培养离不开企业文化建设

自20世纪90年代,人类社会已经逐步进入知识经济时代,又有人称之为"网络经济"或"新经济"。在知识经济时代,经济的动态性、竞争性、创新性、快速增长性大大加快,这为企业文化管理提出了新的挑战。

企业文化建设对于知识型企业而言,显得尤为重要。美国著名管理大师德鲁克说过,20世纪对管理最重要的、最独特的贡献,是制造业中手工工作者的生产力提高了50倍。21世纪对管理最重要的贡献,同样也将是提高知识工作与知识员工的生产力。如果说20世纪提高体力劳动者生产力的主要手段是科学管理,即靠科学的制度、严密的外部监督和技术创新提高工作效率的话,那么,在知识型企业占主导,脑力劳动成为主要劳动方式以后,这种看不见的劳动使外部监督和制度化管理大打折扣,唯一有效的方式是通过影响知识工作者的思想理念,提供激励性的良好文化氛围来提高工作效率。这种柔性管理——文化管理,是以企业文化建设为主导的。因此,企业文化建设无疑成为今后企业管理的关键环节、企业竞争的重要方面。

知识经济的另一个特点,是掌握最新知识和创新知识能力的人才,成为企业成功的根本。如何吸引人、培养人、激励人、用好人、留住人,成为企业管理的核心问题,而这一核心问题的解决,一点也离不开企业文化的建设。美国海氏咨询公司在对《财富》500强评选的总结中曾指出,公司出类拔萃的关键在于文化。最能预测公司各个方面是否优秀的关键是公司吸引、激励和留住人才的能力,公司文化是他们加强这种关键能力的最重要的工具。被称为世界头号CEO的文化管理大师杰克·韦尔奇曾经有一个著名的论断:"GE靠人和思想的力量取胜。"

(二)企业文化在企业竞争中发挥着不可替代的作用

在企业管理实践中,企业文化和制度无时无刻不在引导、约束、凝聚和激励着每一个员工为了一个共同目标而努力。正是有了这股"合力",才使许多企业内部具有十分强劲的"创造力"。因此可以说,企业文化是企业竞争力的重要源泉。

(三)企业制度建设是企业文化得以贯彻落实的重要保障

企业文化的最高境界是让企业的核心价值观变为员工的自觉行为。从文化理念到自觉行动从来不是一蹴而就的。企业需要通过制度的约束使价值观贯彻到员工的行为中,从而形成习惯,再从习惯变为员工的自觉行为。因此,制度是价值观落实的重要保障。加强制度文化建设,对于保障企业正常经营、协调各方面关系、保证团结协作、调动各方面积极性和创造性、制约各种消极因素和越轨行为具有重要的意义。

(四)企业制度文化是企业可持续发展的重要保证

企业制度文化是企业在长期的生产、经营和管理实践中产生的一种文化特征和文化现象,它是企业文化中人与物、人与企业运营制度的中介和结合,是一种约束企业和员工行为的规范性文化,它使企业在复杂多变、竞争激烈的经济环境中处于良好的状态,从而保证企业目标的实现。它既是企业为了保证实践目标而形成的一种管理形式和方法的载体,又是企业从本身价值观出发形成的一种制度和规则。

企业制度与企业制度文化不是同一概念,企业制度是企业为了达到某种目的,维持某种秩序而人为制定的程序化、标准化的行为模式和运行方式,它仅仅归结为企业某些行为规范;而企业制度文化强调的是在企业生产经营的活动中应建立一种广大员工能够自我管理、自我约束的制度机制,这种制度机制使广大员工的生产积极性和自觉能动性不断得以充分发挥。当企业制度的内涵未被员工心理接受时,其仅仅是管理规范,至多是管理者的"文化",对员工只是外在的约束,只有当企业制度的内涵被员工心理接受并自觉遵守时,制度才变成一种文化。

值得指出的是,企业的制度未必都能形成制度文化,只有将制度管理与人文管理有机结合起来,营造出良好的企业制度文化氛围才能使制度文化形成一种习惯性意识根植于每一位员工的头脑中,从而打造出一种具有特色的企业优势资源并最终转化为生产力。

第二节　企业文化建设策略

尽管市场风云突变,但总有一些优秀的企业可以巍然屹立。深入挖掘这些企业取得成功的关键,都不难发现,作为内部"软实力"的企业文化发挥了不可替代的作用。诸多企业的成功案例告诉我们,这种"软实力"一定是经过长期积淀的,而且是其特有的、难以效法和模仿的。比如,IBM公司的企业文化是:充分考虑每个雇员的个性;花大量的时间令顾客满意;尽最大的努力把事情做对,谋求在我们从事的各个领域取得领先地位。而韦尔奇为GE企业文化引入的"群策群力、沟通无界限",奠定了他成为世界头号CEO的基础,也成就了GE多年来的辉煌业绩。管理者对企业内部文化和制度的管理,重在"行"而不在"知"。

一、企业文化建设的原则

(一)继承性原则

缺少了历史的积淀,企业文化必定是轻浮的、不能持久的。这里讲的历史积淀,不仅包括企业自身的发展历史,还应当包括企业所处的社会文化历史背景。这就是说,由于文化渊源不同,日本企业文化必定和欧美企业文化存在较大差异。所以企业文化的设计、完善过程就是不断地对企业历史回顾的过程,同时也是将社会文化元素不断融入的过程。从企业的历史中寻找员工和企业的优秀精神,并在新的环境下予以继承和发扬,形成企业特有的、醇厚的文化底蕴。每一个企业都有其特定的发展经历,会形成企业自身的许多优良传统,这些无形的理念已经在员工的心目中沉淀下来,影响着平时的各项工作。应该看到,一些优秀文化传统对企业现在和未来发展都具有积极的作用。因此,我们提炼企业文化时必须尊重企业历史传统,并结合社会历史文化背景中的有益元素。

(二)个性化原则

企业文化贵在有个性,失去特色的企业文化只能是人云亦云,不可能从根本上获得员工的心理认同,也不可能在公司内部形成团结一致的凝聚力和向心力。日本松下公司用"自来水"经营理念来阐释其独特的企业文化,这一理念一直在引导着松下员工向"规模经营,降低成本"的方向努力。而有一些企业也一直在强调企业文化建设,但其行动却是喊口号,跟风随大流。比如,我们常常见到的"保证质量、客户第一""以厂为家"等,这些肤浅的、雷同的口号只能让员工产生心理疲劳。但是,我们也应当看到,任何成功企业个性化的企业文化都是根植于其内部的实际情况的,无论是微软还是IBM,它们企业文化的特色之所以被人们津津乐道,正是因为它们的文化适合于企业,推动了企业的发展并且造就了非凡的商业成就。所以,在企业文化建设过程中,既要借鉴、吸收其他企业文化的优良传统,又要有所突破。对于企业管理者而言,需要做的是从解决企业的实际问题来考虑文化,是为了企业长远发展来规划文化并付诸实践。

(三)一致性原则

企业文化的一致性,是指企业决策层对整个企业的设计、构思所能传达到企业基层的深度和广度,也可以指企业文化的渗透性、管理思想在企业的传播程度。事实上,企业文化建设是一项长期的系统工程,这需要企业文化在企业目标、经营理念、管理制度和行为规范上做到高度的一致性。文化的统一是企业灵魂的统一,是企业成为一个整体的根本。离开了一致性,企业文化便会成为一盘散沙,其凝聚力和向心力也就无从谈起。

(四)可操作性原则

企业的任何一项决策行动,都必须和企业内外部的实际情况紧密地结合起来。建设企业文化的过程,就是企业发现自身问题,并解决问题的过程,企业文化建设形成的成果要能改善企业的经营效率、提高员工的凝聚力。不具有可操作性的企业文化只能是镜中花、水中月。因而,在提炼企业文化的过程中,必须强调文化的实用性和可操作性。从企业内部的实际情况出发,不仅是针对企业现存的管理问题,更是对企业未来各项工作和业务具有实际的指导和规范作用。

二、企业文化建设的思路

企业文化建设并非意识的经验总结,而是必须经过长期的实践提炼而成。要建设卓有成效的企业文化,可以遵循以下思路。

(一)全员参与,提高对企业文化的认同感

目前存在一种片面的认识,即认为企业文化是高层文化。其实企业文化并非只是高层的一己之见,它必须要得到企业全体成员的认同。因此,企业管理者要创造各种机会让全体员工参与进来,共同探讨企业文化的发展思路,广泛在各层面提高员工对企业文化的认识,征求各方意见,然后加以提炼并加以宣传学习,让全体员工认识到企业文化是大家共同创造,来自员工群体,从而使企业文化的实施较易受到全体员工的欢迎和接纳,只有得人心的企业文化才具有很强的生命力。

（二）把加强员工素质的提高和培养团队精神结合起来

任何有效的管理制度是和每一员工的自觉执行分不开的，如果没有高素质的员工队伍，工作的执行力是无法得到保证的，这就要求员工不仅要有学习精神，在学习中不断提高个人整体素质，不断培养团队意识和团队精神，真正做到"以十当一"，充分发挥团队整体的力量。

（三）提供一定的物力、财力作保障

企业文化建设不是一种高高在上的装饰品，它扎根于员工溶于企业员工的思、言、果之中，然而它又有灌输性，通过各种喜闻乐见的形式来体现，如企业形象策划、各种庆典、群众性活动等，因而在人力、物力、财力上应予以保障。

（四）建立规范性和创新性的企业管理制度

企业文化需要有良好的企业制度作为支撑，成功的企业文化背后一定有规范性和创新性的制度在实施。企业制度是规范性和创新性实施与创新活动的产物。为使企业文化能跟上时代要求，适应市场经济变化和企业发展，企业制度的创新要破除旧有观念，树立适应市场经济的新观念，转换企业经营管理机制，形成既能适应市场经济要求，又能充分调动广大员工积极性和创新性的现代企业制度。企业制度的规范性和创新性之间是一种互为基础作用，互相影响的关系。良性的循环关系是两者保持统一、和谐、互相促进的关系，非良性的循环关系则是两者割裂，甚至矛盾的关系。作为企业而言，应努力使企业制度的规范性与创新性因素之间呈良性关系。

（五）造就企业典型和榜样

优秀企业文化一般都较注意发现和推崇身边的典型，树立榜样。这样做可以集中体现企业文化的魅力，使企业文化人格化、模特化，使其应该能看得见、学有榜样、习有典型；并且让身边的榜样来引导其他员工，让其他员工都要以榜样为学习的标准要求自己，在企业内部形成人人争做先进、楷模、上下相互竞争的你追我赶的积极状态和竞争机制。

（六）领导要身体力行，带头发挥示范作用

领导示范就是企业领导要言传身教，身体力行。要让员工知道，领导不仅仅是企业文化的提出者，更是企业文化的杰出体现者。领导示范在企业文化的传播和强化中起着至关重要的作用。在企业文化建设中，首先，领导要能结合企业实际，提出企业文化建设的具体目标，同时依据目标要求制定年度计划，突出重点。其次，领导自己要相信企业文化的作用，把建设优秀的企业文化作为信念，从一言一行、一举一动做起，追求、推崇、传播和捍卫，以影响并带动企业文化在全体员工的思想意识中生根发芽，茁壮成长。

（七）建立完善的网络和必不可少的激励机制

文化网络是企业进行文化宣传教育，沟通联络及一定的组织机构和宣传方式，也体现在企业各种行为的成效中。此外，文化网络还必须在制度建设、产品设计、厂区规划、标志、商标、广告等方面体现企业文化精神。企业文化是企业管理的一项根本措施。企业文化的推行结果，能够为企业员工和社会带来物质利益和精神利益，这是检验其成败的标准。为此，企业文化在实施中必须建立激励机制和约束机制。通过激励调动建设企业文化的积极性、互动性，使企业文化发展得生动活泼，蔚然成风，取得实效。

(八)紧密结合每个员工的工作目标

管理学上有这么一个寓言故事:一只猎狗将兔子赶出了窝,一直追赶它,追了很久仍没有捉到。牧羊犬看到此种情景,讥笑猎狗说:"你们两个之间小的反而跑得快得多。"猎狗回答说:"你不知道我们两个的跑是完全不同的!我仅仅为了一顿饭而跑,它却是为了性命而跑呀!"从以上故事不难看出,如果每个人的目标都和企业的发展目标紧密结合起来,是可以战胜任何困难,创造奇迹的。因此,企业文化建设要紧紧和每一位员工的工作目标紧密结合,明确每一位员工的工作职责和工作目的。

(九)把加强理论学习和思想转变相结合

人的行为意识的改变是和自己文化积累和周围环境的改变息息相关,要想从根本上改变自我,只有不断学习,在学习中改变自我、完善自我。因此,思想的转变应该是从学习中来和到学习中去。只有这样,才能使自己的言行朝着自己人生辉煌的目标前进。

此外,企业文化建设并不是终身不变的,它要与企业的发展状况,外部环境联系起来,与时俱进,不断地建设和改进。只有这样,才能充分发挥企业文化在企业发展进程中的积极促进作用。当然,建设适应时代和企业自身发展的富有特色、个性鲜明的优秀企业文化,是一项长期的、艰苦细致的工作,要及时地予以发展和完善,摒弃旧的企业文化,创造新的企业文化。只有这样,才能促进企业的不断发展进步,才能在激烈的市场竞争中永远立于不败之地。

第三节 企业制度建设策略

企业文化只有付诸管理实践才能充分发挥其凝聚和激励作用,要实现这一目标,除了领导层的示范和员工的一致努力外,还离不开制度约束和规范。因此,系统建设企业的文化制度,使之形成科学的、完善的企业制度体系,也是企业文化管理的一项重要工作。本节重点介绍企业制度建设的原则和内容。

一、企业制度建设的原则

(一)合法、务实原则

众所周知,市场经济条件下,企业存在目标是为了获取利润,但实现这一目标的前提是,企业的各项规章制度必须服从于国家和政府的各项法律法规。所以,企业在进行文化制度建设的过程中,也务必保证制度建设不与市场经济的法律法规相抵触。此外,制度建设必须立足于企业的实际需要,根据企业的性质、发展目标和员工的具体情况来制定出切实可行的各项制度,并把企业实践作为检验制度有效性的标准。

(二)社会性原则

从企业发展角度和企业文化的内在要求来说,主要是在安全的前提下,重视企业的经济效益和保持技术的领先优势,但是企业是生存在社会这个大环境中,两者间应是鱼和水的关系。企业的经营活动要体现服务社会的理念,树立良好的公众形象,顺应时代潮流,这就要求我们在制度安排中还要遵循社会性原则,即要注重安全性、经济性、先进性,还要肩负起社会和谐、国家发展这个崇高使命,这样对企业生存和发展都是有利的。将社会性原则放入制度建设之中,并和企业自身的实际需求良好的结合,才能充分体现企业存在的社会价值和企业对社会责任的认识和使命感。即企业在制定企业规章制度时,除了根据公司的指导思想、方针和发展战略来安排外,还要注重与社会、公众的关系,树立绿色环保的企业形象。

(三)创新性原则

企业文化价值体系不是一成不变的,它随着企业的发展,随着企业不同时期的不同战略的变化而不断充实和发展,因此其制度体系也要不断调整以适应文化的要求,即要制度创新,它是实现不同时期不同战略目的的基础和保证。不断完善制度,以便更全面实现和充实企业文化,从组织与制度上确保企业战略目标的顺利实现。企业制度是企业文化的制度化和外化,是企业文化的重要内在构成要素,它的不断完善,就更加充实、丰富企业文化的内容,更加全面地表现企业文化。因而制度创新,本质上就是企业文化内容的创新。

(四)权威性原则

制度建设对企业而言,就好比法律之于国家,只有遵循"法律面前人人平等",才能树立起各项制度的权威,将制度设计和安排作为指导各项工作的核心。企业制度是企业文化的重要保障,企业根据上述原则建立的各种制度就构成了一个严密的管理机制,这个管理机制就是集中体现了企业文化的理念,它与精神层的和谐统一就成为企业成功的有力保障。企业一切制度建设都是围绕企业的核心价值观进行的,因此制定了制度就要充分落实,制度的规范对象,不仅包括普通员工,还包括企业的中高层管理人员。只有这样,才能保证制度的有效性,切实落实企业的价值观理念。

(五)系统性原则

作为企业文化得以贯彻执行的保证,制度建设应当是全面的、系统的而且是具体的。文化是"柔性管理",在某些具体方面可以掺杂一些主观的情感因素,而制度是"硬管理",必须具有相当的权威性。这就要求制度建设必须是严谨的、全面的。首先,应当做到主次分明,结构清晰。一套系统性的企业制度应当凸显企业经营的宗旨、核心理念,这是制度建设的主旨,所有的规章制度必须以此为中心。其次,应当做到相互兼顾,整体协调。充分体现唯一性、一致性、顺向性和封闭性。其中,唯一性是指每一件事情只能由一项制度来规范;一致性是指所有的制度应当保持一致,相互之间不能产生冲突;顺向性是说次要制度要服从主要制度;而封闭性则是指所有制度要尽量形成闭合,力求每项工作都能予以约束。

(六)简洁性原则

尽管可列入规范的要求很多,但不可能面面俱到,而要选择最主要的、最有针对性的内容,做到权责明晰、文字简洁,不能一味追求"大而全",连篇累牍,洋洋洒洒。简洁明了才更便于员工学习、理解和遵照执行。

二、企业制度建设的内容

企业制度建设的内容包括企业制度体系、企业风俗和员工行为规范三个部分。

(一)企业制度体系

1. 企业制度体系的范围

企业制度体系可以分解为工作制度、责任制度和特殊制度三个部分,具体如下:

(1)工作制度。

工作制度是指企业对各项工作运行程序的管理规定,是保证企业各项工作正常有序开展的必要保证。具体而言,工作制度包括法人治理制度、设备管理制度、劳动管理制度、物资供应制度、服务管理制度、技术工作及技术管理制度、内部员工管理制度、产品销售管理制度、财务管理制度、员工生活福利制度等。

(2)责任制度。

责任制度的实质是将公司整体经营目标的压力在每一位员工身上均衡分配,使员工明确自己工作职责和努力的目标。著名的管理学家德鲁克在1954年就提出了目标管理理论,现今,它已经成为世界范围内广为流传的管理方法。责任制度的具体做法是按照责权利相结合的原则,将企业目标自上而下层层分解,自下而上层层保证,使得"人人头上有指标",从而保证企业整体目标的实现。

(3)特殊制度。

企业特殊制度是企业文化建设发展到一定程度的反映,也是企业文化个性特色的体现。与工作制度、责任制度相比,特殊制度更能体现企业文化的人文精神要素。不同企业在实践中会形成不同的特殊制度。比如,日本的企业为缓解员工对公司领导的不满情绪,设有心理解压室;有些企业的"五必访"制度,规定企业领导和各级管理人员在员工生日、结婚、生子、生病和死亡时必须访问员工家庭。还有被人津津乐道的海尔"大脚印"文化制度,起初"大脚印"是张瑞敏为那些工作出现纰漏的员工准备的,出现工作失误的员工要被罚站"大脚印"。但这是一种负向的激励手段,被罚站之后,并不能将这种惩罚很好地转化为员工改进工作的动力。后来,海尔将之改为正向激励的一种手段,让那些为公司作出贡献的员工到"大脚印"上接受表彰。

2. 企业制度体系的四个要素

企业管理的精髓在于"权""责""利"对等,但对与制度管理而言,还应当融入"核"的要素。

(1)权。

权利是企业赋予企业中每个人的一种基本的工作权。只要是企业中的一员,就要拥有一定的权利。权利一般也分为两个层次:首先是基本权利,如人身权、平等权等。只有尊重每个人的人格和基本权利,企业中的人才能被企业凝聚起来,充分发挥自己的作用。因为这样,能激发员工的积极性。其次是指对不同的人,其拥有不同的权利,这种权利是工作中的权利。例如,经理具有在职权范围内管理企业运行的权利,操作员工具有操作机器的权利等。

(2)责。

责任是对人追求权利和利益时的约束准则。任何一个经济组织只有具备什么样的责任,才能拥有什么样的权利和利益。对人也是一样,责任是约束人的权利和利益的最主要标准。如果在责、权、利的关系中,人只有权利和利益,而没有责任,那么人对权利和利益的追求就会失去限制,管理将会失控。如果只有责任,而没有对等的权利和利益,那么员工将会失去激情和活力。

(3)利。

利益是企业中每个人通过自己的努力而应获得的回报。这种回报包括物质上和精神上的两个方面。物质上的回报如工资、奖金、补贴及各种福利;精神上的回报如口头奖励、表扬、先进称号等。人的利益是一个综合表现,有的人可能会偏好于精神上的满足,而不在乎物质上的差异;有的人则会对物质上的收益斤斤计较。管理中最基本的一条就是要尽量满足每个人对利益的合理要求。因为如果企业不能满足员工合理的利益要求，那么人才就有流失的可能。

(4)核。

考核是对企业内部每个部门、每个岗位以及每位员工工作业绩的核查，以便将其工作绩效与奖惩挂钩。考核是企业制度体系的关键要素，离开了严格的考核制度，权、责、利都将成为一纸空文。

3. 企业制度体系设计的要求

(1)营造管理制度化的文化氛围。

制度建设不仅仅包括具体的制度建设，还包括制度体现的理念的培育。后者，是企业文化建设的关键。营造管理制度化的企业文化氛围，有利于提高企业整体管理水平。完善合理的制度像一把利剑，可以为管理者斩断一切纷扰。作为管理者，永远不用畏惧出现的问题，因为世界上没有一劳永逸的方法，只有不断更新的制度才能为管理者解除后顾之忧。在市场经济中，凡事必须有章可循，这样市场才能有效运作。

(2)建立强调执行力的制度体系。

执行力就是战斗力。没有执行力，再好的战略意图都是纸上谈兵。企业制度和战略的形成，都是无数商战实践和管理者的智慧、经验的结晶，但却常常因为员工不服从而宣告失败。因此，应严格规定，一旦制度和战略形成，任何人必须百分之百地支持和无条件服从，管理者也不得寻找任何借口。强调执行力的文化就是强调服从的文化。服从是一种行动，一种意识，更是一种品质。首先，服从没有面子可言。其次，服从还应直截了当。没有"顾及"，没有"协调"，无需"磨合"。最后，服从就是全力而迅速执行任务。如果一个企业每一个环节都令即动，就能保证高效地在第一时间出色地完成任务，使企业成长为"坚不可摧"的组织。

(3)注意发挥各级干部与员工的创造性和积极性。

制度决定态度，态度决定高度。制度建设不是要约束员工的创造性，相反，制度应保护员工的创造性。企业制度建设的根本在于将目标、任务、指标公平公正、合理科学地分配到每个单位、部门、岗位和员工。只有这样，才能发挥员工贯彻执行制度的主动性和积极性。

(4)正确处理权、责、利、核的关系。

权、责、利是企业制度建设中不可或缺的重要环节，"责"是核心和目的，"权"是确保尽责的条件，"利"是权、责的经济保障，而"核"是对前三者的最后考评。员工的责、权、利被明确规定，并有制度保证、严格的公正考核、奖惩及时兑现，才能发挥制度管理的约束和鞭策作用。在不少企业的实践中，往往会出现员工以"利"为中心，利大大干、利小小干、无利不干。这种价值导向不但不利于企业整体目标的实现，还会导致企业内部缺乏协同和配合，致使军心涣散。

(二)企业风俗

1. 企业风俗的特点

企业风俗是企业长期相沿、约定俗成的典礼、仪式、习惯行为、节日、活动等。它们对组织行为具有较强的约束和引导作用，因此也被称为"不成文的制度"。企业风俗也是企业制度建设的一个重要组成部分，它具有以下几个特点。

(1)非强制性。

正如前文所言，相对于文化的"柔性管理"而言，制度是"硬管理"，它具有一定的强制性。每名员工都应无条件地遵照执行，如果违反这些规章制度，将会受到相应的惩处。而企业风俗在表现形式上虽然是制度的一部分，但在实质上，却是和文化同属一个范畴。对应于企业规章制度,企业风俗属于"民间规则",是否遵守,主要取决于员工的兴趣和爱好,违反企业风俗也不会受到任何正式的惩处。所以说,企业风俗的形成和维持,完全依赖于员工群体的习惯和偏好。

(2)可塑性。

可塑性包含两层含义,首先是指可以经过主观地策划和设计企业活动并使之付诸实施,通过长期的运行逐渐演化为企业风俗;其次,是指对业已形成的企业风俗,可以按照企业的要求进行内容和程式的改造,使之朝着企业期望的方向发展。也正是由于企业风俗的可塑性,才使得企业可以主动地设计和形成某种良好的风俗,并改造和消除不良的习俗。

(3)包容性。

企业风俗对人的思想观念和言行的影响和作用,主要是通过人们的舆论来实现的。由于不同的文化背景、思想认识、思维习惯都不同,使得人们对待企业风俗的态度存在一定差别,从而决定人们对舆论往往并无刚性的明确尺度,而是有一定可以自由"发挥"和认知的空间。因此,企业风俗对人们行为的规范作用具有较强的包容性。

(4)程式性。

企业风俗一般都有一些固定的规矩或惯例,比如,固定的时间和地点、固定的参与者和仪式程序以及习惯的着装等。这些固化的程式使得企业风俗造成一种特殊环境下的心理定势,从而使参与者在潜移默化中,产生心理上的认同感。

2. 企业风俗的作用

良好的企业风俗,有助于企业的发展,也有助于企业文化的建设和企业形象的塑造。具体而言,有以下几个方面的作用:

(1)引导作用。

良好的企业风俗是企业理念的重要载体。在风俗习惯营造的氛围中或参加丰富多彩的风俗活动,员工可以加深对企业理念的理解和认同,并自觉地按照企业的预期做出努力。

(2)凝聚作用。

企业风俗的形成需要一段很长的时期,一旦形成便会被多数员工认同,这种认同感无疑是企业凝聚力和向心力的源泉。设计和建设企业风俗,对增强员工对企业的归宿感、组织的向心力和凝聚力有着非常积极的作用。

(3)约束作用。

企业风俗会鼓励和强化预期相适应的行为习惯,排斥和抵制与之不相适应的行为习惯,因此对员工的意识、言行等起着无形的约束作用。在企业风俗的外在形式背后,深层次的内在力量是员工的群体意识和共同价值观,它们更会超越企业风俗的外在形式,更会对员工的思想、意识、观念产生巨大影响。

(4)辐射作用。

企业风俗虽然只是企业内部的行为识别活动,但却常常通过各种传播媒介传播出去,其外在形式与作为支撑的内在观念意识必然会给其他企业和社会组织带来或多或少的影响。而这种影响也正是企业风俗辐射作用的直接反映。

3. 企业风俗的培育和创新

企业风俗的培育和创新包括两个方面的内容,一是设计和培育企业风俗,二是对现有风俗的改造和创新。一般而言,企业风俗的培育和创新应当遵循以下几个原则。

(1)循序渐进原则。

在根据精心设计出的目标模式培育企业风俗的过程中,企业通过各种渠道可以对企业风俗的形成产生外加的巨大牵引和推动,但这种作用必须是在尊重企业风俗形成的内在规律的前提下发挥。倘若拔苗助长,则可能"欲速则不达",甚至给企业带来不必要的损失。

(2)方向性原则。

企业风俗的形成需要一个较长的过程,需要时间的积累,而在这个发育形成过程中,企业风俗不断受到来自企业内外各种积极的和消极因素的影响。这一特点决定了企业应该在风俗形成过程中加以监督和引导,使之沿着企业预期的目标方向发展。

(3)间接原则。

企业风俗的形成,主要靠人们的习惯和偏好维持,因此企业管理者和管理部门在培育企业风俗的过程中要注意发挥非正式组织的作用,对其进行"宏观引导"而非直接干预。

(4)适度原则。

企业风俗固然对塑造企业形象和改变员工思想、观念、行为和习惯具有积极的作用,但并不意味着企业风俗可以替代企业的规范管理和制度建设,更不是越多越好,必须把握好一个"度"。如果企业风俗太多,反而容易使员工把注意力集中到企业风俗的外在形式,而非企业风俗的深层次内涵。

(三)员工行为规范

1.员工行为规范的内容

一个优秀企业之中,所有的员工从上到下应该具有一些共同的行为特点和工作习惯。这种共同行为习惯源自两个方面:一是广大员工在长期共同工作的过程中自发形成的行为模式;二是企业理念、企业制度和风俗长期作用的结果。这种共性的行为习惯越多,内部的沟通和协调就越容易实现,对于增强企业内部的凝聚力,提高团队的工作效率都会产生非常积极的影响。一些重视内部管理的企业看到了共性行为习惯的重要性,有意识地提出了员工在共同工作中行为和习惯的标准,即员工行为规范。这种行为规范的强制性虽然不如企业制度,但带有明显的导向性和约束性,通过在企业中的倡导和推行,容易在员工群体中形成共识和自觉意识,从而促使员工的言行举止和工作习惯向企业期望的方向和标准转化。

根据企业内部组织管理的理论,并参照一些成功企业的"行为规范"或"员工手册",我们认为以下几个方面的行为规范是必不可少的,具体如表11-1所示。

表11-1 员工行为规范的内容

行为规范	主要内容
仪容仪表	员工个人和群体外在的形象,具体包括服装、发型、化妆、配饰等
岗位制度	工作必须遵循的共性要求,包括作息制度、请假制度、保密制度、工作态度、特殊纪律等
工作程序	员工与他人协调工作时程序性的行为规定,包括与上级、同事、下属的协同和配合
待人接物	礼貌用语、基本礼节、电话礼仪、接待客人、登门拜访等
环境与安全	保护环境,以营造良好的工作氛围;注重员工工作安全,以满足他们的最基本需要
素质与修养	通过短期培训、进修、讲座等形式提高员工的技术水平、工作能力和其他业务素质

2. 员工行为规范的设计原则

(1) 合乎法理性原则。

合乎法理性原则强调,员工行为规范的每一条款都必须符合国家法律、社会公德,即其存在要合法合理。研究一些企业的员工行为规范,常常可以看到个别条款或要求显得非常牵强,很难想象员工是怎么会用这样的条款来约束自己的。坚持合乎法理性原则,就是要对规范的内容进行认真审核,尽量避免那些看起来很重要但不合法理的要求。

(2) 一致性原则。

一致性原则是指员工行为规范必须与企业理念要素保持高度一致并充分反映企业理念,成为企业理念的有机载体;行为规范要与企业已有的各项规章制度充分保持一致,对员工行为的具体要求不得与企业制度相抵触;行为规范自身的各项要求应该和谐一致,不可出现自相矛盾之处。坚持一致性原则,是员工行为规范存在价值的根本体现,在这一原则指导下制定的规范性要求容易被员工认同和自觉遵守,有利于形成企业文化的合力。

(3) 针对性原则。

针对性原则是指员工行为规范的各项内容及其要求的程度,必须从企业实际,特别是员工的行为实际出发,以便能够对良好的行为习惯产生激励和正强化作用,对不良的行为习惯产生约束作用和进行负强化,使得实施员工行为规范的结果能够达到企业预期的强化或改造员工行为习惯的目的。没有针对性、"放之四海而皆准"的员工行为规范,即使能够对员工的行为产生一定的约束,也必然是十分空泛无力的。

(4) 普遍性原则。

上至总经理,下至一线普通工人,无一例外都是企业的员工。因此,员工行为规范的适用对象不但包括普通员工,而且包括企业各级管理人员,当然也包括企业最高领导,其适用范围应该具有最大的普遍性。设计员工行为规范时,坚持这一原则主要体现在两个方面:首先,规范中最好不要有只针对少数员工的条款;其次,规范要求人人遵守,其内容必须是企业领导和各级管理人员也应该做到的。如果管理人员由于工作需要或客观原因很难做到的条款,尽量避免写入;或者在同一条款中用并列句"管理人员应……普遍员工应……"来体现各自相应的具体要求。

(5) 可操作性原则。

行为规范要便于全体员工遵守和对照执行,其规定应力求详细具体,这就是所谓的可操作性原则。如果不注意坚持这一原则,规范要求中含有不少空洞的、泛泛的提倡或原则甚至口号,不仅无法遵照执行或者在执行过程中走样,而且也会影响整个规范的严肃性,最终导致整个规范成为一纸空文。

(6) 简洁性原则。

尽管对员工行为习惯的要求很多,可以列入规范的内容也很多,但每一个企业在制定员工行为规范时都不应该面面俱到,而要选择最主要的、最有针对性的内容,做到整个规范特点鲜明、文字简洁,便于员工学习、理解和对照执行。

第四节 企业文化变革与制度创新

前面我们提到,企业文化和制度建设都需要经过很长一段时间的沉淀和积累,要发挥其作用,必须具有一定的稳定性。但是市场经济环境下,企业的内外环境并不一定是恒久不变的,当企业内部情况和外部环境发生了变化,原有的企业文化和制度已经不能继续发挥其原有的功能时,文化变革和制度创新便成为每一位企业管理者必须思考的问题。

一、企业文化变革与制度创新的动因

不管是企业文化变革还是制度创新,就其动因而言,都是内因和外因共同作用的结果。

(一)内因是促使变革和创新的根本

企业的经营危机往往是使企业进行文化变革和制度创新的原动力。当企业陷入重大危机时,除个别的不可抗力或偶然的重大决策失误所导致以外,多半都是因为企业内部管理中存在根深蒂固的问题。这种根源和企业旧文化和旧制度结合起来,管理者便会很容易得出这样一个结论,内部的文化冲突和制度僵化是导致企业经营危机的根源所在。文化的冲突包涵两个方面:一是主文化与亚文化的冲突,所谓的主文化是指居于企业核心地位的文化、正宗的文化以及整体的文化;而亚文化则是指处于非核心的、非正统的局部文化。在一个良好的企业文化体系中,主文化与亚文化的关系应当是相互促进的,如果企业目前的主文化是落后的、病态的,而适应内外环境的亚文化在发展的过程中就会受到主文化的打压和限制。二是群体文化与个体文化的冲突。企业文化虽然是企业成员共同遵守的价值观和行为规范,但企业文化作为群体文化并不是个体文化的简单叠加,因此个体文化与群体文化发生冲突是普遍存在的。在同一个组织内,由于不同的利益要求或者不同的观念认知,也能带来个体文化与企业文化之间的冲突,最极端的情况是,个体对企业的不满与反感所引起的个体文化与企业文化之间强烈的冲突。这两种冲突发展到一定程度,加上旧制度的不适应,便会促使企业进行文化变革和制度创新,它们构成了企业变革和创新的内因。

(二)外因是促使变革和创新的条件

除了上述内因以外,企业为了适应外部环境的变化也会主动采取应对变革的措施。今天企业所面临的经营环境是瞬息万变的,既没有所谓的常胜将军,也没有能够放之四海而皆准的"灵丹妙药"。企业取得成功的关键在于"以变应变",只有伴随着行业的变化适时调整企业制度和内部的文化理念,才能在激烈的竞争中立于不败之地。

此外,还有一个重要的外因是企业高层管理者更迭。众所周知,企业文化和制度与高层管理有着极为密切的联系,因此,企业高层管理人员的更迭是可能引起企业文化变革和制度创新的又一诱因。

二、企业文化变革与制度创新的原则

(一)审慎原则

对于企业而言,文化和制度都非一朝一夕所能形成,它们都需要在很长一段时间内保持稳定。因此,变革和创新必须谨慎地进行。对哪些东西要变,如何变化?哪些东西需要继承和发展?都要进行充分的思考,并具有一定的前瞻性。否则,便会朝令夕改,让员工无所适从。反复频繁地进行变革,只能显示企业仍没有形成统一的思想体系,使管理者的威信和企业凝聚力大打折扣。

(二)持久性原则

企业文化和制度的变革对企业的发展而言,是一个重大的决策,其效果不会短时间内显现,在大企业中所需要的时间更长。即使是一位具有非凡的领导能力的管理者,也需要其他人的配合来实施变革。有研究表明,一个企业要成功地进行文化和制度变革,所需时间最短为4年,最长为10年。因此,企业管理者不要期望文化变革和制度创新能够一蹴而就,相反要作好打持久战的思想准备。

(三)系统性原则

任何组织的变革都是一个系统工程,文化变革和制度创新也不例外。在进行文化变革的时候,一定要注意其他相关制度的相应调整和配合,其中用人制度和薪酬考核制度是最能直观地反映企业的价值导向,因此必须作出相应的调整。如果一面强调创新,一面又不愿意提拔任用勇于开拓的管理人员,仍然执行"论资排辈"的用人理念,那么这样的变革注定是要失败的。

三、企业文化变革与制度创新的过程

从企业文化变革和制度创新的原因和内容来看,文化变革和制度创新就是要打破原有的文化和制度并建立新的文化和制度,这应当是一个动态的、系统的过程。具体而言可以分为三个步骤,即破除、涵化与定格。

(一)破除

破除就意味着审视并反思现有企业文化的符号和意义,挖掘出深层次的问题,并结合目前的内外部环境,对那些不适应企业发展的内容予以剔除。在这一阶段,特别需要注意的,就是建立起员工对变革必要性的统一认识。

(二)涵化

涵化是按照企业发展的要求,创立新的文化制度的内容。确定新的企业文化的符号和意义。这一步是极其复杂而困难的,也是进行文化变革和制度创新的核心步骤。在这一过程中,管理者一定要注意坚持合适才是最好的。千万不要脱离企业发展的实际阶段和员工的成熟度而设计企业文化和制度,以免事倍功半,难以奏效。另外,在涵化阶段,管理者需要提出的是符合企业个性的文化和制度内容。所以,涵化阶段,是结合企业实际和内外环境,对新的企业文化和制度进行再造的过程。

(三)定格

定格阶段是将涵化的结果固定下来,它通过企业的大量宣传和企业员工之间的广泛沟通和学习,使新的企业文化和制度能被企业成员所认可和接受,真正成为成员共享的价值观念和行为准则。在这一阶段,企业成员的认知和行为方式发生改变,从而形成一种稳定的企业文化。

四、企业文化变革与制度创新应当注意的问题

(一)让一线员工参与进来

一般而言,企业文化和制度的变革中,员工对企业文化的理解与管理者的理解显著不同,

尤其是对核心价值观的理解。企业文化变革和制度创新往往是由高层管理者推动的,而一线员工却扮演着双重角色:他们既是企业文化制度建设的主体,是推动者和参与者,也是企业文化制度建设的客体,是接受者和被改造者。离开了一线员工,企业的文化制度建设便失去其原本的意义。

(二)注重领导者的示范和表率作用

领导者在企业文化建设中的作用举足轻重,不仅在发起和设计时起领导作用,而且在实施过程中还要积极地组织和推动。领导者对企业文化和制度建设的重要性有着足够的认识,是使企业文化和制度建设得以顺利开展的前提。有能力的领导者不仅善于选择认同企业文化的人作为自己的员工,更要善于使那些不认同企业文化制度的员工改变初衷,转而与企业文化相协调。因此,充分发挥企业中、高层管理人员的带动和示范作用,对企业文化与制度建设而言至关重要。

(三)对未来的发展有足够的预见

一个企业的文化与制度建设过程是一个长期的、渐进的、艰苦的过程,一套优秀的企业文化制度体系的形成往往需要几年,甚至几十年的积累和沉淀,这可能需要公司上下几代人的共同努力。因此,企业进行文化与制度建设,必须对企业未来的发展有足够的预见,方能保证其相对的持久性和稳定。

(四)注意制度与文化的匹配性

一种新的文化价值理念被接受,不能简单地通过对旧价值观的批判来实现,必须借助于制度化的力量引导员工逐步接受新价值观。制度化是为了让员工更好地理解和落实企业的价值观,是固化企业文化的过程。所以在制定和执行规章制度时,必须要掌控好企业文化与制度的匹配性,防止"知行不一"现象的发生。即凡是企业文化理念提倡的,必须在制度中有解码、有体现;凡是与文化理念相悖的内容,必须修正或废弃,防止现有的刚性制度对文化理念的抵触和侵蚀。

本章小结

文化作为企业"软实力"的核心,已经越来越得到企业的重视。企业文化的最高境界是让企业的核心价值观变为员工的自觉行为。从文化理念到自觉行动从来不是一蹴而就的。企业需要通过制度的约束使价值观贯彻到员工的行为中,从而形成习惯,再从习惯变为员工的自觉行为。因此,制度是价值观贯彻落实的重要保障。加强制度文化建设,对于保障企业正常经营、协调各方面关系、保证团结协作、调动各方面积极性和创造性、制约各种消极因素和越轨行为具有重要的意义。

本章通过广义和狭义两种观点的综合比较,我们认为,企业文化是企业在经营实践过程中,由企业管理者倡导的,在大部分员工中逐渐形成的共同的价值观念、行为模式、感觉氛围、企业形象的总和。企业文化可以细分为精神层、制度层、行为层和物质层四个层次。

对企业可持续发展而言,文化和制度建设的必要性在于企业文化作为一种"软实力"在提升企业核心竞争力中发挥着不可替代的作用。同时,网络经济条件下,对知识员工的管理也离不开企业文化建设,而制度建设则是企业文化得以贯彻落实的重要保障。

作为柔性管理的一种有效方式,文化建设应当遵循继承性、个性化、一致性和可操作性原则。企业文化要发挥其凝聚和激励作用,还离不开制度的规范和约束作用。企业文化制度建设的内容包括:企业的制度体系、企业风俗和员工行为规范三个部分。制度建设应当遵循合法务实、社会性、权威性、创新性、系统性和简洁性的原则。不管是企业文化建设还是制度建设,都不能一蹴而就,需要经过很长一段时间的沉淀和积累,因此保持一定的稳定性,方能发挥其应有的激励和约束作用。

在市场经济条件下,企业的内外部环境在时刻发生着变化,内因是根本,外因是其条件,这要求企业文化和制度也必须适时做出必要的变革和创新。企业文化变革和制度创新的过程可以分为三个步骤,即破除、涵化和定格。

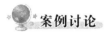
案例讨论

通用电器公司(GE)的文化变革之路

1981年4月,45岁的杰克·韦尔奇(Jack Welch)正式成为GE总裁以后开始向每个听他说话的人喊"失火了"——尽管当时的GE的净利增长为9%,将近17亿美元,当年《财富》500强中也只有9家有这样的业绩,因为韦尔奇要的是数一数二。他向GE 120位高管人员讲话,严厉抨击GE存在的问题:官僚制度所造成的浪费、不实报告、逃避困难的决策等。他说:"看看1981年你们身处何地?想象1985年时又会在哪儿?更重要的是,1990年时又会在哪儿?你们能够保持市场上的第一、第二赢家吗?"他警告大家,任何企业如果不能维持第一、第二,都将会被踢出GE。韦尔奇的话意思很明白:GE要革命了,不愿意改变的高层将无法久留GE了。一个有着100多年(1879—1981)历史,位居当年《财富》500强之前列的GE的高管们都是经验丰富、见过不少人事更迭、在变革中工作保障和升迁机会都有可能受到威胁的人,他们大部分人的反应可想而知——不理解、无动于衷甚至抗拒。

完成GE改革,建立GE新文化,韦尔奇采取了两条腿走路的方法。一方面是强有力的根植新GE价值观的沟通攻势,一方面是百无禁忌的企业整顿。

根植GE价值观的攻势主要在三个方面:克罗顿维尔(Crotonwill)管理学院的培训、各种媒体上的演讲、GE内部的清白检查。韦尔奇清楚,要改造企业文化,他必须使他的价值观深入人心。于是,他有效地利用每年能提供10000名GE管理人员进修训练的克罗顿维尔训练中心,阐述GE的价值观。他把克罗顿维尔办成了向GE管理人员灌输GE价值观的圣地,使其像传播福音的修道院,赋予每个在此进修的主管传播GE观念到整个GE的任务。韦尔奇亲自年复一年地到克罗顿维尔演讲和聆听,探测整个组织的脉动。他以此为据点,创造了GE内部现实、直接、坦率、"解决问题"的双向沟通环境,使克罗顿维尔的训练成为改造GE文化的重要基地。

媒体是内外宣传的直接渠道,韦尔奇很会利用媒体。为了表达一致性和增强演讲效果,他总是自己撰写演讲稿。他的演讲具有极强的说服力和强烈的激励效果。

尽管施加了沉重的利润压力,韦尔奇更强调"利润损失胜于抄捷径或是违反规则"。1985年,韦尔奇利用政府指控GE中级主管篡改一项计划的工作时间卡造成政府超额付款的丑闻,推行了他的清白检查——每个人每天面对镜子反省自己,要求每个GE人都严格检查自己行为的正直性。从1985年起,严守清白被纳入了绩效评估。直到今天,"正直"还一直是GE的核心价值观之一。

与强大的沟通攻势相配套,使新的GE价值观生根发芽的是百无禁忌的企业整顿。没有强大的沟通攻势,企业文化的变革根本无法进行,因为人们会不理解、会抗拒;没有"真刀真枪"的新的价值观指导下的企业整顿和制度运行,也产生不了新的文化,因为人们不会把新的价值观化为自己的思想和行动。韦尔奇在哈佛大学的一次演讲中说:"我们用了2~3年的时间发展价值观……我们辛苦地实践每一个价值观……我们正在以这些价值观衡量我们的人,我们正处于转型的过程。"

讨论题:

1. 请结合本章内容和上述案例,阐述企业文化变革的过程。
2. 试评价GE文化变革取得成功的主要因素。

复习思考题

1. 企业文化的内涵是什么?
2. 如何理解企业文化的四个层次?
3. 企业文化和制度建设对企业管理而言有什么重要性?
4. 企业文化建设应遵循的原则是什么?
5. 企业文化建设的思路是什么?
6. 企业文化和制度的关系是什么?
7. 企业制度建设应当遵循哪几个原则?
8. 企业制度建设包括哪些内容?
9. 企业文化变革和制度创新的原则和过程是什么?
10. 企业文化变革和制度创新应当注意哪些问题?

第十二章 跨国经营管理

本章要点

* 跨国经营与跨国公司的概念
* 跨国公司的经营管理
* 跨国经营方式的选择
* 跨国经营的风险类型与管理

案例导入

北京同仁堂是全国中药行业著名的老字号。创建于1669年（清康熙八年），自1723年开始供奉御药，历经八代皇帝188年。在300多年的风雨历程中，历代同仁堂人始终恪守"炮制虽繁必不敢省人工，品味虽贵必不敢减物力"的古训，树立"修合无人见，存心有天知"的自律意识，造就了制药过程中兢兢小心、精益求精的严细精神，其产品以"配方独特、选料上乘、工艺精湛、疗效显著"而享誉海内外。

同仁堂一直没有停止扩张的步伐，尤其是对国际市场的开拓。同仁堂人一直有这样的希望：只要有华人的地方，就要有同仁堂的圖；只要有中药出售的地方，就能买到同仁堂的药。

1993年，同仁堂"以医带药"走向海外。2004年，同仁堂的发展走上了快车道，投资1.78亿港币在香港建立了北京同仁堂国药有限公司，利用香港独特的优势，研究各目标国的市场准入标准，进行新产品、新剂型的科研、生产加工和贸易，为整合海外产供销资源搭建平台。2007年，北京同仁堂国药公司通过香港GMP认证，2008年正式投产，当年实现盈利。2010年，同仁堂国药有限公司顺利完成资产重组，确立了资本运营中心、无形资产管理中心、生产研发中心、进出口贸易代理中心、人员派出中心及文化塑造中心六位一体的发展定位，为海外实现质的飞跃打下了坚实的基础。2010年，北京同仁堂与中国国家汉语国际推广领导小组办公室孔子学院总部正式签订战略合作协议书，建立了海外文化传播新平台，推荐中医药文化专家到孔子学院巡讲，在孔子学院地区联席会议和全球孔子学院大会及院长培训班举办中医药普及知识讲座，把同仁堂分店作为孔子学院师生的培训示范基地，以此赢得当地居民对中医的信任。2011年末，作为中国中医药界进军中东市场的第一家企业，同仁堂中东旗舰店在阿联酋的迪拜城开业，消费者也基本都是主流社会的当地人。走出国门的同仁堂，逐步被海外认可。

同仁堂针对不同的东道国药政管理制度，不同的文化背景，不同的消费需求，采取了差别化的国际市场进入模式。

首先，同仁堂主要采取"由近及远"的方式，将周边地区和国家作为首要目标地开拓市场。中医中药与欧美医药风格迥异，文化体系跨越难度较大，民众难以接受中医理念。而我们周边的国家，如东南亚等地，华人较多，对中药产品的认可程度较高，比较容易得到发展。因此，同仁堂把重心首先放在亚洲市场,尤其是华人较多的国家,然后再努力进入欧美等国。集团董事长曾简单总结过海外挺进新策略,即"站稳亚洲、迈进欧洲、渗透美洲、开辟大洋洲"。

其次,"以医带药"促进海外销量增长。这是同仁堂开辟国际道路的"特色"发展。中医与中药密不可分,而在国际上往往中医先行于中药得到认可,如针灸,就已经在不少国家获得合法地位。同仁堂认识到,传统中医药之所以难以走出国门,一个重要原因是将中医与中药完全剥离。中医药不同于西医药,中药一定要有中医理论才能解释清楚,才会被患者理解。中药离开中医,就成为无源之水,无本之木。为此,同仁堂在国外开设的分店,一般配备一名或更多的中医专家或教授。这些高水平的医师,不仅能给患者提供有效的治病用药建议,且能担负起推广中医文化、了解当地市场需求的重任。以新加坡为例,同仁堂进入亚历山大医院设堂施诊为其拓展在新加坡的业务起到了积极作用。驻新加坡分店利用自己的"名医""名药""名牌"优势,在潜移默化中让更多当地人认识中医、了解中医,信赖中医,最终实现"以医带药"的良性运转。

问题:
1. 同仁堂的跨国经营之路有何特点?
2. 同仁堂对于中国的企业"走出去"有何借鉴?

第一节 跨国经营概述

随着全球经济一体化时代的到来,国与国之间的经济联系更加紧密。无论是资本、技术、商品还是人力资源等要素的流动都具备了国际性的特征,导致了全球经营环境的急速变化,这就要求企业的管理者要改变及调整其传统的管理视野与技能,以适应经济全球化与经营国际化的要求。

一、跨国经营的概念

理论上,跨国经营是一个非常广泛而抽象的概念,是指企业积极参与国际分工,由国内企业发展成为跨国公司的过程。跨国经营主要表现为资本、制造、技术和人力等资源要素的国际转移及利用,以此来提升企业创造价值的能力。跨国经营包括两种地理导向,即内向型(inward)和外向型(outward)视角,内向跨国经营是外向跨国经营的基础和条件。

内向跨国经营是指以母国为基础,采取进口、作为许可证交易的受约人、在母国与外国公司建立合资企业、成立国外企业全资的子公司(或被国外企业并购)等方式参与国际竞争;外向跨国经营是指以东道国为导向,通过出口、向外国公司发放许可证、在国外与外国企业建立合资企业或建立与收购外国企业等方式参与全球竞争。关于两种经营方式的主要特征如表13-1所示。

表13-1 外向型和内向型经营国际化的主要特征

	外向型	内向型
贸易形式	出口	进口
技术转让形式	技术出让	购买技术专利
合资合营	国外合营公司	国内合营公司
独立跨国投资	在国外建立子公司、分公司或兼并国外企业	成为国外跨国公司的分支机构

从总体上来说,技术、管理比较先进的西方企业遇到的主要是外向型国际化的种种问题,也是跨国经营研究的重点;发展中国家,主要进行的是内向型的经营国际化——引进国外的资金和技术,参与国际经济大循环。我国企业跨国经营总体思路可概括为:引进来—走出去—全球优化。

为了便于研究和探讨,本章对跨国经营不作内向和外向细分,只研究外向跨国经营。

二、跨国经营的主要力量——跨国公司

(一)跨国公司的定义

在经济全球化的条件下,跨国公司使传统的以国内生产、对外交换为特征的贸易导向型国际分工向以国际生产、跨国经营为特征的投资导向型国际分工转移,是跨国经营的主力军。同时,跨国公司也是推进经济全球化的主要力量。据统计,2003年跨国公司的产值占世界总产值的40%,占国际贸易额的60%,占国际技术贸易额的60%~70%,占全球科研和开发的80%,占外国直接投资的90%。这些跨国公司集生产、贸易、金融和技术开发于一身,通过全球性经营战略,推动资源的全球性配置,其生产、销售、投资等活动构成了经济全球化的主要内容。

尽管跨国公司在全球经济中扮演着举足轻重的角色,但是关于跨国公司的理论研究并不是很完善,而且其定义也非常不统一。在欧美一些国家,人们通常把跨越国界从事经营活动的企业称为多国公司(multinational corporations);也有人把这种企业称为国际公司或环球公司。直到1974年联合国经济及社会理事会第57次会议的有关决议中,才正式采用了"跨国公司"这一名称。此后,联合国正式文件中均使用"跨国公司",这一名称也就逐渐成为国际社会普遍接受的专用名称了。但定义仍然是见仁见智、众说纷纭。但通常定义跨国公司或者一个企业的跨国经营,需要考虑下列标准。

1. 结构标准

凡采用"企业的跨国程度""企业的所有权""经理人员的国籍"和"企业的组织形式"等作为划分跨国经营的标准与尺度,都属于结构性标准。

(1)企业的跨国程度。一个企业必须在两个以上的国家进行制造和销售业务才能算跨国公司。

(2)企业的所有权。"所有权"衡量尺度有两个不同的含义:一是指资产的所有权形式;二是企业母国所在地属于哪个或哪些国家,及企业拥有者和高层主管的国籍。经济合作与发展组织认为,跨国公司"通常包括所有权属于私人的、国营的或公私合营的公司或其他的实体"。

(3)企业高级管理人员的国籍。跨国公司企业的高级管理人员必须是来自一国以上的国民。合资经营的企业所有权和控制权自然会分散到各个不同国籍人士手里。

(4)企业的组织形式。一个跨国企业的组织形式以全球性地区和全球性产品为基础。其实体的法律形式可以是合资、有限、无限、合作社、公私合营等。在制造业中,海外企业最流行的形式是在当地组建子公司。

2. 跨国度标准

普遍观点认为,跨国公司需要有一定的跨国经营度。企业跨国经营度是由跨国指数决定的,跨国指数是三个比率的平均数,即国外资产/总资产、国外销售额/总销售额、国外雇员/雇

员总数。

3. 跨国经营价值取向标准

跨国经营价值取向标准是指,凡是一个跨国公司都应有全球战略目标和动机。公司按照全球目标公平处置世界各地所出现的机遇与挑战,公司经营活动由一国走向多国,直至定位于全球化目标。它一般需要经历三个阶段,即民族中心主义、多元中心主义和全球中心主义。

具体说,一个跨国公司的基本条件是:它是由两个或两个以上国家的经济实体所组成,在一个统一的决策体系下,拥有共同战略和配套政策,各个经济实体通过股权或其他方式相互联系,它的一个或多个经济实体能够对其他实体施加有效的影响。特别是各个经济实体之间能够共享知识、资源、信息,并且需要共同承担责任和风险。

(二)跨国公司的构成

目前,绝大多数的跨国公司都包含三种基本单位,即母公司、子公司、分公司。母公司是指负责对外直接投资,并对接受投资的经济实体进行控制的公司,一般而言,母公司就是跨国公司总部,它的所在国被称为母国。母公司是在母国政府机构注册的法人组织,有权并负责组织和管理跨国公司海内外机构的全部生产经营活动。子公司是经母公司直接投资而在母国内外设立的经济实体。如果子公司在母国外,它的所在国就是东道国。子公司一般是在东道国政府机构注册的法人组织,在法律上独立于母公司,在公司名称、章程、组织结构与资金组成等方面,表面上与母公司没有明显的联系,但实际上是受母公司控制和管理的。分公司就是母公司的分部,它利用母公司的名称和章程,在公司的直接控制下开展经营活动,财产所有权属于母公司,资产和负债要直接反映到母公司的资产负债表上,而且通常不是法律上独立的法人组织。

(三)跨国公司的特征

跨国公司为了争夺国际市场,获取国外资源,获得高额利润,通过对外直接投资设立分支机构或子公司,从而形成国内到国外、从生产到销售的超国家的独特生产经营体系。不同的跨国公司都有其自身的发展历史,行业不同,经营方式也不同,但就现在跨国公司整体而言,一般具有如下特征:

1. 跨国公司是"国际化"了的企业

"国际化"不仅是指跨国公司在世界各地进行直接投资,设立分支机构或子公司,从事国际生产,在世界范围内通过各种渠道进行销售活动,同时也要表明它们的组织机制、管理体制、决策程序以至人员配备都要适应在多国从事生产贸易活动的要求。它们面向世界,在世界范围内获取利润,从而使它们的自身积累也具有了世界性的意义。跨国公司制定全球战略,把世界视为它们的目标,并以世界经济的发展为基础来衡量自身的成就,注视着全球市场。如我们经常发现某些跨国公司在发展中国家组织产品制造,又将这些产品运输到较发达国家去销售,其内在动机即是发展中国家通常拥有廉价的劳动力和原材料等生产要素,这些国家对外来投资又给予不少政策优惠,大大降低了跨国公司的生产成本。

2. 对外直接投资是跨国公司经营跨国化的基本手段

对外直接投资是一国企业在外国进行的伴有经营控制权的投资,它有多种具体形式,包括在东道国开办独资、合资与合作经营企业,或购买、兼并现有企业等。对外直接投资历来是跨国公司对外扩张、实现跨国经营的基本手段。跨国公司通过对外直接投资,在国外建立子公司和分支机构,并对其加以控制,为实现跨国公司的经营目标服务。

3. 全球战略和内部一体化

实行全球战略,是指跨国公司有全球性战略目标和战略部署。跨国经营的主要内容是商品贸易、直接投资和技术转让。为了获得最大限度的利润,跨国公司要合理安排生产,要从世界范围考虑原料来源、劳动力雇用、产品销售和资金运用,要讲究规模经营,要充分利用在东道国和各地区的有利条件,还要应付世界市场上同行业的竞争,这就必须把商品贸易、直接投资、技术转让三者结合起来,从公司的整体利益及未来发展着眼,作出全面安排。跨国公司一般实行集中决策、分散经营的管理体制,但为了实现跨国公司的全球目标,就需要实现内部一体化,即在公司内部实行统一指挥,彼此密切配合、相互合作,形成一个整体,以符合公司的整体利益。同时,为了适应东道国的投资环境及各行业的市场结构、行情变化,则需要附属机构"灵活反应"。一方面,通过分级计划管理,落实公司的全球战略;另一方面,通过互通情报,内部贸易,共担风险,共负盈亏。这样,跨国公司虽然在世界各地拥有形式多样的附属机构和子公司,但由于实行了内部一体化,它们就像一个被严密控制的单一企业那样,置身于被国界分开的许多市场,在不同的国家和地区从事经营。

4. 技术内部化

跨国公司在新的国际分工中,要保持优势,或从一种优势转向另一种优势,就必须在研究与开发新技术、新工艺、新产品中始终保持领先地位,因此,跨国公司对外投资时,往往也以开发新技术作为其主要的经营手段之一。跨国公司为了保持其技术优势,必须依赖于巨额的研究开发投资及技术战略。跨国公司在研究与开发技术密集型产品过程中,往往是从销售收入中拨出大量资金,用于研究与开发工作,并在全球范围内有组织地安排科研机构,一般做法是把主要的、全能的研究机构设在母公司所在国,使研究成果牢牢掌握在公司总部手中,并且首先在公司内部使用,推迟扩散,以尽可能地保持自己较长时间的领先地位。技术是一种信息资产,具有公共资产的性质,在外部市场上转让极易扩散,因此,跨国公司一般不愿通过外部市场公开出售技术商品,而更偏重于通过内部市场把那些不愿或不能公开出售的技术、技能、诀窍和先进的管理经验在公司内部进行有偿转让。

三、跨国经营与国内经营的关系

1. 跨国经营是国内经营的必然发展

从社会经济发展的角度来看,跨国经营体现了商品经济国际化的内在必然性。商品生产的基本特征表现为价值的生产,因而具有内在扩张趋势,物质生产过程和市场是这种扩张的两个基础条件。

社会生产的发展是伴随着社会分工而发展的,在分工的基础上产生的交换既服务于分工,又促进了分工的进一步发展,其结果必然形成分工的国际化。一定的生产力发展水平,决定着分工的内容、范围和形式,决定着国际分工的深度。早期的国际分工主要表现为国际贸易,而后的国际分工逐渐演变为世界范围内的工业分工,产业部门内部的分工逐渐深入,进而发展到以专业化为基础的分工,各国技术水平的差异日益取代自然资源在国际分工中的基础地位。另一方面,国际分工的纵深发展,促进了世界市场的形成,将世界各国社会再生产各阶段和各环节紧密地联系在一起,从本质上消除了经济发展的民族局限。

在商品经济条件下,物质生产过程突破民族国家传统疆界的表现是在世界范围内组织商品生产和流通,世界市场的形成为之提供了客观条件,并促进了商品经济国际化的进程。包括铁路、公路、水路、航空、电子计算机、电信等在内的立体交通网络和信息高速公路的迅猛发展和完善,已将各国市场紧密联系在一起。企业作为商品经济中的资源转化体,要生存,就必须越来越直接或间接地依赖世界市场;要发展,实现内在扩张趋势,就更需要世界市场为舞台来展开经营活动。

2.跨国经营的特殊性

从跨国经营与国内经营的横向比较来看,跨国经营主要有以下特殊性:

(1)跨国经营不仅涉及在国内经营中必须面临的国内环境因素,而且还面临国际环境因素和东道国环境因素。在国内经营中,即便经营面涉及全国,管理者也不必对环境因素过分在意,因为这些因素对他们来讲是既定的、内在的、"不变的"。同一语言、单一货币、同类文化,管理者又是在其中成长和生活的,因而十分熟悉和了解,他们能本能地对这些因素加以预见和接受。

相反,在跨国经营中,管理者不仅面对自己熟悉的国内环境,而且要面对不熟悉或者不怎么熟悉的国际环境和东道国环境因素。对于管理者尤其是缺乏跨国经营知识和阅历的管理者,后两方面因素完全是作为一种外赋力量而起作用,且往往国内行之有效的管理思想和方法在跨国管理中可能行不通。结果是这些外赋力量使得参与跨国经营的企业从策略、政策、组织直到具体经营过程都必须作相应的调整和改变。

(2)虽然跨国经营并不要求改变管理所包含的基本职能,但从广度和深度上大大扩展了每一项职能的内容,管理操作的每一阶段都必须对付外在因素的各种变化和跨国经营全球性特征所带来的内部差异。因此,跨国经营管理的最重要特征并不在于职能上具有决定性的做法和观念上的明确实体,而在于跨国经营需据以进行的文化、经济、社会和政治环境中必须加以对付的各种外在变量。

(3)由于跨国经营涉及外赋的东道国环境因素和国际环境因素,特别是由于跨国经营涉及不同的主权国家,处于大为相异的各种经济条件下,与价值体系和机构不同的人打交道,涉及更大的地理空间和产业序列,各市场容量、人口与面积差异很大,因而挖掘企业经营活动潜力、提高企业经济效益、加速企业成长的潜力很大。相应地,企业所承受的风险比单纯的国内经营要高得多,这对管理者提出了更高的要求。

第二节 跨国公司的经营管理

跨国公司与生产经营活动全部局限于一国的国内企业相比有许多不同之处,这些不同之处可以从它们各自所处的政治、社会和经济环境中体现出来。国内企业处于一国政治体系中,文化、经济结构、商业惯例和政府政策较为一致。因此,跨国公司经营在战略、组织结构、人力资源管理、财务结算等管理方面就有别于国内公司。本节主要介绍跨国经营在战略、组织结构以及人力资源管理方面的特点。

一、跨国经营的战略管理

跨国公司的战略以整个全球市场为目标,总公司对整个公司的投资计划、生产安排、价格体系、市场分布、利润分配、研制方向以及重大的决策,实行高度集中统一的管理。跨国公司在作出决策时,所考虑的不是一时一地的局部得失,而是整个公司在全球的最大利益。

(一)跨国经营中的战略构成

跨国经营中的战略构成可分三个层次:一是公司战略的构成要素,主要从经营范围和资源配置两个方面展开。对于跨国公司而言,东道国市场的进入与开发(如东道国市场的选择、进入东道国市场的方式等)、国际化战略定位(多国本土化还是全球化)、经营业务定位(公司的业务布局,归核化与多元化的选择等)、全球资源寻求(价值链的整合;研究开发、生产制造与市场营销的协调;供应链的管理;生产筹供的选择等)等,都是跨国公司战略的重要内容。二是竞争战略的构成要素。竞争战略层次的战略构成要素则主要考虑竞争优势的定位和业务单位的资源配置。跨国公司子公司、事业部、战略经营单位的竞争战略包括基本竞争战略定位(总成本领先战略、差异化战略、目标集聚战略)、定价战略(价格歧视、转移价格等)等。三是职能战略的构成要素。职能层次的构成要素着重于资源配置与协同作用两个方面,包括技术创新与技术转让、财务与融资、人力资源管理、市场营销、生产运作、组织结构等。

三个层次的战略之间是相互渗透的,它们的界限也很难简单地割裂开来。例如,定价战略是竞争战略的主要手段,但它又是营销战略的重要组成部分。又如,生产运作战略可以看做是职能战略,而它又与价值链的整合密不可分。再如,组织结构是公司职能战略的一部分,而国际化战略的不同定位又涉及不同组织结构形式的选择等。

(二)跨国经营战略管理的特征

1.集权与分权的均衡点运动更加灵活与频繁

跨国公司规模巨大,跨越国界程度宽广,分支机构地域分散,公司内部层次、部门众多,控制幅度大,组织结构相当复杂。如何既能保证公司战略成为公司各项工作贯穿如一的中心线索,又能使公司在全球日趋激烈的竞争中保持足够的灵活性,成为跨国公司战略管理的重点课题。过度集权管理,可能导致跨国公司的本土化战略受到削弱,使东道国子公司或分公司对地区具体情况与问题的反应能力下降,丧失灵活性;但过度分权管理,又极易导致公司战略无法有效实施。近年来跨国公司广泛流行"在思想上集权,在行动上分权"的做法,即总公司强化战略思想与战略目标"教育"公司各机构、各部门的人员,同时又赋予这些机构和人员相当大的自主权,以决定如何在公司战略框架内解决自己所面临的问题。这种做法较好地将集权与分权在战略框架内结合起来,也使集权与分权均衡点的上下浮动更频繁。

2.战略控制手段由资本、人事过渡到信息

在传统的跨国公司中,对一个组织的控制是通过人事或资本控制来完成的,在有些企业还可能是关键性的技术。在现代信息时代,这一情况发生了相当大的变化,在相当多的跨国公司中,首席执行官(CEO)是通过掌握的信息来实施战略控制的。战略控制手段的变迁同时也反映出信息技术在现代社会中的扩散。互联网的发展为地域宽广的跨国公司带来了前所未有的机遇。各大跨国公司纷纷"上网",制定并实施网络战略。

3. 战略绩效的评估标准范围大大拓宽

跨国公司各业务单位分散在不同的国家和地区，经营业务千差万别，各分支机构功能水平可能相差甚远。这就要求跨国公司战略控制的重要手段——战略绩效的评价标准大大拓宽。传统的绩效指标大多局限于财务性数据，现在跨国公司认识到，销售额与利润只是战略实施的某种结果，过分强调它们的重要性只会增加企业组织的短视行为。于是很多的非财务指标被开发出来并且付诸应用，这些指标包括企业成长、商业信誉、原定目标的实现程度、战略优势的建立与维持、现金流量的大小，甚至在东道国公众中所树立的形象、某权威排名中的名次等。跨国公司绩效评价标准是与各时期的战略目标相联系的。

4. 冲突管理、利益协调、跨文化管理是战略实施中的重要保障

跨国公司在多种经济、社会、政治、文化环境下运行，各国相异的社会形态、发展模式、价值观等都使跨国公司所面临的外部约束明显不同于国内企业。跨国公司往往被视为东道国本体之外的一种异质，从而可能发生冲突的数量和程度也远非是国内企业所能遭遇的。再者，与国内企业相比，跨国公司内外部的利益相关者也复杂得多，多方的股东、经理、员工在同一企业中共事，加上形形色色的外部利益相关者，如果不能很好地协调各方利益相关者的利益关系，公司战略也难以付诸实施。此外，文化的多元性不仅影响跨国公司的内部管理，也同样制约和影响公司在东道国的经营。对文化的敏感性可以穿越文化界将产品营销到特定的市场。冲突管理、利益协调、跨文化管理等协调职能在战略实施中发挥着重要的作用。

二、跨国经营的组织管理

为了有效地进行跨国经营活动，保证跨国经营战略目标的实现，跨国公司必须建立一套与其跨国经营战略相一致的组织结构。跨国公司组织结构的演变大体经历了三个阶段，即出口部阶段、国际部阶段、跨国性组织结构阶段，组织结构随着企业采取的跨国经营战略不同，以及跨国经营业务发展而不断变化和完善。随着公司战略的国际化，它们通常从采用出口部、自主子公司结构和国际业务部演变成更为复杂的组织结构。如针对公司在全球不同区域营销运作的差异性而设置的地区组织结构；按产品来建立部门或下属单位的产品组织结构；按生产、营销、技术、财务、行政管理等职能分设的职能组织结构；将以上两种或三种组织结构结合起来设置分部而形成的混合组织结构；同时按照产品、地区和职能这三种组织要素中的两个或三个组织起一种多维的结构——矩阵组织结构，以及代表着具有对当地市场反应能力，并且利用全球规模经济寻找全球知识来源等地方优势的网络组织结构。

跨国公司在不同的发展阶段，随着内外部环境、战略等的变化，跨国公司对其组织结构应当作出相应的选择和调整。在选择和设计适当的组织结构时，应充分考虑其跨国经营战略、企业的跨国经营程度、公司的管理传统和以前组织结构的选择及管理人员的能力因素，保证组织的灵活性、可塑性、创新性和网络化。

三、跨国经营的人力资源管理

跨国公司人力资源管理的主要任务是要为跨国公司的子公司及海外分支机构获取和保持所需的人力资源，制定适合于来自不同国家、具有不同文化背景的企业成员的人事政策，以利于有效地实现企业既定的战略目标。人力资源的发掘和利用，是企业实施跨国经营战略、开展

跨国经营活动的根本保证,没有足够的、素质较高的、具有丰富跨国经营经验的管理人员和技术专家,企业很难保证跨国经营计划、组织、控制、经营和财务管理等职能正常发挥作用。与国内企业的人力资源管理相比,跨国公司的人力资源管理内容更广泛、复杂,难度也更大。企业跨国经营所涉及的国家在政治、经济、文化等各方面的差异,都会对跨国公司的人力资源管理产生影响。

与国内人力资源管理相比,跨国经营人力资源管理的主要特点表现为如下方面:

(1)跨国经营人力资源管理必须面对更为复杂多样的人事决策环境。

跨国公司在进行人事决策时,一方面要受不同国家的政治和法律等因素的制约,另一方面要考虑不同国家文化的差异,其表现为不同国家员工的价值观、经验、行为方式及个人需要的差异。跨国公司人力资源管理必须适应这种跨国界和跨文化环境。

(2)跨国公司与国内企业选聘管理人员的途径不同。

对于国内企业来说,管理人员选聘的途径主要有两个,即企业内部提升和企业外部招聘;而对于跨国公司而言,管理人员来源主要来自本国人、东道国和第三国人。本国人是指具有跨国公司母国国籍外派到海外工作的居民,也称为外派人员。东道国人是指跨国公司在东道国选聘的当地人。第三国则是指跨国公司选聘的有第三国国籍的人员。

(3)外派管理人员管理是跨国公司人力资源管理的重要组成部分。

跨国界的人力资源配备要求企业外派国外子公司的管理人员;而外派管理人员管理有着一系列的特殊性。例如,在选聘标准方面,国际人力资源管理除了考虑管理人员的技术和管理能力以外,还要考虑他们的个人特性和家庭状况等因素;在人员培训方面,对外派人员的培训不再仅限于专业技能和管理技能,通常还要进行外语知识、派遣国相关知识的培训;此外,外派人员还存在着回国安置问题。

(4)国际劳资关系管理也是跨国公司人力资源管理的重要任务之一。

国际劳资关系管理是指对国外子公司及分支机构员工的管理,它主要包括对工会、工资差异与劳动待遇及参与管理等问题的研究。国内企业的劳资关系管理面对的是相同的文化背景、相同的劳动关系;而跨国公司由于国家之间在劳资关系及劳工文化背景等方面存在差异,因此要求管理人员要具有处理国际劳资关系的能力,根据不同国家的具体情况,形成各自的管理方法及模式。

第三节 跨国经营方式的选择

跨国公司的经营方式是指跨国公司对其生产要素及其生产成果所采取的运营方式,以及处理各种经济关系的运营方式,也就是谋划、组织管理公司经营活动的基本方法和形式。跨国公司的经营方式随其所处环境、本身的战略目标、能力及时间的不同而不同,即使是同一个公司,其采取的经营方式也常常多样化。

跨国公司的经营方式可以分为股权经营、非股权经营及跨国战略联盟三类。每种经营方式都有自身的特点,跨国公司需要根据不同的情况加以选择,灵活运用,以利于公司的经营。

一、跨国公司的股权经营方式

股权经营是指跨国公司通过向国外输出资本、经营企业,并获得该国外企业经营管理权的经营方式。它可以分为以下四种类型：

(1)独资经营方式，即母公司拥有海外子公司的全部股权或股权在95%以上；

(2)多数股经营方式，即母公司拥有海外子公司51%以上、94%以下的股权；

(3)少数股经营方式，即母公司拥有海外子公司49%以下的股权；

(4)对等股经营方式，即双方各拥有50%的股权。

多数股、少数股、对等股三者又称为合资经营方式。

(一)独资经营方式

独资经营是跨国公司按照东道国的法律和政策，并且经过东道国政府批准，在其境内单独投资建立全部控权的子公司，独立经营，自负盈亏的一种海外经营方式。一般说来，发达国家的跨国公司拥有较强的资本实力和技术优势，因而独资经营方式曾一度成为他们的主要选项。到了20世纪90年代以后，由于一些发展中国家开展国有化运动，或者对外国企业的股权参与采取种种限制和管理措施，因此跨国公司在发展中国家设立独资企业的增长势头有所减弱，转向较多地采取与当地资本合营的方式。当然，这中间也有特例，如中国这些年一直坚持改革开放的政策，欢迎外商投资，给外资创造良好的投资环境。在这种情况下，外国公司对中国的政策、市场环境不断地了解，因此更多的合资企业的外方反而更青睐独资经营方式，也就成了情理之中的事情。

独资经营方式的优点有以下几方面：

(1)拥有海外子公司的全部股权，因而母公司就可以对子公司实行高度自立的控制，能掌握子公司的经营决策权。于是就可以将子公司完全置于全球战略部署中，使之为创造跨国公司的整体经营优势和赢得利润增添一份力量。

(2)采取独资经营方式便于保守专有技术和管理技能秘密。跨国公司要充分取得内部化优势，在国外子公司中充分利用其垄断优势，就要向国外子公司提供专利技术、专有技术及管理职能。然而，如果国外子公司不是独资企业，其他企业就有机会接触和了解这些专利技术、专有技术和管理技能，从而难以避免泄露。当国外子公司是独资企业时，跨国公司在转移和利用其作为垄断优势的技术与管理技能的过程中保密安全程度高。

(3)采用独资经营方式，由母公司对海外子公司加以完全控制，可以减少母公司与子公司之间可能出现的矛盾与分歧，从而可以提高跨国公司的运行效率。

采取独资经营的企业主要考虑的因素有：一是技术的有效控制，确保核心技术的垄断地位，保证技术转移的有序性；二是经营过程易于控制，避免因股东代表的利益不同而造成扯皮和冲突现象发生，适合于股权限制不严格的较开放国家。独资经营的方式有两种：绿地投资和跨国并购。绿地投资与跨国并购也是企业对外直接投资的两种基本进入方式。

1.绿地投资

绿地投资是指跨国公司等投资主体在东道国境内依照东道国的法律设置的部分或全部资产所有权归跨国投资者所有的企业。创建投资会直接导致东道国生产能力、产出和就业的增长。跨国企业可在东道国新建投资一个拥有全部控制权的企业，也可以是由跨国企业与东道国的投资者共同出资，在东道国设立一个合资企业，但是它们是在原来没有的基础上新建的企业。

(1)绿地投资方式的优点。

①有利于选择符合跨国公司全球战略目标的生产规模和投资区位。海尔选择在美国的南卡罗来纳州的汉姆顿建立生产基地是因为其众多的地理位置优势。汉姆顿生产基地是海尔独资企业,电冰箱厂设计能力为年产20万台,以后逐渐扩大到年产40万至50万台。

②投资者在较大程度上把握风险。掌握项目策划各个方面的主动性,如在利润分配上、营销策略上,母公司可以根据自己的需要进行内部调整,这些都使新建企业在很大程度上掌握着主动权。

③创建新的企业不易受东道国法律和政策上的限制。因为新建企业可以为当地带来很多就业机会,并且增加税收。

(2)绿地投资方式的缺点。

①绿地投资方式需要大量的筹建工作,因而建设周期长、速度慢、缺乏灵活性,对跨国公司的资金实力、经营经验等有较高要求,不利于跨国企业的快速发展。

②创建企业过程当中,跨国企业完全承担其风险,不确定性较大。

③新企业创建后,跨国公司需要在东道国自己开拓目标市场,且常常面临管理方式与东道国惯例不相适应、管理人员和技术人员匮乏等问题。

2.跨国并购

跨国并购是国际直接投资的一种方式。其基本含义是:一国企业为了实现某种目的,通过一定的渠道和支付手段,将另一国企业的整个资产或足以行使经营控制权的股份收买下来,从而对另一国企业的经营管理实施实际的或完全的控制行为。跨国并购是国内企业并购的延伸,是企业间跨越国界的并购活动,涉及两个或两个以上国家的企业,其中"一国企业"是并购企业,可称为并购方或进攻企业,"另一国企业"是被并购企业,也叫目标企业。这里所说的渠道,包括并购企业直接向目标企业投资,或通过目标国所在地的子公司进行并购两种形式。这里所指的支付手段,包括支付现金、从金融机构贷款、以股换股和以股票换资产等方式。

(1)跨国并购方式的优点。

①可以利用目标企业现有的生产设备、技术人员和熟练工人;可以获得对并购企业发展非常有用的技术、专利和商标等无形资产;同时还可以大大缩短项目的建设周期。

②可以利用目标企业原有的销售渠道,较快地进入当地及他国市场,不必经过艰难的市场开拓阶段。

③通过跨行业的并购活动,可以迅速扩大经营范围和经营地点,增加经营方式,促进产品的多样化和生产规模的扩大。

④可以减少市场上的竞争对手。

(2)跨国并购方式的缺点。

①东道国反托拉斯法的存在,以及对外来资本股权和被并购企业行业的限制,是并购行为在法律和政策上的限制因素。

②当对一国企业的并购数量和并购金额较大时,常会受到当地舆论的抵制。

③被并购企业原有契约或传统关系的存在,会成为对其进行改造的障碍,如被并购企业剩余人员的安置问题。

3.绿地投资和跨国并购的比较分析

(1)投资回收期的差异。绿地投资建设周期长,进入目标市场相对缓慢,从而使投资回收期相应延长,这一点在投资某些市场供求及价格波动幅度巨大且频繁的产品时表现尤为明显;而并购投资可以利用被收购企业原有销售渠道与客户资源,迅速进入市场,而且由于并购基本不涉及当地市场的重新分配问题,进入阻力较小,投资回收期较短,风险较小。

(2)对资产存量和结构调整的影响差异。在其他条件(动机和能力)不变的情况下,绿地投资不仅可带来一揽子资源的资产,同时还可创造增加的生产能力和就业,但不能使存量资产结构得到优化重整;跨国并购在短期内可能只是企业所有权的转移,不会使生产能力立即增加。而且某些类型的跨国并购在进入时涉及诸多风险,包括减少就业、剥离资产,直到降低国内技术能力的提升速度。不过这类投资往往伴随对技术和人力资本的投资,倘若项目运转顺利,可能会产生较大数额的后续投资,能盘活现有某些存量资产,缓解东道国国内结构性矛盾。

(3)投资者风险控制主动性的差异。绿地投资的投资者一般直接参与新项目运作,能在较大程度上把握其风险性;并购投资因存在对被并购企业的真实情况评估欠充分的风险和并购后的企业内部协调发展的不确定性,往往使得投资者在控制风险时处于被动。

(二)合资经营方式

合资经营方式是跨国公司与国外企业共同投资、共同经营、共担风险、共负盈亏的经营方式。它与契约式经营方式不同,合资是股权经营,按股分配利益;合作经营是合伙关系,按协议分配利益。合资经营的企业有两种选择:一是在东道国建立合营企业;另一种是与国外联合,在第三国建立合营企业。

1. 合资经营的优点

合资经营方式是跨国公司在东道国进行直接投资最为普遍的形式之一,从跨国公司角度看,较独资经营有其特有的优点,具体如下:

①可以减少或避免政治风险。由于内外合营,可减少东道国政策变化或被征收的风险。

②合资企业不仅可以享受东道国对外资的优惠,还可获得东道国对本国企业的优惠待遇。

③可以利用当地合伙者与东道国政府的关系,了解所在国政治、经济、社会、文化等情况,保证取得企业经营所需的信息资源,以便增强其竞争能力;而且通过与当地合伙者的关系,便于取得当地财政贷款、资金融通、物资供应、产品销售等优惠,从而提高企业的经济效益。

④如果跨国公司以机器设备、工厂产权、专有技术、管理知识作为股本投资,实际上是输出了"产品";如果合资企业生产中适用的原材料需要进口,则跨国公司又可获得原料商品优先供应权。

⑤合资企业产品往往是东道国需要进口的产品或当地市场紧俏的产品,这就有一个稳定的销售市场。

从东道国尤其是发展中国家来看,采用合资经营方式引进外资会得到以下好处:

①合资经营是利用外资,弥补本国建设资金不足的一种较好的办法。这种方式有别于从国外借款,无须还本付息,不增加国家债务负担,而且吸引的外资数额一般比其他方式大,使用的期限也更长。

②可以引进先进技术设备,填补东道国国内技术空白,发展短线产业部门,促进企业的技术改造和产品的更新换代。因为合资企业与双方利益密切相关,外国投资者从其本身利益出发,会在提供先进技术、设备安装、生产工艺等方面起指导作用。

③合资企业产品可以利用外国公司的销售渠道打入国际市场,扩大出口创汇。

④可以获得先进的管理方法,提高现有熟练劳动力的技术水平和设备的有效使用率,提高生产率以增加利润。

⑤有利于扩大当地人员的劳动就业和原材料供应;带动国内有关配套协作企业的发展,增加税收。

2. 合资经营的缺点

由于目前发展中国家的技术、管理等比较落后,在多数股合资企业中,很大程度上要受西方国家跨国公司的控制。另外,由于背景、兴趣与动机不完全一致,合资各方易产生一定的心理障碍,而且在企业经营管理上也易产生分歧,很难衡量双方在管理上所作的贡献。因此,选择好合资伙伴至关重要。

合资经营方式适合于那些所有权限制较严格的国家。一般来说,跨国公司对境外子公司都愿意掌握控制权,但是所有权也是东道国政府的敏感问题,会采取各种手段进行限制、干预。对于所有权限制较严格的国家,合资经营时虽不能对所有权进行绝对控制,但为了谋求资源的拥有和长远利益,跨国公司往往采取权宜之计,实施股份渗透战略,与目的国公司参股共建公司,以换取某项资源的开采权或某项产品在东道国的销售权。

二、跨国公司的非股权经营方式

非股权经营方式,是指跨国公司在东道国中不拥有股权,而是通过为东道国的公司提供与股权没有直接联系的资金、技术、管理、销售渠道等,与其保持密切联系并从中获取各种利益的一种经营方式。

非股权经营方式与股权经营方式相比,有以下几个特点:①跨国公司以转让技术、提供服务、合作生产获取利润。②对东道国来说,可以更多地拥有企业控制权并获得现金、技术、管理经验和产品,而且又不必在境内建立长驻的外贸所有权实体,因而乐意接受。③可以为跨国公司今后的直接投资作准备。④跨国公司需要拥有技术、管理、生产上的优势和能力,凭借这些能力加强对东道国企业的控制。

跨国公司非股权经营的具体形式很多,常见的有合作经营、许可协议、合同安排和技术咨询等。

1. 合作经营

合作经营是指两个或两个以上国家的投资者通过协商签订合同或契约,规定各方的权利和义务,联合开展生产经营活动的经营方式。合作经营可分为两种具体形式:有实体的合作经营和无实体的合作经营。有实体的合作经营实体是指根据东道国的有关法律,通过签订合同而建立的经济实体,在东道国具有法人地位,受法律保护。合作期限一般较短,合作经营各方的投入和服务等不计算股份或股权,权利与义务由合同或契约规定。无实体的合作经营是一种以合同为基础组成的松散型合作经营方式,没有统一的经济实体,不具有法人地位。

2. 许可协议

许可协议是许可人将无形资产使用的权利授予被许可人,并允许被许可人根据协议使用特定的一段时间(5~7年)。被许可人以经济上使用的效果(通常按销售额)作为提成基数,以一定的比例按期连续向许可人支付许可权使用费。无形资产通常包括专利权、商标、配方、工艺、设计和版权等资产。

3.合同安排

合同安排又称非股权安排,是跨国公司在股权投资和人事参与之外所采取的另一种手段。跨国公司以承包商、代理商、经销商、经营管理和技术人员的身份,通过承包工程、经营管理等形式取得利润和产品,开辟新的市场。这种方式不要股份投资,财务风险较小。联合国跨国中心在一份研究报告中指出,合同安排的性质基本上是"直接投资的替代物"。

(1)管理合同。管理合同是一个企业通过合同的形式在一些或全部管理职能的领域,向另一个企业提供管理诀窍,并按照销售额的一定比率收取费用的劳务活动。这种活动的展开往往需要人员的参与,如提供服务的企业需要派出一定的人员到需要服务的企业中去,通过具体的管理工作,向需求方提供管理的经验和诀窍。

(2)启钥工程。启钥工程是工程技术劳务常采用的一种形式。在启钥工程中,承包人按技术输入方的要求拟订方案,承包全部工程,培训技术输入方所需的管理人员、技术人员和操作人员,直到工厂建成,验收合格后才交给技术输入方。由于在合同完成后,技术输入方可以获得随时启动和运行整个设施的"钥匙",启钥工程的名字就由此而来。有时启钥项目除工程本身外,还需承建企业提供管理训练、技术援助等附加部分。

(3)制造合同。制造合同是跨国公司与当地企业订立产品供应合同的一种方式。具体地说,是由跨国公司提供必要的订单、机器、原料、生产方法及技术等,由当地企业负责员工的招聘、管理、支薪及实际生产等活动。

(4)工程项目合同。跨国公司为外国政府或厂商从事道路、交通等工程建设,在提供机器、设备及原料的同时,还提供设计、工程管理等多项服务,因而是出口货物和劳务的混合体。在工程建设期间,承建公司在外国境内负责管理。工程完工后,管理权即移交当地。

(5)国际分包合同。通常是指发达国家的总承包商向发展中国家的分包商订货,后者负责生产部件或组装成品的合同,最终产品由总承包商在其国内市场或第三国市场出售。

4.技术咨询

技术咨询服务是东道国把要解决的技术问题、技术经济方案论证等向跨国公司提请咨询,跨国公司则为之提供有效的服务,包括收集信息、预测趋势、拟订计划、制订方案、帮助决策、承包任务、组织实施等,并相应取得报酬。咨询业务主要包括政策咨询、工程咨询、方案讨论、人员培训、企业诊断和技术服务。

上述非股权经营方式并非单独运营,跨国公司往往根据需要和可能,与股权经营方式结合在一起,形成组合型经营方式。

二、跨国战略联盟

从交易费用的经济学角度看跨国公司直接投资的两种途径得知,跨国并购方式实质是运用"统一规则"方式实现企业的一体化,即以企业组织形态取代市场组织形态,而绿地投资方式实质是运用"市场规制"实现企业的市场交易,即以市场组织形态取代企业组织形态。事实上,这两种组织形态中存在一种中间形态,即企业战略联盟。

(一)企业合作竞争的发展与战略联盟的兴起

企业战略被认为是企业对付来自竞争对手、买方与卖方以及其他相关的竞争对手的总体计划与安排。企业要在各种竞争对手中谋取有利的市场地位和获得利润。因此,企业要对资源进行配置,利用竞争对手的弱处来开展竞争。然而面对越来越强大的市场竞争压力,企业原来的这种战略思路有了一定的变化。企业更多考虑的是"共赢",考虑的是如何更多地获得多种来源的竞争优势,为此,企业不仅要在内部建立起整合的内部组织结构,而且还要考虑与政府、竞争对手、用户、供应商及其他社会性竞争力量建立合作互补的外部关系,以充分利用各种外部的资源。这种观念的变化导致了在跨国经营中强强合作,强弱联合的战略联盟行为。战略联盟的经营方式使得跨国公司倾向于在竞争中建立起相互信赖与相互依赖的合作关系,并从中获得竞争优势的提升。

跨国战略联盟是指在两个或两个以上的国家中,两个或更多的跨国公司为实现某一战略目标而建立的互为补充、互相衔接的合作关系。战略联盟已广泛地用于各种不同企业间的合作协定,有较正式的合资合营企业、技术合作与联盟、共同研发、国际外包等形式。建立战略联盟是开拓新市场、新空间的一种新形式,也是竞争的一种新方式。大多数战略联盟建立的目的是为了整合现有的资源,共享资源,并通过努力来实现作为任何一方单独行为都难以成功的结果。

尽管战略联盟中合资经营、契约合作等仍然是重要的形式,但20世纪80年代中后期以来发展的趋势却显示了联盟的关系特点与传统的外商投资合资企业等有较大的差异。在传统的合资企业中,非常常见的是发达国家的跨国公司投资于发展中国家进行合资经营,外商投入资金、技术、设备等,东道国则投入土地、厂房、劳动力或当地营销技能等。这种合作方式对双方都是有利的,因为跨国公司进入了新的市场,而东道国企业亦可从中获得技术、资金、管理经验等,也为市场提供了新的产品。但是从发展趋势上看,跨国公司的战略联盟还有更广泛的内容与领域。首先,重大的战略联盟多发生在发达国家之间;其次,当前战略联盟的重点不再是销售现有产品,而是着重于创新产品、研发和应用新技术;第三,战略联盟不仅发生在产业内部竞争对手之间,而且经常在产业之间多元化经营中产生。由此,随着跨国战略联盟与合作的发展,跨国公司在结构上逐步演变为"全球网络公司"。跨国公司的全球性经营扩张主要表现为两个相互交错网络的拓展与延伸:一是由跨国公司通过海外直接投资在世界各国或地区建立的海外子公司所组成的公司内部网络;二是跨国公司通过全球性的战略联盟与合作而与其他竞争伙伴建立的公司外围网络。毫不夸张地说,当今世界众多著名公司无不推崇采用战略联盟作为新时期的竞争手段。由于联盟形式的日益普及,目前的竞争趋势也从公司之间的单打独斗发展成为联盟之间的大战。例如,2001年英国电讯公司(BT)兼并美国MCI,形成横跨大西洋的巨型集团。为了加强竞争能力,BT的对手C&W立即与数家电信公司接触,期望成立全球一体化资讯联盟。C&W的联盟名单上包括Sprint、法国电讯和德意志电讯公司等著名跨国集团。战略联盟的兴起与迅速发展推动了管理实践的进步,从而在管理界逐步形成了由新的以合作加竞争为特征的战略管理模式取代过去单纯强调竞争的狭隘思路。

(二)跨国战略联盟的基本特征

(1)从经济组织形式来看,战略联盟是介于企业与市场之间的一种"中间组织"。联盟内交易既非企业的,因为交易的组织不完全依赖于某一企业的治理结构;亦非市场的,因为交易的进行也并不完全依赖于市场价格机制。战略联盟的经营方式模糊了企业和市场之间的具体界限。

(2)从企业关系看,组建战略联盟的企业各方是在资源共享、优势互补、相互信任、相互独立的基础上通过事先达成协议而结成的一种平等的合作伙伴关系。联盟企业之间的协议关系主要表现为:相互往来的平等性、合作关系的长期性、整体利益的互补性以及组织形式的开放性。

(3)从企业行为看,联盟行为是一种战略性的合作行为。它并不是对瞬间变化所作出的应急反应,而是着眼于优化企业未来竞争环境的长远谋划。因此,联盟行为注重从战略高度改善联盟共有的经营环境和经营条件。特别是在竞争激烈的高科技行业中,没有哪个企业的技术能在所有方面都居于领先水平,通过战略联盟可把各个企业独有的优势结合起来建立一个"全优"的组织体系,这样的组织体系所具有的实力是任何单个企业所望尘莫及的。借助战略联盟企业可以实现技术上的优势互补,加快技术创新速度并降低相关风险。在高科技领域,企业组建战略联盟取代"孤军奋战"已成为世界潮流。

(三)跨国战略联盟的主要动因

促使跨国公司建立战略联盟的动因有很多。一般说来,其主要的动机有如下方面:

1. 技术合作

许多研究表明,近年来几乎半数以上的战略联盟的主要动因是促进技术创新。全球企业竞争已进入高科技竞争时期,分享技术资源的需要已成为战略联盟所有动机因素中最强有力的出发点。尤其是在高科技项目的开发活动中,各种尖端技术相互融合,相互交叉,高新技术产品正朝着综合性方向发展。单个企业往往很难拥有足够的技术力量去开发每一项高科技项目,而在产业日益分散化的今天已经没有哪一个企业能够长期垄断某项技术,企业期望依靠自身力量掌握竞争主动权的难度正变得越来越大。因此,需要通过跨国界的企业合作获得互补性技术。技术合作在一些技术密集的产业发展很快,如信息产业、计算机产业、医药、特殊化学品产业,广泛存在着重要的合作关系,以战略伙伴关系来进行研究与开发活动。

2. 避免经营风险

跨国公司通过战略联盟可以避免跨国经营中存在的政治风险、市场风险、技术创新风险等。在现代市场经济条件下,单个企业要想进入新的市场,不仅需要巨额投资,还可能遇到许多风险。企业如果依赖于内部的增值链体系则要承受越来越大的经营风险。因为其所有的新增值都要在产品的最后一次销售上实现,一旦受阻则全盘皆输。除此之外,当多元化经营普遍成为企业发展的一种有效战略时,由于新业务对某一企业来说往往是一个陌生领域,而且存在行业进入壁垒,因此需要企业承担相当大的市场风险。采用战略联盟降低风险的原因在于:一是其价值实现是分段进行的,联盟实现了优势互补,从而拓展了经营范围,分散了经营风险;二是能够利用更为广泛的网络掌握更多的市场渠道,平抑了市场风险。

3. 全球竞争

通过建立跨国战略联盟,有利于企业的全球竞争。企业通过建立国际战略联盟,加强合作,可以减少应付激烈竞争的高昂费用,避免恶性竞争或过度竞争,减少竞争中的成本,同时可以共同理顺市场,维护竞争秩序。建立战略联盟还可促使联盟伙伴共同开拓市场,从而提高各自的销售额。如中国国际航空公司与美国西北航空公司结成联盟伙伴,实行代码共享、旅客资源共享、计算机网络信息共享,合作经营太平洋中美航线。

4. 资源互补

资源在企业之间的配置总是不均衡的。在资源方面或拥有某种优势,或存在某种不足,通过战略联盟便可达到资源共享、优劣势互补的效果。如联想集团与香港导远电脑公司的联盟,就充分嫁接了两者的优势,联想集团的资金技术优势与香港导远的市场信息优势结合,使它们很快拥有开拓海外市场的能力。福特与马自达汽车公司通过建立战略联盟,使福特公司得以借助马自达的营销网络更便捷地进入亚洲市场,并依靠马自达的生产能力在日本建立起小型车供应基地;马自达汽车公司也在福特公司的联盟合作中进一步提高了其汽车发动机制造技术。

四、影响跨国经营方式选择的因素

(一)母公司状况

跨国公司母公司自身的状况是影响其选择经营方式的基本因素之一。其中包括技术、资金、管理、文化背景等方面的状况。

1. 技术状况

技术状况在公司的对外投资、跨国经营活动中具有特别重要的地位。如果母公司技术先进,具有单独开发的能力,既可选择技术授权的方式,或建立独资企业,又可将技术契约转化为股权,走合资之路;如果技术能力较薄弱,则可选跨国战略联盟之路。

2. 资金状况

跨国公司若有巨额资金,可以选择独资经营方式;若只有技术而无资金,则只好走"技术授权"或跨国战略联盟之路。

3. 经营管理能力与要求

企业制订长期计划而又考虑自身力量不足,可以选择跨国战略联盟方式。若想接近市场或顾客,可选择合资或独资的途径;反之,可选技术授权的途径。企业若能独资承担经营风险,可选独资经营方式;反之则选择合资途径。企业若在管理上要求高度统一,掌握决策权,则要选择多数股合资或独资,反之则选择少数股合资或其他途径。企业若不愿派遣主管人员去不同文化背景的国家,即是技术、资金、管理等条件优越,也不宜选择独资或多数股合资的途径。若企业技术、资金条件优越,但缺少管理子公司的能力,最好选用少数股合资、技术授权等方式。

4. 母公司的文化背景

不同的文化背景和价值观的差异,必然影响经营方式的选择。

根据以上条件和要求,跨国公司必须对自身的技术、资金和管理作通盘考虑,然后才能正确选择经营方式。

(二)东道国的状况

东道国的状况是影响跨国经营方式选择的又一基本要素。其中包括对跨国公司的税收政策、法律规定及其政治、经济状况等。

1. 东道国对投资比例的规定

不同的国家对注册资本有不同的规定,跨国公司去投资,必须按照规定执行。有的国家为了保护国家安全及经济利益,对投资部门、出资比例等有一定的限制。

2. 东道国对跨国公司税收方面的规定

若东道国政府在税收上对合资、独资企业有不同规定时,跨国公司须根据税收政策考虑经营方式。

3. 东道国的特别政策

例如,阿拉伯国家对以色列进行内部控制,不允许以色列在阿拉伯国家境内开办独资企业,因此在阿拉伯国家没有一家以色列的独资企业。

4. 东道国的经济状况

东道国的经济发展状况,包括基础设施的完善程度、市场容量、消费者的消费习惯等都是影响跨国经营方式的重要因素。

(三)行业因素

不同的国家从国家主权、产业优化的角度出发,对不同的行业制定了具体的外资投资规定。但从跨国公司自身的行业特点看,如果是采掘业,一般可采取非股权经营方式;若是高技术制造业,则可采取股权经营方式,其原因是技术、资本、管理有紧密联系;同时,也可避免给自己树立竞争对手。

第四节 跨国经营风险管理

一、跨国经营风险的含义与类型

跨国经营风险是指企业在东道国特定环境、特定时期从事跨国经营活动时,因国际政治、经济因素、自身管理造成事前难以确定的,导致经济损失的可能性。总体来说,跨国经营中的风险可以包括两大类:一类为政治风险,另一类为市场风险。政治风险一般多发生在作为新兴市场的不发达国家,其发生的几率一般小于市场风险,但后果往往较市场风险要严重得多;市场风险则在所有国家都有可能发生,对公司经营的影响程度也不尽相同。

(一)政治风险

政治风险主要是指东道国政权变动、民族对抗情绪、政府干预、宗教冲突事件、叛乱战争、或突发事件及官僚主义等。

政权的更迭,往往导致所在国政府的重大人事及相关政策的变动。尤其是在一些法制不健全的不发达国家,将可能推翻前政府对跨国公司在其投资前的各种承诺,极端情况下甚至会没收跨国公司在该国的全部财产,而不予任何补偿。即使所在国政权不发生更迭,也往往会出现与跨国公司相关的重大政策变化。政策的变化同样会对跨国公司在该国的生产和经营造成重大影响。这些政策包括法律、经济及技术等诸多方面,如合资企业的股比规定、对外资企业的优惠税率及鼓励和限制发展的产品(服务)种类等。政策变化带来的风险虽不如政权更迭严重,但也会给跨国公司的生产和经营带来重大损失,如公司正在生产的产品由于东道国产业政策的变化,被终止生产,将会给该项投资带来灾难性的后果。

民族对抗情绪也是跨国公司经常面临的一种风险。由于跨国公司母国和东道国之间关系紧张或其他原因,致使东道国消费者民族主义情绪激化,进而抵制跨国公司的产品。严重时东道国当局不能控制局面,还会使跨国公司在该国的生产及服务设施遭到毁坏。这些都会给跨国公司带来重大损失。

在很多情况下,政治风险主要是东道国政府介入跨国公司运营过程的可能性,而跨国公司非常担心会失去对东道国经营活动的控制权。这种介入有时非常过激,如全面没收公司资产;不过更多情况下采取比较缓和的介入形式,如原料采购的调整性限制、政府对经营执照的控制及贸易许可证的限制等。政府干预可分两种:一种是直接控制跨国企业的业务活动,如没收、征用及国有化等。另一种是通过政府部门的压力——法律、法规干预间接影响它们的经济决策。如东道国采取外汇管制、标准控制和价格控制等手段;政府在某些产品或企业领域中实行特殊的配额、税率、进口规则和处罚措施,其目的是保护国内的相关产业;各国政府制定并执行了本地含量标准,要求东道国必须占有产成品的零件、成本和生产过程的一定比率;几乎所有的国家都会对重要产品和服务实行各种形式的价格控制。食品、卫生保健、社会服务、本国原料、林业产品、港口设施、航空设施及其他产品和服务都在不同程度上进行价格控制,而跨国公司经常会面对各种价格歧视。东道国的政府干预还可能影响到跨国企业在其他国家的相关经营。

此外,所在国境内的战争、动乱、频繁的罢工,甚至政府的官僚主义都是跨国公司在经营中所面临的风险。这些风险大都由政治因素所造成,一旦发生,跨国公司很难靠自身的力量来扭转不利局面,只能在预防上多下功夫。

(二)市场风险

同政治风险一样,市场风险也是跨国公司在生产经营中应该注意防范的重大风险。导致市场风险的因素包括有关国家及地区的金融形势、东道国的经济状况、供货商及客户的财务状况等。

有关国家及地区的金融形势恶化将会给跨国经营带来较大的风险。主要表现形式包括目标市场消费能力的下降导致对公司产品和服务的需求大幅降低、业务合作伙伴财务状况恶化导致的履约问题、有关国家和地区政府临时应对措施所造成的正常经营秩序瘫痪等。1997年的东南亚金融危机就曾给许多跨国公司在该地区的子公司的经营带来很大影响。

东道国的经济状况对跨国公司在该国的子公司有着更直接的影响。具体影响因素包括利率、汇率、通货紧缩和通货膨胀等。所在国如果提高利率,将会减慢该国的经济增长速度,从而降低对商品的需求量,影响跨国公司在该国的销售额。汇率的变化将影响所在国产品的出口竞争力。所在国货币汇率的提高将会给跨国公司在该国生产的产品带来出口竞争力下降的风险。通货紧缩和通货膨胀都会给所在国消费者的购买能力带来不利的影响,从而降低对跨国公司产品和服务的需求。

供货商及客户的财务状况也是跨国公司经营风险的重要成因。供货商经营或财务状况恶化,将导致其生产不能正常进行,不能按时提供跨国公司生产所需的原材料,从而造成生产的中断,不能对客户正常履约,连带出一系列的风险。客户的财务状况恶化,会导致跨国公司的货款不能及时回收,将带来公司资金不能正常周转等问题。

除上述客观因素带来的各种风险之外,公司自身的经营失误也会给公司带来较大的风险,包括企业在对外直接投资的过程中,企业内部组织构造、财务管理、人力资源、跨文化管理等管理环节存在的不确定性给企业的经营活动所产生的影响,以及生产事故、资金流动性恶化及环保问题等。

二、跨国经营风险的判断及监控

风险的判断与监控是跨国企业进行有效风险管理的基础和前提,因此,及早发现面临的风险是制定有效应对措施、将风险造成的损失降到最低程度的重要前提。

(一)政治风险的监控

同市场风险相比,政治风险的突发性往往要大一些,但仍有一些迹象和信息可用来判断是否存在政治风险。

1. 东道国与跨国公司母国的关系

一般来讲,如果两国关系密切,或者东道国对母国在政治、军事或经济上有较强的依赖关系,则东道国政策变化导致的风险发生的可能性就较小,反之则可能性较大。

2. 跨国公司子公司所在东道国政权的稳定程度

如果东道国政权稳固,则因政权更迭带来的风险较小;如果东道国现政权面临被反对派取代,特别是该国又是法制不健全国家,则跨国公司的子公司面临的投资风险是较大的。如20世纪70年代伊朗巴列维王朝的倒台就曾给在伊朗的美资企业带来巨大损失。

3. 东道国政治体制和经济体制所处阶段

如果东道国政治体制和经济体制都已进入稳定阶段,则因该国政府相关政策变化而导致的风险较小;如果东道国体制处于非稳定期的转型阶段,因政策变化导致的风险就相对较大。

(二)市场风险的监控

市场风险同政治风险相比,监控的手段要多一些,而且在大多数情况下变化较为缓慢,可以从以下几个方面进行观察和预测。

1. 东道国和地区的宏观经济指标

同市场风险相关的宏观经济指标包括 GDP 增长速度、通货膨胀趋势、政府预算水平(政府预算中赤字水平)、利率水平、失业水平、对外贸易收入依存度、进出口贸易额的平衡程度及对外汇的控制能力等。这些宏观经济指标都能从侧面反映出东道国和地区的经济和市场健康程度,从而推断出跨国公司在这些国家和地区的经营所面临的风险。

2. 来自银行方面的信息

宏观经济指标可作为判断风险程度的重要依据,但由于这些指标一般只能在政府官方文件和一些经济期刊中得到,时效性较差,为此,企业可从银行方面搜集更为及时的信息进行防范。

(1)东道国私营企业的投资效益。

私营企业的投资效益是衡量一个国家和地区市场风险的重要指标之一。一般而言,在地区或国家发生经济危机的前一段时间,该地区或国家的私营企业投资收益率都低于其资金成本,如果一个地区或国家的这种状况已经持续了一段时间,则存在较大的市场风险。

(2)利息备付率。

利息备付率是指企业在一个时期内产生的现金流量与同一时期应付利息的比值。当一个地区或国家多数企业的利息备付率降到 2 以下时,说明这些企业的流动性风险较大,有可能出现大面积的破产。

（3）银行的赢利情况。

如果一个地区或国家多数银行的资产收益率降到1以下，或银行间拆借额度大幅上升时，说明银行的赢利情况恶化，预示着该地区或国家存在着较大的金融风险。

（4）资产的泡沫成分。

如果一个国家的资产价格连续几年的年增长幅度都在20%以上，说明该国的经济泡沫成分过大，存在着较大的市场金融风险。投资者可关注房地产和股票市场，因为这些资产一般都作为银行的抵押资产，一旦出现问题，对其他行业影响较大。

（5）银行的存款规模。

如果一个国家的金融形势恶化，即将出现大规模的金融危机，其本国居民一般都会比外国投资者先感受到其征兆，往往会停止向银行存款，严重时会大规模提取存款，挤兑银行。如果多数银行的存款规模连续两个季度下降，就说明该国的金融形势存在问题。21世纪初阿根廷金融危机发生之前，其整个国家的银行存款大约有22%转移到了国外[①]。

三、跨国经营风险的管理

跨国经营风险的管理战略应该成为跨国公司制定其全球经营战略的一个不可分割的组成部分。跨国企业可以通过两种方式进行管理，即防御战略和一体化战略。

(一)跨国经营风险管理中的防御战略

防御型风险管理战略要求跨国公司最大限度降低企业对东道国的依赖程度。如果跨国企业海外运营的重新部署成本较低，该企业面临特定地区管理失控的风险就较小；如果可以从其他地区采购原料或依靠更多的销售市场，跨国企业就可以避免受限于单一的原料供应渠道；如果企业可以扩张其财务资源，就可以避免各种通货问题或东道国政府的直接干预。限定财务或市场管理可以帮助企业最大限度控制住风险。风险防御战略要素包括以下几个方面：

1. 管理控制

为保证经营管理的效率，跨国企业可能要始终控制子公司中战略管理职位，以便最大程度上减少当地管理人员在决策中的参与程度。这种预防措施保证了母公司的决策控制权，同时，企业将培训运作系统中职位较低的管理人员，以便提高东道国内业务活动及其他相关国外业务的一致性。

2. 营销控制

跨国企业母公司与其他子公司进行联合营销来控制当地的营销业务。此外，企业还可以控制配送和运输系统以避免因工人罢工或国内市场不稳定事件所造成的影响。

3. 运营控制

跨国企业可以派遣总部管理人员牢牢掌握东道国运营业务的控制权，也可以通过建立独资子公司来实现。IBM在进入其他国家的市场之前，首先要通过独资子公司建立起运营控制。在风险水平较低的环境中，企业可以通过聘用当地的管理人员来负责子公司的运营工作，

---

① 刘明霞.国际企业管理[M].北京：中国金融出版社，2007：195.

也可以建立合资企业共同承担管理职责，由此放松对企业运营的直接控制。可口可乐公司于1993年兼并印度最大的软饮料企业 Pare Exports，随后才正式开始在印度开展运营业务。在此之前，该公司已经和印度政府当局进行了长达二十多年的谈判，不过在没有建立起有效的运营控制之前，可口可乐公司是不会进入的。很多跨国企业通过向较多的供应商购买原材料，以减少某条原材料源的中断所带来的风险。此外，通过在母国进行产品研发工作，或者把研发中心建立在风险水平较低的国家，这样企业就可以控制国外的处理技术。

4. 财务控制

跨国企业可以适当减少在风险不稳定国家的产权投资数量，同时提高资本构成中的债务比率，降低因外国政府干预或两国间关系变化所造成的财务损失风险。作为一种防御措施，企业可以在东道国进行债务融资。企业管理层应该从当地银行、政府、当地客户、供应商或者国际发展机构来获得更多的融资渠道。不论企业主要是通过债务还是产权来融资，该企业都可以通过资金来源组合降低财务损失的风险。另外，跨国企业可尽量减少在风险水平较高国家的留存收益，尽快将子公司的利润转移回国，或是建立起成本转移系统来利用这些额外的库存现金。最后，跨国企业通过在贷款抵押、国库券或购买风险方面购买 OPIC 等保险公司的保险，就可以减少币值波动、不履行责任和外汇限制时的财务损失。

(二) 风险管理中的一体化战略

一体化风险管理战略的最终目标是把国外业务活动转化为当地的企业。

1. 管理因素

为了把东道国外的经营业务转化为当期企业的需要，跨国企业聘用和培训东道国的管理人员，如果可能的话，企业总部应该把当地的运营控制权完全赋予东道国的主管人员。在很多情况下，当地管理人员在母公司总部接受培训，他们可能会担任较高的地区性职位或在总公司任职。此外，母公司还要重点在东道国的文化环境中培训驻外管理人员。例如，可口可乐公司的中国运营业务是由一名驻外管理人员和一名中国管理人员共同负责的，而且每周要雇用100多名员工。所有的业务经理和重要职员都是中国人，总公司每年要花费200万美元来进行管理培训，并且在上海建立了专门的培训基地，向子公司的管理人员和新聘用的员工提供职业教育服务。

2. 运营因素

一体化风险管理要求企业在营销、生产和物流方面采取相应措施，但是这样做经常会与防守战略产生矛盾，因为上述措施主要是强调从当地购买原材料、零件、部件或相关服务。在很多情况下，跨国企业通过与政府采购部门签订合同来购买原材料，由此改进了他们之间的政治关系，并把税收流入转移给了东道国。这些决策增强了企业对当地供应商和劳动力的依赖程度，但同时减少了政府干预或限制性政策引起的政治风险。

3. 政府关系

防守战略可以鼓励企业与东道国政府保持一定的距离，而一体化战略要求企业努力发展与政府间的关系，企业管理人员积极与政界人士建立联系，但它们必须谨慎地避免形成政治操纵的企业形象，通过非政治活动可以达到这种目的，其中包括企业支持卫生、教育、交通运输或住房等方面的社会发展计划。

(三)风险管理战略的执行

为了提高企业抵御跨国经营风险的效率,跨国公司应使用一体化战略。每种环境都需要进行详细的审查其政治风险与市场风险,结合一国的政治、经济、文化习惯等采取相应的行为。但是,即使一个国家的风险等级较低,但是如果跨国企业难以融入当地的文化,最好不要执行一体化风险管理战略,实际上,东道国也可能不欢迎这样的企业战略。

防守型风险管理带有一定程度的孤立主义倾向,而全球性的综合企业很难在世界开放经济体系中执行这种战略,它们只能接受企业结构引起的风险,实行选择性的风险管理战略,把一体化战略的某些方面和可以看做是防守战略的某些行动结合起来,以便充分利用其所处的经济环境。

本章小结

跨国经营是一种复杂的经济现象,因此,其内容涉及广泛,要准确、全面地认识它不是一件容易的事情。本章第一节通过分析跨国经营与国内经营的关系,辨别了其基本特征,并简要阐述了作为跨国经营的主要力量——跨国公司的概念与特征,揭示出跨国经营管理是企业所进行的资源转化活动超越一国主权范围,包括商品、劳务、资本等形式经济资源的国际传递与转化时所涉及的一系列管理活动。

跨国经营管理相对国内企业管理而言,其战略、组织结构、人力资源、财务管理等方面都存在较大的差异,体现出跨国经营活动的复杂性和跨国经营管理的挑战性。

跨国公司在全球范围开展经营活动可以采用多种多样的经营方式,常见的方式有股权经营、非股权经营及跨国战略联盟。当代跨国公司在对外扩张时,更多地采用了并购的手段,通过并购建立合资或独资企业以实现股权式经营,除此之外,20世纪90年代以来,跨国战略联盟也呈蓬勃发展之势。

跨国经营必然伴随着各种风险,总体而言,可归结为两大类,即政治风险与市场风险,有些风险是可以采取适当的措施予以防范的,这需要跨国经营管理者制定相应的风险管理战略。跨国企业可以通过两种方法进行管理,即防守战略和一体化战略。

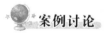

案例讨论

TCL国际化带来的启示

在TCL国际化过程中,有以下几个方面值得从事跨国投资经营的中国企业借鉴。

1. "先易后难"的国际化战略

TCL在其国际化过程中,采取了"先易后难"战略,先从与中国文化背景相同或相近的东南亚国家入手,从自己产品占有相对优势的越南、菲律宾等国市场开始,占领市场,树立品牌,培育品牌知名度和品牌形象,积累丰富的国际化经验,储备足够的国际化人才,通过熟悉国际化规则,积蓄实力,然后再一步一步有步骤有计划地向发达国家市场扩张,在有充分准备的条件下开拓发达国家市场,尽最大努力规避企业风险。从新兴市场进入欧美市场,用并购手段来有效利用欧美市场的品牌和市场资源。这样TCL建立起了全球经营架构,成为在研发、制造、销售方面居于全球领先地位的彩电生产商之一。也使得TCL快速进入欧洲和美国的主流市场,化解了国内单一市场的经营风险,在彩电和手机业务领域形成了全球业务架构和竞争力。

这种从简单市场向复杂市场层层推进、步步为营的战略对我国准备进行跨国投资的其他企业有许多借鉴意义。

2. 前期充分准备是国际化成功的前提

以并购进入欧洲市场的 TCL 在前几年经营不是很顺利，2008 年才通过重组与业务模式的创新实现了逆转。在跨国并购方面给我们的启示是：首先，并购前要做好尽职调查，对政策环境、市场环境，特别是对法规之外的"潜规则"要有透彻的了解。如合同中规定售后服务必须由他的人员进行，赚钱的东西没有给合资公司，反而向合资公司收费，如专利费等，这些并购前要有充分的考虑；其次，要有清晰的全球化战略和"打持久战"的思想准备，一定要作好充足的资金等资源储备；再次，在发展国际业务的同时，要注重国内外的协同效应，要巩固好国内市场；最后，要迅速跟上国际市场技术的转变，迅速建立自己的竞争力，TCL 前几年在欧洲遭遇的失利就是由于对欧洲 CRT 电视向平板电视过渡估计不足，对 CRT 电视产业的生命周期没有很好地理解，从而使得合资后企业的组织体系、管理模式等还是基于 CRT 产业时代来构建，导致没有出现并购的预期结果。

3. 国际化管理队伍是国际化成功关键

作好国际化管理人才的储备和培养，提升企业自身的系统管理能力是企业国际化成功的关键。国际化经营首先要过语言关，在 TCL 进入越南之初，由于派出人员没有任何海外市场开拓经验，在越南首先遇到语言和风俗文化的问题，到后来只要被派到越南，所有人都必须要过语言这一关，以保证业务的开展。其次要建立起包容的文化，世界上的跨国公司都有不同文化背景的员工组成，成功的跨国公司却都有包容的企业文化，他们在共享企业的核心价值观下，能够尊重雇员的风俗与习惯。最后，形成一支国际化经营队伍，TCL 吸引了大批具有国际化管理经验人才加盟，初步形成了一批擅长国际化经营的队伍。目前 TCL 集团 5 万多名员工，其中外籍员工比例接近 10%，不同国籍和专业的员工分布在全球研发、制造、营销等管理岗位上。

4. 创新是改变生存状态的法宝

企业生存状态的好坏关键看企业的创新能力，只有强大创新能力的企业才能使企业生存得更好。国际化的企业面对激烈的国际竞争，对创新能力更应该得到重视，对创新环境的营造方面也要更加注意。TCL 欧洲之所以能回到健康发展状态，在于通过对组织模式的重组与创新，TCL 多媒体欧洲业务建立了以大客户、直接配送和多元渠道为主的无边界集中模式，正是通过这种创新的方式来运作跨国团队，终于发挥出了跨文化管理的优势，成功扭亏为盈。TCL 在国内具有竞争力，在国外能够取得市场，也是在于 TCL 注重技术创新，利用自己的研究院研究产业技术，与科研院校和国际跨国公司进行合作，不断地进行技术创新，开发了动态背光、自然光、LED 液晶电视、3D 立体电视等新型显示技术和网络电视技术，这些创新增强了 TCL 的竞争力。

5. 系统化地管理是企业稳步发展的保障

TCL 在国际化经营中不断摸索出了一套较系统的管理模式——全景管理模式，通过多维度的评价与考核，提升企业的经营管理能力，为 TCL 的稳步发展提供良好的保障。在全景管理模式这个框架里，首先是政治。企业政治包括三方面的内容，即治理结构、利益机制和权力分配。这个词没有褒贬色彩，它代表着调整人际关系和社会关系的最高准则和制度安排，主要解决公司权力和公司利益问题,是公司永续经营的基石。其次是经济,企业经济也包括三个内容,即战略、商业模式和流程。企业要追求经济效益,就必须要找到最适合企业本身特色的路径,以赢得尽可能多的市场选择性。最后是文化,企业文化也包括三个内容,即企业的愿景和使命、核心价值观和行为规范。文化是企业最深层次且不易察觉的发展动因,它既是企业存在的土壤,亦是企业发展的果实。在企业文化方面,重新明确TCL的愿景,成为受人尊敬和最具创新能力的全球领先企业。

(案例来源:北京新世纪跨国公司研究所,2012走向世界的中国跨国公司)

讨论题:

TCL的国际化经营之路给予了中国其他企业哪些启示和借鉴?

复习思考题

1. 什么是跨国经营?跨国经营具有哪些特点?
2. 跨国公司在战略管理、组织结构及人力资源管理方面与国内企业相比,有何不同?
3. 概述跨国经营的方式。
4. 跨国经营主要存在哪些风险?如何防范这些风险?

参 考 文 献

[1]刘常勇.科技创新于竞争力——建构自主创新能力[M].北京:科学出版社,2006.
[2]吴声功.跨国公司经营管理[M].上海:上海人民出版社,2003.
[3]金润圭.国际企业管理[M].北京:中国人民大学出版社,2005.
[4]彼得·德鲁克.卓有成效的管理者[M].许是祥,译.北京:机械工业出版社,2006.
[5]杜文中.论跨国投资[M].北京:中国财政经济出版社,2005.
[6]王璞.企业文化咨询实务[M].北京:中信出版社,2003.
[7]万晓兰.跨国公司新论[M].北京:经济科学出版社,2003.
[8]杨德新.跨国经营与跨国公司[M].北京:中国统计出版社,2000.
[9]张德.企业文化建设[M].北京:清华大学出版社,2003.
[10]陈春花.企业文化管理[M].广州:华南理工大学出版社,2002.
[11]刘志迎.企业文化通论[M].合肥:合肥工业大学出版社,2004.
[12]特雷斯·E·迪尔,阿伦·A·肯尼迪.企业文化[M].上海:上海科技文献出版社,1998.
[13]秦辉.跨国经营与跨国公司[M].杭州:浙江人民出版社,2005.
[14]刘明霞.国际企业管理[M].北京:中国金融出版社,2007.
[15]杨先明.发展阶段与国际直接投资[M].北京:商务印书馆,2000.
[16]李东阳.国际直接投资与经济发展[M].北京:经济科学出版社,2002.
[17]张纪康.跨国公司与直接投资[M].上海:复旦大学出版社,2004.
[18]马春光.国际企业经营与管理[M].北京:中国对外经济贸易出版社,2002.
[19]盘和林.哈弗危机管理决策分析及经典案例[M].北京:人民出版社,2006.
[20]王林生,范黎波.跨国经营理论与战略[M].北京:对外经济贸易大学出版社,2003.
[21]范晓萍.国际经营与管理[M].北京:中国商业出版社,2005.
[22]张玉波.危机管理智囊[M].北京:机械工业出版社,2003.
[23]鲍勇剑,陈百助.危机管理——当最坏的情况发生时[M].上海:复旦大学出版社,2003.
[24]刘刚.危机管理[M].北京:中国经济出版社,2004.
[25]姚建平,胡立和.实用公共关系[M].重庆:重庆大学出版社,2002.
[26]张岩松.公关交际艺术[M].北京:经济管理出版社,2004
[27]王志乐.走向世界的中国跨国公司[M].北京:中国商业出版社,2004.
[28]刘冀生.企业战略管理[M].北京:清华大学出版版社,2003.
[29]王迎军,柳茂平.战略管理[M].天津:南开大学出版社,2003.
[30]金占明.战略管理——超竞争环境下的选择[M].北京:清华大学出版社,2004.
[31]陈继祥,黄丹.战略管理[M].上海:上海人民出版社,2004.
[32]郭成,John Brown.企业战略管理[M].郑州:郑州大学出版社,2004.
[33]董大海.战略管理[M].大连:大连理工大学出版社,2006.

[34]谭力文.国际企业管理[M].武汉:武汉大学出版社,2002.

[35]徐世伟.论信息时代的企业组织变革[J].财经科学,2007(10).

[36]童敏.基于知识的组织变革和企业竞争力提升[J].商场现代化,2008(1).

[37]徐佳.试论我国中小企业的组织变革[J].中小企业管理与科技,2008(1).

[38]李作战.组织变革理论研究与评述[J].现代管理科学,2007(4).

[39]段立新.营造企业组织变革中的执行力文化[J].冶金企业文化,2007(6).

[40]朱传杰.环境变化与当代企业的组织变革[J].市场周刊,2007(2).

[41]林昭文,陈樟楠.组织变革与观念重组[J].经营与管理,2007(5).

[42]金延平.人力资源管理[M].大连:东北财经大学出版社,2004.

[43]樊永雪.公共关系学概论[M].成都:四川大学出版社,2006.

[44]尤志鹤,张岩松.现代公共关系[M].北京:经济管理出版社,2006.

[45]段文杰.公共关系实例与运作[M].北京:高等教育出版社,2002.

[46]夏光.人力资源管理教程[M].北京:机械工业出版社,2004.

[47]姚裕群.人力资源管理[M].北京:中国人民大学出版社,2004.

[48]伊志宏.中国企业创新能力研究[M].北京:中国人民大学出版社,2008.

[49]菲利普·科特勒.营销管理[M].梅汝和,等,译.北京:中国人民大学出版社,2001.

[50]万后芬,等.市场营销教程[M].北京:高等教育出版社,2003.

[51]赵黎明.现代企业管理学[M].天津:天津大学出版社,2002.

[52]胥悦红.企业管理学[M].北京:经济管理出版社,2008.

[53]理查德·B·蔡斯,尼古拉斯·J·阿奎拉诺,F·罗伯特·雅各布斯.运营管理[M].任建标,译.北京:机械工业出版社,2007.

[54]威廉·J·史蒂文森.运营管理[M].张群,等,译.北京:机械工业出版社,2008.

[55]苏尼尔·乔普拉,彼得·迈因德尔.供应链管理[M].陈荣秋,等,译.北京:中国人民大学出版社,2008.

[56]何广涛,等.解读资本运作——企业资本运作模式精要·实证分析[M].北京:机械工业出版社,2003.

[57]张新国.企业战略管理[M].北京:高等教育出版社,2006.

普通高等教育"十四五"应用型本科系列规划教材

经济学基础	人力资源管理概论
管理学基础	国际贸易概论
会计学基础	物流管理概论
经济法	公共关系学
运筹学	会计电算化
组织行为学	财务管理
市场营销	现代管理会计(第二版)
计量经济学	商务礼仪
应用统计学	外贸函电
电子商务概论	商务谈判
金融学	微观经济学
供应链管理	数据库原理及应用实验教程
企业管理	数据库原理及应用(SQL Server 2008)

欢迎各位老师联系投稿！

联系人:李逢国
手机:15029259886　办公电话:029—82664840
电子邮件:1905020073@qq.com　lifeng198066@126.com
QQ:1905020073(加为好友时请注明"教材编写"等字样)

图书在版编目(CIP)数据

企业管理/蔡世刚主编. —西安:西安交通大学出版社,2016.12(2024.1重印)
ISBN 978-7-5605-9258-9

Ⅰ.①企… Ⅱ.①蔡… Ⅲ.①企业管理 Ⅳ.①F272

中国版本图书馆 CIP 数据核字(2016)第 308905 号

书　　名	企业管理
主　　编	蔡世刚
责任编辑	李逢国
出版发行	西安交通大学出版社 (西安市兴庆南路1号　邮政编码710048)
网　　址	http://www.xjtupress.com
电　　话	(029)82668357　82667874(市场营销中心) (029)82668315(总编办)
传　　真	(029)82668280
印　　刷	西安五星印刷有限公司
开　　本	787mm×1092mm　1/16　印张 17.625　字数 429 千字
版次印次	2017 年 1 月第 1 版　2024 年 1 月第 3 次印刷
书　　号	ISBN 978-7-5605-9258-9
定　　价	55.00 元

如发现印装质量问题,请与本社市场营销中心联系。
订购热线:(029)82665248　(029)82667874
投稿热线:(029)82664840
读者信箱:1905020073@qq.com

版权所有　侵权必究